German Securities Regulation

Hartmut Krause

Verlag C.H. Beck München
Butterworths Tolley London
Stämpfli Verlag AG Bern
2001

Über den Autor

Dipl.-Kfm. Dr. Hartmut Krause, LL.M., Rechtsanwalt in Frankfurt am Main und attorney at law in New York, ist Partner von Allen & Overy, einer der führenden internationalen Rechtsanwaltssozietäten. Die Schwerpunkte seiner Tätigkeit liegen in der gesellschafts- und kapitalmarktrechtlichen Beratung, insbesondere bei internationalen Mergers & Acquisitions und Kapitalmarkttransaktionen.

The Author

Hartmut Krause is admitted to the bars in Frankfurt/Main and New York; he is a partner of Allen & Overy, one of the leading international law firms. He mainly advises on corporate and securities law matters, in particular in the context of international mergers and acquisitions and capital markets transactions.

Die Deutsche Bibliothek – CIP-Einheitsaufnahme

Krause, Hartmut:
German securities regulation / Hartmut Krause. - München : Beck;
Londen : Butterworths Tolley; Bern : Stämpfli, 2001
(German law accessible)
ISBN 3-406-47099-8
ISBN 0-40-694522-5
ISBN 3-7272-9981-9

ISBN 3-406-47099-8 (Beck)
ISBN 040-694522-5 (Butterworths Tolley)
ISBN 3-7272-9981-9 (Stämpfli)

© 2001 Verlag C.H. Beck oHG
Wilhelmstr. 9, 80801 München
Druck und Bindung: fgb • freiburger graphische betriebe
Bebelstr. 11, 79108 Freiburg
Satz: Herbert Kloos, München
Umschlag: Bütefisch, Schlaitdorf
Gedruckt auf säurefreiem, alterungsbeständigem Papier
(hergestellt aus chlorfrei gebleichtem Zellstoff)

Inhaltsverzeichnis / Table of Contents

Inhaltsverzeichnis		Table of Contents	
		Introduction	1
		Acknowledgements	5
Börsengesetz	7	Stoch Exchange Act	7
Börsenzulassungsverordnung	71	Stock Exchange Admission Regulation	71
Wertpapierverkaufsprospektgesetz	135	Securities Prospectus Act	135
Verkaufsprospektverordnung	153	Securities Prospectus Regulation	153
Wertpapierhandelsgesetz	163	Securities Trading Act	163
Übernahmekodex	219	Takeover Code	219
Sachverzeichnis/Glossar	233	Index/Glossary	233

INTRODUCTION

In recent years, Germany has experienced an increasing number of non-German issuers attempting to tap the German capital market. Whereas it may be fair to say that bonds issued by foreign governments have always been a feature of the German market, an increasing number of issuers from outside Germany are now choosing Germany as the country for their initial public offering. Likewise, the German market is beginning to see an increasing number of multi-jurisdictional offerings in which the German offer and stock exchange listing are only part of a transaction that is largely driven by the law and practice in the issuer's home jurisdiction or another international market.

These cross-border transactions are to a considerable extent steered by teams whose members do not necessarily have a command of the German language but do have in many instances an understanding of the key issues of securities regulation in the United Kingdom and the United States. This is the community to which this collection of German texts and synoptic English translation is primarily addressed, but it is also designed to support German native speakers in their communications with members of that community.

The collected texts mirror the scope of what US lawyers would generally expect to find under the label "Securities Regulation": the issues dealt with in the US Securities Act of 1933 (mainly the initial offer and sale of securities) and the US Securities Exchange Act of 1934 (mainly the trading and regulation in the secondary markets, including the primary law and regulation applicable to brokers, dealers, the stock exchanges and the conduct of takeover bids). The collection does not cover the issues dealt with by more specialised legislation (such as the US Investment Companies Act of 1940). The texts are confined to the relevant German statutory law, with the exception of takeover regulation which is contained in a Takeover Code issued by the Stock Exchange Expert Commission, an advisory body to the Federal Ministry of Finance, which is voluntary in nature and expected to be replaced by legislation in 2002. Further, circulars issued by the relevant supervisory authorities are not included because they are amended frequently and go into a level of detail which would require professional advice anyway. Also not included are the rules governing *Neuer Markt* listings because Deutsche Börse AG, the *Neuer Markt* inaugurator, has published its own English translation. As Deutsche Börse AG is prepared to list non-German issuers on the *Neuer Markt* on the basis of English language documentation, a further translation might have caused needless confusion through the introduction of different terminology.

Overview

1. Stock Exchange Act and Stock Exchange Admission Regulation

The Stock Exchange Act governs the organisation of the markets organised as stock exchanges, stock exchange trading and the civil law aspects of stock exchange futures transactions. In Germany, there are eight securities exchanges (Berlin, Bremen, Düs-

seldorf, Frankfurt, Hamburg, Hannover, Munich and Stuttgart), the electronic stock exchange "Eurex" for futures transactions, a commodities exchange in Hannover and energy exchanges in Frankfurt and Leipzig. As is generally understood, a stock exchange is an institution where supply and demand in securities, derivatives, commodities or rights or indices relating thereto are combined in an organised manner with the objective of enabling admitted individuals to execute trades pursuant to uniform terms and conditions. This definition includes electronic trading systems. As to the legal form of a stock exchange, it is usually a public law institution without legal personality (*nicht rechtsfähige Anstalt des öffentlichen Rechts*).

The setting-up of a stock exchange requires a licence granted by the competent supreme state authority. The supervision of stock exchanges lies in the hands not only of that authority but also of the Monitoring Office required to be established at every stock exchange. The stock exchange should be distinguished from its "carrier" which makes available the premises, personnel etc. required for the conduct of stock exchange trading. The carrier is usually a registered association, a corporation or a chamber of industry and commerce, none of which is governed by the Stock Exchange Act. The carrier of the most important securities exchange, the Frankfurt Stock Exchange, is Deutsche Börse AG. Shareholders in Deutsche Börse AG are the market participants and all carriers of the other German securities exchanges.

Trades on a stock exchange are executed in accordance with the applicable terms and conditions. Stock exchange prices must be determined in an orderly fashion. Official brokers (*Kursmakler*) are competent to determine the prices on the official lists of securities exchanges; on commodities exchanges the Board of Governors (*Geschäftsführung*) is entrusted with this responsibility. Prices in the regulated market are determined by the brokers mandated with this task. The suspension and termination of a quotation is ordered by the Board of Governors. The prices determined on the official list must comply with the actual supply and demand on the stock exchange, but need not take account of transactions that have not been placed with an official broker. Apart from the official brokers, stock exchanges also host independent brokers (*Freimakler*) who broker transactions between stock exchange participants in all segments of the market, but mostly outside the official list. The business of both official brokers and independent brokers operating as market makers is supervised by the competent state supervisory authority and the Federal Banking Supervisory Authority.

On the trading floor, securities trading takes place in three different market segments: The official list (*amtlicher Handel*), the regulated market (*geregelter Markt*) and the regulated inofficial market (*Freiverkehr*). Admission to these market segments is granted on the basis of admission procedures which are partly contained in the law and partly in stock exchange regulations. These procedures pursue the objective that the public should be able to understand the legal and economic situation of the issuer and be protected against fraudulent issues.

The admission of securities to the official list requires an application to, and a positive decision by, the Admissions Office, which has been set up at every securities exchange. The most important document in the process of application for admission is the prospectus which must be published before the securities are introduced to stock exchange trading. The content of the prospectus, the prerequisites for admission and the admission procedure are governed in detail by the Stock Exchange Admission Regulation. Further provisions dealing with admission are found in the relevant stock exchange rules. The issuer and any underwriter are liable for damages to investors if information relevant for the evaluation of the securities is incorrect or incomplete, unless the issuer and/or the underwriter was unaware of such incorrectness or incompleteness except by reason of their gross negligence. The issuer is subject to a number

of post-admission obligations. For example, all circumstances must be published which may lead to a significant change in the market price of shares or create the risk that the claims of creditors under debentures cannot be met. Further, issuers are required to publish a half yearly report to the market about the state of their business.

The decision for admission to the regulated market is in the hands of the Admissions Committee of each stock exchange. Rather than a prospectus, the issuer is required to publish a business report which need not be as extensive as a prospectus designed for the admission to the official list. The provisions on prospectus liability apply *mutatis mutandis*. The admission to the regulated inofficial market is usually taken by special committees established by the relevant stock exchange. The *Neuer Markt* of the Frankfurt Stock Exchange is a regulated inofficial market with enhanced admission standards: Admission is granted only on the basis of the issuer being admitted to the regulated market and meeting further requirements that are sometimes stricter than those applicable to admission on the official list, e.g. accounting in accordance with IAS or US-GAAP.

The Stock Exchange Act also deals with stock exchange futures transactions. According to German law, stock exchange futures transactions are legally binding only if both sides to the transaction have the relevant capacity. Private investors may obtain such capacity by signing a risk disclosure statement the content of which is prescribed by the Stock Exchange Act. This principle applies to both securities and commodities futures transactions. If one of the parties to a stock exchange futures transaction lacks the relevant capacity, either side may rescind the transaction.

2. Securities Prospectus Act and Securities Prospectus Regulation

The Securities Prospectus Act requires every public offering of securities that are not admitted to a German stock exchange to be based on a prospectus. Certain exceptions are available. The prospectus must be published at least one day before the start of the offering to enable investors to evaluate the securities offered. Publication may be effected either in a newspaper, or by a newspaper notice stating where the printed prospectus is available. The public offering of securities without a prospectus is an offence subject to administrative fines.

The Securities Prospectus Act governs both the offering of securities for which an application to the official list on a stock exchange has been filed and offerings of other securities. Where admission to the official list or the regulated market has been applied for, the content of the prospectus must be in accordance with the requirements of the Stock Exehange Admission Regulation. As a result, only one prospectus need be prepared for the purposes of the stock exchange listing and the public offering. Further, if an application for admission to the official list or regulated market has been filed, the Admissions Office or, as the case may be, the Admissions Committee of the relevant stock exchange rather than the Federal Supervisory Authority for Securities Trading have jurisdiction.

Where admission to the official list or the regulated market has not been applied for, the Securities Prospectus Act and the Securities Prospectus Regulation determine the content of the prospectus. The prospectus must be submitted to the Federal Supervisory Authority for Securities Trading for review.

Where the prospectus content is incorrect or incomplete, the issuer and any underwriter are subject to prospectus liability on identical terms to those governing securities admitted to the official list.

3. Securities Trading Act

The Securities Trading Act is the "home" of the prohibition against insider trading. Insider trading is defined as trading in securities, derivatives or futures by persons who have privileged access to, or knowledge of, price sensitive information. The Act defines the instruments that could be the subject of insider trading as "insider securities", determines non-public information which is capable of influencing the market price of securities to be "insider information", and defines as insiders persons who have access to insider information because of their position within, or relationship to, the issuer (so-called "primary insiders"). Primary insiders are not only prohibited from trading on inside information, but also from disclosing inside information without authorisation and from tipping. The prohibition against trading does not only apply to "primary insiders", but also to everybody else who has obtained knowledge of insider information (the so-called "secondary insider"). The prohibition applies not only to securities, derivatives and futures traded on a regulated inofficial market, but also to those traded on an over-the-counter market and also to trades made before listing. Insider trading may also happen outside such a market. Insider trading is an offence subject to criminal sanctions and administrative fines. The Federal Supervisory Authority for Securities Trading monitors the market with the objective of preventing insider trading. Extensive reporting obligations about securities trades form the basis for this function.

The Securities Trading Act further contains auxiliary procedures designed to enhance transparency in the capital market and to prevent insider trading. These procedures include the obligation on issuers to disclose price sensitive information without delay and the obligation to report the acquisition and disposal of shareholdings in stock exchange listed companies. The Securities Trading Act further contains rules governing the relationship between securities service providers and their customers which are designed to protect the customers' interests. These obligations are monitored by the Federal Supervisory Authority for Securities Trading.

4. Takeover Code

Legislation on public bids for the shares of listed companies is expected to become effective not before 2002. At present, takeover bids are governed by the Takeover Code adopted by the Stock Exchange Expert Commission (an advisory body to the Federal Ministry of Finance).

The Takeover Code is voluntary in nature and applies only to those who have subscribed to it. It is administered by the Takeover Commission, a body that has been set up by the Stock Exchange Expert Commission. The Code applies to companies which are both incorporated and listed in Germany. It is designed to enhance the transparency of takeover bids and the takeover procedure, and to secure the equal treatment of target company shareholders. It further requires shareholders to extend a mandatory bid to the other shareholders where they have acquired control over a listed company. Further, the Takeover Code prohibits the incumbent management of the target company from taking frustrating action.

It is expected that these principles will form the basis of the future Takeover Act. As a discussion draft published in June 2000 made clear, under the Act takeover bids will be quite tightly regulated. It is expected that the Federal Supervisory Authority for Securities Trading will be entrusted with the monitoring of takeover bids.

ACKNOWLEDGEMENTS

I am grateful to many partners and colleagues at Allen & Overy for the support they gave me in preparing this work and for their advice and assistance. I would like to mention in particular my partner Mark Welling for his review of the manuscript. None of them is of course responsible for the defects herein. I am further grateful to my secretaries Astrid Schäfer and Annette Laub and their colleagues who laboured magnificently to produce this book. Finally, I am grateful to my publishers for their hard work and endless patience in bringing this work to fruition.

February 2001 *Hartmut Krause*

BÖRSENGESETZ

in der Fassung der Bekanntmachung vom
9. September 1998

(BGBl. I S. 2682)

Zuletzt geändert durch Gesetz vom
21.12.2000 (BGBl. I S. 1857)

I. Allgemeine Bestimmungen über die Börsen und deren Organe

§ 1 [Errichtung, Aufsicht]

(1) [1]Die Errichtung einer Börse bedarf der Genehmigung der zuständigen obersten Landesbehörde (Börsenaufsichtsbehörde). [2]Diese ist befugt, die Aufhebung bestehender Börsen anzuordnen.

(2) [1]Die Börsenaufsichtsbehörde übt die Aufsicht über die Börse nach den Vorschriften dieses Gesetzes aus. [2]Ihrer Aufsicht unterliegen auch die Einrichtungen, die sich auf den Börsenverkehr beziehen. [3]Die Aufsicht erstreckt sich auf die Einhaltung der börsenrechtlichen Vorschriften und Anordnungen sowie die ordnungsmäßige Durchführung des Handels an der Börse und der Börsengeschäftsabwicklung.

(3) [1]Die Börsenaufsichtsbehörde kann für die Durchführung der Aufsicht an der Börse einen Staatskommissar einsetzen. [2]Sie ist berechtigt, an den Beratungen der Börsenorgane teilzunehmen. [3]Die Börsenorgane sind verpflichtet, die Börsenaufsichtsbehörde bei der Erfüllung ihrer Aufgaben zu unterstützen.

STOCK EXCHANGE ACT

Amended as promulgated on
9th September, 1998

(BGBl. I p. 2682)

last amendment by Act of
21st December, 2000 (BGBl. I. p. 1857)

I. General provisions for stock exchanges and their bodies

§ 1 [Establishment, supervision]

(1) [1]The establishment of a stock exchange requires a licence granted by the competent supreme state authority (Stock Exchange Supervisory Authority). [2]Such authority shall have the power to order the closure of existing stock exchanges.

(2) [1]The Stock Exchange Supervisory Authority shall supervise the stock exchange in accordance with the provisions of this Act. [2]It shall also supervise any facilities relating to the stock exchange activities. [3]The supervision shall extend to the compliance with legal provisions and orders relating to stock exchange matters and the proper conduct of stock exchange trading and settlement.

(3) [1]The Stock Exchange Supervisory Authority may appoint a state commissioner to be responsible for supervision of the stock exchange. [2]The Stock Exchange Supervisory Authority shall have the power to participate in the deliberation of stock exchange bodies. [3]The stock exchange bodies shall assist the Stock Exchange Supervisory Authority in the discharge of its duties.

(4) Die Börsenaufsichtsbehörde nimmt die ihr nach diesem Gesetz zugewiesenen Aufgaben und Befugnisse nur im öffentlichen Interesse wahr.

(5) ¹Wertpapierbörsen im Sinne dieses Gesetzes sind Börsen, an denen Wertpapiere oder Derivate im Sinne des § 2 Abs. 1 und 2 Nr. 1 Buchstabe a bis c und Nr. 2 des Wertpapierhandelsgesetzes, Devisen oder Rechnungseinheiten gehandelt werden. ²An Wertpapierbörsen können auch Edelmetalle und Edelmetallderivate im Sinne des § 2 Abs. 2 Nr. 1 Buchstabe d des Wertpapierhandelsgesetzes gehandelt werden.

(6) Warenbörsen im Sinne dieses Gesetzes sind Börsen, an denen Waren, Edelmetalle oder Derivate im Sinne des § 2 Abs. 2 Nr. 1 Buchstabe d des Wertpapierhandelsgesetzes gehandelt werden.

§ 1a [Befugnisse der Börsenaufsichtsbehörde]

(1) ¹Die Börsenaufsichtsbehörde kann, soweit dies zur Erfüllung ihrer Aufgaben erforderlich ist, auch ohne besonderen Anlaß von der Börse sowie von den nach § 7 zur Teilnahme am Börsenhandel zugelassenen Unternehmen und Börsenhändlern und den Kursmaklern (Handelsteilnehmer) Auskünfte und die Vorlage von Unterlagen verlangen sowie Prüfungen vornehmen. ²Sie kann von den Handelsteilnehmern die Angabe der Identität der Auftraggeber und der aus den getätigten Geschäften berechtigten oder verpflichteten Personen sowie der Veränderungen der Bestände von Handelsteilnehmern in an der Börse gehandelten Wertpapieren oder Derivaten verlangen, sofern Anhaltspunkte vorliegen, welche die Annahme rechtfertigen, daß börsenrechtliche Vorschriften oder Anordnungen verletzt werden oder sonstige Mißstände vorliegen, welche die ordnungsmäßige Durchführung des Handels an der Börse oder die Börsengeschäftsabwicklung beeinträchtigen kön-

(4) The Stock Exchange Supervisory Authority shall discharge its duties and exercise its powers pursuant to this Act only in the public interest.

(5) ¹Securities exchanges within the meaning of this Act are stock exchanges where securities or derivatives within the meaning of § 2(1) and (2) no. 1 lit. a to c and no. 2 of the Securities Trading Act, foreign currency or units of account are traded. ²Securities exchanges may also provide for trading in precious metals and precious metal derivatives within the meaning of § 2(2) no. 1 lit. d of the Securities Trading Act.

(6) Commodity exchanges within the meaning of this Act are exchanges where commodities, precious metals or derivatives within the meaning of § 2(2) no. 1 lit. d of the Securities Trading Act are traded.

§ 1a [Powers of the Stock Exchange Supervisory Authority]

(1) ¹The Stock Exchange Supervisory Authority, to the extent necessary for the discharge of its duties, may, even without specific reason, require a stock exchange, the enterprises admitted to stock exchange trading pursuant to § 7, the stock exchange dealers and official brokers (Trading Participants) to provide information and furnish documents; it may also carry out audits. ²It may request the Trading Participants to disclose the identity of their principals and the parties acquiring rights or obligations under the transactions concluded by such Trading Participants, and changes in the portfolios of Trading Participants in stock exchange traded securities or derivatives, provided that there are reasons to believe that legal provisions or orders relating to stock exchange matters have been infringed or that there are other circumstances which could adversely affect the proper conduct of stock exchange trading or settlement. ³Where there are indications within the meaning of sentence 2,

nen. ³Sofern Anhaltspunkte im Sinne des Satzes 2 vorliegen, kann die Börsenaufsichtsbehörde von den Auftraggebern und berechtigten oder verpflichteten Personen Auskünfte über die getätigten Geschäfte einschließlich der Angabe der Identität der an diesen Geschäften beteiligten Personen verlangen. ⁴Während der üblichen Arbeitszeit ist den Bediensteten der Börsenaufsichtsbehörde, soweit dies zur Wahrnehmung ihrer Aufgaben erforderlich ist, das Betreten der Grundstücke und Geschäftsräume der Börse und der Handelsteilnehmer zu gestatten. ⁵Das Betreten außerhalb dieser Zeit oder wenn die Geschäftsräume sich in einer Wohnung befinden, ist ohne Einverständnis nur zur Verhütung von dringenden Gefahren für die öffentliche Sicherheit und Ordnung zulässig und insoweit zu dulden. ⁶Das Grundrecht der Unverletzlichkeit der Wohnung (Artikel 13 des Grundgesetzes) wird insoweit eingeschränkt. ⁷Die Befugnisse nach den Sätzen 1 bis 5 stehen auch den von der Börsenaufsichtsbehörde beauftragten Personen und Einrichtungen zu, soweit sie nach diesem Gesetz tätig werden. ⁸Der zur Erteilung einer Auskunft Verpflichtete kann die Auskunft auf solche Fragen verweigern, deren Beantwortung ihn selbst oder einen der in § 383 Abs. 1 Nr. 1 bis 3 der Zivilprozeßordnung bezeichneten Angehörigen der Gefahr strafgerichtlicher Verfolgung oder eines Verfahrens nach dem Gesetz über Ordnungswidrigkeiten aussetzen würde. ⁹Der Verpflichtete ist über sein Recht zur Verweigerung der Auskunft zu belehren.

(2) Die Börsenaufsichtsbehörde kann gegenüber der Börse und den Handelsteilnehmern Anordnungen treffen, die geeignet und erforderlich sind, Verstöße gegen börsenrechtliche Vorschriften und Anordnungen zu unterbinden oder sonstige Mißstände zu beseitigen oder zu verhindern, welche die ordnungsmäßige Durchführung des Handels an der Börse und der Börsengeschäftsabwicklung sowie deren Überwachung beeinträchtigen können.

the Stock Exchange Supervisory Authority may request the principals and the persons acquiring rights or obligations to provide information about concluded transactions, including the names of persons or entities participating in such transactions. ⁴Officials of the Stock Exchange Supervisory Authority shall be granted access to the premises and business offices of the stock exchange and the Trading Participants during usual business hours to the extent this is necessary for the discharge of their duties. ⁵Access outside such business hours, or where the business offices are situated in a dwelling, shall be admissible without consent only for the prevention of immediate threats to public safety and order, and shall be permissible to such extent. ⁶The constitutional right of the inviolability of a person's dwelling (Article 13 of the Constitution) shall to this extent be restricted. ⁷The powers pursuant to sentences 1 to 5 shall also be enjoyed by the persons and institutions mandated by the Stock Exchange Supervisory Authority to the extent they are acting pursuant to this Act. ⁸Any person under an obligation to provide information may refuse to answer questions which, if answered, would subject itself or any related person referred to in § 383(1) no. 1 to 3 of the Code of Civil Procedure to the risk of criminal persecution or proceedings pursuant to the Misdemeanour Act. ⁹A person obligated to provide information shall be advised of its right to refuse such answers.

(2) The Stock Exchange Supervisory Authority may issue orders addressed to the stock exchange and the Trading Participants which are suitable and necessary to prevent infringements of legal provisions and orders relating to stock exchange matters, or to counteract other circumstances impacting on the proper conduct of stock exchange trading and settlement and the monitoring thereof.

(2a) Stellt die Börsenaufsichtsbehörde Tatsachen fest, welche die Rücknahme oder den Widerruf der Bestellung zum Kursmakler, der Erlaubnis zur Feststellung oder zur Ermittlung des Börsenpreises oder der Zulassung des Unternehmens oder andere Maßnahmen rechtfertigen können, hat sie die Geschäftsführung zu unterrichten.

(3) Widerspruch und Anfechtungsklage gegen Maßnahmen nach Absatz 1 haben keine aufschiebende Wirkung.

§ 1 b [Handelsüberwachungsstelle]

(1) ¹Die Börse hat unter Beachtung von Maßgaben der Börsenaufsichtsbehörde eine Handelsüberwachungsstelle als Börsenorgan einzurichten und zu betreiben, die den Handel an der Börse und die Börsengeschäftsabwicklung überwacht. ²Die Handelsüberwachungsstelle hat Daten über den Börsenhandel und die Börsengeschäftsabwicklung systematisch und lückenlos zu erfassen und auszuwerten sowie notwendige Ermittlungen durchzuführen. ³Die Börsenaufsichtsbehörde kann der Handelsüberwachungsstelle Weisungen erteilen und die Ermittlungen übernehmen. ⁴Die Geschäftsführung kann die Handelsüberwachungsstelle im Rahmen der Aufgaben dieser Stelle nach den Sätzen 1 und 2 mit der Durchführung von Untersuchungen beauftragen.

(2) ¹Der Leiter der Handelsüberwachungsstelle wird auf Vorschlag der Geschäftsführung vom Börsenrat im Einvernehmen mit der Börsenaufsichtsbehörde bestellt oder wiederbestellt. ²Er hat der Börsenaufsichtsbehörde regelmäßig zu berichten. ³Die bei der Handelsüberwachungsstelle mit Überwachungsaufgaben betrauten Personen können gegen ihren Willen nur im Einvernehmen mit der Börsenaufsichtsbehörde von ihrer Tätigkeit entbunden werden. ⁴Mit Zustimmung der Börsenaufsichtsbehörde kann die Geschäftsführung diesen Personen

(2a) If the Stock Exchange Supervisory Authority finds facts which would justify the withdrawal or revocation of the appointment as official broker, the licence to determine stock exchange prices, or the admission of an enterprise or other measures, it shall notify the Board of Governors thereof.

(3) Neither the filing of an objection nor an action to set aside measures pursuant to para. (1) shall have the effect of suspending preliminary enforcement.

§ 1b [Monitoring Office]

(1) ¹The stock exchange shall establish and operate a Monitoring Office as the stock exchange body responsible for monitoring stock exchange trading and settlement; the Monitoring Office shall take account of any directions given by the Stock Exchange Supervisory Authority. ²The Monitoring Office shall systematically and comprehensively collect and analyse data concerning stock exchange trading and settlement and carry out any necessary investigations. ³The Stock Exchange Supervisory Authority may issue directions addressed to the Monitoring Office and take over any investigations. ⁴The Board of Governors may direct the Monitoring Office to carry out investigations within the duties of such Office pursuant to sentences 1 and 2.

(2) ¹The director of the Monitoring Office shall be appointed or re-appointed by the Stock Exchange Council upon proposal by the Board of Governors and with the agreement of the Stock Exchange Supervisory Authority. ²He shall report to the Stock Exchange Supervisory Authority on a regular basis. ³The persons carrying out monitoring functions within the Monitoring Office may only be discharged without their consent with the approval of the Stock Exchange Supervisory Authority. ⁴The Board of Governors may, with the approval of the Stock Ex-

Stock Exchange Act § 1b

auch andere Aufgaben übertragen. ⁵Die Zustimmung ist zu erteilen, wenn hierdurch die Erfüllung der Überwachungsaufgaben der Handelsüberwachungsstelle nicht beeinträchtigt wird.

(3) Der Handelsüberwachungsstelle stehen die Befugnisse der Börsenaufsichtsbehörde nach § 1 a Abs. 1 Satz 1 bis 5 zu; § 1 a Abs. 1 Satz 8 und 9, Abs. 3 gilt entsprechend.

(4) ¹Die Handelsüberwachungsstelle kann Daten über Geschäftsabschlüsse der Geschäftsführung der Börse und der Handelsüberwachungsstelle einer anderen Börse übermitteln, soweit sie für die Erfüllung der Aufgaben dieser Stellen erforderlich sind. ²Die Handelsüberwachungsstelle kann Daten über Geschäftsabschlüsse auch den zur Überwachung des Handels an ausländischen Börsen zuständigen Stellen übermitteln und solche Daten von diesen Stellen empfangen, soweit sie zur ordnungsgemäßen Durchführung des Handels und der Börsengeschäftsabwicklung erforderlich sind. ³An diese Stellen dürfen solche Daten nur übermittelt werden, wenn diese Stellen und die von ihnen beauftragten Personen einer der Regelung des § 2 b gleichwertigen Verschwiegenheitspflicht unterliegen. ⁴Diese Stellen sind darauf hinzuweisen, daß sie die Informationen nur zu dem Zweck verwenden dürfen, zu dessen Erfüllung sie ihnen übermittelt werden. ⁵Die Handelsüberwachungsstelle hat der Börsenaufsichtsbehörde, der Geschäftsführung und dem Bundesaufsichtsamt für den Wertpapierhandel mitzuteilen, mit welchen zuständigen Stellen in anderen Staaten sie welche Art von Daten auszutauschen beabsichtigt.

(5) ¹Stellt die Handelsüberwachungsstelle Tatsachen fest, welche die Annahme rechtfertigen, daß börsenrechtliche Vorschriften oder Anordnungen verletzt werden oder sonstige Mißstände vorliegen, welche die ordnungsmäßige Durchfüh-

change Supervisory Authority, assign other duties to such persons. ⁵Such approval shall be granted if such assignment does not adversely affect the monitoring functions of the Monitoring Office.

(3) The Monitoring Office shall have the powers of the Stock Exchange Supervisory Authority pursuant to § 1a(1) sentences 1 to 5; § 1a(1) sentences 8 and 9, (3) shall apply *mutatis mutandis*.

(4) ¹The Monitoring Office may transmit transaction data to the Board of Governors of the stock exchange and the Monitoring Office of another stock exchange to the extent they require such data for the discharge of their duties. ²The Monitoring Office may also transmit transaction data to competent authorities monitoring trading on foreign stock exchanges, and may receive data from such authorities to the extent they are required for the proper conduct of stock exchange trading and settlement. ³Data may be transmitted to such authorities only if such authorities, and any persons mandated by them, are subject to confidentiality obligations equivalent to the provisions of § 2b. ⁴These authorities shall be advised that they may use the information transmitted only for the purpose for which it has been transmitted. ⁵The Monitoring Office shall inform the Stock Exchange Supervisory Authority, the Board of Governors and the Federal Supervisory Authority for Securities Trading as to which type of data is intended to be exchanged with which competent authorities in other countries.

(5) ¹If the Monitoring Office has reason to believe that legal provisions or orders relating to the stock exchange have been infringed or that there are other circumstances which would impact on the proper conduct of stock exchange trading

rung des Handels an der Börse oder die Börsengeschäftsabwicklung beeinträchtigen können, hat sie die Börsenaufsichtsbehörde und die Geschäftsführung unverzüglich zu unterrichten. ²Die Geschäftsführung kann eilbedürftige Anordnungen treffen, die geeignet sind, die ordnungsmäßige Durchführung des Handels an der Börse und der Börsengeschäftsabwicklung sicherzustellen; § 1 a Abs. 3 gilt entsprechend. ³Die Geschäftsführung hat die Börsenaufsichtsbehörde über die getroffenen Maßnahmen unverzüglich zu unterrichten. ⁴Stellt die Handelsüberwachungsstelle Tatsachen fest, deren Kenntnis für die Erfüllung der Aufgaben des Bundesaufsichtsamtes für das Kreditwesen oder des Bundesaufsichtsamtes für den Wertpapierhandel erforderlich ist, unterrichtet sie unverzüglich das Bundesaufsichtsamt für das Kreditwesen oder das Bundesaufsichtsamt für den Wertpapierhandel und die Börsenaufsichtsbehörde.

or settlement, it shall notify the Stock Exchange Supervisory Authority and the Board of Governors without undue delay. ²The Board of Governors may issue emergency orders suitable to ensure the proper conduct of stock exchange trading and settlement; § 1a(3) shall apply *mutatis mutandis*. ³The Board of Governors shall notify the Stock Exchange Supervisory Authority about the measures taken without undue delay. ⁴If the Monitoring Office finds facts the knowledge of which is required for the Federal Banking Supervisory Authority or the Federal Authority for Securities Trading for the discharge of their duties, it shall notify the Federal Banking Supervisory Authority or the Federal Supervisory Authority for Securities Trading and the Stock Exchange Supervisory Authority without undue delay.

§ 2 [Übertragung der Aufsichtsbefugnis]

(1) Die nach Landesrecht zuständige Stelle wird ermächtigt, Aufgaben und Befugnisse der Börsenaufsichtsbehörde auf eine andere Behörde zu übertragen.

(2) Die Börsenaufsichtsbehörde kann sich bei der Durchführung ihrer Aufgaben anderer Personen und Einrichtungen bedienen.

§ 2a [Einhaltung der Vorschriften des GWB]

(1) ¹Die Börsenaufsichtsbehörde hat darauf hinzuwirken, daß die Vorschriften des Gesetzes gegen Wettbewerbsbeschränkungen eingehalten werden. ²Dies gilt insbesondere für den Zugang zu Handels-, Informations- und Abwicklungssystemen und sonstigen börsenbezogenen Dienstleistungseinrichtungen sowie deren Nutzung.

§ 2 [Delegation of supervisory powers]

(1) The authority competent pursuant to state law shall have the power to delegate the duties and powers of the Stock Exchange Supervisory Authority to another authority.

(2) The Stock Exchange Supervisory Authority may retain other persons and institutions to discharge its duties.

§ 2a [Compliance with the Antitrust Act]

(1) ¹The Stock Exchange Supervisory Authority shall ensure that the provisions of the Antitrust Act are complied with. ²This shall apply in particular to access to trading, information and settlement systems and other stock exchange related facilities and the use thereof.

(2) ¹Die Zuständigkeit der Kartellbehörden bleibt unberührt. ²Die Börsenaufsichtsbehörde unterrichtet die zuständige Kartellbehörde bei Anhaltspunkten für Verstöße gegen das Gesetz gegen Wettbewerbsbeschränkungen. ³Diese unterrichtet die Börsenaufsichtsbehörde nach Abschluß ihrer Ermittlungen über das Ergebnis der Ermittlungen.

§ 2b [Verschwiegenheitspflicht]

(1) ¹Die bei der Börsenaufsichtsbehörde oder einer Behörde, der Aufgaben und Befugnisse der Börsenaufsichtsbehörde nach § 2 Abs. 1 übertragen worden sind, Beschäftigten, die nach § 2 Abs. 2 beauftragten Personen, die Mitglieder der Börsenorgane sowie die beim Träger der Börse Beschäftigten, soweit sie für die Börse tätig sind, dürfen die ihnen bei ihrer Tätigkeit bekanntgewordenen Tatsachen, deren Geheimhaltung im Interesse der Handelsteilnehmer oder eines Dritten liegt, insbesondere Geschäfts- und Betriebsgeheimnisse sowie personenbezogene Daten, nicht unbefugt offenbaren oder verwerten, auch wenn sie nicht mehr im Dienst sind oder ihre Tätigkeit beendet ist. ²Dies gilt auch für andere Personen, die durch dienstliche Berichterstattung Kenntnis von den in Satz 1 bezeichneten Tatsachen erhalten. ³Ein unbefugtes Offenbaren oder Verwerten im Sinne des Satzes 1 liegt insbesondere nicht vor, wenn Tatsachen weitergegeben werden an
1. Strafverfolgungsbehörden oder für Straf- und Bußgeldsachen zuständige Gerichte,
2. kraft Gesetzes oder im öffentlichen Auftrag mit der Überwachung von Börsen, anderen Wertpapiermärkten und des Wertpapierhandels sowie von Kreditinstituten, Finanzdienstleistungsinstituten, Investmentgesellschaften, Finanzunternehmen oder Versicherungsunternehmen betraute Stellen sowie von diesen beauftragte Personen,
soweit diese Stellen diese Informationen

(2) ¹The jurisdiction of the antitrust authorities shall remain unaffected. ²The Stock Exchange Supervisory Authority shall inform the competent antitrust authority about indications of infringements of the Antitrust Act. ³The latter shall inform the Stock Exchange Supervisory Authority about the result of its investigations after their completion.

§ 2b [Professional Secrecy]

(1) ¹The staff employed by the Stock Exchange Supervisory Authority or another authority to which duties and powers of the Stock Exchange Supervisory Authority have been delegated pursuant to § 2(1), the persons mandated pursuant to § 2(2), the members of stock exchange bodies and the staff employed by the stock exchange carrier, to the extent they are acting on behalf of the stock exchange, may not without authorisation disclose or use information which has come to their attention while discharging their duties, the confidentiality of which is in the interest of Trading Participants or third parties, in particular business secrets and personal data, even after their service or employment has been terminated. ²The same shall apply to other persons who learned about the circumstances referred to in sentence 1 through official reporting. ³It shall in particular not constitute unauthorised disclosure or use within the meaning of sentence 1 if information is given to:
1. the public prosecution authorities or the courts having jurisdiction for criminal or misdemeanour matters;
2. authorities which, by reason of law or on behalf of the government, are entrusted with the supervision of stock exchanges, other securities markets and the trading in securities and of banks, financial service providers, investment companies, financial enterprises or insurance companies, as well as the persons mandated by such authorities,
to the extent these authorities require

zur Erfüllung ihrer Aufgaben benötigen. [4]Für die bei diesen Stellen Beschäftigten gilt die Verschwiegenheitspflicht nach Satz 1 entsprechend.

(2) [1]Die Vorschriften der §§ 93, 97, 105 Abs. 1, § 111 Abs. 5 in Verbindung mit § 105 Abs. 1 sowie § 116 Abs. 1 der Abgabenordnung gelten nicht für die in Absatz 1 Satz 1 oder 2 bezeichneten Personen, soweit sie zur Durchführung dieses Gesetzes tätig werden. [2]Sie finden Anwendung, soweit die Finanzbehörden die Kenntnis für die Durchführung eines Verfahrens wegen einer Steuerstraftat sowie eines damit zusammenhängenden Besteuerungsverfahrens benötigen, an deren Verfolgung ein zwingendes öffentliches Interesse besteht, und nicht Tatsachen betroffen sind, die den in Absatz 1 Satz 1 oder 2 bezeichneten Personen durch eine Stelle eines anderen Staates im Sinne des Absatzes 1 Satz 3 Nr. 2 oder durch von dieser Stelle beauftragte Personen mitgeteilt worden sind.

such information for the discharge of their duties. [4]The confidentiality obligation pursuant to sentence 1 shall apply *mutatis mutandis* to the staff employed by such authorities.

(2) [1]The provisions of §§ 93, 97, 105(1), § 111(5) in connection with § 105(1) as well as § 116(1) of the General Tax Code shall not apply to the persons referred to in para. (1) sentences 1 or 2 to the extent they are acting for the purposes of enforcement of this Act. [2]However, they shall apply to the extent the tax authorities require such information for the prosecution of criminal tax offences and related tax proceedings, the prosecution of which is a matter of mandatory public interest and does not involve information which has been communicated to the persons referred to in para. (1) sentences 1 or 2 by an authority of another country within the meaning of para. (1) sentence 3 no. 2 or persons mandated by such authority.

§ 2c [Untersagung der Preisfeststellung für ausländische Währung]

Das Bundesministerium der Finanzen kann im Einvernehmen mit dem Bundesministerium für Wirtschaft und nach Anhörung der Deutschen Bundesbank Einzelweisungen erteilen, die amtliche Preisfeststellung für ausländische Währungen vorübergehend zu untersagen, wenn eine erhebliche Marktstörung droht, die schwerwiegende Gefahren für die Gesamtwirtschaft oder das Publikum erwarten läßt.

§ 2c [Discontinuation of price determination for foreign currencies]

The Federal Ministry of Finance, with the consent of the Federal Ministry for the Economy and after hearing the German Federal Bank, may issue individual orders for the temporary discontinuation of the official price determination for foreign currencies if a significant market instability is threatening which is likely to severely damage the national economy or the public.

§ 3 [Börsenrat]

(1) [1]Die Wertpapierbörse hat einen Börsenrat zu bilden, der aus höchstens 24 Personen besteht. [2]Im Börsenrat müssen die zur Teilnahme am Börsenhandel zugelassenen Kreditinstitute einschließlich der Wertpapierhandelsbanken, die zugelassenen Finanzdienstleistungsinsti-

§ 3 [Stock Exchange Council]

(1) [1]The securities exchange shall establish a Stock Exchange Council consisting of up to 24 members. [2]There shall be represented in the Stock Exchange Council the banks admitted to participate in stock exchange trading including securities brokers, the admitted financial service

tute und sonstigen zugelassenen Unternehmen, die Kursmakler, die Versicherungsunternehmen, deren emittierte Wertpapiere an der Börse zum Handel zugelassen sind, andere Emittenten, die zur Teilnahme am Börsenhandel zugelassenen Kapitalanlagegesellschaften und die Anleger vertreten sein. ³Die Zahl der Vertreter der Kreditinstitute einschließlich der Wertpapierhandelsbanken sowie der mit den Kreditinstituten verbundenen Kapitalanlagegesellschaften und sonstigen Unternehmen darf insgesamt nicht mehr als die Hälfte der Mitglieder des Börsenrates betragen.

(2) ¹Dem Börsenrat obliegt insbesondere

1. der Erlaß der Börsenordnung und der Gebührenordnung,
2. die Bestellung und Abberufung der Geschäftsführer im Benehmen mit der Börsenaufsichtsbehörde,
3. die Überwachung der Geschäftsführung,
4. der Erlaß einer Geschäftsordnung für die Geschäftsführung,
5. der Erlaß der Bedingungen für die Geschäfte an der Börse.

²Die Entscheidung über die Einführung von technischen Systemen, die dem Handel oder der Abwicklung von Börsengeschäften dienen, bedarf der Zustimmung des Börsenrates. ³Die Börsenordnung kann für andere Maßnahmen der Geschäftsführung von grundsätzlicher Bedeutung die Zustimmung des Börsenrates vorsehen.

(3) ¹Der Börsenrat gibt sich eine Geschäftsordnung. ²Er wählt aus seiner Mitte einen Vorsitzenden und mindestens einen Stellvertreter, der einer anderen Gruppe im Sinne des Absatzes 1 Satz 2 angehört als der Vorsitzende. ³Wahlen nach Satz 2 sind geheim; andere Abstimmungen sind auf Antrag eines Viertels der Mitglieder geheim durchzuführen.

providers and other admitted enterprises, the official brokers, the insurance enterprises whose securities are admitted to stock exchange trading, other issuers, the German investment companies admitted to participate in stock exchange trading, and investors. ³The number of representatives of banks including securities brokers and the German investment companies affiliated with banks and other enterprises may, taken together, not exceed one half of the membership of the Stock Exchange Council.

(2) ¹The Stock Exchange Council shall in particular be responsible for:

1. the enactment of the Stock Exchange Rules and the Fee Schedule;
2. the appointment and dismissal of Governors after consultation with the Stock Exchange Supervisory Authority;
3. the supervision of the Board of Governors;
4. the enactment of rules of procedure for the Board of Governors; and
5. the enactment of terms and conditions applicable to stock exchange transactions.

²Any decision about the introduction of technical systems for trading or settlement of stock exchange transactions shall require the approval of the Stock Exchange Council. ³The Stock Exchange Rules may provide that the Board of Governors shall require the approval of the Stock Exchange Council for other measures of fundamental importance.

(3) ¹The Stock Exchange Council shall adopt its own rules of procedure. ²One of its members shall be elected chairman, and at least one other member belonging to another constituency referred to in para. (1) sentence 2 than the chairman shall be elected deputy chairman. ³Elections as per para. (1) sentence 2 shall be taken by secret ballot; other matters requiring a vote shall be decided by secret ballot if one quarter of the members so requires.

(4) Setzt der Börsenrat zur Vorbereitung seiner Beschlüsse Ausschüsse ein, hat er bei der Zusammensetzung der Ausschüsse dafür zu sorgen, daß Angehörige der Gruppen im Sinne des Absatzes 1 Satz 2, deren Belange durch die Beschlüsse berührt werden können, angemessen vertreten sind.

(5) Mit der Genehmigung einer neuen Börse bestellt die Börsenaufsichtsbehörde einen vorläufigen Börsenrat höchstens für die Dauer eines Jahres.

§ 3a [Wahl]

(1) Die Mitglieder des Börsenrates werden für die Dauer von drei Jahren von den in § 3 Abs. 1 Satz 2 genannten Gruppen jeweils aus ihrer Mitte gewählt; die Vertreter der Anleger werden von den übrigen Mitgliedern des Börsenrates hinzugewählt.

(2) ¹Unternehmen, die mehr als einer der in § 3 Abs. 1 Satz 2 genannten Gruppen angehören, dürfen nur in einer Gruppe wählen. ²Verbundene Unternehmen dürfen im Börsenrat nur mit einem Mitglied vertreten sein.

(3) ¹Das Nähere über die Aufteilung in Gruppen, die Ausübung des Wahlrechts und die Wählbarkeit, die Durchführung der Wahl und die vorzeitige Beendigung der Mitgliedschaft im Börsenrat wird durch Rechtsverordnung der Landesregierung nach Anhörung des Börsenrates bestimmt. ²Die Landesregierung kann diese Ermächtigung durch Rechtsverordnung auf die Börsenaufsichtsbehörde übertragen. ³Die Rechtsverordnung muß sicherstellen, daß alle in § 3 Abs. 1 Satz 2 genannten Gruppen angemessen vertreten sind. ⁴Die Bereiche der privaten, öffentlichen und genossenschaftlichen Kreditinstitute sowie der Kapitalanlagegesellschaften müssen vertreten sein, soweit dies nach Absatz 2 Satz 2 zulässig

(4) If the Stock Exchange Council establishes committees for the preparation of its resolutions, it shall ensure that, as far as the membership in such committees is concerned, members of the constituencies in the meaning of para. (1) sentence 2 whose interests could be affected by such resolutions shall be adequately represented.

(5) When a licence for a new stock exchange is granted, the Stock Exchange Supervisory Authority shall appoint a provisional Stock Exchange Council for a maximum period of one year.

§ 3a [Elections]

(1) The members of the Stock Exchange Council shall be elected for a period of three years from the constituencies referred to in § 3(2); the representatives of investors shall be co-opted by the other members of the Stock Exchange Council.

(2) ¹Enterprises belonging to more than one of the constituencies referred to in § 3(1)2 shall vote only in one such constituency. ²Affiliated enterprises may have only one representative on the Stock Exchange Council.

(3) ¹The details concerning the division into constituencies, the exercise of voting rights and eligibility for and the conduct of elections and early termination of the membership of the Stock Exchange Council shall be determined, after consideration by the Stock Exchange Council, by way of Regulation to be issued by the relevant state government. ²The state government may by way of Regulation transfer such authority to the Stock Exchange Supervisory Authority. ³Such Regulation shall ensure that all constituencies referred to in § 3(1)2 shall be adequately represented. ⁴The private, public and mutual banks and the German investment companies shall be represented to the extent admissible pursuant to

ist; die Rechtsverordnung kann die Bildung von Untergruppen vorsehen. ⁵Die Kursmakler sind mit mindestens zwei Mitgliedern, sofern keine Kursmaklerkammer besteht mit mindestens einem Mitglied, die sonstigen Finanzdienstleistungsinstitute und die Anleger mit jeweils mindestens zwei Mitgliedern im Börsenrat zu berücksichtigen. ⁶Emittenten, deren Wertpapiere an der Börse zum Handel zugelassen sind und die nach den Angaben im letzten festgestellten Jahresabschluß vor dem Wahljahr weniger als 2000 Arbeitnehmer beschäftigen, müssen mit mindestens einem Mitglied im Börsenrat vertreten sein. ⁷Die Rechtsverordnung kann für Organe des Handelsstandes ein Entsendungsrecht vorsehen. ⁸Die Rechtsverordnung kann zudem vorsehen, daß bei vorzeitigem Ausscheiden eines Mitglieds ein Nachfolger für die restliche Amtsdauer aus der Mitte der jeweiligen Gruppe durch die übrigen Mitglieder des Börsenrates hinzugewählt wird.

para. (2) sentence 2; the Regulation may provide for the division into sub-constituencies. ⁵The official brokers shall be represented on the Stock Exchange Council by at least two members and, if there is no chamber of official brokers, by at least one member, and the other financial service providers and the investors by at least two members each. ⁶Issuers whose securities are admitted to trading on the stock exchange which, according to their most recent annual accounts prior to the election year, employed less than 2000 employees shall be represented on the Stock Exchange Council by at least one member. ⁷The Regulation may provide that bodies of dealer organisations have the right to send representatives. ⁸The Regulation may furthermore provide that representatives who retire mid-term may be replaced by successors elected from the constituency concerned by the other members of the Stock Exchange Council for the remaining term of office.

§ 3b [Börsenrat an Warenbörse]

Auf Warenbörsen sind die Vorschriften der §§ 3 und 3a über den Börsenrat mit folgender Maßgabe anzuwenden:

1. Abweichend von § 3 Abs. 1 Satz 2 müssen die zur Teilnahme am Börsenhandel zugelassenen Unternehmen und in § 7 Abs. 2 Satz 2 genannten Personen sowie die Kursmakler im Börsenrat vertreten sein; die Rechtsverordnung nach § 3a Abs. 3 kann vorsehen, daß sonstige betroffene Wirtschaftsgruppen und die Anleger im Börsenrat vertreten sind;
2. der Börsenrat wählt aus seiner Mitte einen Vorsitzenden; die Rechtsverordnung nach § 3a Abs. 3 kann vorsehen, daß mindestens ein Stellvertreter gewählt wird, der einer anderen Wirtschaftsgruppe im Sinne der Nummer 1 angehört;
3. die Rechtsverordnung nach § 3a Abs. 3 muß sicherstellen, daß die in

§ 3b [Stock Exchange Council at commodity exchanges]

The provisions of §§ 3 and 3a about the Stock Exchange Council shall apply to commodity exchanges with the following provisos:

1. contrary to § 3(1)2, the enterprises admitted to participate in commodity exchange trading and the persons referred to in § 7(2)2 as well as the official brokers shall be represented on the Commodity Exchange Council; the Regulation pursuant to § 3a(3) may provide that other constituencies and the investors shall be represented on the Commodity Exchange Council;
2. the Commodity Exchange Council shall elect one of its members chairman; the Regulation pursuant to § 3a(3) may provide that at least one deputy chairman shall be elected who shall be a member of another constituency within the meaning of no.1;
3. the Regulation pursuant to § 3a(3) shall ensure that the constituencies referred

Nummer 1 genannten Gruppen angemessen vertreten sind; sie kann Untergruppen vorsehen; die Vertreter der nicht zum Börsenhandel zugelassenen Unternehmen werden nach Maßgabe der Rechtsverordnung entsandt.

to in no. 1 are adequately represented; it may provide for the establishment of sub-constituencies; the representatives of enterprises not admitted to commodity exchange trading shall be appointed as provided for in the Regulation.

§ 3c [Leitung der Börse]

(1) [1]Die Leitung der Börse obliegt der Geschäftsführung in eigener Verantwortung. [2]Sie kann aus einer oder mehreren Personen bestehen. [3]Die Geschäftsführer werden für höchstens fünf Jahre bestellt; die wiederholte Bestellung ist zulässig.

(2) [1]Die Geschäftsführer vertreten die Börse gerichtlich und außergerichtlich, soweit nicht der Träger der Börse zuständig ist. [2]Das Nähere über die Vertretungsbefugnis der Geschäftsführer regelt die Börsenordnung.

§ 3c [Management of the stock exchange]

(1) [1]Management of the stock exchange shall be the responsibility of the Board of Governors. [2]The Board of Governors shall be made up of one or more persons. [3]The Governors shall be appointed for a maximum period of five years; re-appointment shall be permissible.

(2) [1]The Governors shall represent the stock exchange in court and out of court unless the matter falls within the competencies of the stock exchange carrier. [2]The details concerning the Governors' power of representation shall be provided by the Stock Exchange Rules.

§ 4 [Börsenordnung]

(1) [1]Der Börsenrat erläßt die Börsenordnung als Satzung. [2]Sofern eine öffentlich-rechtliche Körperschaft Träger der Börse ist, ist die Börsenordnung im Einvernehmen mit ihr zu erlassen.

(2) [1]Die Börsenordnung soll sicherstellen, daß die Börse die ihr obliegenden Aufgaben erfüllen kann und dabei den Interessen des Publikums und des Handels gerecht wird. [2]Sie muß Bestimmungen enthalten über
1. den Geschäftszweig der Börse;
2. die Organisation der Börse;
3. die Veröffentlichung der Preise und Kurse sowie der ihnen zugrundeliegenden Umsätze.

[3]Die Börsenordnung kann vorsehen, daß die Veröffentlichung der Preise und der ihnen zugrundeliegenden Umsätze mit

§ 4 [Stock Exchange Rules]

(1)[1] The Stock Exchange Council shall issue the Stock Exchange Rules in the form of a charter. [2]If the stock exchange carrier is a corporation established under public law, the Stock Exchange Rules shall be issued in agreement with such corporation.

(2)[1] The Stock Exchange Rules shall ensure that the stock exchange is able to discharge its duties and shall at the same time safeguard the interests of the public and trade. [2]It shall contain provisions about:
1. the principal activities of the stock exchange;
2. the organisation of the stock exchange; and
3. the publication of prices and the underlying turnover.

[3]The Stock Exchange Rules may provide that the publication of prices and the underlying turnover can be delayed to

the extent necessary to avoid prejudicing unfairly the interests of transacting parties; the Stock Exchange Rules shall set forth criteria by which such decisions can be determined.

(3) In the case of securities exchanges, the Stock Exchange Rules shall furthermore contain provisions about:
1. the composition and election of members of the Admissions Office; and
2. the meaning of addenda and notices relating to market prices.

(3a) The Stock Exchange Rules may contain provisions dealing with the manner in which the settlement of stock exchange transactions shall be assured.

(4) ^{1}The Stock Exchange Rules require approval by the Stock Exchange Supervisory Authority. ^{2}The Authority may request that specific provisions be included in the Stock Exchange Rules if and to the extent necessary for the discharge of the duties imposed by law on the stock exchange or the Stock Exchange Supervisory Authority.

(5) The stock exchange shall have standing in administrative court proceedings.

§ 5 [Schedule of Fees]

(1) ^{1}The Schedule of Fees may provide for the levying of fees and the reimbursement of expenses for:
1. the admission to stock exchange trading and the participation in stock exchange trading by the means of an electronic trading system;
2. the admission to the attendance at the stock exchange without admission to stock exchange trading;
3. the admission of securities to trading on the stock exchange;
4. the introduction of securities to trading on the stock exchange;

4a. die Notierung von Wertpapieren an der Börse, sofern der Emittent die Wahl hat, Gebühren und Auslagen auf Grund dieser Nummer oder auf Grund von Nummer 4 zu entrichten,
5. die Prüfung der Druckausstattung von Wertpapieren,
6. die Ablegung der Börsenhändlerprüfung.

²Sofern eine öffentlich-rechtliche Körperschaft Träger der Börse ist, ist zum Erlaß der Vorschriften über Gebühren nach Satz 1 Nr. 1 und 2 das Einvernehmen mit ihr erforderlich.

(2) ¹Die Gebührenordnung bedarf der Genehmigung durch die Börsenaufsichtsbehörde. ²Die Genehmigung gilt als erteilt, wenn die Gebührenordnung nicht innerhalb von sechs Wochen nach Zugang bei der Börsenaufsichtsbehörde von dieser gegenüber der Börse beanstandet wird.

§ 6 [Benutzung von Börseneinrichtungen]

¹Die Börsenordnung kann für einen anderen als den nach § 4 Abs. 2 Satz 2 Nr. 1 zu bezeichnenden Geschäftszweig, sofern dies nicht mit besonderen Bestimmungen dieses Gesetzes (§ 51) im Widerspruche steht, die Benutzung von Börseneinrichtungen zulassen. ²Ein Anspruch auf die Benutzung erwächst in diesem Falle für die Beteiligten nicht.

§ 7 [Zulassung zur Börse]

(1) ¹Zum Besuch der Börse und zur Teilnahme am Börsenhandel ist eine Zulassung durch die Geschäftsführung erforderlich. ²Zum Börsenhandel gehören auch Geschäfte über zugelassene Gegenstände, die durch Übermittlung von Willenserklärungen durch elektronische Datenübertragung börsenmäßig zustande kommen.

4a. the quotation of securities on the stock exchange to the extent the issuer may elect to pay fees and expenses pursuant to this number or pursuant to no. 4;
5. the examination of the printing features of securities;
6. the taking of the stock exchange dealers examination.

²If the stock exchange carrier is a corporation established under public law, the issuance of the Fee Schedule and the provisions concerning fees pursuant to sentence 1 nos. 1 and 2 shall require the consent of such corporation.

(2) ¹The Fee Schedule requires approval by the Stock Exchange Supervisory Authority. ²Such approval shall be deemed to be granted if the Stock Exchange Supervisory Authority has not objected to the Fee Schedule vis-à-vis the stock exchange within six weeks following receipt thereof.

§ 6 [Use of stock exchange facilities]

¹The Stock Exchange Rules may permit the use of stock exchange facilities for other purposes than those set forth in accordance with § 4(2)2 no.1 unless such permission contravenes special provisions of this Act (§ 51). ²In such event, even if permission has been granted, the parties concerned shall not be entitled to such use.

§ 7 [Admission to the stock exchange]

(1) ¹Attendance at the stock exchange and participation in stock exchange trading shall require admission by the Board of Governors. ²Stock exchange trading shall include transactions concluded by means of electronic data transmission.

Stock Exchange Act § 7

(2) ¹Admission to participation in stock exchange trading may be granted only to those who, in respect of products tradable on a stock exchange, carry on the business of:

1. purchasing and selling for their own account; or
2. purchasing or selling in their own name for the account of others; or
3. acting as intermediary for purchases or sales

and whose business operations, by their scope and extent, require a commercially organised business enterprise. ²At commodity exchanges, admission may be granted to farmers and other persons whose business operations, by their nature and extent, do not require a commercially organised business enterprise.

(3) The admission of persons without the right to participate in stock exchange trading shall be regulated by the Stock Exchange Rules.

(4) The admission of enterprises to participate in stock exchange trading pursuant to para. (2) sentence 1 shall be granted if:

1. in the case of enterprises conducted in the legal form of a sole proprietorship the proprietor is or, in the case of other enterprises the persons who pursuant to the law or the memorandum and articles of the association are both entrusted with the management of the applicant's business and authorised to represent the applicant vis-à-vis third parties are, reliable, and at least one of these persons is professionally qualified for the trading on a securities or commodities exchange;
2. the orderly handling of transactions at the place of the stock exchange is ensured;
3. (repealed)
4. the applicant furnishes proof that its equity capital amounts to at least Euro 50,000 unless it is a bank, a finan-

Finanzdienstleistungsinstitut oder ein nach § 53 Abs. 1 Satz 1 oder § 53 b Abs. 1 Satz 1 des Gesetzes über das Kreditwesen tätiges Unternehmen, das zum Betreiben des Finanzkommissionsgeschäftes im Sinne von § 1 Abs. 1 Satz 2 Nr. 4 oder zur Erbringung einer Finanzdienstleistung im Sinne des § 1 Abs. 1 a Satz 2 Nr. 1 bis 4 des Gesetzes über das Kreditwesen befugt ist; als Eigenkapital sind das eingezahlte Kapital und die Rücklagen nach Abzug der Entnahmen des Inhabers oder der persönlich haftenden Gesellschafter und der diesen gewährten Kredite sowie eines Schuldenüberhanges beim freien Vermögen des Inhabers anzusehen;	cial service provider or an enterprise that is doing business pursuant to § 53(1)1 or § 53b(1)1 of the Banking Act and is permitted to conduct commission business within the meaning of § 1(1)2 no. 4 to render financial services within the meaning of § 1(1a)2 nos. 1 to 4 of the Banking Act; equity capital shall mean the paid-up capital and reserves after deduction of the drawings of the sole proprietor or the general partners, of the loans granted to such persons, and any excess of liabilities over the free assets of the proprietor;
5. bei dem Antragsteller, der nach Nummer 4 zum Nachweis von Eigenkapital verpflichtet ist, keine Tatsachen die Annahme rechtfertigen, daß er unter Berücksichtigung des nachgewiesenen Eigenkapitals nicht die für eine ordnungsmäßige Teilnahme am Börsenhandel erforderliche wirtschaftliche Leistungsfähigkeit hat.	5. the applicant required to furnish proof of its equity capital pursuant to no. 4 does not give cause to believe that it does not have the financial capacity required for proper participation in stock exchange trading, even after taking account of the proven equity capital.
(4a) (*aufgehoben*)	(4a) (*repealed*)
(4b) Personen, die berechtigt sein sollen, für ein zugelassenes Unternehmen an der Börse zu handeln (Börsenhändler), sind zuzulassen, wenn sie zuverlässig sind und die hierfür notwendige berufliche Eignung haben.	(4b) Persons who are to be authorised to conduct business on the stock exchange on behalf of an admitted enterprise (Stock Exchange Dealers) shall be admitted if they are reliable and have the professional expertise required therefor.
(5) ¹Die berufliche Eignung im Sinne des Absatzes 4 Nr. 1 ist regelmäßig anzunehmen, wenn eine Berufsausbildung nachgewiesen wird, die zum börsenmäßigen Wertpapier- oder Warengeschäft befähigt. ²Die berufliche Eignung im Sinne des Absatzes 4b ist anzunehmen, wenn die erforderlichen fachlichen Kenntnisse und Erfahrungen nachgewiesen werden, die zum Handel an der Börse befähigen. ³Der Nachweis über die erforderlichen fachlichen Kenntnisse wird insbesondere durch die Ablegung einer Prüfung vor der Prüfungskommission einer Börse erbracht. ⁴Das Nähere über das Prüfungs-	(5)¹The professional qualification for the purposes of para. (4) no.1 shall normally be presumed if evidence is produced of professional training qualifying such person to deal in securities or commodities on the stock exchange. ²The professional experience for the purposes of para. (4b) shall be presumed if evidence is produced of the relevant specialist knowledge and experience qualifying such person to trade on the stock exchange. ³Evidence of the relevant specialist knowledge shall be furnished in particular by the passing of an examination conducted by the examinations committee of a stock

verfahren regelt eine vom Börsenrat zu erlassende Prüfungsordnung, die der Genehmigung durch die Börsenaufsichtsbehörde bedarf.

(6) Das Nähere darüber, wie die in den Absätzen 4 bis 5 genannten Voraussetzungen nachzuweisen sind, bestimmt die Börsenordnung.

(7) [1]Besteht der begründete Verdacht, daß eine der in den Absätzen 2, 4 oder 4 b bezeichneten Voraussetzungen nicht vorgelegen hat oder nachträglich weggefallen ist, so kann das Ruhen der Zulassung längstens für die Dauer von sechs Monaten angeordnet werden. [2]Das Ruhen der Zulassung kann auch für die Dauer des Verzuges mit der Zahlung der nach § 5 Abs. 1 Satz 1 Nr. 1 und 2 festgesetzten Gebühren angeordnet werden. [3]Das Recht einer nach Absatz 4 b zugelassenen Person zum Abschluß von Börsengeschäften ruht für die Dauer des Wegfalls der Zulassung des Unternehmens, für das sie Geschäfte an der Börse abschließt.

(8) [1]Die Geschäftsführung kann gegenüber Handelsteilnehmern mit Sitz außerhalb der Mitgliedstaaten der Europäischen Union oder der anderen Vertragsstaaten des Abkommens über den Europäischen Wirtschaftsraum das Ruhen der Zulassung längstens für die Dauer von sechs Monaten anordnen oder die Zulassung widerrufen, wenn die Erfüllung der Meldepflichten nach § 9 des Wertpapierhandelsgesetzes oder der Informationsaustausch zum Zwecke der Überwachung der Verbote von Insidergeschäften mit den in diesem Staat zuständigen Stellen nicht gewährleistet erscheint. [2]Das Bundesaufsichtsamt für den Wertpapierhandel teilt der Geschäftsführung und der Börsenaufsichtsbehörde die für eine Anordnung oder den Widerruf nach Satz 1 maßgeblichen Tatsachen mit.

exchange. [4]The provisions regulation examination proceedings shall be provided in an Examinations Order issued by the Stock Exchange Council with the approval of the Stock Exchange Supervisory Authority.

(6) The Stock Exchange Rules shall set out in more detail how the requirements pursuant to paras. (4) to (5) will be proven.

(7) [1]If there is reason to suspect that one of the requirements specified in paras. (2), (4) or (4b) has not been satisfied or has subsequently ceased to be satisfied, admission may be suspended for a maximum period of six months. [2]The suspension of admission may also be ordered for the duration of any default in the payment of fees pursuant to the Fee Schedule adopted in accordance with § 5(1)1 nos. 1 and 2. [3]The right of a person admitted pursuant to para. (4b) to engage in stock exchange transactions shall be suspended for the same time as the admission of the enterprise on behalf of which he engages in stock exchange transactions is suspended.

(8) [1]The Board of Governors may suspend the admission for a maximum period of six months or revoke the admission of trading participants having their registered office outside the Member States of the European Union or the other Contracting States of the Agreement on the European Economic Area if compliance with the reporting obligations pursuant to § 9 Securities Trading Act or the exchange of information with the competent authorities of such Member or Contracting State for the monitoring of compliance with the prohibitions against insider dealing do not appear to be assured. [2]The Federal Supervisory Authority for Securities Trading shall give the information relevant for the order or withdrawal pursuant to sentence 1 to the Board of Governors and the Stock Exchange Supervisory Authority.

(9) ¹Haben sich in einem Verfahren vor dem Sanktionsausschuß Tatsachen ergeben, welche die Rücknahme oder den Widerruf der Zulassung rechtfertigen, so ist das Verfahren an die Geschäftsführung abzugeben. ²Sie ist berechtigt, in jeder Lage des Verfahrens von dem Sanktionsausschuß Berichte zu verlangen und das Verfahren an sich zu ziehen. ³Hat die Geschäftsführung das Verfahren übernommen und erweist sich, daß die Zulassung nicht zurückzunehmen oder zu widerrufen ist, so verweist sie das Verfahren an den Sanktionsausschuß zurück.

(9) ¹If, in proceedings before a Sanctions Committee, facts are discovered which would justify the withdrawal or revocation of admission, the proceedings shall be transferred to the Board of Governors. ²The Board of Governors shall be entitled at every stage of the proceedings before the Sanctions Committee to request reports and take over the proceedings. ³If the Board of Governors has taken over the proceedings and it is decided that admission should not be withdrawn or revoked, the proceedings shall be transferred back to the Sanctions Committee.

§ 7a [Elektronisches Handelssystem]

§ 7a [Electronic Trading]

(1) Für die Teilnahme eines Unternehmens am Börsenhandel in einem elektronischen Handelssystem an einer Wertpapierbörse genügt die Zulassung dieses Unternehmens an einer anderen Wertpapierbörse, wenn die Börsenordnung der Wertpapierbörse, an der das Unternehmen zur Teilnahme am Handel zugelassen ist, dies vorsieht und das Unternehmen das Regelwerk für das elektronische Handelssystem anerkennt; die Börsenordnung kann nähere Bestimmungen treffen.

(1) For an enterprise that wants to participate in stock exchange trading through an electronic trading system, it shall be sufficient to be admitted on another stock exchange if the Stock Exchange Rules of the stock exchange where such enterprise is admitted to participate in stock exchange trading so provides and the enterprise accepts the rules applicable to the electronic trading system; further details may be provided in the Stock Exchange Rules.

(2) ¹Der Inhaber des Nutzungs- und Verwertungsrechts eines an einer Wertpapierbörse, an der nicht ausschließlich Derivate im Sinne des § 2 Abs. 2 Nr. 1 Buchstabe a bis c und Nr. 2 des Wertpapierhandelsgesetzes gehandelt werden, durch die Börsenordnung geregelten elektronischen Handelssystems hat jeder anderen Wertpapierbörse auf deren Verlangen die Einführung des Systems an der betreffenden Börse zu angemessenen Bedingungen zu gestatten. ²Das Nähere über die Einführung des Systems regelt die Börsenordnung.

(2) ¹The owner of the right of use and exploitation of an electronic trading system governed by the Stock Exchange Rules of a securities exchange where not only derivatives within the meaning of § 2(2) no. 1 lit. a to c and no. 2 of the Securities Trading Act are traded shall on request permit any other securities exchange on introduce such system on such exchange on reasonable terms and conditions. ²Details about the introduction of the system shall be set out in the Stock Exchange Rules.

§ 8 [Maßnahmen der Börsenaufsichtsbehörde]

§ 8 [Measures taken by the Stock Exchange Supervisory Authority]

(1) Die Börsenaufsichtsbehörde ist befugt, zur Aufrechterhaltung der Ordnung

(1) The Stock Exchange Supervisory Authority shall have the power to issue

Stock Exchange Act § 8a

und für den Geschäftsverkehr an der Börse Anordnungen zu erlassen.

(2) ¹Die Aufrechterhaltung der Ordnung in den Börsenräumen obliegt der Geschäftsführung. ²Sie ist befugt, Personen, welche die Ordnung oder den Geschäftsverkehr an der Börse stören, aus den Börsenräumen zu entfernen.

(3) Finden sich an der Börse Personen zu Zwecken ein, welche mit der Ordnung oder dem Geschäftsverkehr an derselben unvereinbar sind, so ist ihnen der Zutritt zu untersagen.

§ 8a [Zur Teilnahme am Börsenhandel zugelassene Unternehmen und Kursmakler]

(1) ¹Die Börsenordnung kann bestimmen, daß die zur Teilnahme am Börsenhandel zugelassenen Unternehmen und die Kursmakler ausreichende Sicherheit zu leisten haben, um die Verpflichtungen aus Geschäften, die an der Börse sowie in einem an der Börse zugelassenen elektronischen Handelssystem abgeschlossen werden, jederzeit erfüllen zu können. ²Die Höhe der Sicherheitsleistung muß in angemessenem Verhältnis zu den mit den abgeschlossenen Geschäften verbundenen Risiken stehen. ³Das Nähere über die Art und Weise der Sicherheitsleistung bestimmt die Börsenordnung.

(2) ¹Wird die nach der Börsenordnung erforderliche Sicherheitsleistung nicht erbracht oder entfällt sie nachträglich, kann die Börsenordnung vorsehen, daß das Ruhen der Zulassung längstens für die Dauer von sechs Monaten angeordnet werden kann. ²Die Börsenordnung kann vorsehen, daß zur Teilnahme am Börsenhandel zugelassene Unternehmen auf die Tätigkeit als Vermittler beschränkt werden können, wenn die geleistete Sicherheit nicht mehr den in der Börsenordnung festgelegten Erfordernissen ent-

orders concerning the maintenance of good order and regulating business on the stock exchange.

(2) ¹The Board of Governors shall be responsible for the maintenance of order in the stock exchange premises. ²The Board of Governors shall have the power to remove from the stock exchange premises any person interfering with good order or business on the stock exchange.

(3) No access shall be granted to persons attending the stock exchange for purposes which cannot be reconciled with good order or business on the stock exchange.

§ 8a [Enterprises and official brokers admitted to participate in stock exchange trading]

(1) ¹The Stock Exchange Rules may provide that enterprises admitted to participate in stock exchange trading and official brokers shall provide collateral enabling them always to be in a position to discharge their obligations under transactions entered into on the stock exchange and in an electronic trading system in operation at a stock exchange. ²The amount of such collateral shall be in reasonable proportion to the risks arising from the relevant transactions. ³Further details about the manner of providing collateral shall be set out in the Stock Exchange Rules.

(2) ¹If the collateral required by the Stock Exchange Rules is not provided or subsequently ceases to exist, the Stock Exchange Rules may provide that admission may be suspended for a period of up to six months. ²The Stock Exchange Rules may further provide that enterprises admitted to participate in stock exchange trading may be restricted from acting as intermediaries if the collateral that has been provided no longer conforms, with the requirements set out in the Stock Exchange Rules. ³The Stock Exchange

spricht. ³Die Börsenordnung kann auch bestimmen, daß das Recht einer nach § 7 Abs. 4 b zugelassenen Person zum Abschluß von Börsengeschäften für die Dauer des Ruhens der Zulassung des Unternehmens ruht, für das sie Geschäfte an der Börse abschließt.

(3) Die Börsenordnung kann Regelungen zur Begrenzung und Überwachung der Börsenverbindlichkeiten von zur Teilnahme am Börsenhandel zugelassenen Unternehmen und Kursmaklern vorsehen.

(4) ¹Die Handelsüberwachungsstelle hat die nach Absatz 1 zu leistenden Sicherheiten und die Einhaltung der Regelungen nach Absatz 3 zu überwachen. ²Ihr stehen die Befugnisse der Börsenaufsichtsbehörde nach § 1 a Abs. 1 zu. ³Sie kann insbesondere von der jeweiligen Abrechnungsstelle die Liste der offenen Aufgabegeschäfte und die Mitteilung negativer Kursdifferenzen verlangen. ⁴Stellt die Handelsüberwachungsstelle fest, daß der Sicherheitsrahmen überschritten ist, hat die Geschäftsführung Anordnungen zu treffen, die geeignet sind, die Erfüllung der Verpflichtungen aus den börslichen Geschäften nach Absatz 1 sicherzustellen. ⁵Sie kann insbesondere anordnen, daß das zur Teilnahme am Börsenhandel zugelassene Unternehmen und der Kursmakler unverzüglich weitere Sicherheiten zu leisten und offene Geschäfte zu erfüllen haben, oder diese mit sofortiger Wirkung ganz oder teilweise vom Börsenhandel vorläufig ausschließen. ⁶Die Geschäftsführung hat die Börsenaufsichtsbehörde über die Überschreitung des Sicherheitsrahmens und die getroffenen Anordnungen unverzüglich zu unterrichten.

(5) Widerspruch und Anfechtungsklage gegen Maßnahmen nach Absatz 4 haben keine aufschiebende Wirkung.

Rules may also provide that the right of a person admitted pursuant to § 7 (4b) to enter into stock exchange transactions may be suspended as long as the admission of the enterprise for which such person enters into transactions on the stock exchange is suspended.

(3) The Stock Exchange Rules may contain provisions for the limitation and supervision of stock exchange liabilities incurred by enterprises admitted to participate in stock exchange trading and by official brokers.

(4) ¹The Monitoring Office shall monitor both the collateral to be provided pursuant to para. (1) and compliance with the provisions pursuant to para. (3). ²The Monitoring Office shall have the powers of the Stock Exchange Supervisory Authority pursuant to § 1a(1). ³In particular, the Monitoring Office may request the clearing office to hand over a list of all open non-specific counterparty trades and information about negative price differences. ⁴If the Monitoring Office determines that the risks exceed the collateral, the Board of Governors shall issue orders which are appropriate to ensure the proper discharge of obligations resulting from stock exchange transactions pursuant to para. (1). ⁵In particular, the Board of Governors may order the enterprise admitted to participate in stock exchange trading and the official broker to provide further collateral and close open non-specific counterparty trades without undue delay, or exclude them in whole or in part from stock exchange trading with immediate effect. ⁶The Board of Governors shall without undue delay inform the Stock Exchange Supervisory Authority about the excess of liabilities over the collateral and the orders issued.

(5) Neither the filing of an objection nor an action to set aside against measures pursuant to para. (4) shall have the effect of suspending preliminary enforcement.

§ 8b [Skontoführer]

(1) ¹Die Börsenaufsichtsbehörde überprüft die wirtschaftliche Leistungsfähigkeit der Kursmakler und der anderen zur Feststellung oder zur Ermittlung des Börsenpreises bestimmten Personen (Skontroführer) ausschließlich im Hinblick auf deren Funktion bei der Feststellung oder Ermittlung des Börsenpreises. ²Die Prüfung bezieht sich auf die Feststellung von Tatsachen, die Zweifel an dieser Leistungsfähigkeit begründen. ³Die Überprüfung umfaßt sowohl die börslichen als auch die außerbörslichen Geschäfte im Rahmen des Handelsgewerbes. ⁴Die Börsenaufsichtsbehörde kann mit dieser Prüfung ganz oder teilweise einen Wirtschaftsprüfer oder eine Wirtschaftsprüfungsgesellschaft beauftragen. ⁵Die Skontroführer haben zu dem in Satz 1 genannten Zweck die nach § 25 Abs. 1 Satz 1 und § 26 Abs. 1 Satz 1 und 2 des Gesetzes über das Kreditwesen dem Bundesaufsichtsamt für das Kreditwesen einzureichenden Unterlagen unverzüglich der Börsenaufsichtsbehörde vorzulegen. ⁶Der Abschlußprüfer hat den Prüfungsbericht nach § 26 Abs. 1 Satz 3 des Gesetzes über das Kreditwesen unverzüglich nach Beendigung der Prüfung der Börsenaufsichtsbehörde einzureichen.

(2) ¹Die Börsenaufsichtsbehörde teilt dem Bundesaufsichtsamt für das Kreditwesen unverzüglich mit

1. die Bestellung eines Skontroführers und dessen Identität,
2. Namen und Sitz des Unternehmens, das der Skontroführer vertritt,
3. jede Änderung der Angaben nach Nummer 1 und 2.

²Das Bundesaufsichtsamt für das Kreditwesen und die Börsenaufsichtsbehörden haben einander Beobachtungen und Feststellungen einschließlich personenbezogener Daten mitzuteilen, die Zweifel an der wirtschaftlichen Leistungsfähigkeit des Skontroführers begründen.

§ 8b [Market Makers]

(1) ¹The Stock Exchange Supervisory Authority shall audit the financial capabilities of the official brokers and the other persons authorised to determine stock exchange prices (Market Makers) exclusively in respect of the functions of determining stock exchange prices. ²The audit shall extend to finding of facts which would cast doubt over such financial capabilities. ³The audit shall cover both on and off stock exchange transactions within the course of the respective business. ⁴The Stock Exchange Supervisory Authority may retain an auditor or a firm of auditors for the full or partial carrying out of such audit. ⁵For the purpose referred to in sentence 1, the Market Makers shall without undue delay provide the Stock Exchange Supervisory Authority with the documents to be filed with the Federal Banking Supervisory Authority pursuant to § 25(1)1 and § 26(1)1 and 2 of the Banking Act. ⁶The auditor shall file his audit report pursuant to § 26(1)3 of the Banking Act with the Stock Exchange Supervisory Authority forthwith upon completion of the audit.

(2) ¹The Stock Exchange Supervisory Authority shall without undue delay inform the Federal Banking Supervisory Authority about:

1. the appointment of a Market Maker and its identity;
2. the name and registered office of the enterprise represented by the Market Maker; and
3. any changes in the information pursuant to no. 1 and 2.

²The Federal Banking Supervisory Authority and the Stock Exchange Supervisory Authorities shall inform each other about observations and determinations including personal data which would cast doubt over the financial capabilities of a Market Maker.

§ 8c [Weitere Befugnisse der Börsenaufsichtsbehörde]

(1) ¹Der Börsenaufsichtsbehörde und den von ihr beauftragten Personen und Einrichtungen stehen die Befugnisse nach § 1 a Abs. 1 Satz 1 bis 4 zu; § 1 a Abs. 1 Satz 7 und 8 ist anzuwenden. ²Die Börsenaufsichtsbehörde kann, soweit dies zur Erfüllung ihrer Aufgaben nach § 8 b erforderlich ist,

1. Anordnungen gegenüber Skontroführern erlassen über das Führen von Büchern und das Fertigen von Aufzeichnungen, sowie nach Anhörung des Bundesaufsichtsamtes für das Kreditwesen über eine weitergehende Gliederung des Jahresabschlusses,
2. von den Skontroführern, die ihr Unternehmen in der Rechtsform des Einzelkaufmanns betreiben, Auskünfte und Nachweise über ihre privaten Vermögensverhältnisse verlangen.

(2) Widerspruch und Anfechtungsklage gegen Maßnahmen nach Absatz 1 Satz 2 Nr. 2 haben keine aufschiebende Wirkung.

§ 8d [Skontroführer als Geschäftsleiter]

Betreibt der Skontroführer das börsliche und außerbörsliche Wertpapiergeschäft als Geschäftsleiter eines Finanzdienstleistungsinstituts oder eines Kreditinstituts, sind die §§ 8 a bis 8 c auf das Finanzdienstleistungsinstitut oder das Kreditinstitut entsprechend anzuwenden.

§ 9 [Sanktionsausschuß]

(1) ¹Die Landesregierung wird ermächtigt, durch Rechtsverordnung Vorschriften über die Errichtung eines Sanktionsausschusses, seine Zusammensetzung, sein Verfahren einschließlich der Beweisaufnahme und der Kosten sowie die Mitwirkung der Börsenaufsichtsbehörde zu erlassen. ²Die Vorschriften können vorse-

§ 8c [Further powers of the Stock Exchange Supervisory Authority]

(1) ¹The Stock Exchange Supervisory Authority and the persons and institutions mandated by it shall have the powers pursuant to § 1a (1)1 to 4; § 1a (1)7 and 8 shall apply. ²The Stock Exchange Supervisory Authority may, to the extent necessary for the discharge of its duties pursuant to § 8 b:

1. issue orders addressed to Market Makers about the keeping of books and the making of records and, after hearing the Federal Banking Supervisory Authority, about a further breakdown of categories in the annual accounts;
2. request information and evidence from a Market Maker operating its business in the form of a sole proprietorship about its private financial situation.

(2) Neither the filing of an objection nor an action to set aside measures pursuant para. (1) sentence 2 no. 2 shall have the effect of suspending preliminary enforcement.

§ 8d [Market Makers as chief executives]

If a Market Maker carries on the trading of securities both on and off stock exchange as chief executive of a financial service provider or a bank, the provisions of §§ 8a to 8c shall apply *mutatis mutandis* to the financial service provider or bank.

§ 9 [Sanctions Committee]

(1) ¹The state government shall have the power to enact legal provisions by way of Regulation about the establishment of a Sanctions Committee, its composition and its procedures including the taking of evidence and the costs as well as the participation of the Stock Exchange Supervisory Authority. ²Such provisions may

hen, daß der Sanktionsausschuß Zeugen und Sachverständige, die freiwillig vor ihm erscheinen, ohne Beeidigung vernehmen und das Amtsgericht um die Durchführung einer Beweisaufnahme, die er nicht vornehmen kann, ersuchen darf. ³Die Landesregierung kann die Ermächtigung nach Satz 1 durch Rechtsverordnung auf die Börsenaufsichtsbehörde übertragen.

(2) ¹Der Sanktionsausschuß kann einen Handelsteilnehmer mit Verweis, mit Ordnungsgeld bis zu fünfundzwanzigtausend Euro oder mit Ausschluß von der Börse bis zu 30 Sitzungstagen belegen, wenn der Handelsteilnehmer vorsätzlich oder leichtfertig
1. gegen börsenrechtliche Vorschriften oder Anordnungen verstößt, die eine ordnungsmäßige Durchführung des Handels an der Börse oder der Börsengeschäftsabwicklung sicherstellen sollen, oder
2. im Zusammenhang mit seiner Tätigkeit den Anspruch auf kaufmännisches Vertrauen oder die Ehre eines anderen Handelsteilnehmers verletzt.

²Handelt es sich bei dem Handelsteilnehmer um einen Kursmakler oder einen Kursmaklerstellvertreter, ist an Stelle des Sanktionsausschusses die Börsenaufsichtsbehörde für die Entscheidung zuständig.

(3) ¹In Streitigkeiten wegen der Entscheidungen des Sanktionsausschusses oder der Börsenaufsichtsbehörde nach Absatz 2 ist der Verwaltungsrechtsweg gegeben. ²Vor Erhebung einer Klage bedarf es keiner Nachprüfung in einem Vorverfahren.

§ 10 [Weisungsrecht des Auftraggebers]

(1) ¹Aufträge für den Kauf oder Verkauf von Wertpapieren, die zum Handel an einer inländischen Börse zugelassen oder in den Freiverkehr einbezogen sind, sind

authorise the Sanctions Committee to hear, other than on oath, witnesses and experts appearing voluntarily, and to seek the assistance of the Local Court for the taking of evidence which it may not take itself. ³The state government may delegate the power pursuant to sentence 1 by Regulation to the Stock Exchange Supervisory Authority.

(2) ¹The Sanctions Committee may reprimand Trading Participants, impose upon them disciplinary fines of up to Euro 25,000 or exclude them from the stock exchange for up to 30 stock exchange business days if such Trading Participant has intentionally or recklessly:
1. infringed legal provisions or orders relating to stock exchange matters which are designed to ensure the proper conduct of stock exchange trading and settlement; or
2. committed acts in connection with his activity which cannot be reconciled with commercial integrity or the good reputation of another Trading Participant.

²If such Trading Participant is an official broker or deputy official broker, the Stock Exchange Supervisory Authority rather than the Sanctions Committee shall have jurisdiction.

(3) ¹The administrative court shall have jurisdiction over disputes about decisions taken by the Sanctions Committee or the Stock Exchange Supervisory Authority pursuant to para. (2). ²The filing of an action does not require preliminary proceedings.

§ 10 [Directions given by principals]

(1) ¹Orders for the purchase or sale of securities admitted to trading on a domestic stock exchange or included in the regulated inofficial market shall be carried out

über den Handel an einer Börse auszuführen, sofern der Auftraggeber seinen gewöhnlichen Aufenthalt oder seine Geschäftsleitung im Inland hat und er nicht für den Einzelfall oder eine unbestimmte Zahl von Fällen ausdrücklich eine andere Weisung erteilt. ²Der Auftraggeber bestimmt den Ausführungsplatz und darüber, ob der Auftrag im Präsenzhandel oder im elektronischen Handel auszuführen ist.

(2) Trifft der Auftraggeber keine Bestimmung nach Absatz 1 Satz 2, ist der Auftrag im Präsenzhandel auszuführen, es sei denn, das Interesse des Auftraggebers gebietet eine andere Ausführungsart; über den Ausführungsplatz entscheidet der Auftragnehmer unter Wahrung der Interessen des Auftraggebers.

(3) Die Absätze 1 und 2 sind auf festverzinsliche Schuldverschreibungen, die Gegenstand einer Emission sind, deren Gesamtnennbetrag weniger als eine Milliarde Euro beträgt, nicht anzuwenden.

by trading on the stock exchange if the principal has a domestic residence or management and unless he has given other instructions either spefically or generally. ²The principal shall determine the place of performance and whether or not the order shall be carried out on the trading floor or by electronic trading.

(2) If the principal fails to give any directions pursuant to para. (1) sentence 2, the order shall be carried out on the trading floor unless the principal's interest requires another manner of performance; the person accepting the order from the principal shall determine the place of performance with due regard to the principal's interests.

(3) Paras. (1) and (2) shall not apply to fixed income debt securities forming part of an issue whose aggregate nominal value amounts to less than Euro 1 billion.

§ 11 [Börsenpreis]

(1) ¹Preise für Wertpapiere, die während der Börsenzeit an einer Wertpapierbörse im amtlichen Handel oder im geregelten Markt oder Preise, die an einer Warenbörse festgestellt werden, sind Börsenpreise. ²Börsenpreise sind auch Preise, die für Derivate an einer Börse festgestellt oder ermittelt werden, oder die sich für Wertpapiere, die zum Handel zugelassen sind, Derivate oder Waren in einem an einer Börse durch die Börsenordnung geregelten elektronischen Handelssystem oder an Börsen bilden, an denen nur ein elektronischer Handel stattfindet.

(2) ¹Börsenpreise müssen ordnungsmäßig zustandekommen. ²Insbesondere müssen den Handelsteilnehmern Angebote zugänglich und die Annahme der

§ 11 [Stock exchange price]

(1) ¹Prices determined during trading hours for securities admitted to the official list or the regulated market on a securities exchange, or prices determined on a commodity exchange, shall be stock exchange prices. ²Stock exchange prices shall further be prices determined on a stock exchange for derivatives, or prices which, in respect of securities admitted to trading, derivatives or commodities, are generated in an electronic trading system of a stock exchange regulated by the Stock Exchange Rules or on a stock exchange where there is only electronic trading.

(2) ¹Stock exchange prices shall be generated properly. ²Offers shall be accessible to, and capable of acceptance by, all Trading Participants. ³Before the determina-

Angebote möglich sein. ³Vor der Feststellung eines Börsenpreises muß den Handelsteilnehmern die aus Angebot und Nachfrage ermittelte Preisspanne zur Kenntnis gegeben werden. ⁴Die Sätze 2 und 3 gelten nicht für Angebote, die zur Feststellung des Eröffnungs-, Einheits- oder Schlußkurses führen. ⁵Die Börsenpreise und die ihnen zugrundeliegenden Umsätze sind den Handelsteilnehmern unverzüglich bekanntzumachen. ⁶Das Nähere regelt die Börsenordnung; § 4 Abs. 2 Satz 3 ist auf die Bekanntgabe entsprechend anzuwenden. ⁷Die Börsenordnung kann auch festlegen, daß vor Feststellung eines Börsenpreises den Handelsteilnehmern zusätzlich der Preis des am höchsten limitierten Kaufauftrages und des am niedrigsten limitierten Verkaufsauftrages zur Kenntnis gegeben werden muß.

(3) Geschäfte, die zu Börsenpreisen geführt haben, sind bei der Eingabe in das Geschäftsabwicklungssystem der Börse besonders zu kennzeichnen.

tion of a stock exchange price, the price range determined on the basis of supply and demand shall be disclosed to the Trading Participants. ⁴Sentences 2 and 3 shall not apply to offers leading to the determination of an opening price, standard price or closing price. ⁵The stock exchange prices and the underlying turnover shall be published to the Trading Participants without undue delay. ⁶Further details shall be provided in the Stock Exchange Rules; § 4(2)3 shall apply *mutatis mutandis* to such publication. ⁷The Stock Exchange Rules may stipulate that the Trading Participants shall be informed about the highest limit order for purchases and the lowest limit order for sales before the determination of the stock exchange price.

(3) Transactions leading to stock exchange prices shall be designated as such when entered into the stock exchange clearing system.

§ 12 [Elektronisches Handelssystem]

(1) ¹In einem elektronischen Handelssystem nach § 11 Abs. 1 Satz 2 können Wertpapiere gehandelt werden, wenn eine der Börsen, an der diese Wertpapiere zum Handel zugelassen sind, dem zugestimmt hat. ²In einem elektronischen Handelssystem können auch Wertpapiere gehandelt werden, die ausschließlich in den Freiverkehr einbezogen sind; Satz 1 gilt entsprechend.

(2) ¹Die näheren Bestimmungen für den Handel in einem elektronischen Handelssystem sind in der Börsenordnung zu treffen. ²Die Börsenordnung muß insbesondere Bestimmungen enthalten über die Bildung des Börsenpreises und die Einbeziehung von Wertpapieren in das elektronische Handelssystem. ³Die Geschäftsführung hat den Emittenten über die Einbeziehung von Wertpapieren in das elektronische Handelssystem zu unterrichten.

§ 12 [Electronic trading system]

(1) ¹Securities may be traded in an electronic trading system pursuant to § 11(1)2 with the approval of one of the stock exchanges where the relevant securities are admitted to trading. ²Securities exclusively included in the regulated inofficial market may also be traded in an electronic trading system; sentence 1 shall apply *mutatis mutandis*.

(2) ¹Further details about the trading in an electronic trading system shall be set out in the Stock Exchange Rules. ²The Stock Exchange Rules shall in particular contain provisions about the determination of the stock exchange price and the inclusion of securities into the electronic trading system. ³The Board of Governors shall inform the issuer about the inclusion of its securities into the electronic trading system.

§ 13 [Aufgabegeschäft]

¹Ein Skontroführer, der während der Börsenzeit im amtlichen Handel oder im geregelten Markt in einem ihm zugewiesenen Wertpapier den Auftrag eines an dieser Wertpapierbörse zur Teilnahme am Börsenhandel zugelassenen Unternehmens nicht in angemessener Zeit ganz oder teilweise ausführen kann und daher ein Aufgabegeschäft tätigt, darf am selben Börsentag an einer anderen Wertpapierbörse einen Skontroführer, dem dieses Wertpapier ebenfalls zugewiesen ist, damit beauftragen, ein zur Teilnahme am Handel an der anderen Börse zugelassenes Unternehmen innerhalb der an der Börse des beauftragten Skontroführers geltenden Fristen zur Schließung des Aufgabegeschäftes zu benennen. ²Das Aufgabegeschäft des beauftragenden Skontroführers ist der Börse dieses Skontroführers, das Deckungsgeschäft der Börse des beauftragten Skontroführers zuzurechnen. ³Für das zwischen den Unternehmen zustandegekommene Wertpapiergeschäft gelten die Bedingungen für die Geschäfte an der Börse des Verkäufers, es sei denn, in den Bedingungen für die Geschäfte an der Börse aller Wertpapierbörsen, an denen nicht nur Derivate im Sinne des § 2 Abs. 2 des Wertpapierhandelsgesetzes gehandelt werden, ist einheitlich etwas anderes bestimmt. ⁴Das Nähere regelt die Börsenordnung.

§ 13 [Non-specific counterparty trade]

(1) ¹A Market Maker who, during stock exchange trading hours, is unable to carry out within due time on the official list or in the regulated market, in whole or in part, an order concerning securities assigned to him which was placed by an enterprise admitted to participate in stock exchange trading on the securities exchange concerned and who therefore engages in a non-specific counterparty trade, may on the same day mandate a Market Maker on another securities exchange to whom the relevant securities are assigned to name an enterprise admitted to participate in the trading on such other stock exchange to close the non-specific counterparty trade within the time limits applicable to the instructing Market Maker. ²The non-specific counterparty trade of the other Market Maker shall be attributed to the stock exchange where he is admitted, and the closing shall be attributed to the stock exchange where the instructing Market Maker is admitted. ³The securities transaction between the enterprises concerned shall be governed by the terms and conditions applicable at the stock exchange of the seller, unless the terms and conditions of all stock exchanges, except those where only derivatives within the meaning of § 2(2) of the Securities Trading Act are being traded, uniformly provide otherwise. ⁴Further details shall be set out in the Stock Exchange Rules.

§§ 14–27 (weggefallen)

§§ 14–27 (repealed)

§ 28 [Börsenschiedsgericht]

Eine Vereinbarung, durch welche die Beteiligten sich der Entscheidung eines Börsenschiedsgerichts unterwerfen, ist nur verbindlich, wenn beide Teile zu den Personen gehören, die nach § 53 Abs. 1 Börsentermingeschäfte abschließen können, oder wenn die Unterwerfung unter das Schiedsgericht nach Entstehung des Streitfalls erfolgt.

§ 28 [Stock exchange arbitration panel]

An agreement by which the parties submit to stock exchange arbitration shall be binding only if both parties are persons who may transact futures transactions pursuant to § 53(1), or if the parties have submitted to stock exchange arbitration after the dispute has arisen.

II. Feststellung des Börsenpreises und Kursmaklerwesen

§ 29 [Feststellung des Börsenpreises]

(1) ¹Bei Wertpapieren, deren Börsenpreis amtlich festgestellt wird, erfolgt diese Feststellung durch Kursmakler. ²Bei Waren, deren Börsenpreis amtlich festgestellt wird, erfolgt diese Feststellung durch die Geschäftsführung, soweit die Börsenordnung nicht die Mitwirkung von Vertretern anderer Berufszweige vorschreibt.

(2) Bei der amtlichen Feststellung des Börsenpreises von Wertpapieren dürfen nur Vertreter der Börsenaufsichtsbehörde und der Handelsüberwachungsstelle, bei der amtlichen Feststellung des Börsenpreises von Waren darüber hinaus nur die Vertreter der beteiligten Berufszweige, deren Mitwirkung die Börsenordnung vorschreibt, anwesend sein.

(3) ¹Als Börsenpreis ist derjenige Preis amtlich festzustellen, welcher der wirklichen Geschäftslage des Handels an der Börse entspricht. ²Der Kursmakler hat alle zum Zeitpunkt der Feststellung vorliegenden Aufträge bei ihrer Ausführung unter Beachtung der an der Börse bestehenden besonderen Regelungen gleichzubehandeln. ³Werden Aufträge für Wertpapiere, die an mehreren Börsen gehandelt werden, zur Feststellung des Börsenpreises im Auftragsbuch eines Kursmaklers an einer dieser Börsen zusammengeführt, ist als Börsenpreis der Preis amtlich festzustellen, welcher der wirklichen Geschäftslage des Handels an den beteiligten Börsen entspricht.

II. Determination of stock exchange prices and matters concerning official brokers

§ 29 [Determination of stock exchange price]

(1) ¹In the case of securities the stock exchange price of which is officially determined, such determination shall be carried out by the official brokers. ²In the case of commodities the exchange price of which is officially determined, such determination shall be carried out by the Board of Governors unless the Stock Exchange Rules require representatives of other professional parties to be involved.

(2) The official determination of the stock exchange price of securities shall be attended only by representatives of the Stock Exchange Supervisory Authority and the Monitoring Office, and the official determination of the exchange price of commodities shall be attended, in addition to the aforementioned representatives, only be representatives of the professional parties to be involved pursuant to the Stock Exchange Rules.

(3) ¹Such price shall be officially determined as the stock exchange price which truly represents the state of business on the stock exchange. ²When carrying out orders, the official broker shall, with due regard to any particular regulations applicable at the stock exchange concerned, treat equally all orders that have been placed when the price is determined. ³If orders for securities traded on more than one stock exchange are matched in the order book of one official broker admitted as such on one of these stock exchanges for the determination of the stock exchange price, such price shall officially be determined as the stock exchange price which truly reflects the state of business on all stock exchanges concerned.

§ 30 [Kursmakler]

(1) ¹An den Börsen, an denen Börsenpreise amtlich festgestellt werden, sind Kursmakler zu bestellen. ²Die Kursmakler haben an den Wertpapierbörsen die Börsenpreise amtlich festzustellen, an den Warenbörsen bei der amtlichen Feststellung mitzuwirken. ³Die Börsenaufsichtsbehörde bestellt und entläßt die Kursmakler nach Anhörung der Kursmaklerkammer und der Geschäftsführung. ⁴Die Kursmakler haben vor Antritt ihrer Stellung den Eid zu leisten, daß sie die ihnen obliegenden Pflichten getreu erfüllen werden.

(2) ¹Zum Kursmakler kann bestellt werden, wer
1. Inhaber oder Geschäftsleiter eines Finanzdienstleistungsinstituts oder Geschäftsleiter eines Kreditinstituts ist, wenn das Finanzdienststellungsinstitut oder Kreditinstitut die Erlaubnis zum Betreiben der Anlagevermittlung und des Eigenhandels hat, und
2. die für die Tätigkeit notwendige Zuverlässigkeit und berufliche Eignung hat.

²Ein Bewerber kann nicht bestellt werden, wenn Tatsachen die Annahme rechtfertigen, daß er nicht die für die Teilnahme am Börsenhandel erforderliche wirtschaftliche Leistungsfähigkeit hat.

(3) Der Kursmakler scheidet mit Ablauf des Kalenderjahres, in dem er das 65. Lebensjahr vollendet, aus seinem Amt aus.

(4) ¹Die Börsenaufsichtsbehörde hat einen Kursmakler zu entlassen, wenn

1. er die Entlassung beantragt,
2. die Voraussetzungen für die Bestellung weggefallen sind oder sich herausstellt, daß diese Voraussetzungen zu Unrecht als vorhanden angenommen wurden,
3. er sich weigert, den vorgeschriebenen Eid zu leisten,

§ 30 [Official brokers]

(1) ¹Official brokers shall be appointed at the stock exchanges where stock exchange prices are officially determined. ²The official brokers shall, at securities exchanges, determine stock exchange prices for securities in an official capacity, and, at commodity exchanges, assist in the official determination of exchange prices. ³The Stock Exchange Supervisory Authority shall appoint and dismiss official brokers after hearing the chamber of official brokers and the Board of Governors. ⁴Before taking office, official brokers shall swear that they will faithfully discharge their duties.

(2) ¹Anybody may be appointed official broker who:
1. is proprietor or chief executive officer of a financial service provider or chief executive officer of a bank if such financial service provider or bank is permitted to carry out the business of investment brokerage and trading for own account; and
2. is reliable and professionally qualified as required for such office.

²An applicant cannot be appointed where there is reason to believe that he does not have the requisite financial resources to participate in stock exchange trading.

(3) An official broker shall retire from office at the calendar year end following his 65th birthday.

(4) ¹The Stock Exchange Supervisory Authority shall dismiss an official broker if:
1. he has applied for dismissal;
2. he no longer meets the requirements for appointment, or it turns out that such requirements were wrongfully presumed to exist;
3. he refuses to swear the oath required;

Stock Exchange Act § 30

4. er die Fähigkeit zur Bekleidung öffentlicher Ämter verloren hat,
5. er durch gerichtliche Anordnung in der Verfügung über sein Vermögen beschränkt ist,
6. er infolge eines körperlichen oder geistigen Gebrechens oder wegen einer Sucht nicht nur vorübergehend zur ordnungsmäßigen Ausübung seines Amtes unfähig ist oder
7. er sich einer groben Verletzung seiner Pflichten schuldig gemacht hat.

²In dringenden Fällen kann die Börsenaufsichtsbehörde einem Kursmakler auch ohne Anhörung nach Absatz 1 Satz 3 die Ausübung seines Amtes mit sofortiger Wirkung vorläufig untersagen; Widerspruch und Anfechtungsklage haben keine aufschiebende Wirkung.

(5) ¹Die Börsenaufsichtsbehörde kann Kursmaklerstellvertreter bestellen, die in Fällen einer vorübergehenden Abwesenheit des Kursmaklers dessen Amt ausüben; Absatz 1 Satz 3 und 4 ist entsprechend anzuwenden. ²Zum Kursmaklerstellvertreter kann nur bestellt werden, wer die Voraussetzungen des Absatzes 2 Nr. 2 erfüllt und Angestellter eines Kursmaklers, einer Gesellschaft im Sinne des § 34 a Abs. 1 oder einer Kursmaklerkammer ist oder zur Vertretung einer Gesellschaft im Sinne des § 34 a Abs. 1 befugt ist. ³Die Bestellung kann befristet erfolgen. ⁴Die Vorschriften des Absatzes 4 sind entsprechend anzuwenden.

(6) ¹Eine Kursmaklerkammer ist bei jeder Börse zu bilden, an der mindestens acht Kursmakler bestellt sind. ²Sie ist von der Geschäftsführung vor der Verteilung der Geschäfte unter die einzelnen Kursmakler zu hören.

(7) Die Landesregierung wird ermächtigt, durch Rechtsverordnung die näheren Bestimmungen über die Rechte und Pflichten der Kursmakler und der Kursmakler-

4. he has lost the capacity to hold public offices;
5. his control over his assets has been restricted by court order;
6. he is (otherwise than temporarily) unable to properly discharge his duties due to physical or mental infirmity or due to an addiction; or
7. he is guilty of a gross breach of his obligations.

²In urgent cases, the Stock Exchange Supervisory Authority may temporarily prohibit an official broker from performing his office with immediate effect and without a hearing pursuant to para. (1) sentence 3; neither the filing of an objection nor an action to set aside such measures shall shall have the effect of suspending preliminary enforcement thereof.

(5) ¹The Stock Exchange Supervisory Authority may appoint deputy official brokers to hold office when an official broker is temporarily absent; para. (1) sentences 3 and 4 shall apply *mutatis mutandis*. ²A person may be appointed deputy official broker only if such person meets the requirements pursuant to para. (2) no. 2 and is employed by an official broker, a company within the meaning of § 34a(1) or a chamber of official brokers, or has authority to represent a company within the meaning of § 34a(1). ³Such appointment may be for a limited period of time. The provisions of para. (4) shall apply *mutatis mutandis*.

(6) ¹A chamber of official brokers shall be established at any stock exchange where at least eight official brokers have been appointed. ²The chamber of official brokers shall be consulted before the Board of Governors allocates business among the individual official brokers.

(7) The state government shall have the power to set out by way of Regulation more detailed provisions about the rights and obligations of official brokers and de-

stellvertreter, das Verfahren ihrer Bestellung und Entlassung, die Organisation der Kursmaklerkammer und ihr Verhältnis zu den anderen Börsenorganen zu erlassen; die Landesregierung kann die Ermächtigung durch Rechtsverordnung auf die Börsenaufsichtsbehörde übertragen.

(8) [1]Die Landesregierung wird ermächtigt, durch Rechtsverordnung nach Anhörung der Kursmaklerkammer und der Geschäftsführung eine Gebührenordnung für die Tätigkeit der Kursmakler zu erlassen. [2]Die Festsetzung hat bei Aktien und Optionsscheinen auf der Grundlage des Kurswertes, bei festverzinslichen Wertpapieren auf der Grundlage des Nennbetrages der Geschäfte zu erfolgen. [3]Bei der Bemessung der Höhe der Gebühren sind das Wagnis und die Beschränkungen der sonstigen gewerblichen Tätigkeit der Kursmakler nach § 32 Abs. 5 zu berücksichtigen. [4]Neben den Gebühren darf die Erstattung von Auslagen, die durch die gebührenpflichtige Tätigkeit entstehen, nicht vorgesehen werden. [5]Die Landesregierung kann die Ermächtigung nach Satz 1 durch Rechtsverordnung auf die Börsenaufsichtsbehörde übertragen.

§ 31 [Anspruch auf Berücksichtigung]

[1]Bei Geschäften in Waren oder Wertpapieren kann ein Anspruch auf Berücksichtigung bei der amtlichen Feststellung des Börsenpreises nur erhoben werden, wenn sie durch Vermittlung eines Kursmaklers abgeschlossen sind. [2]Die Berechtigung des Kursmaklers, im Falle des § 29 Abs. 1 Satz 2 die Berechtigung der Geschäftsführung, auch andere Geschäfte zu berücksichtigen, bleibt hierdurch unberührt.

§ 32 [Pflichten der Kursmakler]

(1) [1]Die Kursmakler müssen, solange sie die Tätigkeit als Kursmakler ausüben, die Vermittlung von Börsengeschäften in den Waren oder Wertpapieren betreiben, für die sie bei der amtlichen Feststellung der

puty official brokers, the procedure for their appointment and dismissal, the organisation of a chamber of official brokers and its relationship to other stock exchange bodies; the state government may by way of Regulation delegate such power to the Stock Exchange Supervisory Authority.

(8) [1]The state government shall have the power to adopt by way of Regulation a schedule of fees for the activities of the official brokers after consulting the chamber of official brokers and the Board of Governors. [2]The fees shall be determined on the basis of the market price in the case of shares and warrants and on the nominal value of the transaction in the case of fixed income securities. [3]The assessment of the fees shall take account of the risks and the restraints in respect of other commercial activities official brokers are subject to pursuant to § 32(5). [4]The reimbursement of expenses incurred in connection with activities subject to fees may not be required. [5]The state government may by way of Regulation delegate the powers pursuant to sentence 1 to the Stock Exchange Supervisory Authority.

§ 31 [Right to be considered]

[1]A right to be taken into account in the official determination of the stock exchange price for transactions in commodities or securities may only be asserted if such transactions were entered into through an official broker. [2]The right of the official broker, and in the case of § 29(1)2 the right of the Board of Governors, to consider other transactions shall remain unaffected.

§ 32 [Duties of official brokers]

(1) [1]Official brokers are under an obligation, as long as they are acting as official brokers, to act as intermediaries for stock exchange transactions in the commodities and securities in respect of which

Börsenpreise mitwirken oder für die ihnen diese Feststellung selbst übertragen ist. ²Die Kursmakler dürfen während des Präsenzhandels an der Börse nur in den ihnen zugewiesenen Waren oder Wertpapieren handeln.

(2) ¹Der Kursmakler darf bei Wertpapieren oder Waren, für die nur Einheitskurse festgesetzt werden, oder bei der Feststellung sonstiger gerechneter Kurse Handelsgeschäfte für eigene Rechnung oder im eigenen Namen nur abschließen oder eine Bürgschaft oder Garantie für die von ihm vermittelten Geschäfte nur übernehmen (Eigengeschäfte), soweit dies zur Ausführung der ihm erteilten Aufträge nötig ist. ²Aufgabegeschäfte unterliegen der gleichen Beschränkung. ³Der Kursmakler darf Eigen- und Aufgabegeschäfte auch beim Fehlen marktnah limitierter Aufträge, bei unausgeglichener Marktlage oder bei Vorliegen unlimitierter Aufträge, die nur zu nicht marktgerechten Kursen zu vermitteln wären, tätigen. ⁴Eigen- und Aufgabegeschäfte dürfen nicht tendenzverstärkend wirken. ⁵Die Wirksamkeit der Geschäfte wird durch einen Verstoß gegen die Sätze 1 bis 4 nicht berührt.

(3) Eigenbestände und offene Lieferverpflichtungen des Kursmaklers, die sich aus zulässigen Eigen- und Aufgabegeschäften ergeben, dürfen durch Gegengeschäfte ausgeglichen werden.

(4) Alle Eigen- und Aufgabegeschäfte des Kursmaklers sind gesondert zu kennzeichnen.

(5) Der Kursmakler darf, soweit nicht Ausnahmen zugelassen werden, kein sonstiges Handelsgewerbe betreiben, auch nicht an einem solchen als Kommanditist oder stiller Gesellschafter beteiligt sein; ebensowenig darf er zu einem Kaufmann in dem Verhältnis eines gesetzlichen Vertreters, Prokuristen oder Angestellten stehen.

they assist in the official determination of the stock exchange prices or which have been assigned to them for the performance of such determination. ²During trading floor business hours, official brokers may only trade in the commodities or securities assigned to them.

(2) ¹In respect of securities or commodities for which only standard prices are determined, or where other computed prices are determined, an official broker may trade for his own account or in his own name or provide security for transactions mediated by him (own account trades) only to the extent this is necessary to execute the orders that have been placed with him. ²Non-specific counterparty trades shall be subject to the same restriction. ³The official broker may carry out own account and non-specific counterparty trades even if there are no on-market orders for which limits have been set, if the market is unstable or if orders have been placed without limits which cannot be carried out at a fair market price. ⁴Own account and non-specific counterparty trades shall not be effected to strengthen a market trend. ⁵Transactions shall not be invalid by reason of an infringement of the provisions of sentences 1 to 4.

(3) The official broker's holdings for own account and open delivery obligations resulting from permissible own account or non-specific counterparty trades may be closed by an offsetting transaction.

(4) All own account and non-specific counterparty trades made by the official broker shall be designated accordingly.

(5) Unless exceptions have been permitted, the official broker may not carry out another business or participate therein as a limited or silent partner; he shall neither be permitted to act on behalf of a merchant as legal representative, Prokurist or employee.

(6) *(aufgehoben)*

§ 33 [Tagebuch]

(1) Der Kursmakler hat ein Tagebuch zu führen, dessen Seiten börsentäglich zu numerieren und mit einem Abschlußvermerk zu versehen sind.

(2) Wenn der Kursmakler stirbt oder aus dem Amt scheidet, ist sein Tagebuch bei der Kursmaklerkammer, wenn eine solche nicht vorhanden ist, bei der Börsenaufsichtsbehörde niederzulegen.

§ 34 [Rechte der Kursmakler]

Die Kursmakler sind zur Vornahme von Verkäufen und Käufen befugt, die durch einen dazu öffentlich ermächtigten Handelsmakler zu bewirken sind.

§ 34a [Mögliche Rechtsformen]

(1) Der Kursmakler darf seine börslichen und außerbörslichen Geschäfte außer als Einzelkaufmann auch als Geschäftsleiter eines Finanzdienstleistungsinstituts oder Kreditinstituts in der Rechtsform einer Aktiengesellschaft oder einer Gesellschaft mit beschränkter Haftung betreiben, wenn
1. die Mehrheit der Aktien oder der Geschäftsanteile der Gesellschaft und der Stimmrechte einem oder mehreren Kursmaklern zusteht,
2. die Aktien der Gesellschaft auf Namen lauten,
3. die Übertragung von Aktien oder Geschäftsanteilen der Gesellschaft an die Zustimmung der Gesellschaft gebunden ist,
4. die beteiligten Kursmakler in der Geschäftsführung über eine Mehrheit verfügen,
5. an der Gesellschaft keine Unternehmen, die den Wertpapierhandel gewerbsmäßig betreiben, Finanzdienstleistungsinstitute, Finanzunternehmen im Sinne des § 1 Abs. 3 des Geset-

(6) *(repealed)*

§ 33 [Book of original entries]

(1) The official broker shall keep a book of original entries, the pages of which shall be numbered for every stock exchange business day and bear a closing note.

(2) If the official broker dies or retires from office, his book of original entries shall be deposited with the chamber of official brokers or, if there is none, with the Stock Exchange Supervisory Authority.

§ 34 [Rights enjoyed by official brokers]

The official brokers are entitled to engage in purchases and sales to be carried out by a trade broker officially authorised for such purpose.

§ 34a [Forms of incorporation]

(1) An official broker may carry out his transactions on or off the exchange as sole proprietor or as chief executive officer of a financial service provider or of a bank incorporated as a stock corporation or limited liability company if:

1. a majority of the shares and voting rights is held by one or more official brokers;
2. the shares of the company are registered shares;
3. the transfer of shares in the company requires consent to be given by the company;
4. the official brokers holding shares constitute the majority of the managing directors;
5. neither enterprises trading in securities on a commercial basis, nor financial service providers, nor financial enterprises within the meaning of § 1 (3) of the Banking Act, nor insurance

Stock Exchange Act § 34a

zes über das Kreditwesen, Versicherungsunternehmen oder mit diesen Unternehmen oder Instituten verbundene Unternehmen beteiligt sind,

6. die Gesellschaft nicht an Unternehmen im Sinne der Nummer 5 beteiligt ist,

7. eine Beeinträchtigung der Amtspflichten des Kursmaklers nicht zu befürchten ist, insbesondere der Kursmakler sein Amt weisungsfrei, eigenverantwortlich und persönlich ausübt,

8. die Vertretung des Kursmaklers bei Abwesenheit sichergestellt ist,

9. keine Tatsachen die Annahme rechtfertigen, daß die Gesellschaft nicht die für die Teilnahme am Börsenhandel erforderliche wirtschaftliche Leistungsfähigkeit hat.

(2) Die Satzung oder der Gesellschaftsvertrag sowie deren Änderungen bedürfen der Genehmigung der Börsenaufsichtsbehörde.

(3) (*aufgehoben*)

(4) Die Börsenaufsichtsbehörde untersagt eine Beteiligung an der Gesellschaft, wenn die Voraussetzungen des Absatzes 1 nicht erfüllt sind.

(5) ¹Die Gesellschaft darf über den Präsenzhandel an der Börse nur in den Wertpapieren handeln oder die Finanzportfolioverwaltung im Sinne des § 1 Abs. 1 a Satz 2 Nr. 3 des Gesetzes über das Kreditwesen in den Wertpapieren betreiben, die nicht einem der an der Gesellschaft beteiligten Kursmakler an dieser Börse zugewiesen sind. ²Die Börsenaufsichtsbehörde kann Ausnahmen für die Anlagevermittlung im Sinne des § 1 Abs. 1 a Satz 2 Nr. 1 des Gesetzes über das Kreditwesen zulassen, sofern die Erfüllung der dem Kursmakler obliegenden Pflichten gewährleistet erscheint.

enterprises nor enterprises affiliated to such enterprises or institutions hold any share in the official broker's company;

6. the company holds no participations in enterprises within the meaning of no. 5;

7. the official broker's official duties are unlikely to be affected, and in particular the official broker carries out his office free from instructions, is responsible for his own actions and acts personally;

8. it is assured that the broker will be represented in his absence;

9. there is no cause to believe that the company does not have the financial capability necessary to participate in stock exchange trading.

(2) The memorandum and articles of association as well as the amendments thereto shall require approval by the Stock Exchange Supervisory Authority.

(3) (*repealed*)

(4) The Stock Exchange Supervisory Authority shall prohibit any shareholding in the company if the requirements pursuant to para. (1) have not been met.

(5) ¹The company may trade on the trading floor, or carry on financial portfolio administration within the meaning of § 1(1a)2 no. 3 of the Banking Act, only in those securities that have not been assigned to any of the official brokers holding shares of the company. ²The Stock Exchange Supervisory Authority may permit exceptions for the business of investment brokers within the meaning of § 1(1a)2 no. 1 of the Banking Act, provided that the discharge of the official broker's duties appears to be assured.

§ 35 [Ermächtigungsvorschrift]

(1) Der *Bundesrat*[1] ist befugt:

1. eine von den Vorschriften in § 29 Abs. 1 und 2 und in den §§ 30 und 31 abweichende amtliche Feststellung des Börsenpreises von Waren oder Wertpapieren für einzelne Börsen zuzulassen;
2. eine amtliche Feststellung des Börsenpreises bestimmter Waren allgemein oder für einzelne Börsen vorzuschreiben;
3. Bestimmungen zu erlassen, um eine Einheitlichkeit der Grundsätze über die den Feststellungen von Warenpreisen zugrunde zu legenden Mengen und über die für die Feststellung der Preise von Wertpapieren maßgebenden Gebräuche herbeizuführen.

(2) ¹Die Befugnis der *Landesregierung* zu Anordnungen der im Absatz 1 bezeichneten Art wird hierdurch nicht berührt, soweit der *Reichsrat*[2] oder die *Reichsregierung* keine Anordnungen getroffen hat; zu Anordnungen der im Absatz 1 Nr. 1 bezeichneten Art bedarf jedoch die *Landesregierung* der Zustimmung der *Reichsregierung*. ²Die Anordnungen sind der *Reichsregierung* zur Kenntnisnahme mitzuteilen.

III. Zulassung von Wertpapieren zum Börsenhandel mit amtlicher Notierung

§ 36 [Zulassungspflicht]

(1) Wertpapiere, die mit amtlicher Feststellung des Börsenpreises (amtliche Notierung) an der Börse gehandelt werden sollen, bedürfen der Zulassung, soweit nicht in § 41 oder in anderen Gesetzen etwas anderes bestimmt ist.

---

[1] Zuständig jetzt der Bundesminister für Finanzen.

[2] Zuständig jetzt der Bundesminister für Finanzen.

§ 35 [Enabling provision]

(1) The *Federal Council*[1] shall have the power:

1. to permit individual stock exchanges to officially determine the stock exchange price of commodities and securities in deviation from § 29 (1) and (2) and §§ 30 and 31;
2. to require the official determination of the stock exchange price of certain commodities in general or for individual exchanges;
3. to enact provisions for the harmonisation of the principles concerning the quantities to be taken as a basis for the determination of commodity prices and concerning the customary practices in respect of the determination of securities prices.

(2) ¹The authority of the *State Government* to issue regulations of the kind referred to in para. (1) shall remain in effect to the extent the *Council*[2] or Government of the *German Reich* has not issued any such regulation; for regulations of the type referred to in para. (1) no. 1, the *State Government* shall require the consent of the *Government* of the *Reich*. ²The regulations shall be brought to the attention of the *Government* of the *Reich*.

III. Admission of securities to stock exchange trading with official quotation

§ 36 [Requirement for admission]

(1) Securities to be traded on a stock exchange with official determination of the stock exchange price (official quotation) require an admission unless otherwise provided for in § 41 or in other legislation.

---

[1] The competent authority is now the Federal Minister of Finance.

[2] The competent authority is now the Federal Minister of Finance.

Stock Exchange Act § 36

(2) ¹Die Zulassung ist vom Emittenten der Wertpapiere zusammen mit einem Kreditinstitut, Finanzdienstleistungsinstitut oder einem nach § 53 Abs. 1 Satz 1 oder § 53 b Abs. 1 Satz 1 des Gesetzes über das Kreditwesen tätigen Unternehmen zu beantragen. ²Das Institut oder Unternehmen muß an einer inländischen Wertpapierbörse mit dem Recht zur Teilnahme am Handel zugelassen sein und ein haftendes Eigenkapital im Gegenwert von mindestens 730 000 Euro nachweisen. ³Ein Emittent, der ein Institut oder Unternehmen im Sinne des Satzes 1 ist und die Voraussetzungen des Satzes 2 erfüllt, kann den Antrag allein stellen.

(3) Wertpapiere sind zuzulassen, wenn
1. der Emittent und die Wertpapiere den Bestimmungen entsprechen, die zum Schutz des Publikums und für einen ordnungsgemäßen Börsenhandel gemäß § 38 erlassen worden sind,
2. dem Antrag ein Prospekt zur Veröffentlichung beigefügt ist, der gemäß § 38 die erforderlichen Angaben enthält, um dem Publikum ein zutreffendes Urteil über den Emittenten und die Wertpapiere zu ermöglichen, soweit nicht gemäß § 38 Abs. 2 von der Veröffentlichung eines Prospekts abgesehen werden kann, und
3. keine Umstände bekannt sind, die bei Zulassung der Wertpapiere zu einer Übervorteilung des Publikums oder einer Schädigung erheblicher allgemeiner Interessen führen.

(3a) ¹Der Prospekt darf erst veröffentlicht werden, wenn er von der Zulassungsstelle gebilligt wurde. ²Die Zulassungsstelle hat innerhalb von 15 Börsentagen nach Eingang des Prospekts über die Billigung zu entscheiden. ³Wird der Zulassungsantrag gleichzeitig bei mehreren inländischen Börsen gestellt, so hat der Emittent die für die Billigung des Prospekts zuständige Zulassungsstelle zu bestimmen. ⁴Ist der Prospekt von der Zulassungsstelle gebilligt worden, so ist er von den Zulassungsstellen der anderen inländischen

(2) ¹Admission shall be applied for by the issuer of the securities together with a bank, financial service provider or an enterprise doing business pursuant to § 53(1)1 or § 53b(1)1 of the Banking Act. ²The bank, financial service provider or enterprise must have been admitted to participate in stock exchange trading on a domestic securities exchange and have liable equity equivalent to at least Euro 730,000. ³An issuer who is a bank or enterprise within the scope of sentence 1 and meets the requirements pursuant to sentence 2 may file the application alone.

(3) Securities shall be admitted if:
1. the issuer and the securities comply with the provisions enacted for the protection of the public and orderly stock exchange trading pursuant to § 38;
2. the application is supplemented by a prospectus that is designated for publication and contains the information required pursuant to § 38 to enable the public to properly evaluate the issuer and the securities, unless the publication of a prospectus is not required pursuant to § 38 (2); and
3. no circumstances have become known which, if the securities were admitted, would be likely to result in the public being misled or cause damage to material public interests.

(3a) ¹The prospectus may be published only after approval by the Admissions Office. ²The Admission Office shall decide on the approval within 15 stock exchange business days after the receipt of the prospectus. ³If the application is filed simultaneously at more than one domestic stock exchange, the issuer shall decide which Admissions Office shall decide on the approval of the prospectus. ⁴If the prospectus has been approved by such Admissions Office, it shall be acknowledged by the Admissions Offices of the

Börsen als den Anforderungen des Absatzes 3 Satz 1 Nr. 2 entsprechend anzuerkennen.

(4) ¹Der Prospekt ist zu veröffentlichen
1. durch Abdruck in den Börsenpflichtblättern (§ 37 Abs. 4), in denen der Zulassungsantrag veröffentlicht ist, oder

2. durch Bereithalten zur kostenlosen Ausgabe bei den im Prospekt benannten Zahlstellen und bei der Zulassungsstelle; in den Börsenpflichtblättern, in denen der Zulassungsantrag veröffentlicht ist, ist bekanntzumachen, bei welchen Stellen der Prospekt bereitgehalten wird.

²Außerdem ist im Bundesanzeiger der Prospekt oder ein Hinweis darauf bekanntzumachen, wo der Prospekt veröffentlicht und für das Publikum zu erhalten ist. ³Die Zulassungsstelle hat dem Emittenten auf Verlangen eine Bescheinigung über die Billigung des Prospekts auszustellen; etwaige Befreiungen im Hinblick auf einzelne Angaben oder Abweichungen von den im Regelfall vorgeschriebenen Angaben sind mit Begründung anzugeben. ⁴Beantragt der Emittent die Zulassung der Wertpapiere auch an Börsen anderer Mitgliedstaaten der Europäischen Union oder anderer Vertragsstaaten des Abkommens über den Europäischen Wirtschaftsraum, so hat er den zuständigen Stellen dieser Staaten den Entwurf des Prospekts, den er in diesen Staaten verwenden will, zu übermitteln.

(5) Der Antrag auf Zulassung der Wertpapiere kann trotz Erfüllung der Voraussetzungen des Absatzes 3 abgelehnt werden, wenn der Emittent seine Pflichten aus der Zulassung zur amtlichen Notierung an einer anderen inländischen Börse oder an einer Börse in einem anderen Mitgliedstaat der Europäischen Union oder in einem anderen Vertragsstaat des Abkommens über den Europäischen Wirtschaftsraum nicht erfüllt.

other domestic stock exchanges as compliant with the requirements of para. (3) sentence 1 no. 2.

(4) ¹The prospectus shall be published:
1. by reprint in the mandatory stock exchange newspapers (§ 37 (4)), in which the application for admission has been published; or

2. by making it available free of charge at the offices of the paying agents referred to in the prospectus and at the Admissions Office; the availability of the prospectus shall be announced in the mandatory stock exchange newspapers in which the application for admission has been published.

²Further, the prospectus, or reference to where the prospectus has been published and is available to the public, shall be published in the Federal Gazette. ³The Admissions Office shall issue a certificate to the issuer relating to the approval of the prospectus upon request; the certificate shall mention any possible exemption in respect of individual information or deviations from the information usually required and the reasons therefor. ⁴If the issuer is also applying for admission of the securities on stock exchanges in other Member States of the European Union or other Contracting States of the Agreement on the European Economic Area, it shall also send a draft of the prospectus intended to be used in these Member or Contracting States.

(5) Notwithstanding compliance with the requirements pursuant to para. (3), the application for admission of the securities may be rejected if the issuer fails to discharge its obligations from the admission to the official list on another domestic stock exchange or on a stock exchange in another Member State of the European Union or in another Contracting State of the Agreement on the European Economic Area.

(6) Die Börsenordnung kann vorsehen, daß Wertpapiere, die bereits an einer anderen inländischen Börse zur amtlichen Notierung zugelassen sind, abweichend von Absatz 2 Satz 1 und Absatz 3 auf Antrag des Emittenten zuzulassen sind; Absatz 5 gilt entsprechend.

(6) The Stock Exchange Rules may provide that securities already admitted to the official list on another domestic stock exchange shall be admitted in deviation from para. (2) sentence 1 and para. (3) on the issuer's request; para. (5) shall apply *mutatis mutandis*.

§ 37 [Zulassungsstelle]

(1) ¹Über die Zulassung entscheidet die Zulassungsstelle. ²Die Zulassungsstelle trifft, soweit nicht die Geschäftsführung zuständig ist, die zum Schutz des Publikums und für einen ordnungsgemäßen Börsenhandel erforderlichen Maßnahmen und überwacht die Einhaltung der Pflichten, die sich aus der Zulassung für den Emittenten und für das antragstellende Institut oder Unternehmen ergeben.

(2) Mindestens die Hälfte der Mitglieder der Zulassungsstelle müssen Personen sein, die sich nicht berufsmäßig am Börsenhandel mit Wertpapieren beteiligen.

(3) Die Börsenordnung kann vorsehen, daß Entscheidungen der Zulassungsstelle von aus ihrer Mitte gebildeten Ausschüssen getroffen werden, die aus mindestens fünf Mitgliedern bestehen; Absatz 2 gilt entsprechend.

(4) ¹Die Zulassungsstelle bestimmt mindestens drei inländische Zeitungen zu Bekanntmachungsblättern für vorgeschriebene Veröffentlichungen (Börsenpflichtblätter); mindestens zwei dieser Zeitungen müssen Tageszeitungen mit überregionaler Verbreitung im Inland sein (überregionale Börsenpflichtblätter). ²Die Bestimmung kann zeitlich begrenzt werden; sie ist durch Börsenbekanntmachung zu veröffentlichen.

§ 37 [Admissions Office]

(1) ¹The Admissions Office shall decide on the admission. ²Except where the Board of Governors is competent, the Admissions Office shall take the measures necessary for the protection of the public and the proper conduct of stock exchange trading, and shall monitor compliance with the obligations resulting from the admission applicable to the issuer and the bank, financial service provider or enterprise filing the application.

(2) At least one half of the members of the Admissions Office shall be individuals not professionally engaged in the stock exchange trading of securities.

(3) The Stock Exchange Rules may provide that decisions to be taken by the Admissions Office may be taken by committees set up by, and consisting of, at least five of its members; para. (2) shall apply *mutatis mutandis*.

(4) ¹The Admissions Office shall designate at least three domestic newspapers for mandatory publications (mandatory stock exchange newspapers); at least two of those shall be daily newspapers of nation-wide circulation (mandatory stock exchange newspapers of nation-wide circulation). ²Such designation may be for a limited period of time; it shall be published by stock exchange announcement.

§ 38 [Ermächtigungen]

(1) Die Bundesregierung wird ermächtigt, durch Rechtsverordnung mit Zustimmung des Bundesrates die zum

§ 38 [Authorisations]

(1) The Federal Government is authorised to enact by way of Regulation with the consent of the Federal Council the

Schutz des Publikums und für einen ordnungsgemäßen Börsenhandel erforderlichen Vorschriften zu erlassen über
1. die Voraussetzungen der Zulassung, insbesondere
    a) die Anforderungen an den Emittenten im Hinblick auf seine Rechtsgrundlage, seine Größe und die Dauer seines Bestehens;
    b) die Anforderungen an die zuzulassenden Wertpapiere im Hinblick auf ihre Rechtsgrundlage, Handelbarkeit, Stückelung und Druckausstattung;
    c) den Mindestbetrag der Emission;
    d) das Erfordernis, den Zulassungsantrag auf alle Aktien derselben Gattung oder auf alle Schuldverschreibungen derselben Emission zu erstrecken;
2. die Sprache und den Inhalt des Prospekts, insbesondere die zuzulassenden Wertpapiere und den Emittenten, dessen Kapital, Geschäftstätigkeit, Vermögens-, Finanz- und Ertragslage, Geschäftsführungs- und Aufsichtsorgane und dessen Geschäftsgang und Geschäftsaussichten sowie die Personen oder Gesellschaften, welche die Verantwortung für den Inhalt des Prospekts übernehmen;
3. den Zeitpunkt der Veröffentlichung des Prospekts;
4. das Zulassungsverfahren.

(2) In die Rechtsverordnung können auch Vorschriften aufgenommen werden über Ausnahmen, in denen von der Veröffentlichung eines Prospekts ganz oder teilweise oder von der Aufnahme einzelner Angaben in den Prospekt abgesehen werden kann,
1. wenn beim Emittenten, bei den zuzulassenden Wertpapieren, bei ihrer Ausgabe oder beim Kreis der mit der Wertpapierausgabe angesprochenen Anleger besondere Umstände vorliegen und den Interessen des Publikums durch eine anderweitige Unterrichtung ausreichend Rechnung getragen ist,

provisions necessary for the protection of the public and the proper conduct of stock exchange trading in respect of:
1. the requirements for admission, in particular:
    a) the requirements as to the issuer's legal basis, size and duration of existence;
    b) the requirements as to the securities to be admitted in respect of their legal basis, transferability, denomination and printing features;
    c) the minimum amount of the issue;
    d) the requirement to extend the application for admission to all shares of the same class or to all debt securities of the same issue;
2. the language and contents of the prospectus, in particular the description of the securities to be admitted and the issuer, the issuer's share capital, business activities, financial situation and profitability, management and supervisory bodies, and its course of business and business prospects as well as the persons or companies assuming responsibility for the prospectus contents;
3. the timing of the publication of the prospectus;
4. the admission procedure.

(2) Such Regulation may contain provisions about exemptions which may provide that the publication of a prospectus in whole or in part or the publication of specific information in the prospectus shall not be required:
1. if particular circumstances exist in respect of the issuer, the securities to be admitted, the issue itself or the circle of investors to which the issue is targeted, and the interests of the public are sufficiently protected by publication of the information in another form;

2. mit Rücksicht auf die geringe Bedeutung einzelner Angaben oder
3. im Hinblick auf das öffentliche Interesse oder einen beim Emittenten zu befürchtenden erheblichen Schaden.

§ 39 [Verweigerung der Zulassung]

(1) Lehnt die Zulassungsstelle einen Zulassungsantrag ab, so hat sie dies den anderen Zulassungsstellen unter Angabe der Gründe für die Ablehnung mitzuteilen.

(2) ¹Wertpapiere, deren Zulassung von einer anderen Zulassungsstelle abgelehnt worden ist, dürfen nur mit Zustimmung dieser Zulassungsstelle zugelassen werden. ²Die Zustimmung ist zu erteilen, wenn die Ablehnung aus Rücksicht auf örtliche Verhältnisse geschah oder wenn die Gründe, die einer Zulassung entgegenstanden, weggefallen sind.

(3) ¹Wird ein Zulassungsantrag an mehreren inländischen Börsen gestellt, so dürfen die Wertpapiere nur mit Zustimmung aller Zulassungsstellen, die über den Antrag zu entscheiden haben, zugelassen werden. ²Die Zustimmung darf nicht aus Rücksicht auf örtliche Verhältnisse verweigert werden.

(4) ¹Sind Wertpapiere an einer inländischen Börse zugelassen, so ist, sofern der Emittent nicht von der Pflicht zur Veröffentlichung eines Prospekts befreit worden ist, der Prospekt von den Zulassungsstellen der anderen inländischen Börsen als den Anforderungen des § 36 Abs. 3 Satz 1 Nr. 2 entsprechend anzuerkennen, wenn der Zulassungsantrag innerhalb von sechs Monaten nach der Zulassung gestellt wird. ²Sind seit der Veröffentlichung des Prospekts Veränderungen bei Umständen eingetreten, die für die Beurteilung des Emittenten oder der zuzulassenden Wertpapiere von wesentlicher Bedeutung sind, so sind die Veränderungen entweder in den zu veröffentlichenden Prospekt aufzunehmen oder in einem Nach-

2. if specific information is of minor significance; or
3. having regard to the public interest or for the purposes of not materially prejudicing the interests of the issuer.

§ 39 [Rejection of admission]

(1) If the Admissions Office rejects an application for admission, such decision shall be communicated to the other Admissions Offices together with the reasons therefor.

(2) ¹Securities the admission of which has been rejected by another Admissions Office shall be admitted only with the approval of such Admissions Office. ²The approval shall be granted if the rejection was by reason of by local circumstances or if the reasons for rejection have ceased to exist.

(3) ¹If an application for admission has been filed with more than one domestic stock exchange, the securities may be admitted only with the approval of all Admissions Offices which have to decide on the application. ²The approval may not be refused by reason of local circumstances.

(4) ¹If securities are admitted to a domestic stock exchange, and unless the issuer has been exempted from the requirement to publish a prospectus, the prospectus shall be recognised by the Admissions Offices of the other stock exchanges as compliant with the requirements pursuant to § 36 (3) 1 no. 2 if the application has been filed with them within six months after the original admission. ²If circumstances material for the evaluation of the issuer or the securities to be admitted have changed since the prospectus was published, such changes shall either be included in the prospectus to be published or be published in a supplement to the prospectus; the provisions concerning the prospectus and its publication shall apply *mutatis mutandis* to such a supplement.

trag zum Prospekt zu veröffentlichen; auf diesen Nachtrag sind die Vorschriften über den Prospekt und dessen Veröffentlichung entsprechend anzuwenden.

§ 40 [Zusammenarbeit in der EWG]

(1) Die Zulassungsstellen arbeiten untereinander und mit den entsprechenden Stellen oder Börsen in den anderen Mitgliedstaaten der Europäischen Union oder den anderen Vertragsstaaten des Abkommens über den Europäischen Wirtschaftsraum im Rahmen ihrer Aufgaben und Befugnisse zusammen und übermitteln sich gegenseitig die hierfür erforderlichen Angaben, soweit die Amtsverschwiegenheit gewährleistet ist; insoweit unterliegen die Mitglieder der Zulassungsstellen und die für die Zulassungsstellen tätigen Personen nicht der Pflicht zur Geheimhaltung.

(2) Beantragt ein Emittent mit Sitz in einem anderen Mitgliedstaat der Europäischen Union oder in einem anderen Vertragsstaat des Abkommens über den Europäischen Wirtschaftsraum, dessen Aktien zur amtlichen Notierung in diesem Mitgliedstaat oder Vertragsstaat zugelassen sind, die Zulassung von Wertpapieren, mit denen Bezugsrechte für diese Aktien verbunden sind, so hat die Zulassungsstelle vor ihrer Entscheidung eine Stellungnahme der zuständigen Stelle des anderen Mitgliedstaates oder Vertragsstaates einzuholen.

(3) Wird die Zulassung für Wertpapiere beantragt, die seit weniger als sechs Monaten in einem anderen Mitgliedstaat der Europäischen Union oder in einem anderen Vertragsstaat des Abkommens über den Europäischen Wirtschaftsraum amtlich notiert werden, so kann die Zulassungsstelle den Emittenten davon befreien, einen neuen Prospekt zu erstellen, wenn der vorhandene auf den neuesten Stand gebracht und entsprechend den Vorschriften im Geltungsbereich dieses Gesetzes ergänzt und veröffentlicht wird.

§ 40 [Co-operation within the EEC]

(1) The Admissions Offices shall co-operate with each other and with the corresponding authorities or stock exchanges in other Member States of the European Union or the other Contracting States of the Agreement on the European Economic Area within the scope of their duties and powers and shall exchange the information required therefor, provided that confidentiality is assured; the members of the Admissions Offices and the individuals working for the Admissions Offices shall insofar as required by this provision not be subject to a confidentiality obligation.

(2) If an issuer whose registered office is situated in another Member State of the European Union or in another Contracting State of the Agreement on the European Economic Area and whose shares are admitted to the official list in such Member State or Contracting State applies for the admission of securities conferring subscription rights for those shares, the Admissions Office shall, before taking its decision, request and obtain an opinion from the competent authority of the other Member State or Contracting State.

(3) If the admission of securities is applied for which have been traded with official quotation in another Member State of the European Union or in another Contracting State of the Agreement on the European Economic Area for less than six months, the Admissions Office may exempt the issuer from the requirement to prepare a new prospectus if the existing prospectus is updated or supplemented and published according to the provisions applicable in the territory where this Act applies.

§ 40 a [Gleichzeitiger Zulassungsantrag bei inländischer Börse und in EG-Mitgliedstaat]

(1) ¹Stellt ein Emittent mit Sitz in einem anderen Mitgliedstaat der Europäischen Union oder in einem anderen Vertragsstaat des Abkommens über den Europäischen Wirtschaftsraum einen Zulassungsantrag für dieselben Wertpapiere gleichzeitig oder annähernd gleichzeitig sowohl bei einer Börse in diesem Staat als auch bei einer inländischen Börse, so hat die Zulassungsstelle vorbehaltlich des Absatzes 2 den von der zuständigen Stelle des anderen Staates gebilligten Prospekt als den Anforderungen des § 36 Abs. 3 Nr. 2 entsprechend anzuerkennen, sofern der Zulassungsstelle eine Übersetzung des Prospekts in die deutsche Sprache sowie eine Bescheinigung der entsprechenden Stelle des anderen Staates gemäß § 36 Abs. 4 Satz 3 über die Billigung des Prospekts vorliegt. ²Die Zulassungsstelle kann jedoch vom Emittenten verlangen, daß in den Prospekt besondere Angaben für den inländischen Markt, insbesondere über die Zahl- und Hinterlegungsstellen, die Art und Form der nach diesem Gesetz und der Börsenzulassungs-Verordnung vorgeschriebenen Veröffentlichungen sowie die steuerliche Behandlung der Erträge im Inland aufgenommen werden. ³Die Zulassungsstelle kann auf die Vorlage einer Übersetzung des Prospekts ganz oder teilweise verzichten, wenn der Prospekt in einer Sprache abgefaßt ist, die im Inland auf dem Gebiet des grenzüberschreitenden Wertpapierhandels nicht unüblich ist.

(2) Hat die zuständige Stelle des anderen Staates den Emittenten von einzelnen Angaben im Prospekt befreit oder Abweichungen von den im Regelfall vorgeschriebenen Angaben zugelassen, so anerkennt die Zulassungsstelle den Prospekt nach Absatz 1 Satz 1 nur, wenn

§ 40a [Simultaneous application for admission with domestic stock exchange and in EC Member State]

(1) ¹If an issuer whose registered office is situated in another Member State of the European Union or in another Contracting State of the Agreement on the European Economic Area files an application for admission for the same securities simultaneously or almost simultaneously both to a stock exchange in such Member or Contracting State and with a domestic stock exchange, the Admissions Office, subject to para. (2), shall recognise the prospectus approved by the competent authority of the other Member or Contracting State as compliant with the requirements pursuant to § 36(3)2 no. 2 if the Admissions Office has been supplied with a German language translation of that prospectus and a certificate issued by the corresponding authority of the other country pursuant to § 36(4)3 confirming approval of the prospectus. ²However, the Admissions Office may request the issuer to include in the prospectus specific information for the domestic market, in particular about the paying and depository agents, the manner and form of publications required by this Act and the Stock Exchange Admission Regulation as well as the tax treatment of income derived from the securities in Germany. ³The Admissions Office may waive in whole or in part the requirement to provide a translation of the prospectus if the prospectus is in a language which is not uncommon in Germany in the context of cross-border securities trading.

(2) If the competent authority of the other Member or Contracting State has exempted the issuer from providing certain information in the prospectus or agreed to derogations from the information usually required, the Admissions Office shall recognise the prospectus pursuant to para. (1) sentence 1 only if:

1. die Befreiung oder Abweichung nach diesem Gesetz oder aufgrund dieses Gesetzes zulässig ist,
2. im Inland dieselben Bedingungen bestehen, welche die Befreiungen rechtfertigen und
3. die Befreiung oder Abweichung an keine weitere Bedingung gebunden ist, welche die Zulassungsstelle veranlassen würde, die Befreiung oder Abweichung abzulehnen.

(3) Die Absätze 1 und 2 sind entsprechend anzuwenden, wenn der Prospekt von der zuständigen Stelle des anderen Staates anläßlich eines öffentlichen Angebots der zuzulassenden Wertpapiere gebilligt worden ist und der Zulassungsantrag innerhalb von drei Monaten nach dieser Billigung gestellt wird.

(4) ¹Stellt ein Emittent mit Sitz außerhalb des Geltungsbereichs dieses Gesetzes einen Zulassungsantrag sowohl bei einer Börse in einem anderen Mitgliedstaat der Europäischen Union oder in einem anderen Vertragsstaat des Abkommens über den Europäischen Wirtschaftsraum, der nicht der Sitzstaat ist, als auch bei einer inländischen Börse, so sind die Vorschriften der Absätze 1 bis 3 entsprechend anzuwenden, wenn der Emittent bestimmt, daß der Prospekt von der zuständigen Stelle des anderen Mitgliedstaates oder Vertragsstaates des Abkommens über den Europäischen Wirtschaftsraum gebilligt werden soll. ²§ 39 Abs. 4 Satz 2 ist entsprechend anzuwenden.

§ 41 [Staatliche Schuldverschreibungen]

Schuldverschreibungen des Bundes, seiner Sondervermögen oder eines Bundeslandes, auch soweit sie in das Bundesschuldbuch oder in die Schuldbücher der Bundesländer eingetragen sind, sowie Schuldverschreibungen, die von einem anderen Mitgliedstaat der Europäischen Wirtschaftsgemeinschaft oder von einem anderen Vertragsstaat des Abkommens

1. such exemption or derogation is permissible pursuant to this Act or on the basis of this Act;
2. the conditions justifying the exemption also exist in Germany; and
3. the exemption or derogation is not subject to any further condition which would cause the Admissions Office to refuse the exemption or derogation.

(3) Paras. (1) and (2) shall apply *mutatis mutandis* if the prospectus has been approved by the competent authority of the other Member or Contracting State on the occasion of a public offer of the securities to be admitted and the application for admission has been filed within three months following such approval.

(4) ¹If an issuer whose registered office is situated outside the territory where this Act applies files an application for admission both with a stock exchange in another Member State of the European Union or in another Contracting State of the Agreement on the European Economic Area which is not the state where its registered office is situated and with a domestic stock exchange, the provisions of paras. (1) to (3) shall apply *mutatis mutandis* if the issuer has determined that the prospectus shall be approved by the competent authority of the other Member State or Contracting State of the Agreement on the European Economic Area. ²§ 39(4)2 shall apply *mutatis mutandis*.

§ 41 [Government bonds]

Debt securities issued by the Federal Government, its special funds or a federal state, including those registered in the federal debt register or in the debt registers of the federal states, as well as debt securities issued by another Member State of the European Economic Community or of another Contracting State of the Agreement on the European Econ-

über den Europäischen Wirtschaftsraum ausgegeben werden, sind an jeder inländischen Börse zur amtlichen Notierung zugelassen.

omic Area are admitted to the official list on any domestic stock exchange.

§ 42 [Einführung]

(1) Für die Aufnahme der ersten amtlichen Notierung der zugelassenen Wertpapiere an der Börse (Einführung) hat ein Kreditinstitut, Finanzdienstleistungsinstitut oder ein nach § 53 Abs. 1 Satz 1 oder § 53 b Abs. 1 Satz 1 des Gesetzes über das Kreditwesen tätiges Unternehmen, das an dieser Börse mit dem Recht zur Teilnahme am Handel zugelassen ist, im Auftrag des Emittenten der Geschäftsführung den Zeitpunkt für die Einführung und die Merkmale der einzuführenden Wertpapiere mitzuteilen; ist der Emittent ein solches Institut oder Unternehmen, so kann er dies selbst mitteilen.

(2) Wertpapiere, die zur öffentlichen Zeichnung aufgelegt werden, dürfen erst nach beendeter Zuteilung eingeführt werden.

(3) Die Bundesregierung wird ermächtigt, durch Rechtsverordnung mit Zustimmung des Bundesrates zum Schutz des Publikums den Zeitpunkt zu bestimmen, zu dem die Wertpapiere frühestens eingeführt werden dürfen.

(4) ¹Werden die Wertpapiere nicht innerhalb von drei Monaten nach Veröffentlichung der Zulassungsentscheidung eingeführt, erlischt ihre Zulassung. ²Die Zulassungsstelle kann die Frist auf Antrag angemessen verlängern, wenn ein berechtigtes Interesse des Emittenten der zugelassenen Wertpapiere an der Verlängerung dargetan wird.

§ 43 [Aussetzung, Einstellung, Widerruf]

(1) ¹Die Geschäftsführung kann die amtliche Notierung zugelassener Wertpapiere

§ 42 [Introduction to trading]

(1) For the purpose of the first official quotation of securities admitted to the stock exchange (introduction to trading), a bank, financial service provider or an enterprise doing business pursuant to § 53 (1)1 or § 53b(1)1 of the Banking Act which is admitted to participate in trading on such stock exchange shall on behalf of the issuer inform the Board of Governors about the timing of the introduction to trading and the characteristics of the securities to be so introduced; if the issuer is a bank, financial service provider or such enterprise, it may provide such information itself.

(2) Securities offered for subscription by the public will only be introduced to trading after their allotment has been completed.

(3) The Federal Government shall have the power to determine by way of Regulation requiring the consent of the Federal Council the earliest time when securities may be introduced to trading.

(4) ¹If securities are not introduced to trading within three months from the publication of the admissions decision, the admission shall expire. ²The Admissions Office may upon application extend such time limit if the issuer of the admitted securities demonstrates legitimate reasons for such extension.

§ 43 [Suspension, Discontinuation, Revocation]

(1) ¹The Board of Governors may:

1. aussetzen, wenn ein ordnungsgemäßer Börsenhandel zeitweilig gefährdet oder wenn dies zum Schutz des Publikums geboten erscheint;

2. einstellen, wenn ein ordnungsgemäßer Börsenhandel für die Wertpapiere nicht mehr gewährleistet erscheint.

²Die Geschäftsführung unterrichtet das Bundesaufsichtsamt für den Wertpapierhandel unverzüglich über Maßnahmen nach Satz 1.

(2) Widerspruch und Anfechtungsklage gegen die Aussetzung der amtlichen Notierung haben keine aufschiebende Wirkung.

(3) Die Zulassungsstelle kann die Zulassung zur amtlichen Notierung außer nach den Vorschriften der Verwaltungsverfahrensgesetze und nach § 44 d Satz 2 widerrufen, wenn ein ordnungsgemäßer Börsenhandel auf Dauer nicht mehr gewährleistet ist und die Geschäftsführung die amtliche Notierung eingestellt hat.

(4) ¹Die Zulassungsstelle kann die Zulassung zur amtlichen Notierung auf Antrag des Emittenten widerrufen. ²Der Widerruf darf nicht dem Schutz der Anleger widersprechen. ³Die Zulassungsstelle hat den Widerruf auf Kosten des Emittenten unverzüglich in mindestens einem überregionalen Börsenpflichtblatt zu veröffentlichen. ⁴Der Zeitraum zwischen der Veröffentlichung und der Wirksamkeit des Widerrufs darf zwei Jahre nicht überschreiten. ⁵Nähere Bestimmungen über den Widerruf sind in der Börsenordnung zu treffen.

1. suspend the official quotation of admitted securities if there is a temporary threat to the orderly conduct of stock exchange trading or if such measure appears advisable for the protection of the public;

2. terminate the official quotation of admitted securities if the proper conduct of stock exchange trading in the securities appears to be no longer assured.

²The Board of Governors shall inform the Federal Supervisory Authority for Securities Trading about measures taken pursuant to sentence 1.

(2) Neither an objection nor an action to set aside the suspension of the official quotation shall have the effect of suspending preliminary enforcement.

(3) The Admissions Office may revoke the admission to the official list not only pursuant to the provision of the Administrative Procedures Act and § 44d sentence 2, but also if the proper conduct of stock exchange trading is no longer assured on a long term basis and the Board of Governors has terminated the official quotation.

(4) ¹The Admissions Office may revoke the admission to the official list on the issuer's request. ²Such revocation may not be effected the interests of investors would thereby be prejudiced. ³The Admissions Office shall publish the revocation in at least one mandatory stock exchange newspaper of nation-wide circulation at the issuer's expense. ⁴The period of time between the revocation and effectiveness of the revocation shall not exceed two years. ⁵Further provisions about the revocation shall be set forth in the Stock Exchange Rules.

§ 44 [Pflichten des Emittenten]

(1) Der Emittent der zugelassenen Wertpapiere ist verpflichtet,
1. die Inhaber der zugelassenen Wertpapiere unter gleichen Voraussetzungen gleich zu behandeln; dies gilt nicht für vorzeitige Rücknahmeangebote, die der Emittent zugelassener Schuldverschreibungen im berechtigten Interesse bestimmter Gruppen von Inhabern der Schuldverschreibungen abgibt;
2. für die gesamte Dauer der Zulassung der Wertpapiere mindestens eine Zahl- und Hinterlegungsstelle, bei zugelassenen Schuldverschreibungen nur Zahlstelle, im Inland zu benennen, bei der alle erforderlichen Maßnahmen hinsichtlich der Wertpapiere, im Falle der Vorlegung der Wertpapierurkunde bei dieser Stelle kostenfrei, bewirkt werden können;
3. das Publikum und die Zulassungsstelle über den Emittenten und die zugelassenen Wertpapiere angemessen zu unterrichten;
4. im Falle zugelassener Aktien für später ausgegebene Aktien derselben Gattung die Zulassung zur amtlichen Notierung zu beantragen.

(2) Die Bundesregierung wird ermächtigt, durch Rechtsverordnung mit Zustimmung des Bundesrates Vorschriften zu erlassen über Art, Umfang und Form der nach Absatz 1 Nr. 3 vorgesehenen Veröffentlichungen und Mitteilungen sowie darüber, wann und unter welchen Voraussetzungen die Verpflichtung nach Absatz 1 Nr. 4 eintritt.

§ 44 a (weggefallen)

§ 44 b [Zwischenbericht des Emittenten]

(1) Der Emittent zugelassener Aktien ist verpflichtet, innerhalb des Geschäftsjahrs regelmäßig mindestens einen Zwischenbericht zu veröffentlichen, der anhand von Zahlenangaben und Erläuterungen

§ 44 [Obligations of the issuer]

(1) The issuer of admitted securities shall:
1. treat equally all holders of the admitted securities who are in the same position; this shall not apply to offers for early redemption extended by the issuer of admitted debt securities in the legitimate interests of certain groups of holders of such debt securities;
2. name at least one paying and depository agent (in the case of admitted debt securities only the paying agent) for the entire duration of the admission of the securities where all necessary actions in respect of the securities may be effected free of charge upon presentation of the security certificates;
3. adequately inform the public and the Admissions Office about the issuer and the admitted securities;
4. in the case of admitted shares, apply for admission to the official list of later issues of shares of the same class.

(2) The Federal Government shall have the power to enact by way of Regulation requiring the consent of the Federal Council provisions about the nature, extent and form of the publications and notifications required pursuant to para. (1) no. 3, and as to when and under which conditions the obligation pursuant to para. (1) no. 4 shall arise.

§ 44a (repealed)

§ 44b [Half-yearly statement]

(1) The issuer of admitted shares shall at regular intervals during the course of the financial year publish at least one interim statement which, on the basis of financial information and explanations, shall pro-

ein den tatsächlichen Verhältnissen entsprechendes Bild der Finanzlage und des allgemeinen Geschäftsgangs des Emittenten im Berichtszeitraum vermittelt; dies gilt auch, wenn nicht die Aktien, sondern sie vertretende Zertifikate zur amtlichen Notierung zugelassen sind.

(2) ¹Die Bundesregierung wird ermächtigt, durch Rechtsverordnung mit Zustimmung des Bundesrates zum Schutz des Publikums Vorschriften über den Inhalt des Zwischenberichts, insbesondere über die aufzunehmenden Zahlenangaben und Erläuterungen, sowie über den Zeitpunkt und die Form seiner Veröffentlichung zu erlassen. ²Die Rechtsverordnung kann vorsehen, daß in Ausnahmefällen von der Aufnahme einzelner Angaben in den Zwischenbericht abgesehen werden kann, insbesondere im Hinblick auf die Gefährdung öffentlicher Interessen oder einem beim Emittenten zu befürchtenden erheblichen Schaden.

§ 44 c [Auskunftserteilung]

(1) Der Emittent der zugelassenen Wertpapiere sowie das antragstellende und das einführende Institut oder Unternehmen sind verpflichtet, aus ihrem Bereich alle Auskünfte zu erteilen, die für die Zulassungsstelle oder die Geschäftsführung zur ordnungsgemäßen Erfüllung ihrer Aufgaben erforderlich sind.

(2) ¹Die Zulassungsstelle kann verlangen, daß der Emittent der zugelassenen Wertpapiere in angemessener Form und Frist bestimmte Auskünfte veröffentlicht, wenn dies zum Schutz des Publikums oder für einen ordnungsgemäßen Börsenhandel erforderlich ist. ²Kommt der Emittent dem Verlangen der Zulassungsstelle nicht nach, kann die Zulassungsstelle nach Anhörung des Emittenten auf dessen Kosten diese Auskünfte selbst veröffentlichen.

vide a true and fair view of the issuer's financial condition and general course of business throughout the reporting period; this shall apply also where certificates representing shares rather than the shares themselves have been admitted to the official list.

(2) ¹The Federal Government shall have the power to enact, by way of Regulation requiring the consent of the Federal Council, provisions for the protection of the public about the content of the half-yearly statement, in particular about the figures and explanations to be included as well as about the timing and form of its publication. ²The Regulation may provide that in exceptional cases certain specific information need not be provided, in particular having regard to the public interest or the likelihood of material prejudice to the interests of the issuer.

§ 44c [Providing information]

(1) The issuer of the admitted securities and the banks, financial service providers or enterprises applying for the admission and/or introduction to trading of the securities shall furnish all information which, according to their role, they have and which is required by the Admissions Office or the Board of Governors for the proper discharge of their duties.

(2) ¹The Admissions Office may require an issuer of admitted securities to publish certain information in appropriate form and within reasonable time if this is necessary for the protection of the public or for assuring the proper conduct of stock exchange trading. ²If an issuer fails to comply with the Admissions Office's request, the Admissions Office may, after consulting the issuer, publish such information itself at the issuer's expense.

§ 44d [Breach of issuer's duties]

¹If the issuer of admitted securities fails to discharge its obligations resulting from the admission, the Admissions Office may publish such fact by stock exchange announcement. ²The Admissions Office may revoke the admission to the official list if the issuer, after the expiry of a reasonable time limit set by the Admissions Office, fails to discharge its obligations.

§ 45 [Incorrect prospectus]

(1) ¹Any purchaser of securities that have been admitted to stock exchange trading on the basis of a prospectus in which material information for the assessment of the securities is incorrect or incomplete, may claim:

1. from those having assumed responsibility for the prospectus; and

2. from those initiating the issue of the prospectus

as joint and several debtors the repurchase of the securities against reimbursement of the purchase price (to the extent such purchase price has not exceeded the issue price of the securities) and the usual costs incurred in connection with the purchase, provided that the securities were purchased after publication of the prospectus and within six months from their first introduction to trading. ²If an issue price has not been determined, the issue price shall be deemed to be the first stock exchange price generated or determined after introduction of the securities to trading, and in the case of simultaneous determination on more than one domestic stock exchange, the highest first stock exchange price. ³Sentences 1 and 2 shall apply *mutatis mutandis* for the purchase of securities of the same issuer which cannot be distinguished from the securities referred to in sentence 1 according to their features or in any other manner.

(2) ¹Ist der Erwerber nicht mehr Inhaber der Wertpapiere, so kann er die Zahlung des Unterschiedsbetrags zwischen dem Erwerbspreis, soweit dieser den ersten Ausgabepreis nicht überschreitet, und dem Veräußerungspreis der Wertpapiere sowie der mit dem Erwerb und der Veräußerung verbundenen üblichen Kosten verlangen. ²Absatz 1 Satz 2 und 3 ist anzuwenden.

(3) Sind Wertpapiere eines Emittenten mit Sitz im Ausland auch im Ausland zum Börsenhandel zugelassen, besteht ein Anspruch nach Absatz 1 oder 2 nur, sofern die Wertpapiere auf Grund eines im Inland abgeschlossenen Geschäfts oder einer ganz oder teilweise im Inland erbrachten Wertpapierdienstleistung erworben wurden.

(4) Einem Prospekt steht eine schriftliche Darstellung gleich, auf Grund deren Veröffentlichung der Emittent von der Pflicht zur Veröffentlichung eines Prospekts befreit wurde.

§ 46 [Ersatzpflicht]

(1) Nach § 45 kann nicht in Anspruch genommen werden, wer nachweist, daß er die Unrichtigkeit oder Unvollständigkeit der Angaben des Prospekts nicht gekannt hat und die Unkenntnis nicht auf grober Fahrlässigkeit beruht.

(2) Der Anspruch nach § 45 besteht nicht, sofern
1. die Wertpapiere nicht auf Grund des Prospekts erworben wurden,
2. der Sachverhalt, über den unrichtige oder unvollständige Angaben im Prospekt enthalten sind, nicht zu einer Minderung des Börsenpreises der Wertpapiere beigetragen hat,
3. der Erwerber die Unrichtigkeit oder Unvollständigkeit der Angaben des Prospekts bei dem Erwerb kannte oder
4. vor dem Abschluß des Erwerbsgeschäfts im Rahmen des Jahresab-

(2) ¹If the purchaser has ceased to be the owner of the securities, he may claim the payment of the difference between the purchase price (to the extent such purchase price does not exceed the issue price) and the sales price of the securities plus the usual costs incurred in connection with the purchase and the sale. ²Para. (1) sentences 2 and 3 shall apply.

(3) If securities of an issuer having a non-domestic registered office are admitted to stock exchange trading outside Germany, the claim pursuant to paras. (1) and (2) shall exist only if the securities were purchased on the basis of a transaction entered into in Germany or on the basis of securities services rendered in whole or in part in Germany.

(4) A written presentation on the basis on which the issuer was exempted from the obligation to publish a prospectus shall be equivalent to a prospectus.

§ 46 [Liability]

(1) Anybody demonstrating that he was not aware of the incorrectness or incompleteness of the information in the prospectus and that such lack of awareness was not the result of gross negligence shall not be liable pursuant to § 45.

(2) There shall be no liability pursuant to § 45 if:
1. the securities have not been purchased by reason of the prospectus;
2. the circumstances about which the prospectus contains incorrect or incomplete information have not contributed to the decrease of the stock exchange price of the securities;
3. the purchaser was aware of the incorrectness or incompleteness of the information in the prospectus when purchasing the securities; or
4. a conspicuous rectification of the incorrect or incomplete information was

schlusses oder Zwischenberichts des Emittenten, einer Veröffentlichung nach § 15 des Wertpapierhandelsgesetzes oder einer vergleichbaren Bekanntmachung eine deutlich gestaltete Berichtigung der unrichtigen oder unvollständigen Angaben im Inland veröffentlicht wurde.

§ 47 [Verjährung]

Der Anspruch nach § 45 verjährt in sechs Monaten seit dem Zeitpunkt, zu dem der Erwerber von der Unrichtigkeit oder Unvollständigkeit der Angaben des Prospekts Kenntnis erlangt hat, spätestens jedoch in drei Jahren seit der Veröffentlichung des Prospekts.

§ 48 [Keine Haftungsbeschränkung]

(1) Eine Vereinbarung, durch die der Anspruch nach § 45 im voraus ermäßigt oder erlassen wird, ist unwirksam.

(2) Weitergehende Ansprüche, die nach den Vorschriften des bürgerlichen Rechtes auf Grund von Verträgen oder vorsätzlichen unerlaubten Handlungen erhoben werden können, bleiben unberührt.

§ 49 [Gerichtliche Zuständigkeit]

¹Für die Entscheidung über die Ansprüche nach § 45 und die in § 48 Abs. 2 erwähnten Ansprüche ist ohne Rücksicht auf den Wert des Streitgegenstands das Landgericht ausschließlich zuständig, in dessen Bezirk die Börse ihren Sitz hat, deren Zulassungsstelle den Prospekt gebilligt oder im Falle des § 45 Abs. 4 den Emittenten von der Pflicht zur Veröffentlichung eines Prospekts befreit hat. ²Besteht an diesem Landgericht eine Kammer für Handelssachen, so gehört der Rechtsstreit vor diese.

published in Germany before the securities were purchased, either in the issuer's annual accounts or half-yearly statement, in a publication pursuant to § 15 of the Securities Trading Act or by a comparable announcement.

§ 47 [Limitation]

The claim pursuant to § 45 shall be subject to a period of limitation of six months from the point in time when the purchaser became aware of the incorrectness or incompleteness of the information in the prospectus, but in any event within three years from the publication of the prospectus.

§ 48 [No limitation of liability]

(1) An agreement by which the claim pursuant to § 45 is restricted or waived in advance shall be null and void.

(2) Further claims which may be asserted pursuant to the provisions of civil law on the basis of contracts or intentional torts shall remain unaffected.

§ 49 [Jurisdiction and venue]

¹The District Court at the place of the stock exchange whose Admissions Office has approved the prospectus, or in the case of § 45(4) has exempted the issuer from the obligation to publish a prospectus, shall have exclusive jurisdiction for the claims pursuant to § 45 and § 48(2) regardless of the value of the matter in dispute. ²If a chamber for commercial matters has been established at such District Court, such chamber shall decide the dispute.

IV. Terminhandel

§ 50 [Zulassung]

(1) ¹Börsentermingeschäfte bedürfen, soweit sie an der Börse abgeschlossen werden (Börsenterminhandel), der Zulassung durch die Geschäftsführung nach näherer Bestimmung der Börsenordnung. ²Zu den Börsentermingeschäften gehören auch Geschäfte, die wirtschaftlich gleichen Zwecken dienen, auch wenn sie nicht auf Erfüllung ausgerichtet sind.

(2) Vor der Zulassung nach Absatz 1 hat der Börsenrat die Geschäftsbedingungen für den Börsenterminhandel festzusetzen.

(3) Die Geschäftsführung hat vor der Zulassung von Waren zum Börsenterminhandel in jedem einzelnen Falle Vertreter der beteiligten Wirtschaftskreise gutachtlich zu hören.

(4) Die Zulassung von Wertpapieren zum Börsenterminhandel darf nur erfolgen, wenn die Gesamtsumme der Stücke, in denen der Börsenterminhandel stattfinden soll, sich nach ihrem Nennwerte mindestens auf fünf Millionen Euro beläuft.

(5) ¹Anteile einer inländischen Erwerbsgesellschaft dürfen nur mit Zustimmung der Gesellschaft zum Börsenterminhandel zugelassen werden. ²Eine erfolgte Zulassung ist auf Verlangen der Gesellschaft spätestens nach Ablauf eines Jahres von dem Tage an gerechnet, an welchem das Verlangen der Geschäftsführung gegenüber erklärt worden ist, zurückzunehmen.

(6) Wird bei Börsentermingeschäften ein Börsenpreis amtlich festgestellt, so sind die Vorschriften des II. Abschnitts entsprechend anzuwenden.

IV. Futures Trading

§ 50 [Admission]

(1) ¹Futures transactions carried out on a stock exchange (stock exchange futures trading) shall require admission by the Board of Governors according to the Stock Exchange Rules. ²Stock exchange futures transactions shall include transactions serving the same economic purposes even if specific performance is not contemplated.

(2) Prior to the admission pursuant to para. (1), the Stock Exchange Council shall stipulate the terms and conditions for stock exchange futures trading.

(3) Prior to the admission of commodities to stock exchange futures trading, the Board of Governors shall hear the opinion of representatives of the industries concerned in each individual case.

(4) Securities may be admitted to stock exchange futures trading only if the aggregate amount of the stock in which stock exchange futures trading shall take place amounts to at least Euro 5 million according to nominal value.

(5) ¹Shares of a domestic company carrying on a business enterprise may be admitted to stock exchange futures trading only with the consent of such company. ²At the request of the company, an admission granted shall be withdrawn not later than one year after the date when the request was made to the Board of Governors.

(6) If the stock exchange price of stock exchange futures transactions is determined officially, the provisions of Chapter II shall apply *mutatis mutandis*.

§ 51 [Unerlaubter Terminhandel]

(1) ¹Soweit Börsentermingeschäfte in bestimmten Waren oder Wertpapieren verboten sind oder die Zulassung zum Börsenterminhandel endgültig verweigert oder zurückgenommen worden ist, ist der Börsenterminhandel von der Benutzung der Börseneinrichtungen und der Vermittlung durch die Kursmakler ausgeschlossen. ²Findet an einer Börse ein Börsenterminhandel nach Geschäftsbedingungen statt, die von den festgesetzten Geschäftsbedingungen (§ 50 Abs. 2) abweichen, oder findet ein Börsenterminhandel in solchen Waren oder Wertpapieren statt, die zum Börsenterminhandel nicht zugelassen sind, so ist er durch Anordnung der Geschäftsführung von der Benutzung der Börseneinrichtungen und der Vermittlung durch die Kursmakler auszuschließen. ³Die Geschäftsführung kann den Erlaß der Anordnung aussetzen, wenn Verhandlungen wegen Zulassung der Waren oder Wertpapiere zum Börsenterminhandel schweben. ⁴Die Aussetzung darf höchstens auf ein Jahr erfolgen.

(2) Soweit der Börsenterminhandel auf Grund des Absatzes 1 von der Benutzung der Börseneinrichtungen und der Vermittlung durch die Kursmakler ausgeschlossen ist, dürfen für Börsentermingeschäfte, sofern sie im Inland abgeschlossen sind, Preislisten (Kurszettel) nicht veröffentlicht oder in mechanisch hergestellter Vervielfältigung verbreitet werden.

§ 52 [Wirksame Termingeschäfte]

Ein Börsentermingeschäft, das nicht gegen ein durch dieses Gesetz oder auf Grund des § 63 erlassenes Verbot verstößt, ist nur nach Maßgabe der §§ 53 bis 56 wirksam.

§ 51 [Unauthorised futures trading]

(1) ¹If stock exchange futures transactions in specific commodities or securities are inadmissible, or if the admission to stock exchange futures trading has been definitely refused or withdrawn, such futures trading shall be barred from the use of the stock exchange facilities and from the mediation through official brokers. ²If futures are traded on a stock exchange pursuant to terms and conditions deviating from the stipulated terms and conditions (§ 50(2)), or if futures are traded in such commodities or securities which are not admitted to stock exchange futures trading, such futures trading shall be barred from the use of these stock exchange facilities and from the mediation through official brokers upon the order by the Board of Governors. ³The Board of Governors may suspend such order if negotiations are pending for the admission of such commodities or securities for stock exchange futures trading. ⁴The period of suspension may not exceed one year.

(2) To the extent futures trading has been barred from the use of stock exchange facilities and from mediation through official brokers pursuant to para. (1), price lists (quotation lists) concerning such futures transactions, to the extent they are entered into in Germany, may not be published or circulated by means of mechanical reproduction.

§ 52 [Effectiveness of futures transactions]

A stock exchange futures transaction which is not inadmissible pursuant to this Act or subject to a prohibition pursuant to § 63 shall be valid only in accordance with §§ 53 to 56.

§ 53 [Verbindlichkeit der Geschäfte]

(1) ¹Ein Börsentermingeschäft ist verbindlich, wenn auf beiden Seiten als Vertragschließende Kaufleute beteiligt sind, die
1. in das Handelsregister oder Genossenschaftsregister eingetragen sind oder
2. im Falle einer juristischen Person des öffentlichen Rechts nach der für sie maßgebenden gesetzlichen Regelung nicht eingetragen zu werden brauchen oder
3. nicht eingetragen werden, weil sie ihren Sitz oder ihre Hauptniederlassung außerhalb des Geltungsbereichs dieses Gesetzes haben.

²Als Kaufleute im Sinne dieser Vorschrift gelten auch Personen, die zur Zeit des Geschäftsabschlusses oder früher gewerbsmäßig oder berufsmäßig Börsentermingeschäfte betrieben haben oder zur Teilnahme am Börsenhandel dauernd zugelassen waren.

(2) ¹Ist nur einer der beiden Vertragsteile Kaufmann im Sinne des Absatzes 1, so ist das Geschäft verbindlich, wenn der Kaufmann einer gesetzlichen Aufsicht über Kreditinstitute, Finanzdienstleistungsinstitute oder Börsen untersteht und den anderen Teil vor Geschäftsabschluß schriftlich darüber informiert, daß
- die aus Börsentermingeschäften erworbenen befristeten Rechte verfallen oder eine Wertminderung erleiden können;
- das Verlustrisiko nicht bestimmbar sein und auch über etwaige geleistete Sicherheiten hinausgehen kann;
- Geschäfte, mit denen die Risiken aus eingegangenen Börsentermingeschäften ausgeschlossen oder eingeschränkt werden sollen, möglicherweise nicht oder nur zu einem verlustbringenden Marktpreis getätigt werden können;
- sich das Verlustrisiko erhöht, wenn zur Erfüllung von Verpflichtungen aus Börsentermingeschäften Kredit in Anspruch genommen wird oder die Ver-

§ 53 [Enforceability of futures transactions]

(1) ¹A stock exchange futures transaction shall be binding if the parties on both sides of the transactions are merchants who are:
1. registered in the commercial register or the register of co-operatives; or,
2. in the case of a legal entity established under public law, not subject to any registration requirement pursuant to the applicable legal provisions; or
3. not registered because their registered office or head office is situated outside the territory where this Act applies.

²Persons who at the time of the transaction or prior thereto have been commercially or professionally engaged in stock exchange futures trading or who have been permanently admitted to participate in stock exchange trading shall be deemed to be merchants within the meaning of this provision.

(2) ¹If only one of the two parties to the transaction is a merchant within the meaning of para. (1), the transaction shall be binding if the merchant is subject to the statutory supervision of banks, financial service providers or stock exchanges and, prior to the transaction, has informed the other party in writing that:
- rights acquired under stock exchange futures transactions which are limited in time can expire or lose value;
- the risk of loss may be indeterminable and may even exceed the value of collateral which might have been provided;
- transactions intended to outweigh or limit the risks resulting from open stock exchange futures transactions may possibly not be available or may be effected only at a price resulting in a loss;
- the risk of loss is increased if borrowings are made to discharge obligations resulting from stock exchange futures transaction, or if the obligation result-

pflichtung aus Börsentermingeschäften oder die hieraus zu beanspruchende Gegenleistung auf ausländische Währung oder eine Rechnungseinheit lautet.
²Bei Börsentermingeschäften in Waren muß der Kaufmann den anderen Teil vor Geschäftsabschluß schriftlich über die speziellen Risiken von Warentermingeschäften informieren. ³Die Unterrichtungsschrift darf nur Informationen über die Börsentermingeschäfte und ihre Risiken enthalten und ist vom anderen Teil zu unterschreiben. ⁴Der Zeitpunkt der Unterrichtung darf nicht länger als drei Jahre zurückliegen; nach der ersten Unterrichtung ist sie jedoch vor dem Ablauf von zwölf Monaten, frühestens aber nach dem Ablauf von zehn Monaten zu wiederholen. ⁵Ist streitig, ob oder zu welchem Zeitpunkt der Kaufmann den anderen Teil unterrichtet hat, so trifft den Kaufmann die Beweislast.

ing from stock exchange futures transactions or the consideration payable thereunder is denominated in foreign currency or units of account.
²In the case of futures transactions in commodities, the merchant shall inform the other party in writing prior to the transaction about the particular risks of futures transactions in commodities. ³Such risk disclosure statement may only contain information about the stock exchange futures transactions and the risks arising thereunder and shall be countersigned by the other party. ⁴The date of such risk disclosure may not date back more than three years; however, subsequent to the first risk disclosure, the risk disclosure shall be repeated before the expiry of twelve months but not earlier than after expiry of ten months. ⁵If a dispute arises as to whether or when the merchant informed the other party, the burden of proof shall rest with the merchant.

§ 54 (weggefallen)

§ 54 (repealed)

§ 55 [Kein Rückforderungsrecht]

Das auf Grund des Geschäfts Geleistete kann nicht deshalb zurückgefordert werden, weil für den Leistenden nach den §§ 52 und 53 eine Verbindlichkeit nicht bestanden hat.

§ 55 [No recovery of consideration]

What has been given to perform the transaction may not be recovered on the grounds that the performing party was not subject to an obligation pursuant §§ 52 and 53.

§ 56 [Aufrechnung]

Gegen Forderungen aus Börsentermingeschäften ist eine Aufrechnung auf Grund anderer Börsentermingeschäfte auch dann zulässig, wenn diese Geschäfte nach den §§ 52 und 53 für den Aufrechnenden eine Forderung nicht begründen.

§ 56 [Set-off]

The set-off against claims resulting from stock exchange futures transactions with claims resulting from other futures transactions shall be permissible even if the latter transactions pursuant to §§ 52 and 53 do not result in a claim for the party effecting the set-off.

§ 57 [Annahme als Erfüllung]

Ein nicht verbotenes Börsentermingeschäft gilt als von Anfang an verbindlich, wenn der eine Teil bei oder nach dem Eintritte der Fälligkeit sich dem anderen Teile gegenüber mit der Bewirkung der vereinbarten Leistung einverstanden erklärt und der andere Teil diese Leistung an ihn bewirkt hat.

§ 58 [Zulässigkeit von Einwendungen]

[1]Gegen Ansprüche aus Börsentermingeschäften kann von demjenigen, für den das Geschäft nach den §§ 53 und 57 verbindlich ist, ein Einwand aus den §§ 762 und 764 des Bürgerlichen Gesetzbuchs nicht erhoben werden. [2]Soweit gegen die bezeichneten Ansprüche ein solcher Einwand zulässig bleibt, ist § 56 entsprechend anzuwenden.

§ 59 [Zwecks Erfüllung einer Schuld eingegangene Verbindlichkeiten]

Die Vorschriften der §§ 52 bis 58 gelten auch für eine Vereinbarung, durch die der eine Teil zum Zwecke der Erfüllung einer Schuld aus einem nicht verbotenen Börsentermingeschäfte dem anderen Teile gegenüber eine Verbindlichkeit eingeht, insbesondere für ein Schuldanerkenntnis.

§ 60 [Auftragserteilung und -übernahme; Abschlußvereinigung]

Die Vorschriften der §§ 52 bis 59 finden auch Anwendung auf die Erteilung und Übernahme von Aufträgen sowie auf die Vereinigung zum Zwecke des Abschlusses von nicht verbotenen Börsentermingeschäften.

§ 61 [Nur Ansprüche nach deutschem Recht]

Aus einem Börsentermingeschäft können ohne Rücksicht auf das darauf anzuwendende Recht keine weitergehenden An-

§ 57 [Acceptance as performance]

An admissible stock exchange futures transaction shall be deemed to be valid and enforceable *ab initio* if the one party agrees with the other party, at maturity or thereafter, to accept performance as agreed and the other party has effected performance.

§ 58 [Admissibility of defences]

[1]Defences pursuant to §§ 762 to 764 of the Civil Code may not be raised against claims resulting from stock exchange futures transactions by a person for whom the transaction is valid and enforceable pursuant to §§ 53 and 57. [2]To the extent such defence against the aforementioned claims is admissible, § 56 shall apply *mutatis mutandis*.

§ 59 [Obligations entered into for the purpose of performance]

The provisions of §§ 52 to 58 shall also apply to an agreement by which the one party incurs an obligation to the other party for the purpose of settling debts that have arisen under an admissible stock exchange futures transaction, in particular to an acknowledgement of indebtedness.

§ 60 [Placing and accepting of orders; association]

The provisions of §§ 52 to 59 shall also apply to the placing and accepting of orders and to associations for the purpose of entering into admissible stock exchange futures transactions.

§ 61 [Only claims pursuant to German law]

Regardless of the law applicable to a stock exchange futures transaction, no claims more extensive than those avail-

Stock Exchange Act §§ 61–64

sprüche, als nach deutschem Recht begründet sind, gegen eine Person geltend gemacht werden,
1. für die das Geschäft nach § 53 nicht verbindlich ist,
2. die ihren gewöhnlichen Aufenthalt zur Zeit des Geschäftsabschlusses im Inland hat und
3. die im Inland die für den Abschluß des Geschäfts erforderliche Willenserklärung abgegeben hat.

able under German law may be asserted against a person:
1. for whom the transaction is not binding pursuant to § 53;
2. whose habitual residence was in Germany when the transaction was entered into; and
3. who made the declaration necessary to enter into the transaction in Germany.

§ 62 [Verzug]

(1) Bei einem Börsentermingeschäft in Waren kommt der Verkäufer, der nach erfolgter Kündigung eine nicht vertragsmäßige Ware liefert, in Verzug, auch wenn die Lieferungsfrist noch nicht abgelaufen ist.

(2) Eine entgegenstehende Vereinbarung ist nichtig.

§ 62 [Default]

(1) The Seller in a futures transaction in commodities who, upon the termination thereof, delivers goods not conforming to the contract, shall be deemed to have defaulted even if the time limit for delivery has not yet expired.

(2) Any agreement to the contrary shall be null and void.

§ 63 [Ermächtigung für Verbot oder Beschränkung]

Der Bundesminister der Finanzen kann durch Rechtsverordnung mit Zustimmung des Bundesrates Börsentermingeschäfte verbieten oder beschränken oder die Zulässigkeit von Bedingungen abhängig machen, soweit dies zum Schutz des Publikums geboten ist.

§ 63 [Authorisation for prohibition or restriction]

The Federal Minister of Finance may, by way of Regulation requiring the consent of the Federal Council, prohibit or restrict stock exchange futures transactions or subject their admissibility to conditions to the extent this is required for the protection of the public.

§ 64 [Rechtsfolgen im Privatrecht]

(1) ^{1}Durch ein nach § 63 verbotenes Börsentermingeschäft wird eine Verbindlichkeit nicht begründet. ^{2}Die Unwirksamkeit erstreckt sich auch auf die Bestellung einer Sicherheit.

(2) Das auf Grund des Geschäfts Geleistete kann nicht deshalb zurückgefordert werden, weil nach Absatz 1 Satz 1 eine Verbindlichkeit nicht bestanden hat.

§ 64 [Private law consequences]

(1) ^{1}A stock exchange futures transaction prohibited pursuant to § 63 does not create any obligation. ^{2}The invalidity shall also extend to the granting of collateral.

(2) What has been given to perform the transaction may not be recovered for the reason that no obligation has arisen pursuant to para. (1) sentence 1.

§§ 65 bis 68 (weggefallen)

§§ 65 to 68 (repealed)

§ 69 [Vereinbarung zwecks Schulderfüllung]

§ 64 gilt auch für eine Vereinbarung, durch die der eine Teil zum Zwecke der Erfüllung einer Schuld aus einem verbotenen Termingeschäft dem anderen Teil gegenüber eine Verbindlichkeit eingeht, insbesondere für ein Schuldanerkenntnis.

§ 70 [Aufträge und Vereinigungen]

Auf die Erteilung und Übernahme von Aufträgen sowie auf die Vereinigung zum Zwecke des Abschlusses von verbotenen Börsentermingeschäften ist § 64 anzuwenden.

V. Zulassung von Wertpapieren zum Börsenhandel mit nichtamtlicher Notierung

§ 71 [Geregelter Markt]

(1) ¹Wertpapiere können zum Börsenhandel mit nicht-amtlicher Notierung (geregelter Markt) zugelassen werden, wenn sie an dieser Börse nicht zur amtlichen Notierung zugelassen sind. ²§ 74 bleibt unberührt.

(2) ¹Für den Antrag auf Zulassung gelten vorbehaltlich des § 73 Abs. 4 die Vorschriften des § 36 Abs. 2. ²Über die Zulassung entscheidet der Zulassungsausschuß.

(3) *(aufgehoben)*

§ 72 [Inhalt der Börsenordnung]

(1) Die näheren Bestimmungen für den geregelten Markt sind in der Börsenordnung zu treffen.

(2) Die Börsenordnung muß insbesondere Bestimmungen enthalten über

§ 69 [Agreement for the settlement of debt]

§ 64 shall also apply to an agreement by which the one party incurs an obligation to the other party for the purpose of settling a liability that has arisen under an inadmissible futures transaction, in particular to an acknowledgement of indebtedness.

§ 70 [Orders and associations]

§ 64 shall also apply to the placing and accepting of orders and to associations for the purpose of entering into inadmissible stock exchange futures transactions.

V. Admission of securities to stock exchange trading with non-official quotation

§ 71 [Regulated market]

(1) ¹Securities may be admitted to stock exchange trading with non-official quotation (regulated market) if they are not admitted to the official list on such stock exchange. ²§ 74 shall remain unaffected.

(2) ¹Subject to § 73(4), the provisions of § 36(2) shall apply to the application for admission. ²The Admissions Committee shall decide on the admission.

(3) *(repealed)*

§ 72 [Content of Stock Exchange Rules]

(1) More detailed provisions about the regulated market shall be set out in the Stock Exchange Rules.

(2) The Stock Exchange Rules shall in particular contain provisions about:

Stock Exchange Act § 73

1. die nach § 73 Abs. 1 Nr. 1 und 2 notwendigen Anforderungen und Angaben sowie über den Zeitpunkt und die Form der Veröffentlichung;
2. die Zusammensetzung und die Wahl der Mitglieder des Zulassungsausschusses;
3. das Zulassungsverfahren;
4. die Feststellung und die Veröffentlichung des Börsenpreises.

(3) Die Börsenordnung kann für einen Teilbereich des geregelten Marktes bestimmen, daß der Emittent zugelassener Aktien oder Aktien vertretender Zertifikate zur Veröffentlichung eines Zwischenberichts entsprechend der Vorschrift des § 44 b Abs. 1 verpflichtet ist.

1. the requirements and information to be provided pursuant to § 73(1) nos. 1 and 2 as well as the timing and form of publication;
2. the composition and election of members of the Admissions Committee;
3. the admission procedure;
4. the determination and publication of the stock exchange price.

(3) The Stock Exchange Rules may, in respect of a certain part of the regulated market, require the issuer of admitted shares or certificates representing shares to publish a half-yearly statement in accordance with the provisions of § 44b (1).

§ 73 [Zulassungsvoraussetzungen]

(1) Wertpapiere sind zum geregelten Markt zuzulassen, wenn
1. der Emittent und die Wertpapiere den Anforderungen entsprechen, die für einen ordnungsgemäßen Börsenhandel notwendig sind,
2. dem Antrag ein vom Emittenten unterschriebener Unternehmensbericht zur Veröffentlichung beigefügt ist, der Angaben über den Emittenten und die Wertpapiere enthält, die notwendig sind, um dem Publikum ein zutreffendes Urteil über den Emittenten und die Wertpapiere zu ermöglichen; der Unternehmensbericht muß mindestens die Angaben enthalten, die für einen Verkaufsprospekt nach einer auf Grund des § 7 Abs. 2 und 3 des Verkaufsprospektgesetzes erlassenen Rechtsverordnung erforderlich sind,
3. keine Umstände bekannt sind, die bei Zulassung der Wertpapiere zu einer Übervorteilung des Publikums oder einer Schädigung erheblicher allgemeiner Interessen führen.

(1a) ¹Der Unternehmensbericht darf erst veröffentlicht werden, wenn er von dem Zulassungsausschuß gebilligt wurde. ²Der Zulassungsausschuß hat innerhalb von 15 Börsentagen nach Eingang des

§ 73 [Admission Requirements]

(1) Securities shall be admitted to the regulated market if:
1. the issuer and the securities comply with the requirements necessary for the proper conduct of stock exchange trading;
2. the application is accompanied by a business report for publication, signed by the issuer and containing data about the issuer and the securities which are necessary to enable the public to correctly assess the issuer and the securities; the business report shall at least contain the information required to be contained in a prospectus pursuant to a Regulation issued on the basis of § 7(2) and (3) of the Securities Prospectus Act;

3. no circumstances have arisen which, if the securities were admitted, would be likely to result in the public being misled or cause damage to material public interests.

(1a) ¹The business report shall be published only after approval by the Admissions Committee. ²The Admissions Committee shall within 15 stock exchange business days after receipt of the business report

Unternehmensberichts über die Billigung zu entscheiden. ³Wird der Zulassungsantrag gleichzeitig bei mehreren inländischen Börsen gestellt, so hat der Emittent den für die Billigung des Unternehmensberichts zuständigen Zulassungsausschuß zu bestimmen. ⁴Ist der Unternehmensbericht von dem Zulassungsausschuß gebilligt worden, so ist er von den Zulassungsausschüssen der anderen inländischen Börsen als den Anforderungen des Absatzes 1 Nr. 2 entsprechend anzuerkennen.

(2) Absatz 1 Nr. 2 gilt nicht für Emittenten, von denen Wertpapiere an einer inländischen Börse zur amtlichen Notierung oder zum geregelten Markt zugelassen sind, wenn seit der letzten Veröffentlichung des für die Zulassung zur amtlichen Notierung erforderlichen Prospekts, einer diesem gleichstehenden schriftlichen Darstellung oder des Unternehmensberichts im Falle eines Antrags auf Zulassung von Schuldverschreibungen weniger als drei Jahre, im Falle eines Antrags auf Zulassung von sonstigen Wertpapieren weniger als sechs Monate vergangen sind.

(3) Die Börsenordnung kann regeln, unter welchen Voraussetzungen von dem Unternehmensbericht abgesehen werden kann, wenn das Publikum auf andere Weise ausreichend unterrichtet wird.

(4) Die Börsenordnung kann vorsehen, daß Wertpapiere, die bereits an einer anderen inländischen Börse zur amtlichen Notierung oder zum geregelten Markt zugelassen sind, abweichend von Absatz 1 und § 71 Abs. 2 Satz 1 auf Antrag des Emittenten zum geregelten Markt zuzulassen sind.

§ 74 [Staatliche Schuldverschreibungen]

Schuldverschreibungen des Bundes, seiner Sondervermögen oder eines Bundeslandes, auch soweit sie in das Bundes-

decide about the approval. ³If the application for admission is filed simultaneously with more than one domestic stock exchange, the issuer shall determine the Admissions Committee responsible for the approval of the business report. ⁴If the business report has been approved by the Admissions Committee, it shall be recognised by the Admissions Committee of the other domestic stock exchanges as compliant with para. (1) no. 2.

(2) Para. (1) no. 2 shall not apply to issuers whose securities are admitted to the official list or the regulated market on a domestic stock exchange if, since the last publication of the prospectus required for the admission to the official list or of the equivalent written presentation or business report in the case of an application for admission of debt securities less than three years, and in the case of an application for the admission of other securities less than six months, have elapsed.

(3) The Stock Exchange Rules may provide under which circumstances the requirement of a business report may be waived, provided that the public is sufficiently informed by other means.

(4) The Stock Exchange Rules may provide that securities already admitted to the official list or the regulated market on another domestic stock exchange shall be admitted to the regulated market upon application by the issuer irrespective of para. (1) and § 71(2)1.

§ 74 [Government debt securities]

Debt securities issued by the Federal Government, its special funds or a federal state, including those registered in the

schuldbuch oder in die Schuldbücher der Bundesländer eingetragen sind, sowie Schuldverschreibungen, die von einem anderen Mitgliedstaat der Europäischen Wirtschaftsgemeinschaft oder von einem anderen Vertragsstaat des Abkommens über den Europäischen Wirtschaftsraum ausgegeben werden, sind an jeder inländischen Börse, an der die Schuldverschreibungen nicht eingeführt (§ 42) sind, zum geregelten Markt zugelassen.

§ 75 [Feststellung des Börsenpreises]

(1) ¹Für die Feststellung des Börsenpreises im geregelten Markt bestimmt die Geschäftsführung einen oder mehrere Skontroführer. ²§ 29 Abs. 3 gilt entsprechend.

(1a) Ist der Skontroführer ein Kreditinstitut, ein Finanzdienstleistungsinstitut oder eine für dieses Institut handelnde Person, darf das Kreditinstitut oder das Finanzdienstleistungsinstitut über den Präsenzhandel an der Börse das Finanzkommissionsgeschäft oder die Finanzportfolioverwaltung im Sinne des § 1 Abs. 1 Satz 2 Nr. 4 und Abs. 1 a Satz 2 Nr. 3 des Gesetzes über das Kreditwesen in den Wertpapieren, die dem Institut oder der für dieses Institut handelnden Person zur Feststellung des Börsenpreises an dieser Börse zugewiesen sind, nur insoweit betreiben, als die für Rechnung oder im Auftrag des Kunden getätigten Geschäfte nicht bei der Feststellung des Börsenpreises durch diesen Skontroführer berücksichtigt werden.

(2) Für Wertpapiere, die zur öffentlichen Zeichnung aufgelegt werden, ist eine Feststellung des Börsenpreises vor beendeter Zuteilung an die Zeichner nicht zulässig.

(3) Für die Aussetzung und die Einstellung der Feststellung des Börsenpreises sowie für den Widerruf der Zulassung gilt § 43 entsprechend.

federal debt register or in the debt registers of the federal states, as well as debt securities issued by another Member State of the European Economic Community or another Contracting State of the Agreement on the European Economic Area, are admitted to the regulated market on any domestic stock exchange where such debt securities have not been introduced to trading (§ 42).

§ 75 [Determination of stock exchange price]

(1) ¹The Board of Governors shall designate one or more market makers for the determination of the stock exchange price in the regulated market. ²§ 29(3) shall apply *mutatis mutandis*.

(1a) If the market maker is a bank, a financial service provider or a person acting on behalf of such institutions, the bank or financial service provider may carry on, on the trading floor at the stock exchange, financial commission business or administration of financial portfolios within the meaning of § 1(1)2 no. 4 and (1a)2 no. 3 of the Banking Act in the securities assigned to such institution, or to a person acting for such institution, for the determination of the stock exchange price on such stock exchange only insofar as the transactions carried out for the account or on behalf of customers are not taken into account when such market maker determines the stock exchange price.

(2) In the case of securities issued for subscription by the public, the determination of the stock exchange price shall not be permissible before the allotment for the subscribers has been completed.

(3) § 43 shall apply *mutatis mutandis* to the suspension and discontinuation of the determination of the stock exchange price and to the revocation of the admission.

§ 76 [Pflichten des Emittenten]

Die Bestimmungen des § 44 Abs. 1 Nr. 1 und 2 und des § 44 c Abs. 1 über die Verpflichtungen des Emittenten gelten für den geregelten Markt entsprechend.

§ 77 [Unrichtiger Unternehmensbericht]

Sind Angaben im Unternehmensbericht unrichtig oder unvollständig, so sind die Vorschriften der §§ 45 bis 49 mit der Maßgabe entsprechend anzuwenden, daß abweichend von § 49 das Landgericht ausschließlich zuständig ist, in dessen Bezirk die Börse ihren Sitz hat, deren Zulassungsausschuß den Unternehmensbericht gebilligt hat.

§ 78 [Nichtzugelassene Wertpapiere]

(1) Für Wertpapiere, die weder zum amtlichen Handel noch zum geregelten Markt zugelassen sind, kann die Börse einen Freiverkehr zulassen, wenn durch Handelsrichtlinien eine ordnungsmäßige Durchführung des Handels und der Geschäftsabwicklung gewährleistet erscheint.

(2) Preise für Wertpapiere, die während der Börsenzeit an einer Wertpapierbörse im Freiverkehr ermittelt werden, sind Börsenpreise. ²Börsenpreise sind auch Preise, die sich für die im Freiverkehr gehandelten Wertpapiere in einem an einer Börse durch die Börsenordnung geregelten elektronischen Handelssystem oder an Börsen bilden, an denen nur ein elektronischer Handel stattfindet. ³Die Börsenpreise müssen die Anforderungen nach § 11 Abs. 2 erfüllen.

§§ 79 bis 87 (weggefallen)

§ 76 [Obligations of the issuer]

The provisions of § 44(1) nos. 1 and 2 and of § 44c(1) relating to the issuer's obligations shall apply *mutatis mutandis* for the regulated market.

§ 77 [Incorrect business report]

If information in the business report is incorrect or incomplete, the provisions of §§ 45 to 49 shall apply *mutatis mutandis* with the proviso that, in contrast to § 49, exclusive jurisdiction shall rest with the District Court where the stock exchange is located whose Admissions Committee has approved the business report.

§ 78 [Securities not admitted]

(1) Any stock exchange may permit a regulated inofficial market for securities that are admitted neither to the official list nor to the regulated market, provided that the proper conduct of trading and settlement appears to be assured by trading guidelines.

(2) The prices for securities determined during stock exchange trading hours in the regulated inofficial market at a stock exchange shall be stock exchange prices. ²Stock exchange prices shall include prices for securities traded in the regulated inofficial market established by the means of an electronic trading system regulated by Stock Exchange Rules on a stock exchange where there is only electronic trading. ³Such stock exchange prices shall meet the requirements pursuant to § 11(2).

§§ 79 to 87 (repealed)

VI. Criminal offences and misdemeanours. Transitional provisions

§ 88 [Criminal offences]

Any person who, for the purpose of influencing the stock exchange or market price of securities, subscription rights, foreign currency, commodities, shares conferring a participation in the profits or losses of an enterprise, or of derivatives within the meaning of § 2(2) of the Securities Trading Act:
1. provides incorrect information about circumstances which are material for the assessment of the securities, subscription rights, foreign currency, commodity, shares or derivatives, or who conceals such circumstances contrary to the applicable provisions of law; or
2. uses other means for the purpose of deceit

shall be punished by imprisonment of up to three years or a fine.

§ 89 [Criminal offences]

(1) Any person who commercially induces others, by taking advantage of their inexperience in speculative stock exchange transactions, to engage in such transactions or to directly or indirectly participate in such transactions shall be punished by imprisonment of up to three year or a fine.

(2) Speculative stock exchange transactions within the meaning of para. (1) shall be, in particular:
1. purchase or sale transactions with a deferred delivery date, even if entered into on a domestic or non-domestic stock exchange;
2. options on such transactions

aiming at the realisation of a profit from the difference between the price agreed for the time of delivery and the stock exchange or market price prevailing at the time of delivery.

§ 90 [Ordnungswidrigkeiten]

(1) Ordnungswidrig handelt, wer vorsätzlich oder leichtfertig
1. einer vollziehbaren Anordnung nach § 1 a Abs. 1 Satz 1 oder § 8 c Abs. 1 Satz 2 Nr. 2 zuwiderhandelt,
2. ein Betreten entgegen § 1 a Abs. 1 Satz 4, auch in Verbindung mit Satz 7, nicht gestattet oder entgegen § 1 a Abs. 1 Satz 5, auch in Verbindung mit Satz 7, nicht duldet,
3. entgegen § 8 b Abs. 1 Satz 5 eine dort genannte Unterlage nicht oder nicht rechtzeitig vorlegt,
3a. entgegen § 36 Abs. 3 a Satz 1 oder § 73 Abs. 1 a Satz 1 einen Prospekt oder einen Unternehmensbericht veröffentlicht,
4. entgegen § 44 Abs. 1 Nr. 2, auch in Verbindung mit § 76, eine Zahl- und Hinterlegungsstelle oder eine Zahlstelle am Börsenplatz nicht benennt,
5. entgegen § 44 b Abs. 1, auch in Verbindung mit einer Rechtsverordnung nach § 44 b Abs. 2, einen Zwischenbericht nicht, nicht richtig, nicht vollständig, nicht in der vorgeschriebenen Form oder nicht rechtzeitig veröffentlicht oder
6. entgegen § 44 c Abs. 1, auch in Verbindung mit § 76, eine Auskunft nicht, nicht richtig oder nicht vollständig erteilt.

(2) Ordnungswidrig handelt auch, wer vorsätzlich oder leichtfertig einer Rechtsverordnung nach
1. § 38 Abs. 1 Nr. 3 oder
2. § 44 Abs. 2
zuwiderhandelt, soweit sie für einen bestimmten Tatbestand auf diese Bußgeldvorschrift verweist.

(3) Ordnungswidrig handelt ferner, wer entgegen § 51 Abs. 2 Preislisten (Kurszettel) veröffentlicht oder in mechanisch hergestellter Vervielfältigung verbreitet.

§ 90 [Misdemeanours]

(1) It shall be a misdemeanour intentionally or recklessly:
1. to contravene an enforceable order pursuant to § 1a(1)1 or § 8c(1)2 no. 2;
2. to refuse access, contrary to § 1a(1)4, also in connection with sentence 7, or to fail to tolerate access contrary to § 1a(1)5, also in connection with sentence 7;
3. to fail to produce a document, or to produce it in due time contrary to § 8b(1)5;
3a. to publish a prospectus or business report contrary to § 36 (3a)1 or § 73(1a)1;
4. to fail to name a paying and depository agent or a paying agent at the stock exchange place contrary to § 44(1) no. 2, also in connection with § 76;
5. to fail to publish a half-yearly statement, or to publish such statement incorrectly, incompletely, not in due form or in due time contrary to § 44b(1), also in connection with a Regulation pursuant to § 44b(2); or
6. to fail to provide information, or to provide information incorrectly or incompletely contrary to § 44c(1), also in connection with § 76.

(2) It shall also be a misdemeanour to intentionally or recklessly contravene a Regulation pursuant to:
1. § 38(1) no. 3; or
2. § 44(2)
to the extent such Regulation makes reference to this misdemeanour provision for a specific set of facts.

(3) It shall further be a misdemeanour to publish, or disseminate by means of mechanical reproduction, price lists (quotation lists) contrary to § 51(2).

Stock Exchange Act §§ 96, 97

(4) Die Ordnungswidrigkeit kann in den Fällen des Absatzes 1 Nr. 1 bis 3, 4 und 6, des Absatzes 2 Nr. 2 und des Absatzes 3 mit einer Geldbuße bis zu fünfzigtausend Euro, in den Fällen des Absatzes 1 Nr. 5 und des Absatzes 2 Nr. 1 mit einer Geldbuße bis zu hunderttausend Euro, in den Fällen des Absatzes 1 Nr. 3 a mit einer Geldbuße bis zu fünfhunderttausend Euro geahndet werden.

(4) Misdemeanours may be punished by a administrative fine of up to Euro 50,000 in the cases of para. (1) nos. 1 to 3, 4 and 6, para. (2) no. 2 and para. (3), by administrative fine of up to Euro 100,000 in the cases of para. (1) no. 5 and para. (2) no. 1, and by administrative fine of up to Euro 500,000 in the cases of para. (1) no. 3a.

§§ 91 bis 95 (weggefallen)

§§ 91 to 95 (repealed)

§ 96 [Wechsel und ausländische Zahlungsmittel]

§ 96 [Bills of exchange and foreign currency]

(1) Die in dem II. Abschnitt bezüglich der Wertpapiere getroffenen Bestimmungen gelten auch für Wechsel und ausländische Zahlungsmittel.

(1) The provisions in Chapter II. relating to securities shall also apply to bills of exchange and foreign currency.

(2) Als Zahlungsmittel im Sinne des ersten Absatzes gelten außer Geldsorten, Papiergeld, Banknoten und dergleichen auch Auszahlungen, Anweisungen und Schecks.

(2) Currency in the meaning of para. (1) shall mean not only cash, paper money, bank notes and the like, but also payment orders, commercial paper and cheques.

§ 97 [Anwendbarkeit]

§ 97 [Transitional provision]

(1) Die Vorschriften über Sicherheitsleistungen gemäß § 7 Abs. 4 Nr. 3 in Verbindung mit Abs. 4 und 8, § 8 c Abs. 2 bis 4, § 30 Abs. 4 in Verbindung mit Abs. 2 Satz 1 Nr. 2 und § 32 Abs. 6 in der Fassung der Bekanntmachung vom 17. Juli 1996 (BGBl. I S. 1030) sind bis zum Erlaß einer Bestimmung in der Börsenordnung nach § 8 a Abs. 1 anzuwenden, längstens jedoch bis zum 31. Dezember 1998.

(1) The provisions about collateral pursuant to § 7(4) no. 3 in connection with paras. (4a) and (8), § 8c(2) to (4), § 30(4) in connection with para. (2) sentence 1 no. 2 and § 32(6) as promulgated on 17th July, 1996 (BGBl I p. 1030) shall continue to apply until the enactment of a provision in the Stock Exchange Rules pursuant to § 8a (1), but in any event not beyond 31st December, 1998.

(2) Die Verpflichtungen der Makler nach § 8 a Abs. 3 in der Fassung der Bekanntmachung vom 17. Juli 1996 (BGBl. I S. 1030), einen Vermögensstatus und eine Erfolgsrechnung vorzulegen, gelten für Skontroführer im Sinne des § 8 b bis zum Inkrafttreten einer Verordnung nach § 25 Abs. 3 des Gesetzes über das Kreditwesen, mit der nähere Bestimmungen über Art und Umfang der Monatsausweise be-

(2) The obligations of brokers pursuant to § 8a(3) as promulgated on 17th July, 1996 (BGBl. I p. 1030) to provide a status of assets and liabilities and an income statement shall also apply to market makers in the meaning of § 8b until a Regulation pursuant to § 25(3) of the Banking Act has become effective which would stipulate detailed provisions about type and extent of monthly statements on the financial

treffend die Vermögens- und Ertragslage der Institute getroffen werden, längstens jedoch bis zum 31. Dezember 1998.

(3) Die §§ 3 und 3 a gelten nicht für den bei Inkrafttreten des Artikels 1 des Dritten Finanzmarktförderungsgesetzes im Amt befindlichen Börsenrat; die §§ 3 und 3 a in der vor dem Inkrafttreten des Artikels 1 des Dritten Finanzmarktförderungsgesetzes geltenden Fassung sind insoweit anzuwenden.

(4) Die Befugnis zur Teilnahme am Börsenhandel in einem elektronischen Handelssystem auf Grund der Vorschrift des § 7 a in der vor Inkrafttreten des Artikels 1 des Dritten Finanzmarktförderungsgesetzes geltenden Fassung erlischt am 1. September 1998.

(5) Die in § 43 Abs. 4 Satz 5, auch in Verbindung mit § 75 Abs. 3, genannten Bestimmungen sind spätestens bis zum Ablauf eines Jahres nach Inkrafttreten des Artikels 1 des Dritten Finanzmarktförderungsgesetzes in der Börsenordnung zu treffen; § 43 Abs. 4 Satz 4 bleibt hiervon unberührt.

(6) Sind Prospekte, auf Grund deren Wertpapiere zum Börsenhandel mit amtlicher Notierung zugelassen worden sind, oder Unternehmensberichte vor dem 1. April 1998 veröffentlicht worden, so sind auf diese Prospekte und Unternehmensberichte die Vorschriften der §§ 45 bis 49 und 77 in der Fassung der Bekanntmachung des Börsengesetzes vom 17. Juli 1996 (BGBl. I S. 1030) weiterhin anzuwenden.

§ 98 [Preise in Euro]

Die Preise für Wertpapiere können ab dem 1. Januar 1999 an der Börse in Euro festgestellt werden. Das Nähere regelt die Börsenordnung.

situation and profitability of banks and financial institutions, but in any event not beyond 31st December, 1998.

(3) The provisions of §§ 3 and 3a shall not apply to the Stock Exchange Council holding office when Article 1 of the Third Financial Markets Promotion Act becomes effective; insofar the provisions of §§ 3 and 3a as effective before the application of Article 1 of the Third Financial Market Promotion Act shall apply.

(4) The authorisation to participate in stock exchange trading in an electronic trading system on the basis of § 7a as effective before the application of Article 1 of the Third Financial Markets Promotion Act shall expire on 1st September, 1998.

(5) The provisions referred to in § 43(4)5, also in connection with § 75(3), shall be adopted as part of the Stock Exchange Rules until expiry of one year since the application of Article 1 of the Third Financial Markets Promotion Act; § 43(4)4 shall remain unaffected.

(6) Prospectuses on the basis of which securities have been admitted to the official list or business reports published before 1st April, 1998 shall continue to be governed by the provisions of §§ 45 to 49 and 77 of the Stock Exchange Act as promulgated on 17th July, 1996 (BGBl. I p. 1030).

§ 98 [Price determination in Euro]

From 1st January, 1999, prices for securities on a stock exchange may be determined in Euro. Further details shall be set out in the Stock Exchange Rules.

VERORDNUNG ÜBER DIE ZULASSUNG VON WERTPAPIEREN ZUR AMTLICHEN NOTIERUNG AN EINER WERTPAPIERBÖRSE	REGULATION CONCERNING THE ADMISSION OF SECURITIES TO THE OFFICIAL LIST OF A STOCK EXCHANGE
(BÖRSENZULASSUNGS-VERORDNUNG)	(STOCK EXCHANGE ADMISSION REGULATION)
in der Fassung der Bekanntmachung vom 9. September 1998	as amended and repromulgated on 9th September, 1998
(BGBl. I S. 2832)	(BGBl. I p. 2832)
Zuletzt geändert durch Gesetz vom 21.12.2000 (BGBl. I S. 1857)	last amendment by Act of 21st December, 2000 (BGBl. I p. 1857)

Inhaltsverzeichnis	Table of Contents
Erstes Kapitel	**Part One**
Zulassung von Wertpapieren zur amtlichen Notierung	Admission of securities to the official list
Erster Abschnitt Zulassungsvoraussetzungen	**Chapter one** Admission requirements

	§		§
Rechtsgrundlage des Emittenten	1	Legal basis of issuer	1
Mindestbetrag der Wertpapiere	2	Minimum value of the securities	2
Dauer des Bestehens des Emittenten	3	Period of existence of the issuer	3
Rechtsgrundlage der Wertpapiere	4	Legal basis of the securities	4
Handelbarkeit der Wertpapiere	5	Transferability of the securities	5
Stückelung der Wertpapiere	6	Denomination of the securities	6
Zulassung von Wertpapieren einer Gattung oder einer Emission	7	Application of securities of one class or one issue	7
Druckausstattung der Wertpapiere	8	Printing features of securities	8
Streuung der Aktien	9	Free float of shares	9
Emittenten aus Drittstaaten	10	Issuers from third countries	10
Zulassung von Wertpapieren mit Umtausch- oder Bezugsrecht	11	Admission of securities with conversion, exchange or subscription rights	11
Zulassung von Zertifikaten, die Aktien vertreten	12	Admission of certificates representing shares	12

Zweiter Abschnitt Prospekt (§ 36 Abs. 3 Nr. 2 des Börsengesetzes)	**Chapter 2** Prospectus (§ 36(3) no. 2 of the Stock Exchange Act)
Erster Unterabschnitt Prospektinhalt	**Sub-chapter 1** Prospectus contents

Allgemeine Grundsätze	13	General principles	13
Angaben über Personen oder Gesellschaften, die für den Inhalt des Prospekts die Verantwortung übernehmen	14	Information about persons or companies assuming responsibility for the prospectus contents	14

Allgemeine Angaben über die Wertpapiere 15	General information about the securities 15
Besondere Angaben über Aktien 16	Particular information about shares 16
§	§
Besondere Angaben über andere Wertpapiere als Aktien 17	Particular information about securities other than shares 17
Allgemeine Angaben über den Emittenten 18	General information about the issuer 18
Angaben über das Kapital des Emittenten 19	Information about the issuer's capital 19
Angaben über die Geschäftstätigkeit des Emittenten 20	Information about the issuer's business activities 20
Angaben über die Vermögens-, Finanz- und Ertragslage des Emittenten 21	Information about the issuer's financial situation and profitability 21
Angaben aus der Rechnungslegung des Emittenten 22	Information from the issuer's accounts 22
Aufstellung über die Herkunft und Verwendung der Mittel 23	Statement about the source and application of funds 23
Angaben über Beteiligungsunternehmen 24	Information about affiliated enterprises 24
Angaben von Ergebnis und Dividende je Aktie 25	Information about profits/losses and dividends per share 25
Aufnahme von Konzernabschlüssen 26	Consolidated annual accounts 26
Angabe der Verbindlichkeiten des Emittenten der zuzulassenden Schuldverschreibungen 27	Information about the liabilities of an issuer of debt securities 27
Angaben über Geschäftsführungs- und Aufsichtsorgane des Emittenten 28	Information about the issuer's management and supervisory bodies 28
Angaben über den jüngsten Geschäftsgang und die Geschäftsaussichten des Emittenten 29	Information about the issuer's current performance and business prospects 29
Angaben über die Prüfung der Jahresabschlüsse des Emittenten und anderer Angaben im Prospekt 30	Information about the audit of the issuer's annual accounts and other information in the prospectus 30
Angaben über Zertifikate, die Aktien vertreten 31	Information about certificates representing shares 31
Angaben über den Emittenten der Zertifikate, die Aktien vertreten 32	Information about the issuer of certificates representing shares 32

Zweiter Unterabschnitt
Prospektinhalt in Sonderfällen

Sub-chapter 2
Prospectus contents in special cases

Aktien auf Grund von Bezugsrechten 33	Shares allotted pursuant to subscription rights 33
Wertpapiere von Emittenten börsennotierter Wertpapiere 34	Securities of issuers of listed securities 34
Wertpapiere mit Umtausch- oder Bezugsrecht auf Aktien 35	Securities conferring conversion, exchange or subscription rights 35
Wertpapiere außer Aktien auf Grund von Bezugsrechten 36	Securities other than shares allotted pursuant to subscription rights 36
Bank-, Finanzdienstleistungs- oder Versicherungsgeschäfte betreibende Emittenten 37	Issuers carrying on banking, financial service or insurance business 37
Von Kreditinstituten dauernd oder wiederholt ausgegebene Schuldverschreibungen 38	Debt securities continuously or repeatedly issued by credit institutions 38
Gewährleistete Wertpapiere 39	Guaranteed securities 39
Zertifikate, die Aktien vertreten 40	Certificates representing shares 40
Verschmelzung, Spaltung, Übertragung, Umtausch, Sacheinlagen 41	Merger, demerger, transfer, exchange, contributions in kind 41
Schuldverschreibungen von Staaten, Gebietskörperschaften, zwischenstaatlichen Einrichtungen 42	Debt securities issued by governments, regional authorities, international institutions 42

Dritter Unterabschnitt
Veröffentlichung des Prospekts

Sub-chapter 3
Publication of the prospectus

Frist der Veröffentlichung 43	Timing of publication 43
Veröffentlichung eines unvollständigen Prospekts 44	Publication of an incomplete prospectus 44

Vierter Unterabschnitt
Befreiung von der Pflicht, einen Prospekt zu veröffentlichen

§

Befreiung im Hinblick auf bestimmte Wertpapiere 45
Befreiung im Hinblick auf bestimmte Emittenten 45a
Befreiung im Hinblick auf bestimmte Anleger 46
Befreiung im Hinblick auf einzelne Angaben 47

Dritter Abschnitt
Zulassungsverfahren

Zulassungsantrag 48
Veröffentlichung des Zulassungsantrags 49
Zeitpunkt der Zulassung 50
Veröffentlichung der Zulassung 51
Einführung 52

Zweites Kapitel
Pflichten des Emittenten zugelassener Wertpapiere

Erster Abschnitt
Zwischenbericht

Erster Unterabschnitt
Inhalt des Zwischenberichts

Allgemeine Grundsätze 53
Zahlenangaben 54
Erläuterungen 55
Konzernabschluß 56

Zweiter Unterabschnitt
Inhalt des Zwischenberichts in Sonderfällen

Anpassung der Zahlenangaben 57
Emittenten aus Drittstaaten 58
Zwischenberichte in mehreren Mitgliedstaaten der Europäischen Union 59
Befreiung im Hinblick auf einzelne Angaben . 60

Dritter Unterabschnitt
Veröffentlichung des Zwischenberichts

Form und Frist der Veröffentlichung 61
Übermittlung an Zulassungsstelle 62

Zweiter Abschnitt
Sonstige Pflichten

Veröffentlichung von Mitteilungen 63
Änderung der Rechtsgrundlage des Emittenten 64
Verfügbarkeit von Jahresabschluß und Lagebericht 65
Veröffentlichung zusätzlicher Angaben 66
Unterrichtung bei Zulassung an mehreren Börsen 67
Hinweis auf Prospekt 68
Zulassung später ausgegebener Aktien 69
Art und Form der Veröffentlichungen 70

Sub-chapter 4
Exemption from the requirement to publish a prospectus

§

Exemption relating to particular securities 45
Exemption relating to specific issuers 45a
Exemption relating to specific investors 46
Exemption relation to specific information 47

Chapter 3
Admission procedure

Application for admission 48
Publication of the application for admission... 49
Date of admission 50
Publication of the admission 51
Introduction to trading 52

Part Two
Obligations of the issuer of admitted securities

Chapter 1
Half-yearly statement

Sub-chapter 1
Content of the half-yearly statement

General principles 53
Figures 54
Explanations 55
Consolidated annual accounts 56

Sub-chapter 2
Content of the half-yearly statement in particular cases

Adjustment of figures 57
Issuers from third countries 58
Half-yearly statements in several Member States of the European Union 59
Exemption in respect of particular information. 60

Sub-chapter 3
Publication of the half-yearly statement

Form and timing of publication 61
Delivery to the Admission Office 62

Chapter 2
Further obligations

Publication of notices 63
Changes in the issuer's legal basis 64
Availability of annual accounts and business report 65
Publication of additional information 66
Disclosure in the case of admission to several stock exchanges 67
Reference to the prospectus 68
Admission of shares issued at a later date 69
Manner and form of publications 70

Drittes Kapitel	Part Three
Ordnungswidrigkeiten, Schlußvorschriften	Misdemeanours, transitional provisions

§	§
Ordnungswidrigkeiten 71	Misdemeanours 71
(gegenstandslos) 72	(irrelevant) 72
(Inkrafttreten) 73	(effective date) 73

Erstes Kapitel.
Zulassung von Wertpapieren zur amtlichen Notierung

Erster Abschnitt.
Zulassungsvoraussetzungen

Part 1.
Admission of securities to the official list

Chapter one.
Admission requirements

§ 1 Rechtsgrundlage des Emittenten.

Die Gründung sowie die Satzung oder der Gesellschaftsvertrag des Emittenten müssen dem Recht des Staates entsprechen, in dem der Emittent seinen Sitz hat.

§ 1 Legal basis of the issuer.

The incorporation and the memorandum and articles of association of the issuer shall conform to the laws of the country where the issuer's registered office is situated.

§ 2 Mindestbetrag der Wertpapiere.

(1) ¹Der voraussichtliche Kurswert der zuzulassenden Aktien oder, falls seine Schätzung nicht möglich ist, das Eigenkapital der Gesellschaft im Sinne des § 266 Abs. 3 Buchstabe A des Handelsgesetzbuchs, deren Aktien zugelassen werden sollen, muß mindestens eine Million zweihundertfünfzigtausend Euro betragen. ²Dies gilt nicht, wenn Aktien derselben Gattung an dieser Börse bereits amtlich notiert werden.

(2) Für die Zulassung von anderen Wertpapieren als Aktien muß der Gesamtnennbetrag mindestens zweihundertfünfzigtausend Euro betragen.

(3) Für die Zulassung von Wertpapieren, die nicht auf einen Geldbetrag lauten, muß die Mindeststückzahl der Wertpapiere zehntausend betragen.

(4) Die Zulassungsstelle kann geringere Beträge als in den vorstehenden Absätzen vorgeschrieben zulassen, wenn sie überzeugt ist, daß sich für die zuzulassenden

§ 2 Minimum value of the securities.

(1) ¹The prospective market value of the shares to be admitted or, if an estimation thereof is impossible, the registered share capital within the meaning of § 266(3)A. of the Commercial Code of the company the shares of which are to be admitted, shall be at least Euro 1,250,000. ²This shall not apply if shares of the same class have already been admitted to the official list of the same stock exchange.

(2) For the admission of securities other than shares, the aggregate nominal value shall be at least Euro 250,000.

(3) For the admission of securities without nominal value the minimum number of such securities shall be 10,000.

(4) The Admissions Office may permit amounts lower than those set forth above if in its view there will be a satisfactory market for the securities to be admitted.

Wertpapiere ein ausreichender Markt bilden wird.

§ 3 Dauer des Bestehens des Emittenten.

(1) Der Emittent zuzulassender Aktien muß mindestens drei Jahre als Unternehmen bestanden und seine Jahresabschlüsse für die drei dem Antrag vorangegangenen Geschäftsjahre entsprechend den hierfür geltenden Vorschriften offengelegt haben.

(2) Die Zulassungsstelle kann abweichend von Absatz 1 Aktien zulassen, wenn dies im Interesse des Emittenten und des Publikums liegt.

§ 4 Rechtsgrundlage der Wertpapiere.

Die Wertpapiere müssen in Übereinstimmung mit dem für den Emittenten geltenden Recht ausgegeben werden und den für das Wertpapier geltenden Vorschriften entsprechen.

§ 5 Handelbarkeit der Wertpapiere.

(1) Die Wertpapiere müssen frei handelbar sein.

(2) Die Zulassungsstelle kann
1. nicht voll eingezahlte Wertpapiere zulassen, wenn sichergestellt ist, daß der Börsenhandel nicht beeinträchtigt wird und wenn in dem Prospekt (§ 13) auf die fehlende Volleinzahlung sowie auf die im Hinblick hierauf getroffenen Vorkehrungen hingewiesen wird oder, wenn ein Prospekt nicht zu veröffentlichen ist, das Publikum auf andere geeignete Weise unterrichtet wird;
2. Aktien, deren Erwerb einer Zustimmung bedarf, zulassen, wenn das Zustimmungserfordernis nicht zu einer Störung des Börsenhandels führt.

§ 3 Period of existence of the issuer.

(1) The issuer of shares to be admitted shall have existed as an enterprise for at least three years and shall have published its annual accounts for the three financial years preceding the application in accordance with the provisions applicable thereto.

(2) The Admissions Office, notwithstanding para. (1), may admit shares where such admission is in the interest of the issuer and the public.

§ 4 Legal basis of the securities.

The securities shall be issued in accordance with the laws applicable to the issuer and shall conform to the provisions applicable to such securities.

§ 5 Transferability of the securities.

(1) The securities shall be freely transferable.

(2) The Admissions Office may:
1. admit securities that are not fully paid up, provided that it is assured that stock exchange trading will not be adversely affected, and provided that it is stated in the prospectus (§ 13) that the securities are not fully paid up and that arrangements have been made with a view thereto or, if publication of a prospectus is not required, the public is informed by other suitable means;
2. admit shares the acquisition of which is subject to consent, provided such requirement does not result in a disruption of stock exchange trading.

§ 6 Stückelung der Wertpapiere.

Die Stückelung der Wertpapiere, insbesondere die kleinste Stückelung und die Anzahl der in dieser Stückelung ausgegebenen Wertpapiere, müssen den Bedürfnissen des Börsenhandels und des Publikums Rechnung tragen.

§ 7 Zulassung von Wertpapieren einer Gattung oder einer Emission.

(1) [1]Der Antrag auf Zulassung von Aktien muß sich auf alle Aktien derselben Gattung beziehen. [2]Er kann jedoch insoweit beschränkt werden, als die nicht zuzulassenden Aktien zu einer der Aufrechterhaltung eines beherrschenden Einflusses auf den Emittenten dienenden Beteiligung gehören oder für eine bestimmte Zeit nicht gehandelt werden dürfen und wenn aus der nur teilweisen Zulassung keine Nachteile für die Erwerber der zuzulassenden Aktien zu befürchten sind. [3]In dem Prospekt (§ 13) ist darauf hinzuweisen, daß nur für einen Teil der Aktien die Zulassung beantragt wurde, und der Grund hierfür anzugeben; ist ein Prospekt nicht zu veröffentlichen, so ist das Publikum auf andere geeignete Weise zu unterrichten.

(2) Der Antrag auf Zulassung von anderen Wertpapieren als Aktien muß sich auf alle Wertpapiere derselben Emission beziehen.

§ 8 Druckausstattung der Wertpapiere.

(1) [1]Die Druckausstattung der Wertpapiere in ausgedruckten Einzelurkunden muß einen ausreichenden Schutz vor Fälschung bieten und eine sichere und leichte Abwicklung des Wertpapierverkehrs ermöglichen. [2]Für Wertpapiere eines Emittenten mit Sitz in einem anderen Mitgliedstaat der Europäischen Union oder in einem anderen Vertragsstaat des Abkommens über den Europäischen Wirtschaftsraum reicht die Beachtung der

§ 6 Denomination of the securities.

The denomination of the securities, in particular the smallest denomination and the number of securities issued in such denomination, shall take account of the requirements of stock exchange trading and of the public.

§ 7 Application of securities of one class or one issue.

(1) [1]The application for the admission of shares shall relate to all shares of the same class. [2]The application may, however, be limited to the extent that the shares not to be admitted form part of a shareholding that either serves the preservation of controlling influence over the issuer or may not be traded for a certain period of time, provided that the purchasers of the shares to be admitted are not expected to be adversely affected because of the partial admission. [3]The prospectus (§ 13) shall disclose that the application for admission does not extend to the entire class of shares and shall state the reasons therefor; if the publication of a prospectus is not required, the public shall be informed by other suitable means.

(2) The application for admission of securities other than shares shall extend to all securities of the same issue.

§ 8 Printing features of securities.

(1) [1]Where the securities are materialised in printed individual certificates, such certificates shall provide adequate protection against forgery and facilitate the safe and convenient handling of securities transactions. [2]For securities of an issuer having its registered office in another Member State of the European Union or in another Contracting State of the Agreement on the European Economic Area, compliance with the provi-

Vorschriften aus, die in diesem Staat für die Druckausstattung der Wertpapiere gelten.

(2) Bietet die Druckausstattung der Wertpapiere keinen ausreichenden Schutz vor Fälschung, so ist in dem Prospekt (§ 13) hierauf hinzuweisen; ist ein Prospekt nicht zu veröffentlichen, so ist das Publikum auf andere geeignete Weise zu unterrichten.

§ 9 Streuung der Aktien.

(1) [1]Die zuzulassenden Aktien müssen im Publikum eines Mitgliedstaats oder mehrerer Mitgliedstaaten der Europäischen Union oder eines Vertragsstaates oder mehrerer Vertragsstaaten des Abkommens über den Europäischen Wirtschaftsraum ausreichend gestreut sein. [2]Sie gelten als ausreichend gestreut, wenn mindestens fünfundzwanzig vom Hundert des Gesamtnennbetrages, bei nennwertlosen Aktien der Stückzahl, der zuzulassenden Aktien vom Publikum erworben worden sind oder wenn wegen der großen Zahl von Aktien derselben Gattung und ihrer breiten Streuung im Publikum ein ordnungsgemäßer Börsenhandel auch mit einem niedrigeren Vomhundertsatz gewährleistet ist.

(2) Abweichend von Absatz 1 können Aktien zugelassen werden, wenn
1. eine ausreichende Streuung über die Einführung an der Börse erreicht werden soll und die Zulassungsstelle davon überzeugt ist, daß diese Streuung innerhalb kurzer Frist nach der Einführung erreicht sein wird,
2. Aktien derselben Gattung innerhalb der Europäischen Union oder innerhalb eines Vertragsstaates des Abkommens über den Europäischen Wirtschaftsraum amtlich notiert werden und eine ausreichende Streuung im Verhältnis zur Gesamtheit aller ausgegebenen Aktien erreicht wird oder

sions applicable in such Member or Contracting State to the printing features of securities shall be sufficient.

(2) If the printing features of the securities do not provide adequate protection against forgery, such fact shall be disclosed in the prospectus (§ 13); if the publication of a prospectus is not required, the public shall be informed by other suitable means.

§ 9 Free float of shares.

(1) [1]The shares to be admitted shall be sufficiently dispersed among the public of one or more Member States of the European Union or one or more Contracting States of the Agreement on the European Economic Area. [2]They shall be deemed to be sufficiently dispersed if at least 25 per cent. of the aggregate nominal value or, in the case of shares without nominal value, the number of the shares to be admitted have been purchased by the public, or where orderly stock exchange trading is assured even on the basis of a lower percentage because of the large number of shares of the same class and their wide dispersal among the public.

(2) The provisions of para. (1) notwithstanding, shares may be admitted if:
1. it is intended to achieve a sufficient distribution by the means of stock exchange listing, provided that the Admissions Office is satisfied that such distribution will be achieved within a short period of time after introduction to trading;
2. shares of the same class are officially quoted within the European Union or within a Contracting State of the Agreement on the European Economic Area, provided that, in relation to the total number of shares to be issued, a sufficient distribution will be achieved; or

3. die Aktien außerhalb der Europäischen Union oder außerhalb der anderen Vertragsstaaten des Abkommens über den Europäischen Wirtschaftsraum amtlich notiert werden und eine ausreichende Streuung im Publikum derjenigen Staaten erreicht ist, in denen diese Aktien amtlich notiert werden.

§ 10 Emittenten aus Drittstaaten.

Aktien eines Emittenten mit Sitz in einem Staat außerhalb der Europäischen Union oder außerhalb der anderen Vertragsstaaten des Abkommens über den Europäischen Wirtschaftsraum, die weder in diesem Staat noch in dem Staat ihrer hauptsächlichen Verbreitung an einer Börse amtlich notiert werden, dürfen nur zugelassen werden, wenn glaubhaft gemacht wird, daß die Notierung nicht aus Gründen des Schutzes des Publikums unterblieben ist.

§ 11 Zulassung von Wertpapieren mit Umtausch- oder Bezugsrecht.

(1) Wertpapiere, die den Gläubigern ein Umtausch- oder Bezugsrecht auf andere Wertpapiere einräumen, können nur zugelassen werden, wenn die Wertpapiere, auf die sich das Umtausch- oder Bezugsrecht bezieht, an einer inländischen Börse entweder zum Handel zugelassen oder in einen anderen organisierten Markt einbezogen sind oder gleichzeitig zugelassen oder einbezogen werden.

(2) [1]Die Zulassungsstelle kann abweichend von Absatz 1 Wertpapiere zulassen, wenn die Wertpapiere, auf die sich das Umtausch- oder Bezugsrecht bezieht, zum Handel an einem Markt im Sinne des § 2 Abs. 1 des Wertpapierhandelsgesetzes zugelassen sind und wenn sich das Publikum im Inland regelmäßig über die Kurse unterrichten kann, die sich an dem Markt im Ausland im Handel in diesen Wertpapieren bilden. [2]Der Prospekt für

3. the shares are officially quoted outside the European Union or outside the other Contracting States of the Agreement on the European Economic Area, provided that they are sufficiently distributed among the public of those countries where the shares are officially quoted.

§ 10 Issuers from third countries.

Shares of an issuer having its registered office in a country outside the European Union or outside the other Contracting States of the Agreement on the European Economic Area which are officially quoted neither in such country nor in the country where they are primarily distributed shall be admitted only if the absence of such quotation is not by reason of the need to protect the public.

§ 11 Admission of securities with conversion, exchange or subscription rights.

(1) Securities conferring conversion, exchange or subscription rights in respect of other securities shall be admitted only if the securities to which such conversion, exchange or subscription rights relate are either admitted to trading on a domestic stock exchange or included in another organised market, or are so admitted or included simultaneously.

(2) [1]The Admissions Office, notwithstanding para. (1), may admit securities if the securities to which the conversion, exchange or subscription rights relate are admitted to trading on a market within the meaning of § 2 (1) of the Securities Trading Act, provided that the public in Germany can on a regular basis obtain information about the prices resulting from the trading of the securities on the foreign market. [2]The prospectus for the ad-

die Zulassung der Wertpapiere mit Umtausch- oder Bezugsrechten muß Angaben enthalten, wie sich das Publikum im Inland regelmäßig über die Kurse im Ausland unterrichten kann.

§ 12 Zulassung von Zertifikaten, die Aktien vertreten.

(1) Zertifikate, die Aktien vertreten, können zugelassen werden, wenn
1. der Emittent der vertretenen Aktien den Zulassungsantrag mitunterzeichnet hat, die Voraussetzungen nach den §§ 1 bis 3 erfüllt und sich gegenüber der Zulassungsstelle schriftlich verpflichtet, die in den §§ 44 bis 44 c des Börsengesetzes und §§ 62 bis 68 dieser Verordnung genannten Pflichten des Emittenten zugelassener Aktien zu erfüllen,
2. die Zertifikate die in den §§ 4 bis 10 genannten Voraussetzungen erfüllen und
3. der Emittent der Zertifikate die Gewähr für die Erfüllung seiner Verpflichtungen gegenüber den Zertifikatsinhabern bietet.

(2) Vertreten die Zertifikate Aktien eines Emittenten mit Sitz in einem Staat außerhalb der Europäischen Gemeinschaft oder außerhalb eines anderen Vertragsstaates des Abkommens über den Europäischen Wirtschaftsraum und werden die Aktien weder in diesem Staat noch in dem Staat ihrer hauptsächlichen Verbreitung an einer Börse amtlich notiert, so ist glaubhaft zu machen, daß die Notierung nicht aus Gründen des Schutzes des Publikums unterblieben ist.

mission of securities with conversion, exchange or subscription rights shall contain information as to how the public in Germany can obtain information about the foreign market prices on a regular basis.

§ 12 Admission of certificates representing shares.

(1) Certificates representing shares may be admitted if:
1. the issuer of the shares represented has co-signed the application for admission, has met the requirements pursuant to §§ 1 to 3 and has undertaken vis-à-vis the Admissions Office in writing to comply with the obligations of issuers of admitted shares pursuant to §§ 44 to 44c Stock Exchange Act and §§ 62 to 68 of this Regulation;
2. the certificates meet the requirements pursuant to §§ 4 to 10; and
3. the issuer of the certificates undertakes to honour its obligations vis-à-vis the holders of the certificates.

(2) If the certificates represent shares of an issuer having its registered office in a country outside the European Community or outside another Contracting State of the Agreement on the European Economic Area and if the shares are officially quoted on a stock exchange neither in such country nor in the country where they are mainly distributed, the absence of such quotation is not by reason of the need to protect the public.

Zweiter Abschnitt.
Prospekt (§ 36 Abs. 3 Nr. 2 des Börsengesetzes)

Erster Unterabschnitt.
Prospektinhalt

§ 13 Allgemeine Grundsätze.

(1) ¹Der Prospekt muß über die tatsächlichen und rechtlichen Verhältnisse, die für die Beurteilung der zuzulassenden Wertpapiere wesentlich sind, Auskunft geben und richtig und vollständig sein. ²Er muß in deutscher Sprache und in einer Form abgefaßt sein, die sein Verständnis und seine Auswertung erleichtert. ³Die Zulassungsstelle kann gestatten, daß der Prospekt von Emittenten mit Sitz im Ausland ganz oder zum Teil in einer anderen Sprache abgefaßt ist, wenn diese Sprache im Inland auf dem Gebiet des grenzüberschreitenden Wertpapierhandels nicht unüblich ist. ⁴Dies gilt auch, wenn eine Emission gemeinsam von mehreren Emittenten mit Sitz teils im Inland und teils im Ausland begeben wird. ⁵Der Prospekt ist von den Antragstellern (§ 36 Abs. 2 des Börsengesetzes) zu unterzeichnen.

(2) ¹Der Prospekt muß vorbehaltlich der Vorschriften der §§ 33 bis 42 insbesondere Angaben enthalten über
1. die Personen oder Gesellschaften, die für den Inhalt des Prospekts die Verantwortung übernehmen (§ 14);
2. die zuzulassenden Wertpapiere (§§ 15 bis 17);
3. den Emittenten der zuzulassenden Wertpapiere (§§ 18 bis 29);
4. die Prüfung der Jahresabschlüsse des Emittenten der zuzulassenden Wertpapiere und anderer Angaben im Prospekt (§ 30).

²Soweit vorgeschriebene Angaben nicht der Tätigkeit oder der Rechtsform des Emittenten entsprechen, sind sie durch angepaßte gleichwertige Angaben zu ersetzen.

Chapter 2.
Prospectus (§ 36(3) no. 2 of the Stock Exchange Act)

Sub-chapter 1.
Prospectus contents

§ 13 General principles.

(1) ¹The prospectus shall disclose the factual and legal circumstances which are material for the assessment of the securities to be admitted, and shall be correct and complete. ²It shall be in the German language and in a form facilitating its understanding and analysis. ³The Admissions Office may permit issuers having a non-domestic registered office to prepare the prospectus in another language, provided that such language is not unusual in Germany in the context of cross-border securities trading. ⁴This shall also apply if an issue is made jointly by issuers some of which have a domestic and some of which a non-domestic registered office. ⁵The prospectus shall be signed by the persons filing the application (§ 36(2) Stock Exchange Act).

(2) Subject to the provisions of §§ 33 to 42, the prospectus shall in particular contain information about:
1. the persons or companies assuming responsibility for the contents of the prospectus (§ 14);
2. the securities to be admitted (§§15 to 17);
3. the issuer of the securities to be admitted (§§ 18 to 29);
4. the audit of the annual accounts of the issuer of the securities to be admitted, and of other information in the prospectus (§ 30).

²To the extent that information required hereunder is not applicable to the business activities or the legal form of the issuer, such information shall be replaced by suitably adapted information of the same nature.

(3) ¹If the issuer is required by law to prepare consolidated annual accounts, the information required pursuant to §§ 20, 29 and 37(1) and (2) shall be provided for both the issuer and for the group of companies on a consolidated basis. The Admissions Office may permit the prospectus to contain such information in respect of the issuer only or only for the group on a consolidated basis if the information not included is not material for the assessment of the securities.

(4) For the admission of certificates representing shares, the prospectus shall in addition to the information required for the admission of shares further contain information about the certificates (§ 31) and their issuer (§ 32).

(5) If information required hereunder can be directly found in the annual accounts incorporated in the prospectus pursuant to § 21(1) no. 1 and § 22(1), such information need not be repeated in the prospectus.

§ 14 Information about persons or companies assuming responsibility for the prospectus contents.

The prospectus shall state the name and position (in the case of legal entities or companies, the business name and registered office) of the persons or companies assuming responsibility for its contents; it shall include a statement by such persons or companies that as far as they are aware the information provided is correct and that no material information has been omitted.

§ 15 General information about the securities.

(1) The prospectus shall contain the following information about the securities:
1. the resolutions, authorisations, approvals and entries in the Commercial

das Handelsregister, welche die Grundlage für die Ausstellung und Ausgabe der Wertpapiere bilden;
2. die Art, Stückzahl und Nummern der Wertpapiere sowie den Gesamtnennbetrag der Emission oder einen Hinweis darauf, daß er nicht festgesetzt ist;
3. die Steuern, die in dem Staat, in dem der Emittent seinen Sitz hat oder in dem die Wertpapiere zur amtlichen Notierung zugelassen werden, auf die Einkünfte aus den Wertpapieren im Wege des Quellenabzugs erhoben werden; übernimmt der Emittent die Zahlung dieser Steuern, so ist dies anzugeben;
4. wie die Wertpapiere übertragen werden können und gegebenenfalls in welcher Weise ihre freie Handelbarkeit eingeschränkt ist;
5. die Börsen, bei denen ein Antrag auf Zulassung zur amtlichen Notierung gestellt worden ist oder noch gestellt werden wird sowie die Börsen, an denen Wertpapiere derselben Gattung bereits amtlich notiert werden; werden Wertpapiere derselben Gattung an anderen organisierten Märkten gehandelt, so sind diese Märkte anzugeben;
6. die Zahl- und Hinterlegungsstellen;
7. die einzelnen Teilbeträge, falls die Emission gleichzeitig in verschiedenen Staaten mit bestimmten Teilbeträgen ausgegeben oder untergebracht wird;
8. die Einzelheiten der Zahlung des Zeichnungs- oder Verkaufspreises, bei nicht voll eingezahlten Aktien auch der Leistung der Einlage;
9. das Verfahren für die Ausübung von Bezugsrechten, ihre Handelbarkeit und die Behandlung der nicht ausgeübten Bezugsrechte;
10. die Stellen, die Zeichnungen des Publikums entgegennehmen, sowie die für die Zeichnung oder den Verkauf der Wertpapiere vorgesehene Frist und die Möglichkeiten, die Zeich-

Register forming the basis for the creation and issue of the securities;
2. the class, total number and serial numbers of the securities as well as the aggregate nominal amount of the issue or a statement to the effect that such amount has not been determined;
3. any taxes withheld at source from the income derived from the securities in the country where the issuer has its registered office or where the securities are admitted to the official list and whether or not the issuer undertakes to pay such taxes;
4. the manner in which the securities can be transferred and, if applicable, any restrictions on their free transferability;
5. the stock exchanges where an application for admission to the official list has been made or will be made as well as the stock exchanges where securities of the same class have already been admitted to the official list; if securities of the same class are traded on other organised markets, such markets shall be identified;
6. the paying and depository agents;
7. if the issue is made or placed simultaneously in several countries in tranches of specified amounts, the amounts of the individual tranches;
8. details of how the subscription or sales price can be paid and, in the case of shares that are not fully paid up, of how the contribution can be effected;
9. the procedure for the exercise of subscription rights, their transferability and the treatment of subscription rights that have not been exercised;
10. the institutions accepting subscriptions from the public, as well as the time limit for subscription or sale of the securities, and the possibility to terminate the subscription period

nung vorzeitig zu schließen oder Zeichnungen zu kürzen; dies gilt nicht für Schuldverschreibungen, die während einer längeren Dauer ausgegeben werden;
11. die Ausstattung ausgedruckter Stücke sowie die Einzelheiten und Fristen für deren Auslieferung, gegebenenfalls auch von Zwischenscheinen und anderen Urkunden einer vorübergehenden Verbriefung;
12. die Personen oder Gesellschaften, welche die gesamte Emission vom Emittenten übernehmen oder übernommen oder gegenüber dem Emittenten ihre Unterbringung garantiert haben; erstreckt sich die Übernahme oder die Garantie nicht auf die gesamte Emission, so ist der nicht erfaßte Teil der Emission anzugeben;
13. den Nettoerlös der Emission für den Emittenten, ausgenommen bei Schuldverschreibungen, die während einer längeren Dauer ausgegeben werden, sowie den vorgesehenen Verwendungszweck des Emissionserlöses;
14. die Wertpapier-Kenn-Nummer.

(2) Für die Zulassung von Aktien sind die Angaben nach Absatz 1 Nr. 7 bis 13 nur erforderlich, wenn die Ausgabe und Unterbringung der Aktien gleichzeitig mit der Zulassung stattfindet oder nicht länger als zwölf Monate vor der Zulassung stattgefunden hat.

(3) Für die Zulassung von anderen Wertpapieren als Aktien sind die Angaben nach Absatz 1 Nr. 8 bis 10 und 13 nur erforderlich, wenn die Ausgabe und Unterbringung der Wertpapiere gleichzeitig mit der Zulassung stattfindet oder nicht länger als drei Monate vor der Zulassung stattgefunden hat.

§ 16 Besondere Angaben über Aktien.

(1) Für die Zulassung von Aktien muß der Prospekt zusätzlich folgendes angeben:

early and to scale down subscriptions; this shall not apply to debt securities issued over an extended period of time;
11. the features of printed certificates as well as the particulars of, and time limits for, their delivery and, if applicable, also of interim certificates and other documents temporarily representing the securities;
12. the persons or companies underwriting or having underwritten the entire issue or having guaranteed its placement vis-à-vis the issuer; if such underwriting or guarantee does not extend to the entire issue, the portion of the issue not comprised therein shall be stated;
13. the net proceeds of the issue for the issuer, except in the case of debt securities issued over an extended period of time, and the intended use of the proceeds of the issue;
14. the securities identification number.

(2) For the admission of shares, the information pursuant to para. (1) nos. 7 to 13 shall be required only if the issue and placement of the shares is to occur simultaneously with, or has occurred not more than twelve months prior to, the admission.

(3) For the admission of securities other than shares, the information pursuant to para. (1) nos. 8 to 10 and 13 shall be required only if the issue and placement of the securities is to occur simultaneously with, or has occurred not more than three months prior to, the admission.

§ 16 Particular information about shares.

(1) For the admission of shares, the prospectus shall contain the following additional information:

1. Angabe, ob die Aktien bereits untergebracht sind oder ob sie durch Einführung an der Börse im Publikum untergebracht werden sollen;
2. die Merkmale der Aktien, insbesondere den Nennbetrag je Aktie, bei nennwertlosen Aktien den rechnerischen Wert, die genaue Bezeichnung oder Gattung und die beigefügten Gewinnanteilscheine;
3. die mit den Aktien verbundenen Rechte, insbesondere das Stimmrecht, den Anspruch auf Beteiligung am Gewinn und am Erlös aus einer Liquidation sowie alle Vorrechte;
4. den Beginn der Dividendenberechtigung sowie die Verfallfrist für den Dividendenbezug unter Hinweis darauf, zu wessen Gunsten die Dividenden verfallen;
5. den Zeichnungs- oder Verkaufspreis oder, sofern er noch nicht bekannt ist, die Einzelheiten und den Zeitplan in seine Festsetzung, den Gesamtnennbetrag, bei nennwertlosen Aktien den rechnerischen Wert oder den dem gezeichneten Kapital gutgeschriebenen Betrag, sowie ein Emissionsagio und die offen auf Zeichner oder Käufer abgewälzten Kosten;
6. Auskunft über die Ausübung der Bezugsrechte der Aktionäre sowie über die Beschränkung oder den Ausschluß der Bezugsrechte unter Angabe der Gründe und der Personen, zugunsten deren die Bezugsrechte beschränkt oder ausgeschlossen wurden; bei Beschränkung oder Ausschluß der Bezugsrechte ist im Falle der Ausgabe von Aktien gegen Bareinlagen der Ausgabepreis zu begründen;
7. die Zahl der untergebrachten Aktien und das auf sie entfallende Grundkapital, gegebenenfalls nach Gattungen getrennt;
8. den Betrag oder die Veranschlagung der Emissionskosten insgesamt oder pro Aktie, wobei die Gesamtvergütungen einschließlich der Provisionen

1. a statement as to whether the shares have already been placed or whether they are to be placed with the public by their introduction on the stock exchange;
2. the features of the shares, in particular the nominal value per share or, in the case of shares without nominal value, the computed value, the exact name or class and the attached profit participation coupons;
3. the rights attaching to the shares, in particular the voting right, the entitlement to profits and liquidation proceeds, and all preferential rights;
4. the commencement of dividend entitlements as well as the time limit for the collection of the dividend and the beneficiary of forfeited dividends;
5. the subscription or sales price or, if not yet known, the particulars and time schedule for its determination, the aggregate nominal value or, in the case of shares without nominal value, the computed value or the amount credited to the registered share capital, as well as any premium and any costs to be borne by the subscriber or purchaser;
6. information about the exercise of the shareholders' subscription rights and about the limitation or exclusion of subscription rights, the reasons therefor and the beneficiary of such limitation or exclusion; if after limitation or exclusion of the subscription rights the shares are issued for cash, an explanation of how the issue price is to be determined;
7. the number and aggregate nominal value of shares already placed, if applicable categorised by classes;
8. the actual or estimated aggregate or per share amount of the issue costs, provided that the total fees (including commissions) payable to the persons

Stock Exchange Admission Regulation § 16

der an der Durchführung der Emission beteiligten Personen und Gesellschaften gesondert auszuweisen sind;

9. die öffentlichen Kauf- oder Umtauschangebote für Aktien des Emittenten durch Dritte sowie die öffentlichen Umtauschangebote des Emittenten für Aktien anderer Gesellschaften im laufenden und im vorhergehenden Geschäftsjahr unter Angabe des Preises oder der Umtauschbedingungen und des Ergebnisses der Angebote;
10. die Stellen, bei denen die Unterlagen für das Publikum einzusehen sind, aus denen die Einzelheiten der Verschmelzung, der Spaltung, der Einbringung der Gesamtheit oder eines Teils des Vermögens eines Unternehmens, des öffentlichen Umtauschangebots oder der Einbringung von Sacheinlagen ersichtlich sind, falls die Aktien aus einem dieser Anlässe ausgegeben worden sind;
11. den Zeitpunkt, von dem ab die Aktien amtlich notiert werden, soweit er bekannt ist;
12. die Zahl der dem Markt zur Verfügung gestellten Stücke und deren Nennbetrag, bei nennwertlosen Aktien ihr rechnerischer Wert, oder der Gesamtnennbetrag und gegebenenfalls der Ausgabepreis, wenn die Aktien durch Einführung an der Börse im Publikum untergebracht werden sollen;
13. die Zahl und Merkmale der Aktien derselben Gattung wie die zuzulassenden Aktien oder Aktien anderer Gattungen, die gleichzeitig mit der Ausgabe der zuzulassenden Aktien öffentlich oder nichtöffentlich gezeichnet oder untergebracht werden, unter Angabe des Vorgangs.

(2) Die Angaben nach Absatz 1 Nr. 6 bis 8 sind nur erforderlich, wenn die Ausgabe und Unterbringung der zuzulassenden Aktien gleichzeitig mit der Zulassung stattfindet oder nicht länger als zwölf Monate vor der Zulassung stattgefunden hat.

or companies handling the issue shall be stated separately;

9. public tender or exchange offers for shares of the issuer made by third parties as well as public exchange offers made by the issuer for shares of other companies during the current and the preceding financial year, and information as to the price or conditions of the exchange and the outcome of the offers;
10. the places where the public may inspect documents evidencing particulars of a merger, demerger, contribution of all or part of the assets of another enterprise, the public exchange offer or the contribution of assets if the shares have been issued by reason of any one of the foregoing events;
11. the date when the shares will be officially quoted, if known;
12. the total number of shares available on the market and their nominal value, in the case of shares without nominal value their computed value, or the aggregate nominal value and, if applicable, the issue price if the shares are to be placed with the public through introduction on the stock exchange;
13. the number and features of shares of the same class as the shares to be admitted or shares of other classes which are publicly or privately subscribed and placed simultaneously with the issue of the shares to be admitted, with details about the transaction.

(2) The information pursuant to para. (1) nos. 6 to 8 shall be required only if the shares to be admitted are issued and placed simultaneously with, or not more than 12 months prior to, their admission.

§ 17 Besondere Angaben über andere Wertpapiere als Aktien.

Für die Zulassung von anderen Wertpapieren als Aktien muß der Prospekt zusätzlich angeben
1. die Stückelung der Wertpapiere;
2. den Ausgabepreis, ausgenommen bei Schuldverschreibungen, die während einer längeren Dauer ausgegeben werden, den Rückzahlungspreis und den Nominalzinssatz; sind mehrere Zinssätze vorgesehen, so sind die Bedingungen für den Wechsel des Zinssatzes anzugeben;
3. die Bedingungen für die Gewährung anderer Vorteile und deren Berechnung;
4. die Art der Tilgung der Wertpapiere einschließlich des Rückzahlungsverfahrens;
5. die Währung der Wertpapiere und sich hierauf beziehende Wahlmöglichkeiten; lauten die Wertpapiere auf Rechnungseinheiten, so ist deren vertragliche Regelung anzugeben;
6. die Laufzeit der Wertpapiere und alle zwischenzeitlichen Fälligkeitstermine;
7. den Beginn der Verzinsung und die Zinstermine;
8. die Fristen für die Vorlegung der Wertpapiere und Zinsscheine sowie für die Verjährung der Ansprüche auf Zinsen und Rückzahlung;
9. die Rendite und Methode ihrer Berechnung, sofern es sich nicht um Schuldverschreibungen handelt, die während einer längeren Dauer ausgegeben werden;
10. die Art und den Umfang der Gewährleistungsverträge zur Sicherung der Verzinsung und Rückzahlung der Wertpapiere und die Stellen, bei denen die Verträge hierüber vom Publikum einzusehen sind;
11. die Einsetzung eines Treuhänders oder eines Vertreters der Gesamtheit der Gläubiger, Name und Stellung oder Bezeichnung und Sitz des Treu-

§ 17 Particular information about securities other than shares.

For the admission of securities other than shares, the prospectus shall contain the following additional information:
1. the denomination of the securities;
2. the issue price, except in the case of debt securities issued over an extended period of time, the redemption price and the nominal interest rate; if more than one interest rate is foreseen, the criteria for determination of the applicable interest rate shall be stated;
3. the conditions for the granting of other benefits and their determination;
4. the manner in which the securities can be redeemed, including the repayment procedure;
5. the currency of the securities and any options in respect thereof; if the securities are issued in units of account, the contractual provisions applicable thereto shall be stated;
6. the maturity of the securities and any intermediate maturity dates;
7. the date when interest shall begin to accrue, and the interest payment dates;
8. the time limits for the presentation of the securities and interest coupons and for the limitation of claims for interest and repayment;
9. the return and method of its determination, except in the case of debt securities issued over an extended period of time;
10. the nature and extent of any guarantees of interest and principal of the securities, together with details of the places where such guarantees may be inspected by the public;
11. the appointment of any trustee or representative of all creditors, the name and position or business name and registered office of the trustee or repre-

händers oder Vertreters, die wichtigsten Aufgaben und Befugnisse, die Regelungen für einen Wechsel in der Person des Treuhänders oder Vertreters und die Stellen, bei denen die Verträge über die Treuhand oder Vertretung vom Publikum einzusehen sind;
12. die Bestimmungen über eine Nachrangigkeit der Wertpapiere gegenüber anderen schon bestehenden oder künftigen Verbindlichkeiten des Emittenten;
13. die Rechtsordnung, nach der die Wertpapiere ausgegeben worden sind, das anwendbare Recht und den Gerichtsstand.

§ 18 Allgemeine Angaben über den Emittenten.

Der Prospekt muß über den Emittenten angeben
1. die Firma, den Sitz und, wenn sich die Hauptverwaltung nicht am Sitz befindet, den Ort der Hauptverwaltung, die Zweigniederlassungen sowie das Geschäftsjahr;
2. das Datum der Gründung und, wenn er für eine bestimmte Zeit gegründet ist, die Dauer;
3. die für den Emittenten maßgebliche Rechtsordnung und die Rechtsform; sofern der Emittent eine Kommanditgesellschaft auf Aktien ist, sind zusätzlich Angaben über die Struktur des persönlich haftenden Gesellschafters und die von der gesetzlichen Regelung abweichenden Bestimmungen der Satzung oder des Gesellschaftsvertrags aufzunehmen;
4. den in der Satzung oder im Gesellschaftsvertrag bestimmten Gegenstand des Unternehmens;
5. das Registergericht des Sitzes des Emittenten und die Nummer, unter der der Emittent in das Register eingetragen ist;
6. die Stelle, bei der die im Prospekt genannten Unterlagen, die den Emittenten betreffen, einzusehen sind;

sentative, its primary duties and powers, the provisions for the substitution of the trustee or representative and the places where the public may inspect any agreements with the trustee or representative;
12. the provisions of any subordination of the securities to any other existing or future obligations of the issuer;
13. the jurisdiction pursuant to whose laws the securities have been issued, the applicable law and the venue in the event of litigation.

§ 18 General information about the issuer.

The prospectus shall state the following information about the issuer:
1. the business name, registered office and, if the corporate headquarters are not at the same place as the registered office, the location of the corporate headquarters, any branches and the financial year;
2. the date of incorporation and, if established for a limited period of time, the duration of such time period;
3. the law applicable to the issuer and its legal form; if the issuer is a partnership limited by shares, additional information shall be provided about the structure of the general partner and the provisions of the memorandum and articles of association deviating from the legal provisions;
4. the purpose of the enterprise as stated in the memorandum and articles of association;
5. the issuer's court of registry and the registration number under which the issuer has been entered in the register;
6. the place where the documents referred to in the prospectus and relating to the issuer may be inspected;

7. eine kurze Beschreibung des Konzerns und der Stellung des Emittenten in ihm, falls der Emittent ein Konzernunternehmen ist.

§ 19 Angaben über das Kapital des Emittenten.

(1) Der Prospekt muß über das Kapital des Emittenten angeben
1. die Höhe des gezeichneten Kapitals, die Zahl und Gattungen der Anteile, in die das Kapital zerlegt ist, unter Angabe ihrer Hauptmerkmale, die Höhe der ausstehenden Einlagen auf das gezeichnete Kapital unter Angabe der Zahl oder des Gesamtnennbetrages und der Art der Anteile, auf die noch Einlagen ausstehen, aufgeschlüsselt nach dem Grad ihrer Einzahlung;
2. den Nennbetrag der umlaufenden Wertpapiere, die den Gläubigern ein Umtausch- oder Bezugsrecht auf Aktien einräumen, unter Angabe der Bedingungen und des Verfahrens für den Umtausch oder Bezug;
3. die Zahl, den Buchwert und den Nennbetrag, bei nennwertlosen Aktien den rechnerischen Wert, der eigenen Aktien, die vom Emittenten oder einer Gesellschaft, an welcher der Emittent unmittelbar oder mittelbar mit einer Mehrheit der Anteile oder Stimmrechte beteiligt ist, erworben wurden und im Bestand gehalten werden, sofern die Bilanz sie nicht gesondert ausweist; für die Zulassung von Schuldverschreibungen sind diese Angaben nur erforderlich, wenn die eigenen Aktien mehr als fünf vom Hundert des gezeichneten Kapitals erreichen.

(2) Für die Zulassung von Aktien ist zusätzlich anzugeben

1. der Nennbetrag eines genehmigten oder bedingten Kapitals und die Dauer der Ermächtigung für die Kapitalerhöhung, der Kreis der Personen, die ein Umtausch- oder Bezugsrecht haben,

7. if the issuer is part of a group of companies, a concise description of such group and the issuer's position therein.

§ 19 Information about the issuer's capital.

(1) The prospectus shall state the following information about the issuer's capital:
1. the amount of the registered share capital, the number and classes of shares into which the capital is divided and their main features, the amount of outstanding contributions to the registered share capital together with information about the number or aggregate nominal value and nature of shares not paid up in full, broken down according to the proportion of paid and unpaid amounts;
2. the nominal value of outstanding securities conferring conversion, exchange or subscription rights to shares, and information about the conditions and procedure for such conversion, exchange or subscription;
3. the number, book value and nominal value (in the case of shares without nominal value, the computed value) of treasury shares purchased and held by the issuer or by any company in which the issuer directly or indirectly holds the majority of shares or voting rights, unless such information is specifically shown on the balance sheet; for the admission of debt securities, such information shall be required only if the treasury shares represent more than 5 per cent. of the registered share capital.

(2) For the admission of shares, the prospectus shall contain the following additional information:

1. the nominal value of any authorised or conditional capital and the duration of the authorisation for the capital increase, the circle of persons enjoying conversion, exchange or subscription

sowie die Bedingungen und das Verfahren für die Ausgabe der neuen Aktien;
2. die Zahl und Hauptmerkmale von Anteilen, die keinen Anteil am Kapital gewähren;
3. Bestimmungen der Satzung für eine Änderung des gezeichneten Kapitals und der mit den verschiedenen Aktiengattungen verbundenen Rechte, soweit die Bestimmungen von den gesetzlichen Vorschriften abweichen;
4. eine kurze Beschreibung der Vorgänge, welche die Höhe des gezeichneten Kapitals sowie die Zahl und die Gattungen der Aktien in den letzten drei Jahren verändert haben;
5. soweit sie dem Emittenten bekannt sind,
   a) die Personen oder Gesellschaften, deren unmittelbare oder mittelbare Beteiligung am gezeichneten Kapital des Emittenten mindestens fünf vom Hundert beträgt oder denen unmittelbar oder mittelbar mindestens fünf vom Hundert der Stimmrechte zustehen;
   b) die Personen oder Gesellschaften, die auf den Emittenten unmittelbar oder mittelbar einen beherrschenden Einfluß ausüben können, sowie die Anteile des gezeichneten Kapitals, die ihnen unmittelbar oder mittelbar Stimmrechte gewähren; dies gilt auch dann, wenn mehrere Personen oder Gesellschaften eine Vereinbarung getroffen haben, die es ihnen ermöglicht, gemeinsam einen beherrschenden Einfluß auf den Emittenten auszuüben.

§ 20 Angaben über die Geschäftstätigkeit des Emittenten.

(1) Der Prospekt muß über die Geschäftstätigkeit des Emittenten folgende Angaben enthalten:
1. die wichtigsten Tätigkeitsbereiche unter Angabe der wichtigsten Arten der Erzeugnisse und Dienstleistungen;

rights, and the conditions and procedures for the issue of the new shares;
2. the number and main features of shares without participation in the capital;
3. provisions of the memorandum and articles of association in respect of any increase or decrease of the registered share capital and the rights attaching to the classes of shares to the extent that these provisions deviate from the legal provisions;
4. a concise description of any transactions which have varied the amount of the registered share capital and the number and classes of shares during the last three years;
5. to the extent known to the issuer:
   a) the persons or companies holding, directly or indirectly, more than 5 per cent. of the issuer's registered share capital or voting rights;

   b) the persons or companies who are in a position directly or indirectly to exercise a controlling influence over the issuer, and the proportion of the registered share capital directly or indirectly conferring voting rights upon them; this shall also apply where persons or companies have entered into an agreement enabling them jointly to exercise a controlling influence over the issuer.

§ 20 Information about the issuer's business activities.

(1) The prospectus shall contain the following information about the issuer's business activities:
1. the primary areas of business activities and the principal types of products and services; new products and acti-

neue Erzeugnisse und Tätigkeiten sind aufzuführen, wenn sie von Bedeutung sind;
2. die Umsatzerlöse im Sinne der für die Rechnungslegung geltenden handelsrechtlichen Vorschriften für die letzten drei, für die Zulassung von Schuldverschreibungen für die letzten zwei Geschäftsjahre;
3. den Standort und die Bedeutung solcher Betriebe des Emittenten, die jeweils mehr als zehn vom Hundert zum Umsatz oder zu den erzeugten Gütern oder erbrachten Dienstleistungen beitragen, sowie kurze Angaben über den bebauten und den unbebauten Grundbesitz;
4. bei Bergwerken, Öl- und Erdgasvorkommen, Steinbrüchen und ähnlichen Tätigkeitsbereichen, soweit sie von Bedeutung sind, eine Beschreibung der Lagerstätten, die Schätzung der wirtschaftlich nutzbaren Vorräte und die voraussichtliche Nutzungsdauer, die Dauer, die wesentlichen Bedingungen der Abbaurechte und die Bedingungen für deren wirtschaftliche Nutzung sowie den Stand der Erschließung;
5. Angaben über die Abhängigkeit des Emittenten von Patenten, Lizenzen, Verträgen oder neuen Herstellungsverfahren, wenn sie von wesentlicher Bedeutung für die Geschäftstätigkeit oder Rentabilität des Emittenten sind;
6. Gerichts- oder Schiedsverfahren, die einen erheblichen Einfluß auf die wirtschaftliche Lage des Emittenten haben können oder in den letzten zwei Geschäftsjahren gehabt haben;
7. Angaben über die Investitionen:
a) Zahlenangaben über die wichtigsten in den letzten drei Geschäftsjahren und im laufenden Geschäftsjahr vorgenommenen Investitionen einschließlich der Finanzanlagen;
b) Angaben über die wichtigsten laufenden Investitionen, mit Ausnahme der Finanzanlagen, mit Angaben über die geographische Verteilung dieser Investitionen (In- und

vities shall be mentioned if they are significant;
2. the turnover within the meaning of the provisions of commercial law applicable to annual accounts for the last three or, in the case of debt securities, two financial years;
3. the location and importance of the issuer's business units which account for more than 10 per cent. of the turnover or output of products or services, and concise information about developed and undeveloped real property;
4. if the issuer operates mines, oil and gas resources, quarries and similar activities, if significant, a description of the deposits, an estimate of the economically exploitable resources and their prospective useful life, the duration and principal conditions of the mining rights and the conditions for their economic exploitation, and the status of development;
5. information about the issuer's dependency on patents, licences, agreements or new manufacturing processes if of significant importance for the issuer's business activities or profitability;
6. litigation or arbitration proceedings which could have, or during the last two financial years had, a material effect on the issuer's financial position;
7. information about investments:
a) figures relating to the most significant investments made during the last three financial years and in the current financial year including financial investments;
b) information about the most important current investments, except for financial investments, and information concerning the geographical spread of such investments (domes-

Ausland) und über die Art ihrer Finanzierung (Eigen- oder Fremdfinanzierung);
c) Angaben über die wichtigsten vom Emittenten beschlossenen künftigen Investitionen mit Ausnahme der Finanzanlagen.

(2) Sind die Angaben nach Absatz 1 Nr. 1 bis 4 durch außergewöhnliche Ereignisse beeinflußt worden, so ist darauf hinzuweisen.

(3) ¹Für die Zulassung von Aktien sind die Umsatzerlöse (Absatz 1 Nr. 2) nach Tätigkeitsbereichen sowie nach geographisch bestimmten Märkten aufzugliedern, soweit sich, unter Berücksichtigung der Organisation des Verkaufs von für die gewöhnliche Geschäftstätigkeit des Unternehmens typischen Erzeugnissen und der für die gewöhnliche Geschäftstätigkeit des Unternehmens typischen Dienstleistungen, die Tätigkeitsbereiche und geographisch bestimmten Märkte untereinander erheblich unterscheiden. ²Zusätzlich sind anzugeben
1. die durchschnittliche Zahl der Arbeitnehmer, möglichst nach Haupttätigkeitsbereichen aufgeschlüsselt, und ihre Entwicklung während der letzten drei Geschäftsjahre, wenn diese Entwicklung von Bedeutung ist;
2. Tätigkeiten auf dem Gebiet der Forschung und Entwicklung neuer Erzeugnisse und Verfahren während der letzten drei Geschäftsjahre, wenn diese Angaben von Bedeutung sind;
3. Unterbrechungen der Geschäftstätigkeit des Emittenten, die einen erheblichen Einfluß auf seine Finanzlage haben können oder in den letzten zwei Geschäftsjahren gehabt haben.

§ 21 Angaben über die Vermögens-, Finanz- und Ertragslage des Emittenten.

(1) Der Prospekt muß über die Vermögens-, Finanz- und Ertragslage des Emittenten enthalten

tic and foreign) and their financing (equity or debt);
c) information about the most important future investments the issuer has resolved to make, except for financial investments.

(2) It shall be stated if the information pursuant to para. (1) nos. 1 to 4 has been affected by any exceptional circumstances.

(3) ¹For the admission of shares, the turnover (para. (1) no. 2) shall be broken down by areas of activity and geographically defined markets if the areas of business activity and the geographically defined markets are substantially different among each other in respect of the organisation of the sales of the products or services typical for the ordinary business of the issuer's enterprise. ²In addition, the following information shall be provided:

1. the average number of employees, if possible broken down by main areas of activity, and changes therein over the last three financial years if such change is material;

2. activities in the area of research and development of new products and processes during the last three financial years, if such information is material;

3. interruption of the issuer's business activities which could have, or during the last two financial years had, a material effect on the issuer's financial situation.

§ 21 Information about the issuer's financial situation and profitability.

(1) The prospectus shall contain the following information about the issuer's financial situation and profitability:

1. die Bilanzen und Gewinn- und Verlustrechnungen des Emittenten einschließlich der Angaben, die statt in der Bilanz oder Gewinn- und Verlustrechnung im Anhang gemacht werden, für die letzten drei Geschäftsjahre in der Form einer vergleichenden Darstellung sowie den Anhang und den Lagebericht des letzten Geschäftsjahres (§ 22); für die Zulassung von Schuldverschreibungen muß sich die vergleichende Darstellung nur auf die letzten zwei Geschäftsjahre erstrecken;
2. eine Aufstellung über die Herkunft und Verwendung der Mittel für die letzten drei Geschäftsjahre (§ 23);
3. Einzelangaben über Unternehmen, an denen der Emittent Anteile besitzt (§ 24).

(2) Für die Zulassung von Aktien sind zusätzlich anzugeben:

1. das Ergebnis je Aktie für die letzten drei Geschäftsjahre (§ 25);
2. der Betrag der Dividende je Aktie für die letzten drei Geschäftsjahre (§ 25 Abs. 2).

(3) Für die Zulassung von Schuldverschreibungen sind zusätzlich der Gesamtbetrag der noch zurückzuzahlenden Anleihen, der Gesamtbetrag aller sonstigen Kreditaufnahmen und Verbindlichkeiten und der Gesamtbetrag der Eventualverbindlichkeiten zu einem möglichst zeitnahen und im Prospekt zu nennenden Stichtag anzugeben (§ 27); bestehen keine solchen Anleihen, Kreditaufnahmen oder Verbindlichkeiten, so ist im Prospekt hierauf hinzuweisen.

§ 22 Angaben aus der Rechnungslegung des Emittenten.

(1) ¹Ist der Emittent nur zur Aufstellung von Konzernabschlüssen verpflichtet, so sind sie gemäß § 21 Abs. 1 Nr. 1 in den Prospekt aufzunehmen; ist er auch zur Aufstellung von Einzelabschlüssen verpflichtet, so sind beide Arten von Jahresabschlüssen aufzunehmen. ²Die Zulassungsstelle kann dem Emittenten gestat-

1. the issuer's balance sheets and profit and loss statements, including the information contained in the appendix or notes to, rather than in, the balance sheet or profit and loss statement, for the most recent three financial years in the form of a comparative presentation, as well as the appendix or notes and the business report of the last financial year (§ 22); for the admission of debt securities, the comparable presentation may relate only to the last two financial years;
2. a table stating the sources and applications of funds for the last three financial years (§ 23);
3. individual information about enterprises in which the issuer holds shares (§ 24).

(2) For the admission of shares, the following additional information shall be provided:

1. the net profits or losses per share for the last three financial years (§ 25);
2. the amount of dividends per share for the last three financial years (§ 25 (2)).

(3) For the admission of debt securities, additional information shall be provided about the total amount of debt securities outstanding, the total amount of all other borrowings and liabilities, and the total amount of any contingent liabilities as per a date as recent as possible and stated in the prospectus (§ 27); the prospectus shall state if there are no such debt securities, borrowings or liabilities.

§ 22 Information from the issuer's accounts.

(1) ¹If the issuer is required only to prepare consolidated annual accounts, such accounts shall be included in the prospectus pursuant to § 21 (1) no. 1; if the issuer is also required to prepare individual accounts, both types of annual accounts shall be included. ²The Admissions Office may permit the issuer to include only one

ten, nur Jahresabschlüsse der einen Art aufzunehmen, wenn die Jahresabschlüsse der anderen Art keine wesentlichen zusätzlichen Aussagen enthalten.

(2) ¹Der Stichtag des letzten veröffentlichten Jahresabschlusses darf im Zeitpunkt des Antrags auf Zulassung zur amtlichen Notierung nicht länger als achtzehn Monate zurückliegen. ²In Ausnahmefällen kann die Zulassungsstelle diese Frist verlängern. ³Liegt der Stichtag des letzten in den Prospekt aufgenommenen Jahresabschlusses mehr als neun Monate zurück, so ist eine Zwischenübersicht für mindestens die ersten sechs Monate des laufenden Geschäftsjahres in den Prospekt aufzunehmen oder ihm beizufügen. ²Wurde diese Zwischenübersicht nicht geprüft, so ist dies anzugeben. ⁵Stellt der Emittent Konzernabschlüsse auf, so entscheidet die Zulassungsstelle, ob die Zwischenübersicht für den Konzern vorzulegen ist.

(3) Jede wesentliche Änderung nach Abschluß des letzten Geschäftsjahres oder nach dem Stichtag der Zwischenübersicht muß im Prospekt beschrieben werden.

(4) Entsprechen bei einem Emittenten mit Sitz außerhalb der Europäischen Gemeinschaft oder außerhalb eines anderen Vertragsstaates des Abkommens über den Europäischen Wirtschaftsraum die Jahresabschlüsse nicht den Vorschriften im Geltungsbereich dieser Verordnung über den Jahresabschluß und den Lagebericht von Gesellschaften und geben sie kein den tatsächlichen Verhältnissen entsprechendes Bild von der Vermögens-, Finanz- und Ertragslage des Emittenten, so sind in den Prospekt ergänzende Angaben hierzu aufzunehmen.

type of annual accounts if the other type of annual accounts does not contain any further material information.

(2) ¹The relevant date of the annual accounts most recently published shall, when the application for admission to the official list is filed, be no longer than 18 months prior to the application. ²The Admissions Office may extend such time limit in exceptional cases. If the relevant date of the most recent annual accounts included in the prospectus dates back more than nine months, the prospectus shall contain, or be supplemented by, interim accounts for at least the first six months of the current financial year. ²The prospectus shall state if such interim accounts have not been audited. ⁵If the issuer prepares consolidated annual accounts, the Admissions Office shall be required to decide whether or not the issuer shall prepare consolidated interim accounts.

(3) Any significant changes since the end of the last financial year or since the relevant date of the interim accounts shall be described in the prospectus.

(4) If the annual accounts of an issuer having its registered office outside the European Community or outside another Contracting State of the Agreement on the European Economic Area do not conform to the provisions applicable to the annual accounts and business reports of companies incorporated in the territory where this Regulation applies, and if they do not provide a true and fair view of the issuer's financial situation and profitability, additional information shall be included in the prospectus.

§ 23 Aufstellung über die Herkunft und Verwendung der Mittel.

¹Die Aufstellung gemäß § 21 Abs. 1 Nr. 2 hat als Bewegungsbilanz die Bilanzentwicklung im jeweiligen Berichtsjahr unter dem Gesichtspunkt der Mittelherkunft (Minderungen auf der Aktivseite und Mehrungen auf der Passivseite) und Mittelverwendung (Mehrungen auf der Aktivseite und Minderungen auf der Passivseite) oder in Form einer Finanzflußrechnung aufzuzeigen. ²Dabei sind die wesentlichen Positionen der Veränderungen einzeln und unsaldiert auszuweisen.

§ 23 Statement about the source and application of funds.

¹The statement pursuant to § 21(1) no. 2 shall, in the form of a flow-of-funds statement, show the development of the balance sheet positions during the relevant financial year with regard to the sources (decreases in assets and increases in liabilities) and applications (increases in assets and decreases in liabilities) or in the form of a cash flow statement. ²Any significant developments shall be reported individually and without setting them off against other developments.

§ 24 Angaben über Beteiligungsunternehmen.

(1) Über Unternehmen, an denen der Emittent unmittelbar oder mittelbar Anteile hält, deren Buchwert mindestens zehn vom Hundert seines Eigenkapitals beträgt oder die mit mindestens zehn vom Hundert zu seinem Jahresergebnis beitragen oder, falls der Emittent ein Konzernunternehmen ist, deren Buchwert mindestens zehn vom Hundert des konsolidierten Eigenkapitals darstellt oder die mit mindestens zehn vom Hundert zum konsolidierten Jahresergebnis des Konzerns beitragen, sind folgende Angaben in den Prospekt aufzunehmen:
1. Firma, Sitz und Tätigkeitsbereich;
2. Höhe des gezeichneten Kapitals und, sofern das Unternehmen seine Jahresabschlüsse veröffentlicht, Höhe der Rücklagen und den Jahresüberschuß oder Jahresfehlbetrag des Unternehmens;
3. Höhe der Anteile des Emittenten am gezeichneten Kapital des Unternehmens und hierauf noch einzuzahlender Betrag;.
4. Höhe der Erträge des letzten Geschäftsjahres aus den Anteilen an dem Unternehmen.

§ 24 Information about affiliated enterprises.

(1) The prospectus shall contain the following information about enterprises in which the issuer directly or indirectly holds shares if either their book value amounts to at least 10 per cent. of its equity capital or if they account for at least 10 per cent. of its annual profits/losses or, if the issuer forms part of a group of companies, if their book value represents at least 10 per cent. of the consolidated equity capital or contributes at least 10 per cent. of the consolidated annual profits/losses:
1. business name, registered office and business activities;
2. amount of the registered share capital and, if such enterprise publishes its annual accounts, the amount of the reserves and the annual profits or losses of the enterprise;
3. the issuer's share in the registered share capital of the enterprise and the amounts to be paid up, if any;
4. the income derived from the shares in such enterprise during the last financial year.

Stock Exchange Admission Regulation § 25

(2) ¹Für die Zulassung von Aktien sind zusätzlich der Buchwert der vom Emittenten gehaltenen Anteile und die Höhe der Forderungen und Verbindlichkeiten des Emittenten gegenüber dem Unternehmen anzugeben. ²Ferner sind über Unternehmen, die nicht unter Absatz 1 fallen, an denen der Emittent aber Anteile von mindestens zehn vom Hundert des gezeichneten Kapitals besitzt, die Firma und der Sitz sowie die Höhe des Kapitalanteils des Emittenten anzugeben; diese Angaben können unterbleiben, wenn sie für die Beurteilung der zuzulassenden Aktien von geringer Bedeutung sind.

(3) ¹Die Angaben nach Absätzen 1 und 2 Satz 1 können unterbleiben, wenn der Emittent nachweist, daß die Anteile nur vorübergehend gehalten werden. ²Die Angaben nach Absatz 2 Satz 1 können ferner unterbleiben, wenn nach Ansicht der Zulassungsstelle dadurch das Publikum nicht irregeführt wird

§ 25 Angabe von Ergebnis und Dividende je Aktie.

(1) ¹Der Angabe nach § 21 Abs. 2 Nr. 1 ist der Jahresüberschuß oder Jahresfehlbetrag zugrunde zu legen, wenn der Emittent Einzelabschlüsse in den Prospekt aufnimmt. ²Nimmt der Emittent nur Konzernabschlüsse in den Prospekt auf, so hat er das auf jede Aktie entfallende konsolidierte Ergebnis des Geschäftsjahres für die letzten drei Geschäftsjahre anzugeben; diese Angabe ist zusätzlich zu der nach Satz 1 erforderlich, wenn der Emittent auch seine Einzelabschlüsse in den Prospekt aufnimmt.

(2) ¹Hat sich in den letzten drei Geschäftsjahren die Zahl der Aktien des Emittenten insbesondere durch eine Erhöhung oder Herabsetzung des gezeichneten Kapitals oder durch Zusammenlegung oder Teilung der Aktien geändert, so sind die Ergebnisse je Aktie sowie die Beträge der Dividende je Aktie zu bereinigen, um sie

(2) ¹Moreover, for the admission of shares, information shall be provided about the book value of the shares held by the issuer and the amounts of any receivables and payables of the issuer vis-à-vis the enterprise. ²Further, where the issuer holds more than 10 per cent. of the registered share capital of enterprises not covered by para. (1), the business name, registered office and the relative amount of shares held by the issuer shall be provided; such information may be omitted if of minor importance for the assessment of the shares to be admitted.

(3) ¹The information pursuant to paras. (1) and (2) sentence 1 may be omitted if the issuer demonstrates that the shares are being held only temporarily. ²The information pursuant to para. (2) sentence 1 may further be omitted if, in the opinion of the Admissions Office, the public would not be misled thereby.

§ 25 Information about profits/losses and dividends per share.

(1) ¹The information pursuant to § 21 (2) no. 1 shall be based on the annual profit or annual loss if the issuer's prospectus comprises individual annual accounts. ²If the issuer's prospectus comprises only consolidated annual accounts, the annual consolidated profits or loss per share shall be stated for the last three financial years; such information is required in addition to the information pursuant to sentence 1 if the prospectus includes the issuer's individual annual accounts.

(2) ¹If during the last three financial years the number of the issuer's shares has changed, in particular as a result of any increase or decrease of the registered share capital or as a result of a stock consolidation or stock split, the profit/loss per share and the amounts of any dividends per share shall be adjusted to make

vergleichbar zu machen. ²Die angewandten Berichtigungsformeln sind im Prospekt anzugeben.

§ 26 Aufnahme von Konzernabschlüssen.

Werden in den Prospekt Konzernabschlüsse oder Angaben hieraus aufgenommen, so sind anzugeben
1. die angewandten Konsolidierungsmethoden; sie sind näher zu beschreiben, wenn sie nicht den Vorschriften oder einer allgemein anerkannten Methode im Geltungsbereich dieser Verordnung entsprechen;
2. die Firma und der Sitz der in den Konzernabschluß einbezogenen Unternehmen, wenn diese Angaben für die Beurteilung der Vermögens-, Finanz- und Ertragslage des Emittenten wichtig sind, wobei es genügt, diese Unternehmen bei den Angaben nach § 24 zu kennzeichnen;
3. für jedes der nach Nummer 2 anzugebenden Unternehmen der Betrag der insgesamt von Dritten gehaltenen Anteile an diesem Unternehmen, wenn die Jahresabschlüsse voll konsolidiert worden sind, und die für die Konsolidierung maßgebliche Quote, wenn quotengemäß konsolidiert worden ist.

§ 27 Angabe der Verbindlichkeiten des Emittenten der zuzulassenden Schuldverschreibungen.

¹Bei der Angabe der Gesamtbeträge der noch zu tilgenden Anleihen sowie der sonstigen Kreditaufnahmen und Verbindlichkeiten sind Teilbeträge, für die eine Gewährleistung besteht, jeweils gesondert auszuweisen. ²Stellt der Emittent konsolidierte Jahresabschlüsse auf, so sollen Verbindlichkeiten zwischen Konzernunternehmen grundsätzlich nicht berücksichtigt werden; erforderlichenfalls ist hierüber in den Prospekt eine Erklärung aufzunehmen.

them comparable. ²The adjustment formula applied shall be described in the prospectus.

§ 26 Consolidated annual accounts.

If consolidated annual accounts are, or information derived therefrom is, incorporated in the prospectus, the following information shall be provided:
1. the consolidation methodology; it shall be described in more detail if it does not conform to the provisions applicable to methods generally accepted in the territory where this Regulation applies;
2. the business name and registered office of the enterprises included in the consolidated annual accounts if such information is important for the assessment of the issuer's financial situation and profitability, but it shall be sufficient to indicate these enterprises in the context of the information provided pursuant to § 24;
3. for each of the enterprises listed pursuant to no. 2, the total amount of shares held by third parties in such enterprise if the annual accounts have been consolidated in full, and in the case of pro-rata consolidation the applicable quota.

§ 27 Information about the liabilities of an issuer of debt securities.

¹Where information is provided about the total amounts of debt securities outstanding and about other borrowings and liabilities, any portions for which a guarantee has been given shall be stated separately. ²If the issuer prepares consolidated annual accounts, inter-company liabilities shall in general not be taken into account; if necessary, the prospectus shall contain an explanation thereof.

§ 28 Angaben über Geschäftsführungs- und Aufsichtsorgane des Emittenten.

(1) Der Prospekt muß über die Geschäftsführungs- und Aufsichtsorgane des Emittenten angeben

1. Name und Anschrift der Mitglieder der Geschäftsführungs- und Aufsichtsorgane und ihre Stellung beim Emittenten;
2. die wichtigsten Tätigkeiten dieser Personen, die sie außerhalb des Emittenten ausüben, soweit diese Tätigkeiten für die Beurteilung des Emittenten von Bedeutung sind.

(2) Für die Zulassung von Aktien sind zusätzlich anzugeben

1. die Angaben nach Absatz 1 für die Gründer des Emittenten, wenn die Gesellschaft vor weniger als fünf Jahren gegründet worden ist;
2. die den Mitgliedern der Geschäftsführungs- und Aufsichtsorgane für das letzte abgeschlossene Geschäftsjahr gewährten Gesamtbezüge (Gehälter, Gewinnbeteiligungen, Aufwandsentschädigungen, Versicherungsentgelte, Provisionen und Nebenleistungen jeder Art); diese Beträge sind für jedes Organ getrennt anzugeben;
3. die Gesamtbezüge im Sinne der Nummer 2, die den Mitgliedern der Geschäftsführungs- und Aufsichtsorgane des Emittenten von Unternehmen gewährt werden, die vom Emittenten abhängig sind und mit denen er einen Konzern bildet; diese Beträge sind für jedes Organ getrennt anzugeben;
4. die Gesamtzahl der Aktien des Emittenten, die von den Mitgliedern der Geschäftsführungs- und Aufsichtsorgane insgesamt gehalten werden, und die Rechte, die diesen Personen auf den Bezug solcher Aktien eingeräumt sind;
5. die Art und der Umfang der Beteiligung von Mitgliedern der Geschäftsführungs- und Aufsichtsorgane an Geschäften außerhalb der Geschäftstätig-

§ 28 Information about the issuer's management and supervisory bodies.

(1) The prospectus shall contain the following information about the issuer's management and supervisory bodies:

1. name and address of the members of management and supervisory bodies and their position with the issuer;
2. the principal activities of such person other than those with the issuer if such activities are significant for the assessment of the issuer.

(2) For the admission of shares, the following additional information shall be provided:

1. the information pursuant to para. (1) for the founders of the issuer if the issuer has been incorporated less than 5 years ago;
2. the aggregate remuneration (salaries, profit participations, expense allowances, insurance premiums, commissions and fringe benefits of any kind) paid to the members of management and supervisory bodies during the last financial year; such amounts shall be stated separately for each body;
3. the aggregate remuneration within the meaning of no. 2 paid to members of the issuer's management or supervisory bodies by enterprises which are controlled by the issuer and, together with the issuer, form a group of companies; such amounts shall be stated separately for each body;
4. the total number of the issuer's shares held by members of the management and supervisory bodies in the aggregate, and any rights to subscribe for shares granted to such persons;
5. the nature and extent of the involvement of members of the management and supervisory bodies in transactions outside the issuer's business activities

keit des Emittenten oder an anderen der Form oder der Sache nach ungewöhnlichen Geschäften des Emittenten während des laufenden und des vorhergehenden Geschäftsjahres; sind derartige ungewöhnliche Geschäfte in weiter zurückliegenden Geschäftsjahren getätigt und noch nicht endgültig abgeschlossen worden, so sind auch hierüber Angaben zu machen;

6. die Gesamthöhe der noch nicht zurückgezahlten Darlehen, die vom Emittenten den Mitgliedern der Geschäftsführungs- oder Aufsichtsorgane gewährt wurden, sowie der vom Emittenten für diese Personen übernommenen Bürgschaften und sonstigen Gewährleistungen;

7. die Möglichkeiten für die Beteiligung der Arbeitnehmer am Kapital des Emittenten.

§ 29 Angaben über den jüngsten Geschäftsgang und die Geschäftsaussichten des Emittenten.

(1) Der Prospekt muß allgemeine Ausführungen über die Geschäftsentwicklung des Emittenten nach dem Schluß des Geschäftsjahres, auf das sich der letzte veröffentlichte Jahresabschluß bezieht, enthalten und dabei insbesondere die wichtigsten Tendenzen in der jüngsten Entwicklung der Erzeugung von Gütern und Erbringung von Dienstleistungen, des Absatzes, der Lagerhaltung und der Auftragsbestände sowie die jüngsten Tendenzen in der Entwicklung der Kosten und Erlöse angeben.

(2) Der Prospekt muß Angaben über die Geschäftsaussichten des Emittenten mindestens für das laufende Geschäftsjahr enthalten.

or in any other business of the issuer during the current and the preceding financial year that is unusual as to form or subject matter; if such unusual transactions have been entered into during earlier financial years and have not yet been completed, information shall be provided in relation thereto;

6. the aggregate amount of any loans granted by the issuer to members of the management or supervisory bodies which have not been repaid, and of any guarantees or other warranties given by the issuer for the benefit of such persons;

7. the possibilities for the employees to participate in the issuer's share capital.

§ 29 Information about the issuer's current performance and business prospects.

(1) The prospectus shall contain general information about the issuer's current performance since the end of the financial year to which the most recently published accounts relate, and shall further indicate in particular the most significant trends in the recent development of the production of goods and rendering of services, sales, stock levels and orders as well as the most recent trends in the development of costs and revenues.

(2) The prospectus shall contain information about the issuer's business prospects at least for the current financial year.

§ 30 Angaben über die Prüfung der Jahresabschlüsse des Emittenten und anderer Angaben im Prospekt.

(1) ¹Der Prospekt muß den Namen, die Anschrift und die Berufsbezeichnung der Abschlußprüfer, welche die Jahresabschlüsse der letzten drei Geschäftsjahre des Emittenten nach Maßgabe der gesetzlichen Vorschriften geprüft haben, angeben und eine Erklärung enthalten, daß die Jahresabschlüsse geprüft worden sind. ²Ferner sind die Bestätigungsvermerke einschließlich zusätzlicher Bemerkungen aufzunehmen; wurde die Bestätigung des Jahresabschlusses eingeschränkt oder versagt, so müssen der volle Wortlaut der Einschränkungen oder der Versagung und deren Begründung wiedergegeben werden.

(2) ¹Sind sonstige Angaben des Prospekts von Abschlußprüfern geprüft, so ist darauf hinzuweisen. ²Absatz 1 Satz 2 gilt entsprechend.

§ 31 Angaben über Zertifikate, die Aktien vertreten.

Der Prospekt muß über die zuzulassenden Zertifikate, die Aktien vertreten, angeben
1. die mit dem Zertifikat verbundenen Rechte unter Nennung der Ausgabebedingungen für die Zertifikate, des Zeitpunktes und des Ortes ihrer Veröffentlichung sowie der Rechtsvorschriften, nach denen die Zertifikate begeben worden sind, und des Gerichtsstands;
2. wie die mit den vertretenen Aktien verbundenen Rechte, insbesondere das Stimmrecht und das Recht auf Beteiligung an den Erträgen und am Liquidationserlös, durch den Zertifikatsinhaber ausgeübt werden; wird das Stimmrecht durch den Emittenten der Zertifikate ausgeübt, so ist anzugeben, ob und auf welche Weise er es ausübt und wie der Zertifikatsinhaber Wei-

§ 30 Information about the audit of the issuer's annual accounts and other information in the prospectus.

(1) ¹The prospectus shall state the name, address and professional title of the auditors who have audited the issuer's annual accounts for the last three financial years according to the applicable provisions of law, and contain a statement that the annual accounts have been audited. ²Further, the prospectus shall include the audit certificates with any additional remarks; if the audit certificates were qualified or refused, the full wording of the qualifications or the refusal and the reasons given therefor shall be reproduced.

(2) ¹The prospectus shall state if any other information contained in the prospectus has been audited by auditors. ²Para. (1) sentence 2 shall apply *mutatis mutandis*.

§ 31 Information about certificates representing shares.

For the admission of certificates representing shares, the prospectus shall contain the following information:
1. the rights attaching to the certificates including the terms of issue of the certificates, the date and place of their publication, the provisions of law governing the issue of the certificates and the courts having jurisdiction;
2. the manner in which the rights attaching to the shares, in particular voting rights and the right to participate in profits and liquidation proceeds, may be exercised by the holder of a certificate; if voting rights are to be exercised by the issuer of the certificates, the prospectus shall state whether and how the issuer will exercise the voting rights and how the holder of certifi-

sungen für die Stimmrechtsausübung erteilen kann;
3. Gewährleistungen für die Ansprüche des Zertifikatsinhabers gegen den Emittenten der Zertifikate;
4. Möglichkeiten und Bedingungen für den Umtausch des Zertifikats in vertretene Aktien;
5. die Höhe der Provisionen und der Kosten, die vom Zertifikatsinhaber im Zusammenhang mit der Ausgabe der Zertifikate, der Einlösung der Gewinnanteilscheine, der Begebung zusätzlicher Zertifikate und dem Umtausch der Zertifikate gegen die vertretenen Aktien zu tragen sind;
6. die Rechtsvorschriften über die Steuern und Abgaben, die im Staat der Ausgabe der Zertifikate zu Lasten der Zertifikatsinhaber erhoben werden;
7. die nach § 15 Abs. 1 Nr. 4 und 5 erster Halbsatz und § 16 Abs. 1 Nr. 11 und 12 vorgeschriebenen Angaben mit der Maßgabe, daß an die Stelle der Aktien die Zertifikate treten.

§ 32 Angaben über den Emittenten der Zertifikate, die Aktien vertreten.

Der Prospekt muß über den Emittenten der zuzulassenden Zertifikate, die Aktien vertreten, enthalten

1. die Angaben nach § 18 Nr. 1 bis 3, § 19 Abs. 1 Nr. 1 und § 28 Abs. 1;
2. die Anteilseigner, denen mehr als fünfundzwanzig vom Hundert des gezeichneten Kapitals des Emittenten oder der hieraus auszuübenden Stimmrechte gehören;
3. den Gegenstand des Unternehmens; werden neben der Ausgabe der Zertifikate weitere Tätigkeiten ausgeübt, so sind deren Merkmale anzugeben und die treuhänderischen Tätigkeiten gesondert aufzuführen;
4. eine Zusammenfassung des Jahresabschlusses des letzten abgeschlossenen Geschäftsjahres; § 22 Abs. 2 Satz 3 bis 5 und Abs. 3 ist anzuwenden.

cates may give instructions for the exercise of voting rights;
3. any guarantees relating to claims the holder might have against the issuer of the certificate;
4. any possibilities of, and conditions for, the exchange of the certificate into the shares represented;
5. the amounts of any commissions and costs payable by the holder of certificates in connection with the issue of the certificates, payment against delivery of dividend coupons, the issue of additional certificates and the exchange of certificates into the shares represented;
6. the provisions of law in relation to taxes and duties levied in the country where the certificates are issued and which are to be paid by the holders of certificates;
7. the information required pursuant to § 15 (1) no. 4 and 5 first half-sentence and § 16 (1) nos. 11 and 12, with the proviso that shares shall be substituted by certificates.

§ 32 Information about the issuer of certificates representing shares.

If certificates representing shares are to be admitted, the prospectus shall contain the following information about the issuer of the certificates:

1. the information pursuant to § 18 nos. 1 to 3, § 19 (1) no. 1 and § 28 (1);
2. the shareholders holding more than 25 per cent. of the issuer's registered share capital or voting rights exercisable as a result thereof;
3. the purpose of the enterprise; if other business activities are carried out besides the issue of the certificates, the details thereof shall be provided and any activities as trustee shall be stated separately;
4. a summary of the annual accounts of the last financial year; § 22 (2) sentences 3 to 5 and para. (3) shall apply.

Zweiter Unterabschnitt.
Prospektinhalt in Sonderfällen

Subchapter two.
Prospectus contents in special cases

§ 33 Aktien auf Grund von Bezugsrechten.

(1) Für die Zulassung von Aktien, die den Aktionären des Emittenten auf Grund ihres Bezugsrechts zugeteilt werden, kann die Zulassungsstelle einen Prospekt billigen, der nur die Angaben gemäß den §§ 14 und 15 Abs. 1 und 2, den §§ 16 und 18 Nr. 1, 6 und 7, § 19 Abs. 1 Nr. 1 und 3 und Abs. 2 Nr. 1 und 5, § 20 Abs. 1 Nr. 5, 6 und 7 Buchstabe b und c und Abs. 3 Satz 2 Nr. 3, § 22 Abs. 2 Satz 3 bis 5 und Abs. 3 und 4, § 28 Abs. 1 und 2 Nr. 1 bis 6 sowie den §§ 29 und 30 enthält, wenn Aktien des Emittenten an dieser Börse bereits amtlich notiert werden.

(2) Werden die zugeteilten Aktien durch Zertifikate vertreten, so hat der Prospekt vorbehaltlich der Regelung des § 40 neben den Angaben nach Absatz 1 die Angaben gemäß § 18 Nr. 3 sowie den §§ 31 und 32 Nr. 4 zu enthalten.

(3) ¹Dem Prospekt ist bei seiner Veröffentlichung der letzte festgestellte Jahresabschluß beizufügen; in dem Prospekt ist darauf hinzuweisen, daß der Jahresabschluß beigefügt ist. ²Stellt der Emittent sowohl einen Einzelabschluß als auch einen Konzernabschluß auf, so sind beide Arten von Jahresabschlüssen beizufügen. ³Die Zulassungsstelle kann dem Emittenten gestatten, nur den Jahresabschluß der einen Art beizufügen, wenn der Jahresabschluß der anderen Art keine wesentlichen zusätzlichen Aussagen enthält.

§ 34 Wertpapiere von Emittenten börsennotierter Wertpapiere.

(1) Für die Zulassung von anderen Wertpapieren als Aktien kann die Zulassungsstelle einen Prospekt billigen, der nur Angaben gemäß den §§ 14 und 15 Abs. 1 und 3, den §§ 17 und 18 Nr. 1, 6 und 7,

§ 33 Shares allotted pursuant to subscription rights.

(1) For the admission of shares allotted to the issuer's shareholders pursuant to their subscription rights, the Admissions Office may approve a prospectus containing only the information pursuant to §§ 14 and 15 (1) and (2), §§ 16 and 18 nos. 1, 6 and 7, § 19 (1) nos. 1 and 3 and (2) nos. 1 and 5, § 20 (1) nos. 5, 6 and 7 lit. b and c and para. (3) sentence 2 no. 3, § 22 (2) sentences 3 to 5 and (3) and (4), § 28 (1) and (2) nos. 1 to 6 as well as §§ 29 and 30 if the issuer's shares have already been officially quoted on such stock exchange.

(2) If the shares allotted are represented by certificates, the prospectus, subject to the provisions of § 40, shall contain the information required pursuant to § 18 no. 3 and §§ 31 and 32 no. 4 in addition to the information required pursuant to para. (1).

(3) ¹The prospectus, when published, shall be supplemented by the issuer's most recent annual accounts; the prospectus shall contain a note to the effect that the annual accounts are attached. ²If the issuer prepares both individual and consolidated annual accounts, both types of annual accounts shall be attached. ³The Admissions Office may permit the issuer to attach only one type of annual accounts if the other type does not contain any further material information.

§ 34 Securities of issuers of listed securities.

(1) For the admission of securities other than shares, the Admissions Office may, if other securities of the issuer have already been admitted to the official list on such stock exchange, approve a prospectus

§ 19 Abs. 1 Nr. 1, § 20 Abs. 1 Nr. 6, § 21 Abs. 3, § 22 Abs. 2 Satz 3 bis 5 und Abs. 3 und 4, den §§ 27 und 28 Abs. 1 sowie den §§ 29 und 30 enthält, wenn Wertpapiere des Emittenten an dieser Börse bereits amtlich notiert werden.

(2) ¹Dem Prospekt ist bei seiner Veröffentlichung der letzte festgestellte Jahresabschluß beizufügen; in dem Prospekt ist darauf hinzuweisen, daß der Jahresabschluß beigefügt ist. ²Stellt der Emittent sowohl einen Einzelabschluß als auch einen Konzernabschluß auf, so sind beide Arten von Jahresabschlüssen beizufügen. ³Die Zulassungsstelle kann dem Emittenten gestatten, nur den Jahresabschluß der einen Art beizufügen, wenn der Jahresabschluß der anderen Art keine wesentlichen zusätzlichen Aussagen enthält.

(3) Die Absätze 1 und 2 gelten nicht für die in § 35 Abs. 1 genannten Wertpapiere.

§ 35 Wertpapiere mit Umtausch- oder Bezugsrecht auf Aktien.

(1) Für die Zulassung von anderen Wertpapieren als Aktien, die den Gläubigern ein Umtausch- oder Bezugsrecht auf Aktien einräumen, hat der Prospekt folgende Angaben zu enthalten:
1. die Art der zum Umtausch oder Bezug angebotenen Aktien und der mit ihnen verbundenen Rechte;
2. die Bedingungen und das Verfahren für den Umtausch und den Bezug sowie die Fälle, in denen die Bedingungen oder das Verfahren geändert werden können;
3. die Angaben gemäß § 14;
4. die Angaben gemäß den §§ 18 bis 30 mit Ausnahme des § 21 Abs. 3 und des § 27;
5. die Angaben gemäß § 15 Abs. 1 und 3 sowie § 17.

(2) Ist der Emittent der zuzulassenden Wertpapiere nicht zugleich der Emittent der zum Umtausch oder Bezug angebotenen Aktien, so sind die Angaben nach Absatz 1 Nr. 1 bis 3 sowie über den Emitten-

containing only the information pursuant to §§ 14 and 15(1) and (3), §§ 17 and 18 nos. 1, 6 and 7, § 19(1) no. 1, § 20(1) no. 6, § 21(3), § 22(2) sentences 3 to 5 and (3) and (4), §§ 27 and 28(1) and §§ 29 and 30.

(2) ¹The prospectus shall be supplemented by the issuer's most recent annual accounts; the prospectus shall contain a note to the effect that such annual accounts are incorporated. ²If the issuer prepares both individual and consolidated annual accounts, both types of annual accounts shall be incorporated. ³The Admissions Office may permit the issuer to incorporate only one type of annual accounts if the other type does not contain any further material information.

(3) Paras. (1) and (2) shall not apply to the securities referred to in § 35 (1).

§ 35 Securities conferring conversion, exchange or subscription rights.

(1) For the admission of securities other than shares that confer conversion, exchange or subscription rights for shares, the prospectus shall contain the following information:
1. the type of shares to be issued upon conversion, exchange or subscription and the rights attaching thereto;
2. the conditions and procedures applicable to the conversion, exchange or subscription as well as the circumstances under which such conditions or procedures may be altered;
3. the information pursuant to § 14;
4. the information pursuant to §§ 18 to 30 with the exception of § 21(3) and § 27;
5. the information pursuant to § 15(1) and (3) as well as § 17.

(2) If the issuer of the securities to be admitted is not identical to the issuer of the shares to be issued upon conversion, exchange or subscription, the prospectus shall include the information pursuant to

ten der Aktien die Angaben nach Absatz 1 Nr. 4 und über den Emittenten der zuzulassenden Wertpapiere neben den Angaben nach Absatz 1 Nr. 5 die Angaben gemäß den §§ 18 und 19 Abs. 1, § 20 Abs. 1 und 2, § 21 Abs. 1 und 3, den §§ 22, 23 und 24 Abs. 1 und 3, den §§ 26, 27 und 28 Abs. 1 sowie den §§ 29 und 30 aufzunehmen.

(3) Ist der Emittent der zuzulassenden Wertpapiere eine Gesellschaft im Sinne des § 37 Abs. 3 Nr. 1, so brauchen neben den Angaben nach Absatz 1 Nr. 1 bis 3 über diesen Emittenten nur die Angaben gemäß § 15 Abs. 1 und 3, den §§ 17, 18 und 19 Abs. 1, § 21 Abs. 1 Nr. 1 und 2 und Abs. 3, den §§ 22, 23, 27 und 28 Abs. 1 sowie den §§ 29 und 30 aufgenommen zu werden.

§ 36 Wertpapiere außer Aktien auf Grund von Bezugsrechten.

Für die Zulassung von in § 35 Abs. 1 genannten Wertpapieren, die den Aktionären des Emittenten auf Grund eines Bezugsrechts zugeteilt werden, kann die Zulassungsstelle, sofern Aktien des Emittenten an dieser Börse bereits amtlich notiert werden, einen Prospekt billigen, der nur die Angaben gemäß den §§ 14 und 15 Abs. 1 und 3, den §§ 17 und 18 Nr. 1, 6 und 7, § 19 Abs. 1 Nr. 1 und 3 und Abs. 2 Nr. 1 und 5, § 20 Abs. 1 Nr. 5, 6 und 7 Buchstabe b und c und Abs. 3 Satz 2 Nr. 3, § 22 Abs. 2 Satz 3 bis 5 und Abs. 3 und 4, § 28 Abs. 1 und 2 Nr. 1 bis 6 sowie den §§ 29, 30 und 35 Abs. 1 Nr. 1 und 2 enthält; § 34 Abs. 2 ist anzuwenden.

§ 37 Bank-, Finanzdienstleistungs- oder Versicherungsgeschäfte betreibende Emittenten.

(1) Für die Zulassung von Wertpapieren eines Emittenten, der überwiegend den Betrieb von Bankgeschäften oder das Erbringen von Finanzdienstleistungen im

para. (1) nos. 1 to 3, the information concerning the issuer of the shares pursuant to para. (1) no. 4 and the information about the issuer of the securities to be admitted, in addition to the information required pursuant to para. (1) no. 5, the information pursuant to §§ 18 and 19(1), § 20(1) and (2), § 21(1) and (3), §§ 22, 23 and 24(1) and (3), §§ 26, 27 and 28(1) as well as §§ 29 and 30.

(3) If the issuer of the securities to be admitted is a company within the meaning of § 37(3) no.1, the prospectus shall provide, in addition to the information about the issuer pursuant to para. 1 nos. 1 to 3, only the information pursuant to § 15(1) and (3), §§ 17, 18 and 19(1), § 21(1) nos.1 and 2 and (3), §§ 22, 23, 27 and 28(1) as well as §§ 29 and 30.

§ 36 Securities other than shares allotted pursuant to subscription rights.

For the admission of securities referred to in § 35(1) allotted to the shareholders of the issuer pursuant to subscription rights, the Admissions Office may, if shares of the issuer have already been admitted to the official list of such stock exchange, approve a prospectus containing only the information pursuant to §§ 14 and 15(1) and (3), §§ 17 and 18 nos. 1, 6 and 7, § 19(1) nos. 1 and 3 and (2) nos. 1 and 5, § 20(1) nos. 5, 6 and 7 lit. b and c and (3) sentence 2 no. 3, § 22(2) sentences 3 to 5 and (3) and (4), § 28(1) and (2) nos. 1 to 6 as well as §§ 29, 30 and 35(1) nos. 1 and 2; § 34(2) shall apply.

§ 37 Issuers carrying on banking, financial service or insurance businesses.

(1) For the admission of securities of an issuer mainly carrying on banking business or rendering financial services within the meaning of § 1(1)2 or (1a)2 of

Sinne des § 1 Abs. 1 Satz 2 oder Abs. 1 a Satz 2 des Gesetzes über das Kreditwesen zum Gegenstand des Unternehmens hat, sind an Stelle der Angaben nach den §§ 20 und 29 anzugeben

1. die hauptsächlichen Geschäftsbereiche des Emittenten, seine wichtigsten Zweigniederlassungen im In- und Ausland sowie die Gerichts- oder Schiedsverfahren, die einen erheblichen Einfluß auf die wirtschaftliche Lage des Emittenten haben können oder in den letzten zwei Geschäftsjahren gehabt haben;
2. die Geschäftsentwicklung des Emittenten nach dem Schluß des Geschäftsjahres, auf das sich der letzte veröffentliche Jahresabschluß bezieht; dabei sind insbesondere die wichtigsten Tendenzen in der jüngsten Entwicklung der hauptsächlichen Geschäftsbereiche sowie die jüngsten Tendenzen in der Entwicklung der Aufwendungen und Erträge anzugeben.

(2) Für die Zulassung von Wertpapieren eines Emittenten, der überwiegend den Betrieb von Versicherungsgeschäften zum Gegenstand des Unternehmens hat, sind an Stelle der Angaben nach den §§ 20 und 29 anzugeben

1. die hauptsächlichen Geschäftsbereiche des Emittenten sowie die Gerichts- und Schiedsverfahren, die einen erheblichen Einfluß auf die wirtschaftliche Lage des Emittenten haben können oder in den letzten zwei Geschäftsjahren gehabt haben;
2. die Geschäftsentwicklung des Emittenten nach dem Schluß des Geschäftsjahres, auf das sich der letzte veröffentliche Jahresabschluß bezieht; dabei sind insbesondere die wichtigsten Tendenzen in der jüngsten Entwicklung der Beitragseinnahmen, der Schäden, der Kosten und der Erträge aus Kapitalanlagen sowie der Bestände in der Lebensversicherung anzugeben.

the Banking Act, the information pursuant to §§ 20 and 29 shall be substituted by the following information:

1. the issuer's principal areas of business activities, its most important domestic and non-domestic branches as well as any litigation or arbitration proceedings which could have, or during the last two financial years had, a material impact on the issuer's financial situation;
2. the development of the issuer's business since the end of the financial year to which the most recently published annual accounts relate; the prospectus shall contain in particular the most important trends in the recent development of the principal areas of business activities and the most recent trends in the development of expenses and revenues.

(2) For the admission of securities of issuers mainly carrying out insurance business, the information pursuant to §§ 20 and 29 shall be substituted by the following information:

1. the issuer's principal areas of business activities and the litigation and arbitration proceedings which could have, or during the last two financial years had, a material impact on the issuer's financial situation;
2. the development of the issuer's business since the end of the financial year to which the most recently published annual accounts relate; a prospectus shall include in particular information about the most important trends in the recent development of premium income, claims, costs and revenues from financial investments as well as the portfolio of life insurance policies.

(3) Absatz 1 gilt entsprechend für die Zulassung von Wertpapieren, deren Emittent eine Gesellschaft ist, die
1. ein verbundenes Unternehmen ist und ausschließlich die Beschaffung von Finanzierungsmitteln für andere mit ihm verbundene Unternehmen zum Gegenstand des Unternehmens hat oder
2. einen Bestand an Wertpapieren, Lizenzen oder Patenten besitzt und ausschließlich die Verwaltung dieses Bestandes zum Gegenstand des Unternehmens hat.

§ 38 Von Kreditinstituten dauernd oder wiederholt ausgegebene Schuldverschreibungen.

(1) ¹Für die Zulassung von Schuldverschreibungen, deren Emittent
1. Schuldverschreibungen dauernd oder wiederholt ausgibt,
2. befugt Einlagen oder andere rückzahlbare Gelder des Publikums entgegennimmt und Kredite für eigene Rechnung gewährt,
3. regelmäßig seine Jahresabschlüsse veröffentlicht und
4. innerhalb der Europäischen Gemeinschaft oder innerhalb eines anderen Vertragsstaates des Abkommens über den Europäischen Wirtschaftsraum durch ein besonderes Gesetz oder auf Grund eines besonderen Gesetzes geschaffen worden ist oder geregelt wird oder einer öffentlichen Aufsicht zum Schutz der Anleger untersteht,

muß der Prospekt mindestens die Angaben nach § 14 erster Halbsatz, § 15 Abs. 1 und 3 und § 17 sowie Angaben über Ereignisse enthalten, die nach dem Abschlußstichtag des letzten veröffentlichten Jahresabschlusses des Emittenten eingetreten und für die Beurteilung der Schuldverschreibungen wichtig sind. ²Dieser Jahresabschluß muß dem Publikum am Sitz des Emittenten oder bei seinen Zahlstellen zur Verfügung gestellt werden.

(3) Para. (1) shall apply *mutatis mutandis* for the admission of securities issued by a company which:
1. is an affiliated enterprise whose business activities are confined to the raising of funds for other affiliated companies; or
2. owns securities, licences or patents and whose business activities are confined to the administration thereof.

§ 38 Debt securities continuously or repeatedly issued by credit institutions.

(1) ¹For the admission of debt securities whose issuer:
1. issues debt securities continuously or repeatedly;
2. is permitted to accept deposits or other repayable funds from the public or grants loans for its own account;
3. publishes its annual accounts on a regular basis; and
4. has been established or is regulated within the European Community or within another Contracting State of the Agreement on the European Economic Area by special legislation or on the basis of special legislation, or is subject to public law supervision for the protection of investors,

the prospectus shall contain at least the information pursuant to § 14 first half-sentence, § 15(1) and (3) and § 17 as well as information about events which have occurred after the relevant date of the most recently published annual accounts and are of importance for the assessment of the debt securities. Such annual accounts shall be made available to the public at the issuer's registered office or at the offices of its paying agents.

(2) Ein Emittent gibt im Sinne des Absatzes 1 wiederholt Schuldverschreibungen aus, wenn in den zwölf Kalendermonaten, die dem Zulassungsantrag vorausgegangen sind, mindestens eine Emission von Schuldverschreibungen des Emittenten an einer Börse innerhalb der Europäischen Gemeinschaft oder innerhalb eines anderen Vertragsstaates des Abkommens über den Europäischen Wirtschaftsraum eingeführt worden ist.

(3) Sind seit der letzten Veröffentlichung eines gemäß den §§ 13 bis 37 und 39 bis 41 erstellten Prospekts für die Zulassung von Wertpapieren dieses Emittenten mehr als drei Jahre vergangen, kann die Zulassungsstelle einen solchen Prospekt fordern, wenn dies zum Schutze des Publikums und für einen ordnungsgemäßen Börsenhandel notwendig ist.

§ 39 Gewährleistete Wertpapiere.

(1) Für die Zulassung von anderen Wertpapieren als Aktien, für deren Verzinsung oder Rückzahlung eine juristische Person oder Gesellschaft die Gewährleistung übernommen hat, muß der Prospekt enthalten
1. über den Emittenten die Angaben gemäß den §§ 14 und 15 Abs. 1 und 3, den §§ 17, 18 und 19 Abs. 1, § 20 Abs. 1 und 2, § 21 Abs. 1 und 3, den §§ 22, 23 und 24 Abs. 1 und 3, den §§ 26, 27 und 28 Abs. 1 sowie den §§ 29 und 30;
2. über die Person oder Gesellschaft, welche die Gewährleistung übernommen hat, die Angaben gemäß den §§ 18 und 19 Abs. 1, § 20 Abs. 1 und 2, § 21 Abs. 1 und 3, den §§ 22, 23 und 24 Abs. 1 und 3, den §§ 26, 27 und 28 Abs. 1 sowie den §§ 29 und 30.

(2) ¹Ist der Emittent oder die Person oder Gesellschaft, welche die Gewährleistung übernommen hat, ein Unternehmen, das überwiegend den Betrieb von Bankgeschäften oder das Erbringen von Finanzdienstleistungen im Sinne des § 1 Abs. 1 Satz 2 oder Abs. 1 a Satz 2 des Ge-

(2) An issuer issues debt securities repeatedly within the meaning of para. (1) if over the twelve-month period preceding the application for admission at least one issue of debt securities of the issuer has been introduced to trading on a stock exchange within the European Community or within another Contracting State of the Agreement about the European Economic Area.

(3) If more than three years have lapsed since the last publication of a prospectus prepared pursuant to §§ 13 to 37 and 39 to 41 for the admission of securities of such issuer, the Admissions Office may require such a prospectus if necessary for the protection of the public and for the proper conduct of stock exchange trading.

§ 39 Guaranteed securities.

(1) For the admission of securities other than shares for which the payment of principal or interest have been guaranteed by a legal entity or company, the prospectus shall contain:
1. information about the issuer pursuant to §§ 14 and 15(1) and (3), §§ 17, 18 and 19(1), §20(1) and (2), § 21(1) and (3), §§ 22, 23 and 24(1) and (3), §§ 26, 27 and 28(1) as well as §§ 29 and 30;
2. information about the guarantor pursuant to §§ 18 and 19(1), § 20(1) and (2), § 21(1) and (3), §§ 22, 23 and 24(1) and (3), §§ 26, 27 and 28(1) as well as §§ 29 and 30.

(2) ¹If the issuer or the guarantor is an enterprise mainly carrying on banking business or rendering financial services within the meaning of § 1(1)2 or (1a)2 of the Banking Act or insurance business, or a company referred to in § 37(3), § 37(1) and (2) shall apply. ²If the issuer is a com-

setzes über das Kreditwesen oder von Versicherungsgeschäften zum Gegenstand des Unternehmens hat, oder eine in § 37 Abs. 3 genannte Gesellschaft, so ist insoweit § 37 Abs. 1 und 2 anzuwenden. ²Ist der Emittent eine Gesellschaft im Sinne des § 37 Abs. 3 Nr. 1, ist § 35 Abs. 3 anzuwenden.

pany within the meaning of § 37(3) no. 1, § 35(3) shall apply.

(3) ¹Haben mehrere Personen oder Gesellschaften die Gewährleistung übernommen, muß der Prospekt über jede von ihnen die vorgeschriebenen Angaben enthalten. ²Die Zulassungsstelle kann eine Kürzung dieser Angaben zulassen, wenn sie die Aussagekraft des Prospekts nicht wesentlich beeinträchtigt.

(3) ¹If several persons or companies have given guarantees, the prospectus shall contain the foregoing information about each of them. ²The Admissions Office may permit such information to be provided in abridged form unless doing so would materially impair the information or value of the prospectus.

(4) ¹Die Verträge, mit denen die Gewährleistung übernommen worden ist, müssen vom Publikum am Sitz des Emittenten oder bei seinen Zahlstellen eingesehen werden können. ²Auf Verlangen sind Vervielfältigungen der Verträge an Personen auszuhändigen, die sich über die Wertpapiere unterrichten wollen.

(4) ¹The agreements pursuant to which the guarantee has been given shall be available for inspection by the public at the issuer's office or at the offices of its paying agents. ²Copies of the agreements shall be sent on request to any person seeking information about the securities.

§ 40 Zertifikate, die Aktien vertreten.

(1) Für die Zulassung von Zertifikaten, die Aktien vertreten, kann die Zulassungsstelle von der Verpflichtung befreien, in den Prospekt die Angaben nach § 32 Nr. 4 über den Emittenten der Zertifikate aufzunehmen, wenn er ein Unternehmen mit Sitz in einem Mitgliedstaat der Europäischen Union oder in einem anderen Vertragsstaat des Abkommens über den Europäischen Wirtschaftsraum ist, das befugt Einlagen oder andere rückzahlbare Gelder des Publikums entgegennimmt und Kredite für eigene Rechnung gewährt sowie durch ein besonderes Gesetz oder auf Grund eines besonderen Gesetzes geschaffen worden ist oder geregelt wird oder einer öffentlichen Aufsicht zum Schutz der Anleger untersteht.

§ 40 Certificates representing shares.

(1) For the admission of certificates representing shares, the Admissions Office may waive the requirement to provide information about the issuer of the certificate pursuant to § 32 no. 4 if such issuer is an enterprise that has its registered office within a Member State of the European Union or in another Contracting State of the Agreement in the European Economic Area and is authorised to accept deposits or other repayable funds from the public and to grant loans for its own account, and is established or regulated by special legislation or on the basis of special legislation or is subject to public law supervision for the protection of investors.

(2) Absatz 1 gilt auch, wenn der Emittent der Zertifikate
1. eine Gesellschaft ist, deren Anteile in Höhe von mindestens fünfundneunzig vom Hundert einem Unternehmen nach Absatz 1 gehören, das gegenüber den Inhabern der Zertifikate eine unbedingte und unwiderrufliche Gewährleistung übernommen hat, und wenn die Gesellschaft und das Unternehmen rechtlich oder tatsächlich derselben Aufsicht unterliegen oder
2. ein administratiekantor in den Niederlanden ist, das besonderen Vorschriften für die Verwahrung und die Verwaltung der von den Zertifikaten vertretenen Aktien unterliegt.

(3) Ist der Emittent der Zertifikate eine Wertpapiersammelbank (§ 1 Abs. 3 des Depotgesetzes) oder eine von Wertpapiersammelbanken getragene Einrichtung, so kann die Zulassungsstelle von der Verpflichtung befreien, die Angaben nach § 32 in den Prospekt aufzunehmen.

§ 41 Verschmelzung, Spaltung, Übertragung, Umtausch, Sacheinlagen.

¹Für die Zulassung von Wertpapieren, die bei einer Verschmelzung, Spaltung, Übertragung des gesamten oder eines Teils des Vermögens eines Unternehmens, einem öffentlichen Umtauschangebot oder als Gegenleistung für Sacheinlagen ausgegeben worden sind, müssen zusätzlich zur Veröffentlichung des Prospekts die Unterlagen, aus denen sich die Einzelheiten dieses Vorgangs ergeben, sowie, wenn der Emittent im Falle des § 3 Abs. 2 noch keinen Jahresabschluß veröffentlicht hat, die Eröffnungsbilanz, die auch nur vorläufig aufgestellt sein kann, vom Publikum am Sitz des Emittenten oder bei seinen Zahlstellen eingesehen werden können. ²Die Zulassungsstelle kann von der Verpflichtung nach Satz 1 befreien, wenn der Vorgang, in dessen Zusammenhang die Wertpapiere ausgegeben worden sind, mehr als zwei Jahre zurückliegt.

(2) Para. (1) shall also apply if the issuer of the certificates:
1. is a company, at least 95 per cent. of the shares of which are held by an enterprise referred to in para. (1) which has issued an unconditional and irrevocable guarantee for the benefit of the holders of the certificates, and if the company and the enterprise are by law or as a matter of fact subject to the same supervision; or
2. is an administratiekantor in the Netherlands subject to special provisions for the safe-keeping and administration of the shares represented by the certificates.

(3) If the issuer of the certificates is a securities clearing and depositing bank (§ 1 (3) Securities Depository Act) or a common institution established by securities depository banks, the Admissions Office may waive the requirement to provide information pursuant to § 32.

§ 41 Merger, demerger, transfer, exchange, contribution in kind.

¹For the admission of securities issued in the course of a merger, demerger, transfer of all or part of the assets of an enterprise, a public exchange offer or as consideration for contributions in kind, in addition to the publication of the prospectus the documents containing details of these transactions and, if in the case of § 3(2) the issuer has not yet published its annual accounts, the initial balance sheet which may be established on a preliminary basis, shall be available for inspection by the public at the issuer's registered office or at the offices of its paying agents. ²The Admissions Office may waive the requirement pursuant to sentence 1 if the transaction in the course of which the securities have been issued dates back more than two years.

§ 42 Schuldverschreibungen von Staaten, Gebietskörperschaften, zwischenstaatlichen Einrichtungen.

(1) ¹Für die Zulassung von Schuldverschreibungen, die von Staaten emittiert werden, muß der Prospekt insbesondere Angaben enthalten über
1. die geographischen und staatsrechtlichen Verhältnisse;
2. die Zugehörigkeit zu zwischenstaatlichen Einrichtungen;
3. die Wirtschaft, insbesondere ihre Struktur, Produktionszahlen der wesentlichen Wirtschaftszweige, Entstehung und Verwendung des Bruttosozialprodukts und des Volkseinkommens, die Beschäftigung, Preise und Löhne;
4. den Außenhandel, die Zahlungsbilanz und die Währungsreserven;
5. den Staatshaushalt und die Staatsverschuldung;
6. die jährlichen Fälligkeiten der bestehenden Verschuldung;
7. die Erfüllung der Verbindlichkeiten aus bisher ausgegebenen Schuldverschreibungen.

²Die Angaben gemäß den Nummern 3 bis 5 sind jeweils für die letzten drei Jahre aufzunehmen.

(2) Für die Zulassung von Schuldverschreibungen, die von Gebietskörperschaften oder von zwischenstaatlichen Einrichtungen emittiert werden, ist Absatz 1 sinngemäß anzuwenden.

§ 42 Debt securities issued by governments, regional authorities, international institutions.

(1) ¹For the admission of securities issued by governments, the prospectus shall in particular contain information about:
1. the geographical and constitutional circumstances of the issuer;
2. membership of the issuer in international institutions;
3. the national economy, in particular its structure, production figures of the principal industries, creation and application of the gross national product and the gross national income, employment levels, price levels and salaries and wages;
4. foreign trade, balance of payments and currency reserves;
5. the national budget and the national debt;
6. the annual maturities of existing indebtedness;
7. the performance of obligations resulting from debt securities previously issued.

²The information pursuant to nos. 3 to 5 shall be provided for the last three years.

(2) Para. (1) shall apply *mutatis mutandis* to the admission of debt securities issued by regional authorities or international institutions.

Dritter Unterabschnitt.
Veröffentlichung des Prospekts

Sub-chapter 3.
Publication of the prospectus

§ 43 Frist der Veröffentlichung.

(1) ¹Der Prospekt muß mindestens einen Werktag vor der Einführung der Wertpapiere veröffentlicht werden. ²Findet vor der Einführung der Wertpapiere ein Handel mit amtlicher Notierung der Bezugsrechte statt, muß der Prospekt mindestens einen Werktag vor dem Beginn dieses Handels veröffentlicht werden. ³In be-

§ 43 Timing of publication.

(1) ¹The prospectus shall be published at least one business day prior to the introduction of the securities to trading. ²If, prior to the introduction of the securities to trading with official quotation, subscription rights are traded with official quotation, the prospectus shall be published at least one business day prior to

sonderen Ausnahmefällen kann die Zulassungsstelle gestatten, daß der Prospekt nach der Eröffnung, aber vor Beendigung des Handels der Bezugsrechte veröffentlicht wird.

(2) Der Prospekt darf erst veröffentlicht werden, wenn er von der Zulassungsstelle gebilligt worden ist.

§ 44 Veröffentlichung eines unvollständigen Prospekts.

¹Werden bei Schuldverschreibungen, die gleichzeitig mit ihrer öffentlichen ersten Ausgabe zugelassen werden, Ausgabebedingungen erst kurz vor der Ausgabe festgesetzt, so kann die Zulassungsstelle gestatten, daß ein Prospekt innerhalb von zwölf Monaten vor Zulassung der Schuldverschreibungen veröffentlicht wird, der diese Bedingungen nicht enthält und insoweit Auskunft darüber gibt, wie diese Angaben nachgetragen werden. ²Diese Angaben müssen vor der Einführung der Wertpapiere gemäß § 36 Abs. 4 des Börsengesetzes veröffentlicht werden; die Veröffentlichung kann nachträglich vorgenommen werden, wenn die Schuldverschreibungen während einer längeren Dauer und zu veränderlichen Preisen ausgegeben werden. ³§ 52 Abs. 2 gilt entsprechend.

Vierter Unterabschnitt.
Befreiung von der Pflicht, einen Prospekt zu veröffentlichen

§ 45 Befreiung im Hinblick auf bestimmte Wertpapiere.

Die Zulassungsstelle kann von der Pflicht, einen Prospekt zu veröffentlichen, ganz oder teilweise befreien,
1. wenn die zuzulassenden Wertpapiere
    a) Gegenstand einer öffentlichen ersten Ausgabe waren oder
    b) bei einem öffentlichen Umtauschangebot, einer Verschmelzung, Spaltung, Übertragung des gesamten

the commencement of such trading. ³The Admissions Office may under particularly exceptional circumstances permit the prospectus to be published after the commencement but prior to the termination of trading in the subscription rights.

(2) The prospectus shall be published only after it has been approved by the Admissions Office.

§ 44 Publication of an incomplete prospectus.

¹If, in respect of debt securities to be admitted simultaneously with their initial public issue, the terms of issue are determined only shortly prior to the issue, the Admissions Office may permit the publication of a prospectus without such terms within the twelve-month period before admission of the debt securities, provided that such prospectus contains information as to how such conditions will be supplemented. ²Such information shall be published prior to the introduction of the securities to trading pursuant to § 36(4) of the Stock Exchange Act; the publication may be made subsequently where the debt securities are being issued over an extended period of time and at floating prices. ³§ 52(2) shall apply *mutatis mutandis*.

Sub-chapter 4.
Exemption from the requirement to publish a prospectus

§ 45 Exemption relating to particular securities.

The Admissions Office may grant an exemption from the obligation to publish a prospectus, in whole or in part:
1. if the securities to be admitted:
    a) are the subject of an initial public offering; or
    b) are issued in the course of a public exchange offer, a merger, demerger, transfer of all or part of the assets of

oder eines Teils des Vermögens eines Unternehmens oder als Gegenleistung für Sacheinlagen ausgegeben worden sind
und wenn innerhalb von zwölf Monaten vor ihrer Zulassung im Geltungsbereich dieser Verordnung eine schriftliche Darstellung veröffentlicht worden ist, die am Sitz des Emittenten und bei seinen Zahlstellen dem Publikum zur Verfügung steht und den für den Prospekt vorgeschriebenen Angaben entspricht, und alle seit der Erstellung dieser schriftlichen Darstellung eingetretenen wesentlichen Änderungen gemäß § 36 Abs. 4 des Börsengesetzes und § 43 Abs. 1 dieser Verordnung veröffentlicht werden;

2. wenn die zuzulassenden Wertpapiere Aktien sind, die
   a) nach einer Kapitalerhöhung aus Gesellschaftsmitteln den Inhabern an derselben Börse amtlich notierter Aktien zugeteilt werden,
   b) nach der Ausübung von Umtausch- oder Bezugsrechten aus anderen Wertpapieren als Aktien ausgegeben werden und Aktien der Gesellschaft, deren Aktien zum Umtausch oder Bezug angeboten werden, an derselben Börse amtlich notiert werden oder,
   c) anstelle von an derselben Börse amtlich notierten Aktien ausgegeben worden sind, ohne daß mit der Ausgabe dieser neuen Aktien eine Änderung des gezeichneten Kapitals verbunden war
   und wenn die in den §§ 15 und 16 vorgeschriebenen Angaben gemäß § 36 Abs. 4 des Börsengesetzes und § 43 Abs. 1 dieser Verordnung veröffentlicht werden oder

3. wenn die zuzulassenden Wertpapiere
   a) Wertpapiere sind, die an einer anderen inländischen Börse zur amtlichen Notierung zugelassen sind und wenn für diese Wertpapiere ein Prospekt veröffentlicht worden ist;
   b) Aktien sind, deren Zahl, geschätzter Kurswert oder Nennbetrag, bei

an enterprise or as consideration for contributions in kind;

and if within the twelve-month period prior to their admission in the territory where this Regulation applies a written description has been published which is available for inspection by the public at the issuer's registered office and at the offices of its paying agents and contains the information required for a prospectus, and all material changes having occurred since the preparation of such written description are being disclosed pursuant to § 36(4) of the Stock Exchange Act and § 43(1) of this Regulation;

2. if the securities to be admitted are shares which:
   a) are being allotted to the holders of shares quoted on the same stock exchange following a share capital increase from retained earnings;
   b) are being issued following the exercise of conversion, exchange or subscription rights attaching to securities other than shares, provided that the shares to be issued upon conversion, exchange or subscription are officially quoted on the same stock exchange; or
   c) have been issued in lieu of shares officially quoted on the same stock exchange, provided that the issue of such new shares does not entail an increase or decrease of the registered share capital,
   and if the information required pursuant §§ 15 and 16 is being published pursuant to § 36(4) of the Stock Exchange Act and § 43(1) of this Regulation; or

3. if the securities to be admitted:
   a) are securities admitted to the official list of another domestic stock exchange, provided that a prospectus relating to such securities has been published;
   b) are shares the number, estimated market value or nominal value, or in

nennwertlosen Aktien deren rechnerischer Wert, niedriger ist als zehn vom Hundert des entsprechenden Wertes der Aktien derselben Gattung, die an derselben Börse amtlich notiert werden, und der Emittent die mit der Zulassung verbundenen Veröffentlichungspflichten erfüllt; Aktien, die sich nur in bezug auf den Beginn der Dividendenberechtigung unterscheiden, gelten als Aktien derselben Gattung;

c) an Arbeitnehmer überlassene Aktien sind und Aktien derselben Gattung an derselben Börse amtlich notiert werden; Aktien, die sich nur in bezug auf den Beginn der Dividendenberechtigung unterscheiden, gelten als Aktien derselben Gattung;

d) Aktien sind, die als Vergütung für den teilweisen oder gänzlichen Verzicht der persönlich haftenden Gesellschafter einer Kommanditgesellschaft auf Aktien auf ihre satzungsgemäßen Rechte bezüglich der Gewinne ausgegeben werden und wenn Aktien derselben Gattung an derselben Börse bereits amtlich notiert werden; Aktien, die sich nur in bezug auf den Beginn der Dividendenberechtigung unterscheiden, gelten als Aktien derselben Gattung;

e) Schuldverschreibungen sind, die von Gesellschaften oder juristischen Personen mit Sitz in einem Mitgliedstaat der Europäischen Union oder in einem anderen Vertragsstaat des Abkommens über den Europäischen Wirtschaftsraum ausgegeben werden, die ihre Tätigkeit unter einem Staatsmonopol ausüben und die durch ein besonderes Gesetz oder auf Grund eines besonderen Gesetzes geschaffen worden sind oder geregelt werden oder für deren Schuldverschreibungen ein Mitgliedstaat der Europäischen Union oder eines seiner Bundesländer

the case of shares without nominal value the computed value, of which is less than 10 per cent. of the corresponding value of shares of the same class officially quoted on the same stock exchange, provided that the issuer has discharged the publication requirements in respect of the admission; shares differing only in respect of the commencement of entitlement to dividends shall be deemed to be securities of the same class;

c) are shares issued to employees, provided that shares of the same class have been officially quoted on the same stock exchange; shares differing only in respect of the commencement of entitlements to dividends shall be deemed to be shares of the same class;

d) are shares issued in consideration for the full or partial waiver by the general partners of a partnership limited by shares of their rights in respect of profits, provided that shares of the same class have been officially quoted on the same stock exchange; shares differing only in respect of the commencement of entitlements to dividends shall be deemed as shares of the same class;

e) are debt securities issued by companies or legal entities having their registered office in a Member State of the European Union or in another Contracting State of the Agreement on the European Economic Area which carry on their business activities under a state monopoly and have been established or are regulated by or on the basis of special legislation, or for the debt securities of which a Member State of the European Union or any of its federal states or another Contracting State of the Agreement on the European Economic Area or any of its federal

oder ein anderer Vertragsstaat des Abkommens über den Europäischen Wirtschaftsraum oder eines seiner Bundesländer die unbedingte und unwiderrufliche Gewährleistung für ihre Verzinsung und Rückzahlung übernommen hat;

f) Schuldverschreibungen sind, die von juristischen Personen mit Sitz in einem Mitgliedstaat der Europäischen Union oder in einem anderen Vertragsstaat des Abkommens über den Europäischen Wirtschaftsraum ausgegeben werden, die keine Gesellschaften sind, durch ein besonderes Gesetz geschaffen worden sind und deren Tätigkeit nach diesem Gesetz ausschließlich darin besteht, unter behördlicher Aufsicht durch die Ausgabe von Schuldverschreibungen Kapital aufzunehmen und mit diesen aufgenommenen sowie mit von einem Mitgliedstaat der Europäischen Union oder von einem anderen Vertragsstaat des Abkommens über den Europäischen Wirtschaftsraum bereitgestellten Mitteln die Erzeugung von Gütern und Erbringung von Dienstleistungen zu finanzieren, und deren Schuldverschreibungen für die Zulassung zur amtlichen Notierung durch innerstaatliches Recht den Schuldverschreibungen rechtlich gleichgestellt sind, die vom Staat ausgegeben werden oder für deren Verzinsung und Rückzahlung der Staat die Gewährleistung übernommen hat;

g) Zertifikate sind, die Aktien vertreten und im Austausch gegen die vertretenen Aktien ausgegeben worden sind, ohne daß mit der Ausgabe dieser neuen Zertifikate eine Änderung des gezeichneten Kapitals verbunden war, und Zertifikate, die diese Aktien vertreten, an derselben Börse amtlich notiert werden,

und wenn Angaben über die Zahl und Art der zuzulassenden Wertpapiere

states has given an unconditional and irrevocable guarantee for the payment of principal and interest;

f) are debt securities issued by legal entities with a registered office in a Member State of the European Union or in another Contracting State of the Agreement on the European Economic Area, not being companies, which have been established by special legislation and whose activities pursuant to such legislation are confined to the raising of funds under governmental supervision by the issuing of debt securities and to finance with such funds and with funds provided by a Member State of the European Union or by another Contracting State of the Agreement of the European Economic Area the production of goods and the rendering of services, and whose debt securities are, for the purpose of the admission to the official list, treated under domestic law as legally equivalent to the securities issued by the government or to debt securities for which the government has guaranteed a payment of principal and interest;

g) are certificates representing shares issued in exchange for the shares represented, the issue of which has not resulted in an increase or decrease of the registered share capital, and certificates representing shares officially quoted on the same stock exchange,

and if information about the number and type of the securities to be ad-

und die Bedingungen ihrer Ausgabe gemäß § 36 Abs. 4 des Börsengesetzes und § 43 Abs. 1 dieser Verordnung veröffentlicht werden oder
4. wenn die zuzulassenden Wertpapiere Aktien sind, die seit mindestens zwei Jahren zum geregelten Markt zugelassen sind, und dem Publikum mindestens einen Werktag vor Einführung der Wertpapiere im amtlichen Handel Informationen zur Verfügung stehen, die im wesentlichen dem Inhalt eines Börsenzulassungsprospekts entsprechen.

§ 45a Befreiung im Hinblick auf bestimmte Emittenten.

(1) Die Zulassungsstelle kann von der Pflicht, einen Prospekt zu veröffentlichen, auch dann ganz oder teilweise befreien, wenn folgende Voraussetzungen erfüllt sind:
1. die zuzulassenden Wertpapiere, Aktien des Emittenten oder diese Aktien verbriefende Zertifikate sind seit mindestens drei Jahren in einem Mitgliedstaat der Europäischen Union oder in einem anderen Vertragsstaat des Abkommens über den Europäischen Wirtschaftsraum amtlich notiert;
2. der Zulassungsstelle wird von den zuständigen Stellen der anderen Mitgliedstaaten oder Vertragsstaaten, in denen die Wertpapiere amtlich notiert sind, bestätigt, daß der Emittent in den drei Jahren vor Antragstellung auf Zulassung zur amtlichen Notierung an einer inländischen Börse, oder, sofern die Zulassung zur amtlichen Notierung an der Börse des anderen Mitgliedstaats oder Vertragsstaats weniger als drei Jahre zurückliegt, seit diesem Zeitpunkt stets die auf Grund der Richtlinien der Europäischen Gemeinschaft erlassenen Vorschriften betreffend die Zulassung zur amtlichen Notierung und die hiermit im Zusammenhang stehenden Informationspflichten erfüllt hat;

mitted and their terms of issue are being published pursuant to § 36(4) of the Stock Exchange Act and § 43(1) of this Regulation; or
4. if the securities to be admitted are shares that have been admitted to the regulated market for at least two years, provided that at least one business day before the introduction of the securities to trading on the official list the public has had access to information which in its material respects conforms with the content of a listing prospectus.

§ 45a Exemption relating to specific issuers.

(1) The Admissions Office may in whole or in part waive the requirement to publish a prospectus if the following prerequisites are met:
1. the securities, shares of the issuer or certificates representing such shares to be admitted have been officially quoted in another Member State of the European Union or another Contracting State of the Agreement on the European Economic Area for not less than three years;
2. the Admissions Office has received confirmation from the competent authorities of the other Member States or Contracting States in which the securities have been officially quoted on a stock exchange to the effect that during the three-year period prior to the filing of the application for admission to the official list on a domestic stock exchange or, if the admission to the official list on a stock exchange of another Member State or Contracting State dates back less than three years, during such time the issuer has always complied with the provisions concerning the admission to the official list and the related informational requirements which have been enacted on the basis of European Community Directives;

3. der Emittent der zuzulassenden Wertpapiere veröffentlicht gemäß § 36 Abs. 4 des Börsengesetzes und § 43 Abs. 1 dieser Verordnung
   a) den letzten geprüften Jahresabschluß und den letzten geprüften Konzernabschluß, sofern der Emittent zur Aufstellung eines solchen verpflichtet ist,
   b) den letzten Zwischenbericht, sofern ein solcher nach dem letzten geprüften Jahresabschluß zu veröffentlichen war,
   c) den letzten Geschäftsbericht, sofern der Emittent einen solchen in einem der in der Nummer 1 genannten Staaten veröffentlicht hat und
   d) die während der letzten zwölf Monate vor dem Antrag auf Zulassung zur amtlichen Notierung herausgegebenen Zulassungs- und Verkaufsprospekte oder diesen vergleichbare Dokumente;
   die Zulassungsstelle kann jedoch gestatten, den Jahresabschluß oder den Konzernabschluß zu veröffentlichen, sofern der nicht veröffentlichte Abschluß keine wesentlichen zusätzlichen Informationen enthält;
4. der Emittent der zuzulassenden Wertpapiere veröffentlicht gemäß § 36 Abs. 4 des Börsengesetzes und § 43 Abs. 1 dieser Verordnung ein Dokument, das folgende Angaben enthält:
   a) die Erklärung, daß die Zulassung der Wertpapiere zur amtlichen Notierung beantragt wurde,
   b) sofern die Zulassung von Aktien beantragt wird, die Zahl und Gattung sowie eine kurze Beschreibung der mit ihnen verbundenen Rechte,
   c) sofern die Zulassung von Zertifikaten, die Aktien vertreten, beantragt wird, zusätzlich zu den in Buchstabe b genannten Angaben die mit den vertretenen Aktien verbundenen Rechte sowie die Möglichkeiten

3. the issuer of the securities to be admitted publishes pursuant to § 36(4) of the Stock Exchange Act and § 43(1) of this Regulation:
   a) the most recent audited annual accounts, and the most recent audited consolidated accounts if the issuer is required to prepare consolidated accounts;
   b) the most recent half-yearly statement if such statement had to be published after publication of the most recent audited annual accounts;
   c) the most recent annual report if the issuer has published one in one of the Member or Contracting States referred to in no. 1; and
   d) any prospectuses or equivalent documents published by the issuer during the twelve-month period preceding the application for admission to the official list;

   the Admissions Office may however permit the publication of either individual or consolidated annual accounts if the type of accounts not so published does not contain any additional material information;
4. the issuer of the securities to be admitted publishes a document pursuant to § 36(4) of the Stock Exchange Act and § 43(1) of this Regulation containing the following information:
   a) a statement to the effect that application has been made for the admission of the securities to the official list;
   b) if the admission of shares has been applied for, the number and class of the shares in question and a concise description of the rights attaching thereto;
   c) if the admission of certificates representing shares has been applied for, in addition to the information referred to in lit. b the rights attaching to the shares represented and the possibility and conditions of

und Bedingungen für den Umtausch des Zertifikats in die vertretenen Aktien,

d) sofern die Zulassung von Schuldverschreibungen beantragt wird, die während einer längeren Dauer ausgegeben werden, zusätzlich zu den in Buchstabe b genannten Angaben die Art, Ausstattung und den Gesamtnennbetrag der Emission oder einen Hinweis darauf, daß letzterer nicht festgesetzt ist,

e) sofern die Zulassung von anderen als den in Buchstabe d genannten Schuldverschreibungen beantragt wird, zusätzlich zu den in Buchstabe b und d genannten Angaben den Ausgabepreis, Rückzahlungspreis und Nominalzinssatz und, wenn mehrere Zinssätze vorgesehen sind, die Bedingungen für den Wechsel des Zinssatzes,

f) sofern die Zulassung von Wandelschuldverschreibungen, austauschbaren Schuldverschreibungen, Optionsanleihen und Optionsscheinen beantragt ist, zusätzlich zu den in Buchstabe b genannten Angaben die Art der zur Umwandlung, zum Tausch oder zum Bezug angebotenen Aktien und die mit den Aktien verbundenen Rechte, die Möglichkeiten und Bedingungen für eine Umwandlung, einen Tausch oder einen Bezug sowie die Voraussetzungen für eine Änderung dieser Möglichkeiten und Bedingungen,

g) jede wesentliche Änderung der tatsächlichen oder rechtlichen Verhältnisse, die nicht in einer der in Nummer 3 genannten Unterlagen beschrieben ist,

h) die Steuern, die im Inland auf die Einkünfte aus den Wertpapieren im Wege des Quellenabzugs erhoben werden und gegebenenfalls die Angabe, daß der Emittent die Zahlung dieser Steuern übernimmt,

i) die Zahl- und Hinterlegungsstellen und

converting the certificates into the shares represented;

d) if the admission of debt securities to be issued over an extended period of time has been applied for, in addition to the information referred to in lit. b the type, features and the aggregate nominal value of the issue, or a note to the effect that an aggregate nominal value has not been determined;

e) if the admission of debt securities other than those referred to in lit. d has been applied for, in addition to the information referred to in lit. b and d the issue and redemption prices and the nominal interest rate and, if several interest rates are provided for, an indication of the conditions governing the alteration of the rate;

f) if the admission of convertible debt securities, exchangeable debt securities, debt securities with warrants or warrants has been applied for, in addition to the information referred to in lit. b the nature of the shares to be issued upon conversion, exchange or subscription, the rights attaching thereto, the conditions and procedures for conversion, exchange or subscription and details of the circumstances in which these conditions and procedures may be amended;

g) any significant change of factual or legal circumstances that has not been described in a document referred to in no. 3;

h) any taxes levied on income derived from the securities at source in Germany and, if applicable, a statement to the effect that the issuer undertakes to pay such taxes;

i) the paying agents and depository agents; and

j) die Namen der Personen oder Gesellschaften, die für die in den vorstehenden Buchstaben aufgeführten Angaben die Verantwortung übernehmen, sowie eine Erklärung dieser Personen oder Gesellschaften, daß ihres Wissens die Angaben richtig und keine wesentlichen Umstände ausgelassen sind;

5. der Emittent der zuzulassenden Wertpapiere gemäß § 36 Abs. 4 des Börsengesetzes und § 43 Abs. 1 dieser Verordnung, soweit nicht bereits in den in Nummer 3 oder 4 aufgeführten Unterlagen enthalten,

   a) den Namen und die Funktion jedes Mitglieds der Geschäftsführungs-, Aufsichts- und Verwaltungsorgane,

   b) allgemeine Angaben über das gezeichnete Kapital,

   c) die aktuellen Beteiligungsverhältnisse, die ihm durch Mitteilungen auf Grund der Richtlinie 88/627/EWG des Rates vom 12. Dezember 1988 über die bei Erwerb und Veräußerung einer bedeutenden Beteiligung an einer börsennotierten Gesellschaft zu veröffentlichenden Informationen (ABl. EG Nr. L 348 S. 62) bekannt geworden sind, und

   d) von den gesetzlich vorgeschriebenen Abschlußprüfern erstellte Berichte über den letzten veröffentlichten Jahresabschluß, die nach dem Recht des Staates, in dem sich der eingetragene Geschäftssitz des Emittenten befindet, vorgeschrieben sind;

6. aus den Bekanntmachungen und Unterlagen, welche die Zulassung der Wertpapiere zur amtlichen Notierung unter Angabe ihrer wesentlichen Merkmale ankündigen und aus allen anderen Unterlagen über die Zulassung, die von dem Emittenten oder in seinem Namen veröffentlicht werden sollen, ist zu ersehen, daß die in den Nummern 3 bis 5 aufgeführten Unterlagen und Angaben vorhanden sind und wo diese nach Maßgabe des § 36

j) the names of the persons or companies assuming responsibility for the aforementioned information, and a declaration given by such persons or companies that as far as they are aware such information is correct and no significant circumstances have been omitted;

5. the issuer of the securities to be admitted publishes pursuant to § 36(4) of the Stock Exchange Act and § 43(1) of this Regulation, to the extent not already contained in the documents referred to in nos. 3 or 4:

   a) the names and functions performed by every member of management, supervisory or administrative bodies;

   b) general information about the registered share capital;

   c) the current participations on the basis of the latest information communicated to the issuer on the basis of Council Directive 88/627/EEC of 12th December, 1988 on the information to be published when a major holding in a listed company is acquired or disposed of (O.J. no. L 348 p. 62); and

   d) any audit reports rendered by the auditors in relation to the most recently published annual accounts, as required by the laws of the country where the issuer's registered office is situated;

6. the notices and documents announcing the admission of the securities to the official list and indicating the essential characteristics of those securities and all other documents relating to their admission and intended for publication by the issuer or on its behalf state that the documents and information referred to in nos. 3 to 5 exist and indicate where it is being or will be published pursuant to § 36(4) of the Stock Exchange Act;

Abs. 4 des Börsengesetzes veröffentlicht worden sind oder veröffentlicht werden;

7. die in den Nummern 3 bis 6 aufgeführten Unterlagen, Angaben und Bekanntmachungen wurden der Zulassungsstelle vorgelegt, bevor sie dem Publikum im Rahmen oder zur Vorbereitung einer Ankündigung der Zulassung der Wertpapiere zur amtlichen Notierung zugänglich gemacht wurden.

(2) ¹Veröffentlichungen auf Grund des Absatzes 1 Nr. 3 bis 6 sind in deutscher Sprache vorzunehmen. ²Die Zulassungsstelle kann gestatten, daß die Veröffentlichungen in einer anderen Sprache abgefaßt werden, wenn diese Sprache auf dem Gebiet der Wertpapieranlage innerhalb des Geltungsbereichs dieser Verordnung nicht unüblich ist.

7. the documents, information and notices referred to in no. 3 to 6 have been sent to the Admissions Office before being made available to the public in the context, or for the preparation, of the announcement of the admission of the securities to the official list.

(2) ¹Publications pursuant to para. (1) nos. 3 to 6 shall be made in the German language. ²The Admissions Office may permit publications to be prepared in another language, provided that such language is not unusual in the context of investments in securities in the territory where this Regulation applies.

§ 46 Befreiung im Hinblick auf bestimmte Anleger.

¹Die Zulassungsstelle kann für die Zulassung von anderen Wertpapieren als Aktien gestatten, daß Angaben, die nach dieser Verordnung vorgeschrieben sind, nicht oder nur in zusammengefaßter Form in den Prospekt aufgenommen werden, wenn die zuzulassenden Wertpapiere nach ihren Merkmalen in der Regel nur von Anlegern erworben werden, die mit der Anlage in solchen Wertpapieren besonders vertraut sind und diese Wertpapiere in der Regel nur untereinander handeln. ²Dies gilt nicht für Angaben, die für diese Anleger von wesentlicher Bedeutung sind.

§ 46 Exemption relating to specific investors.

¹For the admission of securities other than shares, the Admissions Office may permit information required pursuant to this Regulation to be omitted from, or included in summary form in, the prospectus if the securities to be admitted are, by reason of their features, usually purchased only by investors who are particularly familiar with the investment in such securities and who usually trade such securities only among themselves. ²This shall not apply to information which is of material significance to such investors.

§ 47 Befreiung im Hinblick auf einzelne Angaben.

Die Zulassungsstelle kann gestatten, daß einzelne Angaben, die nach dieser Verordnung vorgeschrieben sind, nicht in den Prospekt aufgenommen werden, wenn sie der Auffassung ist, daß

1. diese Angaben nur von geringer Bedeutung und nicht geeignet sind, die

§ 47 Exemption relating to specific information.

The Admissions Office may permit certain specific information required pursuant to this Regulation to be omitted from the prospectus if it is of the opinion that:

1. such information is only of minor significance and unlikely to influence the

Beurteilung der Vermögens-, Finanz- und Ertragslage und der Entwicklungsaussichten des Emittenten zu beeinflussen,
2. die Verbreitung dieser Angaben dem öffentlichen Interesse zuwiderläuft oder
3. die Verbreitung dieser Angaben dem Emittenten erheblichen Schaden zufügt, sofern die Nichtveröffentlichung das Publikum nicht über die für die Beurteilung der zuzulassenden Wertpapiere wesentlichen Tatsachen und Umstände täuscht.

assessment of the issuer's financial situation, profitability and prospective business development;
2. the dissemination of such information is contrary to the public interest; or
3. the dissemination of such information would materially prejudice the interests of the issuer, provided that the non-publication does not mislead the public about any facts or circumstances material for the assessment of the securities to be admitted.

Dritter Abschnitt.
Zulassungsverfahren

Chapter 3.
Admission procedure

§ 48 Zulassungsantrag.

§ 48 Application for admission.

(1) [1]Der Zulassungsantrag ist schriftlich zu stellen. [2]Er muß Firma und Sitz der Antragsteller, Art und Betrag der zuzulassenden Wertpapiere sowie ein überregionales Börsenpflichtblatt, in dem der Antrag veröffentlicht werden soll, angeben; weitere Börsenpflichtblätter können angegeben werden. [3]Ferner ist anzugeben, ob ein gleichartiger Antrag zuvor oder gleichzeitig an einer anderen inländischen Börse oder in einem anderen Mitgliedstaat der Europäischen Union oder in einem anderen Vertragsstaat des Abkommens über den Europäischen Wirtschaftsraum gestellt worden ist oder alsbald gestellt werden wird.

(1) [1]The application for admission shall be made in writing. [2]It shall state the business name and registered office of the applicants, the type and amount of the securities to be admitted and the mandatory stock exchange newspaper of nationwide circulation where the application is to be published; further mandatory stock exchange newspapers may be indicated. [3]It shall further be stated whether previously or simultaneously a similar application has been, or will shortly be, filed with another domestic stock exchange or in another Member State of the European Union or in another Contracting State of the Agreement on the European Economic Area.

(2) [1]Dem Antrag sind ein Entwurf des Prospekts und die zur Prüfung der Zulassungsvoraussetzungen erforderlichen Nachweise beizufügen. [2]Der Zulassungsstelle sind auf Verlangen insbesondere vorzulegen
1. ein beglaubigter Auszug aus dem Handelsregister nach neuestem Stand;
2. die Satzung oder der Gesellschaftsvertrag in der neuesten Fassung;
3. die Genehmigungsurkunden, wenn die Gründung des Emittenten, die Ausübung seiner Geschäftstätigkeit

(2) [1]The application shall be supplemented by a draft prospectus and the documentation required for the examination of the admission requirements. [2]On request, the Admissions Office shall in particular be provided with
1. a current certified excerpt from the commercial register;
2. a copy of the current memorandum and articles of association;
3. any permits or deeds of authorisation if the incorporation of the issuer, the carrying-on of its business activities or

oder die Ausgabe der Wertpapiere einer staatlichen Genehmigung bedarf;
4. die Jahresabschlüsse und die Lageberichte für die drei Geschäftsjahre, die dem Antrag vorausgegangen sind, einschließlich der Bestätigungsvermerke der Abschlußprüfer;
5. ein Nachweis über die Rechtsgrundlage der Wertpapierausgabe;
6. im Falle ausgedruckter Einzelurkunden ein Musterstück jeden Nennwertes der zuzulassenden Wertpapiere (Mantel und Bogen);
7. im Falle einer Sammelverbriefung der zuzulassenden Wertpapiere die Erklärung des Emittenten, daß
   a) die Sammelurkunde bei einer Wertpapiersammelbank (§ 1 Abs. 3 des Depotgesetzes, hinterlegt ist und bei einer Auflösung der Sammelurkunde die Einzelurkunden gemäß Nummer 6 vorgelegt werden und
   b) er auf Anforderung der Zulassungsstelle die Sammelurkunde auflösen wird, wenn er gegenüber den Inhabern der in der Sammelurkunde verbrieften Rechte verpflichtet ist, auf Verlangen einzelne Wertpapiere auszugeben;
8. im Falle des § 3 Abs. 2 die Berichte über die Gründung und deren Prüfung (§ 32 Abs. 1, § 34 Abs. 2 des Aktiengesetzes).

§ 49 Veröffentlichung des Zulassungsantrags.

Der Zulassungsantrag ist von der Zulassungsstelle auf Kosten der Antragsteller im Bundesanzeiger und in dem im Antrag angegebenen Börsenpflichtblatt sowie durch Börsenbekanntmachung zu veröffentlichen.

the issue of the securities requires governmental authorisation;
4. the annual accounts and business reports for the three financial years preceding the application including the audit certificates issued by the auditors;
5. evidence of the legal basis of the issue of securities;
6. in the case of printed individual certificates, a sample certificate for each nominal value of the securities to be admitted (certificate and coupon sheets);
7. in the case of a global certificate for the securities to be admitted, the issuer's declaration to the effect that
   a) the global certificate has been deposited with a securities clearing and depository bank (§ 1(3) of the Securities Depository Act) and that, if the global certificate is cancelled, the individual certificates pursuant to no. 6 will be delivered, and
   b) the issuer will cancel the global certificate on request of the Admissions Office if the issuer is required, on request of the holders of the rights represented by the global certificate, to issue individual securities;
8. in the case of § 3 (2) the reports on the formation and the audit thereof (§ 32(1), § 34(2) of the Stock Corporation Act).

§ 49 Publication of the application for admission.

The application for admission shall be published by the Admissions Office in the Federal Gazette and in the mandatory stock exchange newspaper indicated in the application at the expense of the applicant, and by way of stock exchange announcement.

§ 50 Zeitpunkt der Zulassung.

Die Zulassung darf nicht vor Ablauf von drei Werktagen seit der ersten Veröffentlichung des Zulassungsantrags erfolgen.

§ 51 Veröffentlichung der Zulassung.

[1]Die Zulassung ist in die Veröffentlichung des Prospekts aufzunehmen. [2]Ist ein Prospekt nicht zu veröffentlichen, so wird die Zulassung von der Zulassungsstelle auf Kosten der Antragsteller im Bundesanzeiger und in dem Börsenpflichtblatt, in dem der Antrag veröffentlicht worden ist, sowie durch Börsenbekanntmachung veröffentlicht.

§ 52 Einführung.

(1) Vorbehaltlich des § 43 Abs. 1 Satz 3 dürfen die zugelassenen Wertpapiere frühestens an dem auf die erste Veröffentlichung des Prospekts oder, wenn kein Prospekt zu veröffentlichen ist, der Veröffentlichung der Zulassung folgenden Werktag eingeführt werden.

(2) [1]Sind seit der Veröffentlichung des Prospekts Veränderungen bei Umständen eingetreten, die für die Beurteilung des Emittenten oder der einzuführenden Wertpapiere von wesentlicher Bedeutung sind, so sind die Veränderungen in einem Nachtrag zum Prospekt zu veröffentlichen. [2]Auf diesen Nachtrag sind die Vorschriften über den Prospekt und dessen Veröffentlichung entsprechend anzuwenden.

§ 50 Date of Admission.

The admission shall not be granted before the expiry of three business days after the initial publication of the application for admission.

§ 51 Publication of the admission.

[1]Reference to the admission shall be included in the published prospectus. [2]If the publication of a prospectus is not required, the admission shall be published by the Admissions Office in the Federal Gazette and in the mandatory stock exchange newspaper where the application has been published at the expense of the applicant, and by way of stock exchange announcement.

§ 52 Introduction to trading.

(1) Subject to § 43(1)3, the securities admitted may be introduced to trading not earlier than on the first business day following publication of the prospectus, or if the publication of a prospectus is not required, after publication of the admission.

(2) [1]If, since publication of the prospectus, circumstances have changed which are of material significance for the assessment of the issuer or the securities to be introduced to trading, such changes shall be published in a supplement to the prospectus. [2]The provisions governing the prospectus and its publication shall apply *mutatis mutandis* to such supplement.

Zweites Kapitel.
Pflichten des Emittenten zugelassener Wertpapiere

Erster Abschnitt.
Zwischenbericht

Erster Unterabschnitt.
Inhalt des Zwischenberichts

§ 53 Allgemeine Grundsätze.

¹Der Zwischenbericht muß eine Beurteilung ermöglichen, wie sich die Geschäftstätigkeit des Emittenten in den ersten sechs Monaten des Geschäftsjahres entwickelt hat. ²Er muß Zahlenangaben über die Tätigkeit und die Ergebnisse des Emittenten im Berichtszeitraum sowie Erläuterungen hierzu enthalten und vorbehaltlich der Vorschrift des § 58 Satz 2 in deutscher Sprache abgefaßt sein.

§ 54 Zahlenangaben.

(1) ¹Die Zahlenangaben müssen mindestens den Betrag der Umsatzerlöse und das Ergebnis vor oder nach Steuern im Sinne der für die Rechnungslegung geltenden handelsrechtlichen Vorschriften ausweisen. ²Zu jeder Zahlenangabe ist die Vergleichszahl für den entsprechenden Zeitraum des Vorjahres anzugeben.

(2) Hat der Emittent für den Berichtszeitraum Zwischendividenden ausgeschüttet oder schlägt er dies vor, so sind bei den Zahlenangaben das Ergebnis nach Steuern für den betreffenden Zeitraum und der ausgeschüttete oder zur Ausschüttung vorgeschlagene Betrag auszuweisen.

(3) Sind die Zahlenangaben durch einen Abschlußprüfer geprüft worden, so sind der Bestätigungsvermerk einschließlich zusätzlicher Bemerkungen sowie Einschränkungen oder seine Versagung vollständig wiederzugeben.

Part Two.
Obligations of the issuer of admitted securities

Chapter One.
Half-yearly statement

Sub-chapter One.
Content of the half-yearly statement

§ 53 General principles.

¹The half-yearly statement shall enable investors to make an informed assessment of the issuer's activities during the first six months of the financial year. ²It shall contain figures and explanations relating to the issuer's activities and profits or losses during the reporting period and, subject to the provision of § 58 sentence 2, shall be in the German language.

§ 54 Figures.

(1)¹The figures shall contain at least the net turnover and the profit or loss before or after deduction of tax according to the rules on corporate accounting applicable under commercial law. ²Each figure shall be complemented by the figure for the corresponding period in the preceding financial year.

(2) Where the issuer has paid an interim dividend during the reporting period or proposes to do so, the figures shall indicate the profit or loss after tax for the relevant period and the amount of the interim dividend paid or proposed.

(3) Where the figures have been audited by an auditor, the auditor's certificate including any additional remarks or any qualifications, or his refusal to issue the certificate, shall be reproduced in full.

(4) ¹Einem Emittenten, dessen Aktien nur an inländischen Börsen zur amtlichen Notierung zugelassen sind, kann die Zulassungsstelle gestatten, das Ergebnis in Form einer geschätzten Zahlenangabe auszuweisen, wenn der Emittent darlegt, daß sich nur dadurch für ihn im Hinblick auf den zusätzlichen Aussagewert unverhältnismäßig hohe Kosten vermeiden lassen oder andere Gründe diese Ausnahme rechtfertigen. ²Aus dem Zwischenbericht muß für das Publikum deutlich erkennbar sein, daß es sich um geschätzte Zahlen handelt.

(4) ¹The Admission Office may permit an issuer whose shares have been admitted to the official list only on domestic stock exchanges to supply estimated figures for profits or losses, provided that the issuer demonstrates that this is the only way for it to avoid costs which, in view of the additional value of full figures, would be unreasonably high, or if the exemption would be justified for other reasons. The half-yearly statement shall make it clear that the figures are estimated figures.

§ 55 Erläuterungen.

¹In den Erläuterungen sind in dem Umfang, der für die Beurteilung der Entwicklung der Geschäftstätigkeit und der Ergebnisse des Emittenten erforderlich ist, die Umsatzerlöse aufzugliedern und Ausführungen zu machen über Auftragslage, Entwicklung der Kosten und Preise, Zahl der Arbeitnehmer, Investitionen sowie über Vorgänge von besonderer Bedeutung, die sich auf das Ergebnis der Geschäftstätigkeit auswirken können. ²Soweit besondere Umstände die Entwicklung der Geschäftstätigkeit beeinflußt haben, ist hierauf hinzuweisen. ³Die Erläuterungen müssen einen Vergleich mit den Vorjahresangaben ermöglichen. ⁴Soweit möglich, haben sich die Erläuterungen auch auf die Aussichten des Emittenten für das laufende Geschäftsjahr zu erstrecken. Ferner sind Erläuterungen zu eigenen Aktien und Bezugsrechten von Organmitgliedern und Arbeitnehmern entsprechend den Angaben nach § 160 Abs. 1 Nr. 2 und 5 des Aktiengesetzes zu machen.

§ 55 Explanations.

¹The explanations shall, to the extent necessary for the assessment of the issuer's activities and profits or losses, break down the turnover and provide information about orders, costs and prices, the number of employees, investments and events of particular significance which could impact on the profits or losses of the business activities. ²It shall be stated whether particular circumstances have influenced the development of the business activities. ³The explanations shall allow a comparison with the information given for the previous financial year. ⁴As far as possible, the explanations shall also refer to the issuer's prospects in the current financial year. ⁵Further, explanations shall be provided in respect of treasury shares and subscription rights exercisable by directors and employees in accordance with the information required pursuant to § 160 (1) nos. 2 and 5 of the Stock Corporation Act.

§ 56 Konzernabschluß.

¹Veröffentlicht der Emittent einen Konzernabschluß, so kann er den Zwischenbericht entweder für die Einzelgesellschaft oder für den Konzern aufstellen. ²Enthält die nicht gewählte Form nach Auffassung der Zulassungsstelle wichti-

§ 56 Consolidated annual accounts.

¹Where the issuer publishes consolidated annual accounts, it may publish its half-yearly statement either for the individual company or on a consolidated basis. ²If, in the opinion of the Admissions Office, the form not so selected would have con-

ge zusätzliche Angaben, so kann die Zulassungsstelle von dem Emittenten die Veröffentlichung dieser Angaben verlangen.

tained additional material information, the Admissions Office may require the issuer to publish such information.

**Zweiter Unterabschnitt.
Inhalt des Zwischenberichts in Sonderfällen**

**Sub-chapter 2.
Content of the half-yearly statement in particular cases**

§ 57 Anpassung der Zahlenangaben.

§ 57 Adjustment of figures.

(1) Ist die Angabe von Umsatzerlösen im Hinblick auf die Tätigkeit des Emittenten nicht geeignet, eine den tatsächlichen Verhältnissen entsprechende Beurteilung der Geschäftstätigkeit des Emittenten zu ermöglichen, so ist die Angabe um eine der Tätigkeit des Emittenten entsprechend angepaßte Zahlenangabe zu ergänzen.

(1) If, due to the issuer's business activities, the statement of turnover does not allow an assessment of the issuer's business activities which would reflect the actual circumstances, such statement shall be supplemented by a figure suitably adapted to the issuer's business activities.

(2) ¹Emittenten, die überwiegend den Betrieb von Bankgeschäften oder das Erbringen von Finanzdienstleistungen im Sinne des § 1 Abs. 1 Satz 2 oder Abs. 1 a Satz 2 des Gesetzes über das Kreditwesen zum Gegenstand des Unternehmens haben, müssen an Stelle der Umsatzerlöse und des Ergebnisses die Bilanzsumme und die in der Anlage[1]) dieser Verordnung aufgeführten Posten aus der Bilanz und der Gewinn- und Verlustrechnung angeben sowie über die Entwicklung der Eigenhandelsgeschäfte in Wertpapieren, Devisen und Edelmetallen berichten. ²§ 55 ist im übrigen sinngemäß anzuwenden.

(2) ¹Issuers mainly carrying on the business of banking or the rendering of financial services within the meaning of § 1(1)2 or (1a)2 of the Banking Act shall replace the turnover and profits or losses by the balance sheet total and the items listed in the Appendix[1]) to this Regulation derived from the balance sheet and the profit and loss statement, and shall report on the development of their transactions in securities, foreign currency and precious metals for their own account. ²In all other respects, § 55 shall apply *mutatis mutandis*.

(3) ¹Emittenten, die überwiegend den Betrieb von Versicherungsgeschäften zum Gegenstand des Unternehmens haben, müssen an Stelle der Umsatzerlöse und des Ergebnisses die Beitragseinnahmen in den wichtigsten Versicherungszweigen sowie die Bestände in der Lebensversicherung angeben und in den Erläuterungen auch über die Ergebniskompo-

(3) ¹Issuers mainly carrying out the business of writing insurance shall replace the statement of turnover and profits or losses by their revenues from premiums in the principal areas of their insurance business and the portfolio of life assurance policies, and shall, in the explanations, report on damages, costs and income from financial investments. ²In all

---

[1]) Abgedruckt im Anschluß an die BörsZulV.

[1]) Reprinted below after the Stock Exchange Admission Regulation.

§ 58 Issuers from third countries.

[1]If an issuer who is not subject to the laws of a Member State of the European Union or another Contracting State of the Agreement on the European Economic Area publishes a half-yearly statement outside the European Community or outside another Contracting State of the Agreement on the European Economic Area, the Admissions Office may permit such issuer to publish such half-yearly statement in the German language instead of the half-yearly statement required pursuant to § 44b of the Stock Exchange Act if such statement contains information equivalent to the information required pursuant to §§ 53 to 57. [2]The Admissions Office may further permit such statement to be in another language if, in the territory where this Regulation applies, such language is not uncommon in the context of investment in foreign securities, provided that adequate information is thereby provided to the public having regard to the targeted circle of investors.

§ 59 Half-yearly statements in several Member States of the European Union.

If a half-yearly statement must be published in another Member State of the European Union or in another Contracting State of the Agreement on the European Economic Area, the Admissions Office shall agree with the competent authority of the other Member or Contracting State on the requirements of the half-yearly statement so that, if possible, a uniform text can be published.

§ 60 Befreiung im Hinblick auf einzelne Angaben.

Die Zulassungsstelle kann gestatten, daß einzelne Angaben nicht in den Zwischenbericht aufgenommen werden, wenn sie der Auffassung ist, daß
1. die Verbreitung dieser Angaben dem öffentlichen Interesse zuwiderläuft oder
2. die Verbreitung dieser Angaben dem Emittenten erheblichen Schaden zufügt, sofern die Nichtveröffentlichung das Publikum nicht über die für die Beurteilung der Aktien des Emittenten wesentlichen Tatsachen und Umstände täuscht.

§ 60 Exemption in respect of particular information.

The Admissions Office may permit the omission of certain information from the half-yearly statement if, in its opinion:
1. the dissemination of such information would be contrary to the public interest, or
2. the dissemination of such information would be seriously prejudical to the interests of the issuer, provided that such omission does not mislead the public with regard to the circumstances that are material for the assessment of the issuer's shares.

Dritter Unterabschnitt.
Veröffentlichung des Zwischenberichts

Sub-chapter 3.
Publication of the half-yearly statement

§ 61 Form und Frist der Veröffentlichung.

(1) ¹Der Zwischenbericht ist innerhalb von zwei Monaten nach dem Ende des Berichtszeitraums entweder durch Abdruck in mindestens einem überregionalen Börsenpflichtblatt oder im Bundesanzeiger oder als Druckschrift zu veröffentlichen, die dem Publikum bei den Zahlstellen auf Verlangen kostenlos zur Verfügung gestellt wird. ²Wird der Zwischenbericht nicht im Bundesanzeiger veröffentlicht, so ist im Bundesanzeiger ein Hinweis darauf bekanntzumachen, wo der Zwischenbericht veröffentlicht und für das Publikum zu erhalten ist.

(2) Bei Emittenten, die überwiegend den Betrieb von Rückversicherungsgeschäften zum Gegenstand des Unternehmens haben, ist der Zwischenbericht innerhalb von sieben Monaten gemäß Absatz 1 Satz 1 zu veröffentlichen.

(3) Die Zulassungsstelle kann die Fristen für die Veröffentlichung verlängern, wenn der Emittent darlegt, daß ihm die Einhaltung dieser Frist aus für ihn nicht

§ 61 Form and timing of publication.

(1)¹The half-yearly statement shall be published within two months after expiry of the reporting period either by reprint in at least one mandatory stock exchange newspaper of nation-wide circulation, or in the Federal Gazette, or in printed form available to the public free of charge at the offices of the paying agents. ²If the half-yearly statement is not published in the Federal Gazette, a notice shall be published in the Federal Gazette indicating where the half-yearly statement has been published and where it is available to the public.

(2) Issuers mainly carrying out the business of writing reinsurance shall publish the half-yearly statement within seven months pursuant to para. (1) sentence 1.

(3) The Admissions Office may extend the time limits for publication if the issuer demonstrates that, due to unforeseeable reasons, it cannot comply with such time

vorhersehbaren Gründen nicht möglich ist oder daß andere Gründe vorliegen, die auch nach Würdigung der Interessen des Publikums eine Verlängerung der Fristen rechtfertigen.

§ 62 Übermittlung an Zulassungsstelle.

Der Emittent ist verpflichtet, den Zwischenbericht spätestens mit seiner ersten Veröffentlichung in einem Mitgliedstaat der Europäischen Union oder in einem anderen Vertragsstaat des Abkommens über den europäischen Wirtschaftsraum den Zulassungsstellen der Börsen, an denen die Aktien zur amtlichen Notierung zugelassen sind, und gleichzeitig den entsprechenden Stellen der anderen Mitgliedstaaten der Europäischen Wirtschaftsgemeinschaft oder der anderen Vertragsstaaten des Abkommens über den Europäischen Wirtschaftsraum, in denen die Aktien zur amtlichen Notierung zugelassen sind, zu übermitteln.

limit, or that there are other reasons which, taking into account the interest of the public, would justify the extension of the time limits.

§ 62 Delivery to the Admissions Office.

The issuer shall deliver the half-yearly statement to the Admissions Offices of the stock exchanges where the shares have been admitted to the official list not later than at such point in time when the half-yearly statement is published for the first time in a Member State of the European Union or in another Contracting State of the Agreement on the European Economic Area, and simultaneously to the competent authorities of the other Member States of the European Economic Community or the other Contracting States of the Agreement on the European Economic Area where the shares are admitted to the official list.

**Zweiter Abschnitt.
Sonstige Pflichten**

§ 63 Veröffentlichung von Mitteilungen.

(1) Der Emittent zugelassener Aktien muß die Einberufung der Hauptversammlung und Mitteilungen über die Ausschüttung und Auszahlung von Dividenden, die Ausgabe neuer Aktien und die Ausübung von Umtausch-, Bezugs- und Zeichnungsrechten veröffentlichen.

(2) [1]Der Emittent zugelassener anderer Wertpapiere als Aktien muß Mitteilungen über die Ausübung von Umtausch-, Zeichnungs- und Kündigungsrechten sowie über die Zinszahlung, die Rückzahlungen, die Auslosungen und die früher gekündigten oder ausgelosten, noch nicht eingelösten Stücke veröffentlichen. [2]Der Emittent zugelassener Schuldverschreibungen muß ferner die Einberufung der Versammlung der Schuldverschreibungsinhaber veröffentlichen.

**Chapter 2.
Further obligations.**

§ 63 Publication of notices.

(1) The issuer of admitted shares shall publish the notice convening a shareholders' meeting and notices concerning the declaration and payment of dividends, the issue of new shares and the exercise of any conversion, exchange or subscription rights.

(2) [1]The issuer of admitted securities other than shares shall publish notices concerning the exercise of any conversion, exchange, subscription or redemption rights, notices concerning the payment of interest, the repayment of principal, the redemption by drawings and the securities cancelled or drawn early that have not been presented for redemption. [2]The issuer of admitted debt securities shall further publish the convening of a bond-holders meeting.

§ 64 Änderungen der Rechtsgrundlage des Emittenten.

(1) Der Emittent zugelassener Aktien muß beabsichtigte Änderungen seiner Satzung spätestens zum Zeitpunkt der Einberufung der Hauptversammlung, die über die Änderung beschließen soll, der Zulassungsstelle mitteilen.

(2) Der Emittent zugelassener anderer Wertpapiere als Aktien muß beabsichtigte Änderungen seiner Rechtsgrundlage, welche die Rechte der Wertpapierinhaber berühren, spätestens zum Zeitpunkt der Einberufung des Beschlußorgans, das über die Änderung beschließen soll, der Zulassungsstelle mitteilen.

§ 65 Verfügbarkeit von Jahresabschluß und Lagebericht.

(1) Der Emittent der zugelassenen Wertpapiere hat den Jahresabschluß und den Lagebericht unverzüglich nach der Feststellung dem Publikum bei den Zahlstellen zur Verfügung zu stellen, sofern nicht der Jahresabschluß und Lagebericht im Geltungsbereich dieser Verordnung veröffentlicht worden ist.

(2) [1]Stellt der Emittent sowohl einen Einzelabschluß als auch einen Konzernabschluß auf, so sind beide Arten von Jahresabschlüssen nach Maßgabe des Absatzes 1 dem Publikum zur Verfügung zu stellen. [2]Die Zulassungsstelle kann dem Emittenten gestatten, nur den Jahresabschluß der einen Art zur Verfügung zu stellen, wenn der Jahresabschluß der anderen Art keine wesentlichen zusätzlichen Aussagen enthält.

(3) Die Zulassungsstelle kann Zusammenfassungen oder Kürzungen des Jahresabschlusses zulassen, soweit eine ausreichende Unterrichtung des Publikums gewährleistet bleibt und auf die Stelle hingewiesen wird, bei der die vollständige Fassung verfügbar oder veröffentlicht ist.

§ 64 Changes in the issuer's legal basis.

(1) The issuer of admitted shares shall notify the Admissions Office of any proposed amendment to its memorandum and articles of association not later than at the time when the shareholders' meeting to resolve on such amendment is convened.

(2) The issuer of admitted securities other than shares shall notify the Admissions Office of any proposed changes to its legal basis which would affect the rights of the holders of securities not later than at the time when the meeting to resolve on such changes is convened.

§ 65 Availability of annual accounts and business report.

(1) The issuer of admitted securities shall make its annual accounts and business report available to the public at the offices of the paying agents without undue delay after their approval unless such annual accounts and business report have been published in the territory where this Regulation applies.

(2) [1]If the issuer prepares both individual and consolidated accounts, both types of accounts shall be made available to the public in accordance with para. (1). [2]The Admissions Office may permit the issuer to make available only one type of annual accounts if the other type does not contain any material additional information.

(3) The Admissions Office may permit annual accounts in summarised or abbreviated form to the extent sufficient information is available to the public, provided that it is stated where the complete documentation is available or has been published.

(4) Entsprechen bei Emittenten mit Sitz außerhalb der Europäischen Gemeinschaft oder außerhalb eines anderen Vertragsstaates des Abkommens über den Europäischen Wirtschaftsraum der Jahresabschluß oder der Lagebericht nicht den Vorschriften im Geltungsbereich dieser Verordnung über den Jahresabschluß und den Lagebericht von Gesellschaften und geben sie kein den tatsächlichen Verhältnissen entsprechendes Bild von der Vermögens-, Finanz- und Ertragslage des Emittenten, so hat der Emittent ergänzende Angaben hierzu dem Publikum bei den Zahlstellen zur Verfügung zu stellen.

(4) If the annual accounts or business reports of issuers having their registered offices outside the European Community or outside another Contracting State of the Agreement on the European Economic Area do not conform to the provisions on the annual accounts and business report of companies applicable in the territory where this Regulation applies and if they fail to give a true and fair view of the issuer's financial situation and profitability, the issuer shall make available to the public supplementary information at the offices of its paying agents.

§ 66 Veröffentlichung zusätzlicher Angaben.

§ 66 Publication of additional information.

(1) Der Emittent der zugelassenen Wertpapiere muß jede Änderung der mit den Wertpapieren verbundenen Rechte unverzüglich veröffentlichen.

(1) The issuer of admitted securities shall publish without undue delay any modification of the rights attaching to the securities.

(2) Der Emittent zugelassener anderer Wertpapiere als Aktien muß ferner unverzüglich veröffentlichen
1. die Aufnahme von Anleihen, insbesondere die für sie übernommenen Gewährleistungen;
2. bei Wertpapieren, die den Gläubigern ein Umtausch- oder Bezugsrecht auf Aktien einräumen, alle Änderungen der Rechte, die mit den Aktien verbunden sind, auf die sich das Umtausch- oder Bezugsrecht bezieht.

(2) The issuer of admitted securities other than shares shall further publish without undue delay:
1. the issuance of bonds, and in particular any warranties given in connection therewith;
2. in the case of securities conferring conversion, exchange or subscription rights for shares, any modification to the rights attaching to the shares to which such conversion, exchange or subscription rights relate.

(3) Absatz 2 Nr. 1 gilt nicht
1. für Emittenten, die ihren Sitz im Geltungsbereich dieser Verordnung oder in einem anderen Mitgliedstaat der Europäischen Union oder in einem anderen Vertragsstaat des Abkommens über den Europäischen Wirtschaftsraum haben und durch ein besonderes Gesetz oder auf Grund eines besonderen Gesetzes geschaffen worden sind oder geregelt werden, wenn für die Verzinsung und Rückzahlung der zugelassenen Wertpapiere ein Mitglied-

(3) Para. (2) no. 1 shall not apply
1. to issuers having their registered office in the territory where this Regulation applies or in another Member State of the European Union or in another Contracting State of the Agreement on the European Economic Area and which have been established or are regulated by special legislation or on the basis of special legislation, provided that a Member State of the European Economic Community or any of its federal states or another Contracting State on

staat der Europäischen Wirtschaftsgemeinschaft oder eines seiner Bundesländer oder ein anderer Vertragsstaat des Abkommens über den Europäischen Wirtschaftsraum oder eines seiner Bundesländer die Gewährleistung übernommen hat;

2. für die in § 41 des Börsengesetzes und in § 38 dieser Verordnung bezeichneten Schuldverschreibungen.

§ 67 Unterrichtung bei Zulassung an mehreren Börsen.

(1) Sind Wertpapiere eines Emittenten an mehreren inländischen Börsen zur amtlichen Notierung zugelassen, so muß der Emittent an diesen Börsenplätzen dieselben Angaben veröffentlichen.

(2) Sind zugelassene Wertpapiere auch außerhalb des Geltungsbereichs dieser Verordnung an einer Börse zur amtlichen Notierung zugelassen und hat der Emittent dort Angaben veröffentlicht, die für die Bewertung der Wertpapiere Bedeutung haben können, so muß er im Geltungsbereich dieser Verordnung zumindest gleichwertige Angaben veröffentlichen.

§ 68 Hinweis auf Prospekt.

¹Veröffentlichungen, in denen die Zulassung von Wertpapieren eines Emittenten zur amtlichen Notierung angekündigt und auf die wesentlichen Merkmale der Wertpapiere hingewiesen wird, müssen einen Hinweis auf den Prospekt und dessen Veröffentlichung enthalten. ²Die Veröffentlichungen sind unverzüglich der Zulassungsstelle zu übermitteln.

§ 69 Zulassung später ausgegebener Aktien.

(1) ¹Der Emittent zugelassener Aktien ist verpflichtet, für später öffentlich ausgegebene Aktien derselben Gattung wie der bereits zugelassenen die Zulassung zur amtlichen Notierung zu beantragen,

the Agreement on the European Economic Area or any of its federal states has given a guarantee for the payment of interest and principal of the admitted securities;

2. to the debt securities referred to in § 41 of the Stock Exchange Act and in § 38 of this Regulation.

§ 67 Disclosure in the case of admission to several stock exchanges.

(1) If the securities of an issuer are admitted to the official list on several domestic stock exchanges, the issuer shall publish the same information at each of these stock exchanges.

(2) If admitted securities are admitted to the official list on a stock exchange outside the territory where this Regulation applies and if the issuer, at such place, has published information which could be relevant for the assessment of these securities, the issuer shall publish in the territory where this Regulation applies at least equivalent information.

§ 68 Reference to the prospectus.

¹Publications announcing the admission of securities of an issuer to the official list and indicating the essential features of those securities shall make reference to the prospectus and its publication. ²Any publications shall be sent to the Admissions Office without undue delay.

§ 69 Admission of shares issued at a later date.

(1) ¹If an issuer of admitted shares, at a later date, issues shares of the same class as have already been admitted, such issuer shall apply for the admission to the official list of such shares if their ad-

wenn ihre Zulassung einen Antrag voraussetzt. ²§ 7 Abs. 1 Satz 2 und 3 bleibt unberührt.

(2) ¹Der Antrag nach Absatz 1 ist spätestens ein Jahr nach der Ausgabe der zuzulassenden Aktien oder, falls sie zu diesem Zeitpunkt nicht frei handelbar sind, zum Zeitpunkt ihrer freien Handelbarkeit zu stellen. ²Findet vor der Einführung der Aktien ein Handel mit amtlicher Notierung der Bezugsrechte statt und muß ein Prospekt veröffentlicht werden, so ist der Antrag unter Beachtung der in § 43 Abs. 1 Satz 2 und 3 für die Prospektveröffentlichung bestimmten Fristen zu stellen.

§ 70 Art und Form der Veröffentlichungen.

(1) Veröffentlichungen auf Grund der §§ 63, 66 und 67 dieser Verordnung sind in deutscher Sprache in einem oder mehreren Börsenpflichtblättern vorzunehmen; in jedem Fall muß die Veröffentlichung in einem überregionalen Börsenpflichtblatt erfolgen.

(2) Die Zulassungsstelle kann gestatten, daß bei umfangreichen Mitteilungen oder Angaben eine Zusammenfassung gemäß Absatz 1 veröffentlicht wird, wenn die vollständigen Angaben bei den Zahlstellen kostenfrei erhältlich sind und in der Veröffentlichung hierauf hingewiesen wird.

(3) Die Veröffentlichungen nach den Absätzen 1 und 2 sind unverzüglich der Zulassungsstelle zu übermitteln.

mission requires an application. ²§ 7(1)2 and 3 shall remain unaffected.

(2) ¹The application pursuant to para. (1) shall be filed not later than one year after the shares to be admitted have been issued or, if they are not freely transferable at such time, at the time when they can be freely transferred. ²If, prior to the introduction of the shares to trading, the subscription rights are traded with official quotation and if a prospectus must be published, the application shall be filed in compliance with the time limits for the publication of prospectuses pursuant to § 43 (1) 2 and 3.

§ 70 Manner and form of publications.

(1) Publications pursuant to §§ 63, 66 and 67 of this Regulation shall be made in the German language in at least one mandatory stock exchange newspaper; the publication shall in any event be made in one mandatory stock exchange newspaper of nation-wide circulation.

(2) If the notification or information is extensive, the Admissions Office may permit the publication of a summary pursuant to para. (1), provided that the complete information is available free of charge at the offices of the paying agents and provided that reference to that effect is made in the publication.

(3) Publications pursuant to paras. (1) and (2) shall be sent to the Admissions Office without undue delay.

Drittes Kapitel. Ordnungswidrigkeiten, Schlußvorschriften

§ 71 Ordnungswidrigkeiten.

(1) Ordnungswidrig im Sinne des § 90 Abs. 2 Nr. 1 des Börsengesetzes handelt, wer vorsätzlich oder leichtfertig entgegen § 43 Abs. 1 Satz 1 oder 2 einen Prospekt nicht rechtzeitig veröffentlicht.

(2) Ordnungswidrig im Sinne des § 90 Abs. 2 Nr. 2 des Börsengesetzes handelt, wer vorsätzlich oder leichtfertig entgegen
1. §§ 63, 70 Abs. 1 die Veröffentlichungen nicht, nicht richtig, nicht vollständig oder nicht in der vorgeschriebenen Art oder Form vornimmt oder
2. § 66 Abs. 1, § 70 Abs. 1 Änderungen der Rechte, die mit den Wertpapieren verbunden sind, nicht, nicht richtig, nicht vollständig, nicht in der vorgeschriebenen Art oder Form oder nicht rechtzeitig veröffentlicht.

§ 72 (gegenstandslos)

§ 73 (Inkrafttreten)

Part 3. Misdemeanours, transitional provisions.

§ 71 Misdemeanours.

(1) It shall be a misdemeanour within the meaning of § 90(2) no. 1 of the Stock Exchange Act to intentionally or recklessly abstain from the timely publication of a prospectus contrary to § 43(1)1 or 2.

(2) It shall be a misdemeanour within the meaning of § 90(2) no. 2 of the Stock Exchange Act to intentionally or recklessly:
1. fail to make publications, or to make publications incorrectly, incompletely or in due manner or form contrary to §§ 63, 70(1); or
2. fail to publish modifications of rights attaching to securities, or to make such publications incorrectly, incompletely or not in due manner or form contrary to §§ 66(1), 70(1).

§ 72 (irrelevant)

§ 73 (effective date)

Anlage (zu § 57 Abs. 2)

I. Von Emittenten nach § 57 Abs. 2 mindestens anzugebende Posten

Aktivseite:
1. Barreserve
2. Schatzwechsel und unverzinsliche Schatzanweisungen sowie ähnliche Schuldtitel öffentlicher Stellen
3. Forderungen an Kreditinstitute
4. Forderungen an Kunden
5. Schuldverschreibungen und andere festverzinsliche Wertpapiere
6. Aktien und andere nicht festverzinsliche Wertpapiere
7. Beteiligungen
    darunter: an Kreditinstituten

Appendix (to § 57 (2))

I. Items to be published by issuers pursuant to § 57 (2)

Assets section:
1. Cash reserve assets (cash in hand plus central bank and postal giro account balances)
2. Treasury bills and treasury discount notes and similar debentures issued by public authorities
3. Receivables from credit institutions
4. Receivables from customers
5. Debentures and other fixed income securities
6. Shares and other securities than fixed income securities
7. Shareholdings
    of which: in banks

8. Anteile an verbundenen Unternehmen
   darunter: an Kreditinstituten
9. Eigene Aktien oder Anteile

Passivseite:
10. Verbindlichkeiten gegenüber Kreditinstituten
11. Verbindlichkeiten gegenüber Kunden
12. Verbriefte Verbindlichkeiten
    darunter: begebene Schuldverschreibungen
13. Nachrangige Verbindlichkeiten
14. Genußrechtskapital
15. Fonds für allgemeine Bankrisiken
16. Eigenkapital, aufgegliedert in gezeichnetes Kapital und Rücklagen

Posten unter dem Strich:
17. Eventualverbindlichkeiten
18. Andere Verpflichtungen

Aufwendungen:
19. Zinsaufwendungen
20. Provisionsaufwendungen
21. Personalaufwand
22. Andere Verwaltungsaufwendungen
23. Planmäßige Abschreibungen und Wertberichtigungen auf Anlagewerte und Sachanlagen
24. Risikovorsorge

Erträge:
25. Zinserträge aus Kredit-, Geldmarktgeschäften, festverzinslichen Wertpapieren und Schuldbuchforderungen
26. laufende Erträge aus Aktien und anderen nicht festverzinslichen Wertpapieren, Beteiligungen und Anteilen an verbundenen Unternehmen
27. Provisionserträge

II. Von Realkreditinstituten zusätzlich vorzunehmende Aufgliederungen

Die Posten Forderungen an Kunden sowie Forderungen an Kreditinstitute sind jeweils in Hypothekendarlehen, Kommunalkredite und andere Forderungen aufzugliedern. Die Posten Verbindlichkeiten gegenüber Kreditinstituten und Kunden sind in begebene Hypotheken-Namenspfandbriefe, begebene öffentliche Namenspfandbriefe und andere Verbindlichkeiten aufzugliedern. Der Posten verbriefte Verbindlichkeiten ist in begebene Schuldverschreibungen (Unterposten: Hypothekenpfandbriefe, öffentliche Pfandbriefe und sonstige Schuldverschreibungen) und andere verbriefte Verbindlichkeiten aufzugliedern.

8. Shareholdings in affiliated companies
   of which: in banks
9. Treasury shares

Liabilities section:
10. Payables to credit institutions
11. Payables to customers
12. Securitized liabilities
    of which: issued debt securities
13. Subordinated liabilities
14. Profit sharing rights
15. Funds for general banking risks
16. Equity, broken down into registered share capital and capital reserves

Items shown below the line:
17. Contingent liabilities
18. Other obligations

Expenses:
19. Interest and similar expenses
20. Commission expenses
21. Wages, salary and social security expenses
22. Other administrative expenses
23. Regular depreciation and value adjustments on investments and tangible assets
24. Provisions for risks

Revenues:
25. Interest and similar revenues from lending and money market transactions, fixed income securities and book-entry securities
26. Current earnings derived from shares and securities other than fixed income securities, participations and holdings in affiliated enterprises
27. Commissions

II. Further items to be stated by mortgage banks

The items receivables from customers and receivables from credit institutions shall be broken down into mortgage loans, municipality loans and other receivables. The items payables to credit institutions and customers shall be broken down by registered mortgage bonds, issued public mortgage bonds and other payables. The item securitized liabilities shall be broken down by issued debt securities (subitems: mortgage bonds, public debentures and other debt securities) and other securitized liabilities.

WERTPAPIER-VERKAUFSPROSPEKT GESETZ

in der Fassung der Bekanntmachung vom
9. September 1998
(BGBl. I S. 2701)
Zuletzt geändert durch Gesetz vom
21.12.2000 (BGBl. I S. 1857)

I. Abschnitt. Anwendungsbereich

§ 1 Grundregel.

Für Wertpapiere, die erstmals im Inland öffentlich angeboten werden und nicht zum Handel an einer inländischen Börse zugelassen sind, muß der Anbieter einen Prospekt (Verkaufsprospekt) veröffentlichen, sofern sich aus den §§ 2 bis 4 nichts anderes ergibt.

§ 2 Ausnahmen im Hinblick auf die Art des Angebots.

Ein Verkaufsprospekt muß nicht veröffentlicht werden, wenn die Wertpapiere
1. nur Personen angeboten werden, die beruflich oder gewerblich für eigene oder fremde Rechnung Wertpapiere erwerben oder veräußern;
2. einem begrenzten Personenkreis angeboten werden;
3. nur den Arbeitnehmern von ihrem Arbeitgeber oder von einem mit seinem Unternehmen verbundenen Unternehmen angeboten werden;
4. nur in Stückelungen von mindestens vierzigtausend Euro oder nur zu einem Kaufpreis von mindestens vierzigtausend Euro je Anleger erworben werden können oder wenn der Verkaufspreis für alle angebotenen Wertpapiere vierzigtausend Euro nicht übersteigt;
5. Teil einer Emission sind, für die bereits im Inland ein Verkaufsprospekt veröffentlicht worden ist.

SECURITIES PROSPECTUS ACT

as amended and re-promulgated on
9th September, 1998
(BGBl. I p. 2701)
last amendment by Act of 21st December, 2000 (BGBl. I p. 1857)

Chapter I. Scope of application

§ 1 General principle.

For securities which are offered to the public in Germany for the first time and which have not been admitted to trading at a domestic stock exchange, the offeror shall publish a sales prospectus (prospectus), unless provided otherwise in §§ 2 to 4.

§ 2 Exemptions as to certain types of offers.

A prospectus need not be published if the securities:
1. are only offered to persons who, in the course of their professional or commercial activities, purchase or sell securities for their own account or the account of others;
2. are offered to a restricted circle of persons;
3. are offered only to employees by their employer or by an enterprise affiliated with the employer's enterprise;
4. can be acquired only in denominations of at least Euro 40,000 or for a purchase price of at least Euro 40,000 per investor, or if the sales price of all the securities offered does not exceed Euro 40,000;
5. form part of an issue for which a prospectus has already been published in Germany.

§ 3 Ausnahmen im Hinblick auf bestimmte Emittenten.

Ein Verkaufsprospekt muß nicht veröffentlicht werden, wenn die Wertpapiere
1. ausgegeben werden
    a) von einem Mitgliedstaat der Europäischen Union, einem anderen Vertragsstaat des Abkommens über den Europäischen Wirtschaftsraum, einem Vollmitgliedstaat der Organisation für wirtschaftliche Entwicklung und Zusammenarbeit, sofern er nicht innerhalb der letzten fünf Jahre seine Auslandsschulden umgeschuldet oder vor vergleichbaren Zahlungsschwierigkeiten gestanden hat, oder einem Staat, der mit dem Internationalen Währungsfonds besondere Kreditabkommen im Zusammenhang mit dessen Allgemeinen Kreditvereinbarungen getroffen hat,
    b) einer Gebietskörperschaft der in Buchstabe a genannten Staaten oder
    c) einer internationalen Organisation des öffentlichen Rechts, der mindestens ein Mitgliedstaat der Europäischen Union oder ein anderer Vertragsstaat des Abkommens über den Europäischen Wirtschaftsraum angehört;
2. Schuldverschreibungen sind, die dauernd oder wiederholt von
    a) einem Kreditinstitut im Sinne des § 1 Abs. 1 des Gesetzes über das Kreditwesen oder Finanzdienstleistungsinstitut, das Finanzdienstleistungen im Sinne des § 1 Abs. 1 a Satz 2 Nr. 1 bis 4 des Gesetzes über das Kreditwesen erbringt, oder der Kreditanstalt für Wiederaufbau oder
    b) einem nach § 53 b Abs. 1 Satz 1 oder Abs. 7 des Gesetzes über das Kreditwesen tätigen Unternehmen, das regelmäßig seine Beschlüsse veröffentlicht,
ausgegeben werden; eine wiederholte Ausgabe liegt vor, wenn in den zwölf Kalendermonaten vor dem öffentli-

§ 3 Exemptions for specific issuers.

A prospectus need not be published if the securities:
1. are issued:
    a) by a Member State of the European Union, another Contracting State of the Agreement on the European Economic Area, a country having full member status with the Organisation for Economic Cooperation and Development unless such country has during the last five years re-scheduled its foreign debt or was subject to comparable financial difficulties, or a country having entered into a special accord with the International Monetary Fund in connection with the latter's general loan agreements;
    b) by a regional authority of the countries referred to in lit. a; or
    c) an international organisation organised under public law at least one member of which is a Member State of the European Union or another Contracting State of the Agreement on the European Economic Area;
2. are debt securities permanently or repeatedly issued by:
    a) a bank within the meaning of § 1(1) of the Banking Act or a financial service provider rendering financial services within the meaning of § 1(1a)2 no. 1 to 4 of the Banking Act, or the Kreditanstalt für Wiederaufbau; or
    b) an enterprise doing business pursuant to § 53b(1)1 or (7) of the Banking Act publishing its resolutions on a regular basis;

a repeated offer meaning for this purpose if, during the last twelve calendar months before the public offer, at least

chen Angebot mindestens eine Emission von Schuldverschreibungen innerhalb der Europäischen Gemeinschaft oder innerhalb eines anderen Vertragsstaats des Abkommens über den Europäischen Wirtschaftsraum ausgegeben worden ist;
3. Anteilscheine sind, die von einer Kapitalanlagegesellschaft oder ausländischen Investmentgesellschaft ausgegeben werden und bei denen die Anteilinhaber ein Recht auf Rückgabe der Anteilscheine haben;
4. Schuldverschreibungen sind, die von einer Gesellschaft oder juristischen Person mit Sitz in einem Mitgliedstaat der Europäischen Union oder in einem anderen Vertragsstaat des Abkommens über den Europäischen Wirtschaftsraum ausgegeben werden, die ihre Tätigkeit unter einem Staatsmonopol ausübt und die durch ein besonderes Gesetz oder auf Grund eines besonderen Gesetzes geschaffen worden ist oder geregelt wird oder für deren Schuldverschreibungen ein Mitgliedstaat der Europäischen Wirtschaftsgemeinschaft oder eines seiner Bundesländer oder ein anderer Vertragsstaat des Abkommens über den Europäischen Wirtschaftsraum oder eines seiner Bundesländer die unbedingte und unwiderrufliche Gewährleistung für ihre Verzinsung und Rückzahlung übernommen hat.

one issue of debt securities has been offered to the public within the European Community or in another Contracting State of the Agreement on the European Economic Area;
3. are shares issued by a German or non-German investment company granting their holders the right to request the redemption thereof;
4. are debt securities issued by a company or legal entity whose registered office is situated in a Member State of the European Union or in another Contracting State of the Agreement on the European Economic Area, which carries on its activities under a state monopoly and has been set up, or is governed by, special legislation or whose debt securities are unconditionally and irrevocably guaranteed in respect of interest and principal by a Member State of the European Economic Community or one of its federal states, or another Contracting State of the Agreement on the European Economic Area or one of its federal states.

§ 4 Ausnahmen im Hinblick auf bestimmte Wertpapiere.

(1) Ein Verkaufsprospekt muß nicht veröffentlicht werden, wenn die Wertpapiere
1. Euro-Wertpapiere sind, für die nicht öffentlich geworben wird und die nicht im Wege von Geschäften im Sinne des Gesetzes über den Widerruf von Haustürgeschäften und ähnlichen Geschäften angeboten werden;
2. Aktien sind, für die ein Antrag auf Zulassung zur amtlichen Notierung an einer inländischen Börse gestellt ist, deren Zahl, geschätzter Kurswert oder

§ 4 Exemptions for certain securities.

(1) A prospectus need not be published if the securities:
1. are Euro-securities which are neither publicly advertised nor offered by the means of transactions within the meaning of the Act on the Prohibition of Canvassing and Similar Transactions;
2. are shares for which an application for admission to the official list of a domestic stock exchange has been filed and whose number, estimated market

Nennwert, bei nennwertlosen Aktien deren rechnerischer Wert, niedriger ist als 10 vom Hundert des entsprechenden Wertes der Aktien derselben Gattung, die an derselben Börse amtlich notiert sind, und wenn der Emittent die mit der Zulassung verbundenen Veröffentlichungspflichten erfüllt; Aktien, die sich nur in bezug auf den Beginn der Dividendenberechtigung unterscheiden, gelten als Aktien derselben Gattung;

3. Aktien sind, für die kein Antrag auf Zulassung zur amtlichen Notierung an einer inländischen Börse gestellt ist und deren Zahl, geschätzter Kurswert oder Nennwert, bei nennwertlosen Aktien deren rechnerischer Wert, niedriger ist als 10 vom Hundert des entsprechenden Wertes der Aktien derselben Gattung, die an einer inländischen Börse zum Handel zugelassen sind, sofern den Anlegern Informationen über den Emittenten zur Verfügung stehen, die den im III. Abschnitt vorgeschriebenen Angaben gleichwertig und auf dem neuesten Stand sind; Aktien, die sich nur in bezug auf den Beginn der Dividendenberechtigung unterscheiden, gelten als Aktien derselben Gattung;
4. Aktien sind, die den Aktionären nach einer Kapitalerhöhung aus Gesellschaftsmitteln zugeteilt werden;
5. Zertifikate sind, die anstelle von Aktien derselben Gesellschaft ausgegeben werden und mit deren Ausgabe keine Änderung des gezeichneten Kapitals verbunden ist;
6. nach der Ausübung von Umtausch- oder Bezugsrechten aus anderen Wertpapieren als Aktien ausgegeben werden, sofern im Inland bei der Ausgabe dieser Wertpapiere ein Zulassungs- oder Verkaufsprospekt veröffentlicht worden ist;
7. bei einer Verschmelzung von Unternehmen angeboten werden;
8. Schuldverschreibungen mit einer vereinbarten Laufzeit von weniger als einem Jahr sind.

value or nominal value or, in the case of shares without nominal value, their computed value amounts to less than 10 per cent. of the corresponding value of the shares of the same class admitted to the official list of the same stock exchange, provided that the issuer has discharged its disclosure obligations arising from such admission; shares which differ only in respect of the commencement of the entitlement to dividends shall be deemed to be shares of the same class;

3. are shares for which no application for admission to any official list of a domestic stock exchange has been filed and whose number, estimated market value or nominal value, in the case of shares without nominal value, their computed value amounts to less than 10 per cent. of the corresponding value of shares of the same class admitted to listing on a domestic stock exchange, provided that investors have access to up-to-date information about the issuer which is equivalent to the information required under Chapter III; shares which differ only in respect of the commencement of dividend entitlements shall be deemed to be shares of the same class;
4. are shares allotted to the shareholders in a share capital increase funded from retained earnings;
5. are certificates issued in lieu of shares of the same company, provided that the issue thereof does not entail an increase or decrease in the registered share capital;
6. are issued following the exercise of conversion, exchange or subscription rights attaching to other securities than shares, provided that a prospectus was published in Germany when those securities were issued;
7. are offered in connection with the merger of enterprises;
8. are debt securities with an agreed maturity of less than one year.

(2) Euro-Wertpapiere im Sinne des Absatzes 1 Nr. 1 sind Wertpapiere, die
1. ein Konsortium übernimmt oder zu übernehmen verspricht und vertreibt, dessen Mitglieder ihren Sitz nicht alle in demselben Staat haben,
2. zu einem wesentlichen Teil nicht in dem Staat angeboten werden, in dem der Emittent seinen Sitz hat, und
3. nur über ein Kreditinstitut im Sinne des § 1 Abs. 1 des Gesetzes über das Kreditwesen, Finanzdienstleistungsinstitut, das Finanzdienstleistungen im Sinne des § 1 Abs. 1 a Satz 2 Nr. 1 bis 4 des Gesetzes über das Kreditwesen erbringt, oder ein nach § 53 b Abs. 1 Satz 1 oder Abs. 7 des Gesetzes über das Kreditwesen tätiges Unternehmen gezeichnet oder erstmals erworben werden dürfen.

(2) Euro-securities within the meaning of para. (1) no. 1 are securities:
1. which are, or are promised to be, underwritten and distributed by a syndicate of which not all members have their registered offices in the same country;
2. a substantial portion of which is offered outside the country where the issuer's registered office is situated; and
3. which may be subscribed for, or initially acquired, only through a bank within the meaning of § 1(1) of the Banking Act, a financial service provider rendering financial services within the meaning of § 1(1a)2 no. 1 to 4 of the Banking Act, or an enterprise doing business pursuant to § 53b(1)1 or (7) of the Banking Act.

II. Abschnitt.
Angebot von Wertpapieren, für die eine Zulassung zur amtlichen Notierung oder zum geregelten Markt beantragt ist

Chapter II.
Offer of securities for which admission to the official list or regulated market has been applied for

§ 5 Prospektinhalt.

(1) Ist für die öffentlich angebotenen Wertpapiere ein Antrag auf Zulassung zur amtlichen Notierung an einer inländischen Börse gestellt, so sind auf die Sprache und den Inhalt des Verkaufsprospekts die Vorschriften des § 38 Abs. 1 Nr. 2, Abs. 2 des Börsengesetzes in Verbindung mit den §§ 13 bis 40 und 47 der Börsenzulassungs-Verordnung entsprechend anzuwenden.

(2) Ist für die öffentlich angebotenen Wertpapiere ein Antrag auf Zulassung zum geregelten Markt an einer inländischen Börse gestellt, so ist auf den Inhalt des Verkaufsprospekts § 73 Abs. 1 Nr. 2 des Börsengesetzes entsprechend anzuwenden.

§ 5 Contents of prospectus.

(1) If in respect of securities offered to the public an application for admission to the official list of a domestic stock exchange has been filed, the provisions of § 38(1) no. 2, (2) of the Stock Exchange Act in connection with §§ 13 to 40 and 47 of the Stock Exchange Admission Regulation shall apply *mutatis mutandis* to the language and content of the prospectus.

(2) If in respect of securities offered to the public an application for admission to the regulated market of a domestic stock exchange has been filed, § 73(1) no. 2 of the Stock Exchange Act shall apply *mutatis mutandis* to the contents of the prospectus.

§ 6 Zulassungsstelle und Zulassungsausschuß.

(1) ¹Ist für die öffentlich angebotenen Wertpapiere ein Antrag auf Zulassung zur amtlichen Notierung an einer inländischen Börse gestellt, darf der Verkaufsprospekt erst veröffentlicht werden, wenn er von der Zulassungsstelle der Börse gebilligt wurde. ²Wird der Zulassungsantrag gleichzeitig bei mehreren inländischen Börsen gestellt, so hat der Emittent die für die Billigung des Verkaufsprospekts zuständige Zulassungsstelle zu bestimmen. ³Die Zulassungsstelle hat innerhalb von 15 Börsentagen nach Eingang des Verkaufsprospekts über den Antrag auf Billigung zu entscheiden.

(2) Die Zulassungsstelle überwacht die Einhaltung der Pflichten, die sich aus dem öffentlichen Angebot für den Anbieter ergeben.

(3) Die Zulassungsstelle hat dem Anbieter auf Verlangen eine Bescheinigung über die Billigung des Verkaufsprospekts auszustellen.

(4) ¹Ist für die öffentlich angebotenen Wertpapiere ein Antrag auf Zulassung zum geregelten Markt an einer inländischen Börse gestellt, gelten die Absätze 1 und 2 mit der Maßgabe entsprechend, daß an die Stelle der Zulassungsstelle der Zulassungsausschuß tritt. ²Wird der Verkaufsprospekt gebilligt, ist in dem Bescheid darauf hinzuweisen, daß hiermit keine Billigung nach Artikel 20 der Richtlinie 89/298/EWG vom 17. April 1989 zur Koordinierung der Bedingungen für die Erstellung, Kontrolle und Verbreitung des Prospekts, der im Falle öffentlicher Angebote von Wertpapieren zu veröffentlichen ist (ABl. EG Nr. L 124 S. 8), verbunden ist.

(5) Wird gleichzeitig ein Antrag auf Zulassung zur amtlichen Notierung und zum geregelten Markt bei mehreren inländischen Börsen gestellt, so hat der

§ 6 Admissions Office and Admissions Committee.

(1) ¹If in respect of securities offered to the public an application for admission to the official list of a domestic stock exchange has been filed, the prospectus may be published only after approval by the Admissions Office of such stock exchange. ²If application is applied for simultaneously on more than one domestic stock exchange, the issuer shall determine the Admissions Office responsible for the approval of the prospectus. ³The Admissions Office shall decide on the application for approval within 15 stock exchange business days following receipt of the prospectus.

(2) The Admissions Office shall monitor the offeror's compliance with the obligations resulting from the public offer.

(3) The Admissions Office shall, upon the offeror's request, issue a certificate relating to the approval of the prospectus.

(4) ¹If in respect of securities offered to the public an application for admission to the regulated market of a domestic stock exchange has been filed, paras. (1) and (2) shall apply *mutatis mutandis*, provided however that the Admissions Office shall be replaced by the Admissions Committee. If the prospectus is approved, the decision shall contain a statement to the effect that the approval does not constitute an approval pursuant to Article 20 of Directive 89/298/EEC of 17th April, 1989 co-ordinating the requirements for the drawing up, scrutiny and distribution of the prospectus to be published when transferable securities are offered to the public (O.J. No. L 124 p. 8).

(5) If admission is applied for simultaneously for the official list and for the regulated market of more than one domestic stock exchange, the issuer shall

Securities Prospectus Act § 2b 141

Emittent für die Billigung des Verkaufsprospekts eine Zulassungsstelle zu bestimmen.

determine the Admissions Office responsible for the approval of the prospectus.

III. Abschnitt.
Angebot von Wertpapieren, für die eine Zulassung zur amtlichen Notierung oder zum geregelten Markt nicht beantragt ist

Chapter III.
Offer of securities for which admission to the official list or regulated market has not been applied for

§ 7 Prospektinhalt.

§ 7 Contents of prospectus.

(1) Ist für die öffentlich angebotenen Wertpapiere ein Antrag auf Zulassung zur amtlichen Notierung oder zum geregelten Markt an einer inländischen Börse nicht gestellt, so muß der Verkaufsprospekt die Angaben enthalten, die notwendig sind, um dem Publikum ein zutreffendes Urteil über den Emittenten und die Wertpapiere zu ermöglichen.

(1) If in respect of securities offered to the public an application for admission to the official list or to the regulated market of a domestic stock exchange has not been filed, the prospectus shall contain the information necessary to enable the public to make a proper assessment of the issuer and the securities.

(2) Die Bundesregierung wird ermächtigt, durch Rechtsverordnung mit Zustimmung des Bundesrates die zum Schutz des Publikums erforderlichen Vorschriften über die Sprache und den Inhalt des Verkaufsprospekts zu erlassen, insbesondere über
1. die Personen oder Gesellschaften, die für den Inhalt des Verkaufsprospekts die Verantwortung übernehmen,
2. die angebotenen Wertpapiere und
3. den Emittenten der Wertpapiere sowie sein Kapital und seine Geschäftstätigkeit, seine Vermögens-, Finanz- und Ertragslage, seine Geschäftsführungs- und Aufsichtsorgane und seine Geschäftsaussichten.

(2) The Federal Government is authorised to establish, by way of Regulation requiring the consent of the Federal Council, such provisions concerning the language and contents of the prospectus as are necessary for the protection of the public, in particular about:
1. the persons or companies assuming responsibility for the contents of the prospectus;
2. the securities being offered; and
3. the issuer of the securities, its capital and business activities, its financial situation and profitability, its management and supervisory bodies, and its business prospects.

(3) In die Rechtsverordnung nach Absatz 2 können auch Vorschriften aufgenommen werden über Ausnahmen, in denen von der Aufnahme einzelner Angaben in den Verkaufsprospekt abgesehen werden kann,
1. wenn beim Emittenten, bei den angebotenen Wertpapieren, bei ihrer Ausgabe oder beim Kreis der mit der Wertpapierausgabe angesprochenen Anle-

(3) The Regulation pursuant to para. (2) may provide for exemptions permitting certain information not to be included in the prospectus:

1. if the issuer, the securities offered to the public, their issuance, or the circle of investors to whom the offer is addressed are subject to particular cir-

ger besondere Umstände vorliegen und den Interessen des Publikums durch eine anderweitige Unterrichtung ausreichend Rechnung getragen ist oder

2. mit Rücksicht auf die geringe Bedeutung einzelner Angaben oder einen beim Emittenten zu befürchtenden erheblichen Schaden.

cumstances and the interests of the public can be sufficiently served by other means of information; or

2. if such information is of minor importance, or if disclosure of such information would materially prejudice the interests of the issuer.

§ 8 Hinterlegungsstelle.

¹Der Anbieter muß den Verkaufsprospekt vor seiner Veröffentlichung dem Bundesaufsichtsamt für den Wertpapierhandel (Bundesaufsichtsamt) übermitteln. ²Nach § 10 nachzutragende Angaben sind spätestens zum Zeitpunkt ihrer Veröffentlichung zu übermitteln. ³Das Bundesaufsichtsamt bestätigt dem Anbieter den Tag des Eingangs des Verkaufsprospekts.

§ 8 Depository Office.

¹Prior to publication, the offeror shall submit the prospectus to the Federal Supervisory Authority for Securities Trading (Federal Supervisory Authority). ²Information to be added pursuant to § 10 shall be submitted at the latest at the point in time when it is published. ³The Federal Supervisory Authority shall confirm to the offeror when the prospectus was received.

§ 8a Gestattung und Untersagung der Veröffentlichung des Verkaufsprospekts.

(1) Der Verkaufsprospekt darf erst veröffentlicht werden, wenn das Bundesaufsichtsamt die Veröffentlichung gestattet hat oder wenn seit dem Eingang des Verkaufsprospekts zehn Werktage verstrichen sind, ohne daß das Bundesaufsichtsamt die Veröffentlichung untersagt hat.

(2) ¹Das Bundesaufsichtsamt untersagt die Veröffentlichung, wenn der Verkaufsprospekt nicht die Angaben enthält, die nach § 7 Abs. 1 oder einer auf Grund des § 7 Abs. 2 und 3 erlassenen Rechtsverordnung erforderlich sind. ²§ 10 bleibt unberührt.

§ 8a Permission of and prohibition against the publication of the prospectus.

(1) The prospectus may be published only after the Federal Supervisory Authority has permitted its publication, or after 10 business days have lapsed since receipt of the prospectus and the Federal Supervisory Authority has not prohibited the publication.

(2) ¹The Federal Supervisory Authority shall prohibit the publication if the prospectus does not contain the information required pursuant to § 7(1) or the Regulation issued pursuant to § 7(2) and (3). ²§ 10 shall remain unaffected.

§ 8b Untersagung des öffentlichen Angebots.

Das Bundesaufsichtsamt untersagt das öffentliche Angebot von Wertpapieren, für die eine Zulassung zur amtlichen Notierung oder zum geregelten Markt nicht beantragt ist, wenn es Anhaltspunkte dafür hat, daß der Anbieter entgegen § 1

§ 8b Prohibition of the public offer.

The Federal Supervisory Authority shall prohibit the public offering of securities which are not the subject of an application for admission to the official list or the regulated market if it has grounds to believe that the offeror has failed to publish

keinen Verkaufsprospekt veröffentlicht hat oder der Verkaufsprospekt nicht die Angaben enthält, die nach § 7 Abs. 1 oder einer auf Grund des § 7 Abs. 2 und 3 erlassenen Rechtsverordnung erforderlich sind.

§ 8c Auskunfts- und Vorlagepflichten des Anbieters.

(1) Der Anbieter hat auf Verlangen des Bundesaufsichtsamtes Auskünfte zu erteilen und Unterlagen vorzulegen, die das Bundesaufsichtsamt benötigt

1. zur Überwachung der Einhaltung der Pflichten nach §§ 1, 8, 8 a Abs. 1, §§ 9 bis 11, 12 Satz 1, § 14 Abs. 1, § 15 Abs. 3 und 4, oder
2. zur Prüfung, ob der Verkaufsprospekt die Angaben enthält, die nach § 7 Abs. 1 oder einer auf Grund des § 7 Abs. 2 und 3 erlassenen Rechtsverordnung erforderlich sind.

(2) ¹Der zur Erteilung einer Auskunft Verpflichtete kann die Auskunft auf solche Fragen verweigern, deren Beantwortung ihn selbst oder einen der in § 383 Abs. 1 Nr. 1 bis 3 der Zivilprozeßordnung bezeichneten Angehörigen der Gefahr strafgerichtlicher Verfolgung oder eines Verfahrens nach dem Gesetz über Ordnungswidrigkeiten aussetzen würde. ²Der Verpflichtete ist über sein Recht zur Verweigerung der Auskunft zu belehren.

§ 8d Sofortige Vollziehung.

Widerspruch und Anfechtungsklage gegen Maßnahmen nach § 8a Abs. 2 Satz 1 und §§ 8b und 8c Abs. 1 haben keine aufschiebende Wirkung.

§ 8e Werbung.

(1) Das Bundesaufsichtsamt kann die Werbung mit Angaben untersagen, die geeignet sind, über den Umfang der Prüfung nach § 8a irrezuführen.

a prospectus contrary to § 1 or that the prospectus does not contain the information required pursuant to § 7(1) or the Regulation issued pursuant to § 7(2) and (3).

§ 8c Information obligations of the offeror.

(1) The offeror shall upon request by the Federal Supervisory Authority furnish such information and produce such documents as the Federal Supervisory Authority may require:

1. to monitor compliance with the obligations pursuant to §§ 1, 8, 8a(1), §§ 9 to 11, 12 sentence 1, § 14(1), § 15(3) and (4); or
2. to ascertain whether the prospectus contains the information required pursuant to § 7(1) or pursuant to the Regulation issued pursuant to § 7(2) and (3).

(2) ¹The person obligated to provide such information may refuse to answer questions which, if answered, would subject it or a related person referred to in § 338(1) no. 1 to 3 of the Code of Civil Procedure to the risk of criminal prosecution or proceedings according to the Misdemeanour Act. ²The obligated person shall be advised about the right to refuse such answers.

§ 8d Immediate enforcement.

Neither an objection nor an action to set aside measures pursuant to § 8 a(2)1 and §§ 8 b and 8 c(1) shall have the effect of suspending their preliminary enforcement.

§ 8e Advertising. (1)

The Federal Supervisory Authority may prohibit advertisements containing information that is potentially misleading in respect of the extent of the examination pursuant to § 8a.

(2) Vor allgemeinen Maßnahmen nach Absatz 1 sind die Spitzenverbände der betroffenen Wirtschaftskreise und des Verbraucherschutzes zu hören.

(2) Before taking general measures pursuant to para. (1), regard shall be had to the views of the lead associations of the relevant industries and of consumer protection.

IV. Abschnitt.
Veröffentlichung des Verkaufsprospekts; Prospekthaftung

Chapter IV.
Publication of the prospectus; prospectus liability

§ 9 Frist und Form der Veröffentlichung.

§ 9 Timing and form of publication.

(1) Der Verkaufsprospekt muß mindestens einen Werktag vor dem öffentlichen Angebot gemäß Absatz 2 oder 3 veröffentlicht werden.

(1) The prospectus shall be published pursuant to paras. (2) or (3) at least one business day before the public offering.

(2) Ist die Zulassung zur amtlichen Notierung oder zum geregelten Markt beantragt, so ist der Verkaufsprospekt zu veröffentlichen
1. durch Abdruck in den Börsenpflichtblättern, in denen der Zulassungsantrag veröffentlicht wurde oder veröffentlicht wird, oder
2. durch Bereithalten zur kostenlosen Ausgabe bei den im Verkaufsprospekt genannten Zahlstellen und bei den Zulassungsstellen oder Zulassungsausschüssen der Börsen, bei denen die Zulassung beantragt ist; in den Börsenpflichtblättern, in denen der Zulassungsantrag veröffentlicht wurde oder veröffentlicht wird, ist bekanntzumachen, bei welchen Stellen der Verkaufsprospekt bereitgehalten wird.

(2) If admission to the official list or to the regulated market has been applied for, the prospectus shall be published:
1. by reprint in the mandatory stock exchange newspapers in which the application for admission has been, or will be, published; or
2. by making it available free of charge at the premises of the paying agents designated in the prospectus and at the Admissions Offices or Admissions Committees of the stock exchanges where admission has been applied for; a notice stating where the prospectus is available shall be published in the mandatory stock exchange newspapers in which the application for admission has been, or will be, published.

(3) Ist die Zulassung zur amtlichen Notierung oder zum geregelten Markt nicht beantragt, so ist der Verkaufsprospekt in der Form zu veröffentlichen, daß er entweder in einem überregionalen Börsenpflichtblatt bekanntgemacht oder bei den im Verkaufsprospekt benannten Zahlstellen zur kostenlosen Ausgabe bereitgehalten wird; im letzteren Fall ist in einem überregionalen Börsenpflichtblatt bekanntzumachen, daß der Verkaufsprospekt bei den Zahlstellen bereitgehalten wird.

(3) If admission to the official list or to the regulated market has not been applied for, the prospectus shall be published either by publication in a mandatory stock exchange newspaper of nationwide circulation or by making it available free of charge from the paying agents designated in the prospectus; in the latter case, a notice shall be published in a mandatory stock exchange newspaper of nationwide circulation that the prospectus is available at the premises of the paying agents.

§ 10 Veröffentlichung eines unvollständigen Verkaufsprospekts.

¹Werden einzelne Angebotsbedingungen erst kurz vor dem öffentlichen Angebot festgesetzt, so darf der Verkaufsprospekt ohne diese Angaben nur veröffentlicht werden, sofern er Auskunft darüber gibt, wie diese Angaben nachgetragen werden. ²Die nachzutragenden Angaben sind spätestens am Tag des öffentlichen Angebots gemäß § 9 Abs. 2 und 3 zu veröffentlichen.

§ 11 Veröffentlichung ergänzender Angaben.

¹Sind seit der Veröffentlichung des Verkaufsprospekts Veränderungen eingetreten, die für die Beurteilung des Emittenten oder der Wertpapiere von wesentlicher Bedeutung sind, so sind die Veränderungen während der Dauer des öffentlichen Angebots unverzüglich in einem Nachtrag zum Verkaufsprospekt zu veröffentlichen. ²Auf diesen Nachtrag sind die Vorschriften über den Verkaufsprospekt und dessen Veröffentlichung mit Ausnahme des § 8 a entsprechend anzuwenden.

§ 12 Hinweis auf Verkaufsprospekt.

¹Veröffentlichungen, in denen das öffentliche Angebot von Wertpapieren angekündigt und auf die wesentlichen Merkmale der Wertpapiere hingewiesen wird, müssen einen Hinweis auf den Verkaufsprospekt und dessen Veröffentlichung enthalten. ²Ist ein Antrag auf Zulassung zur amtlichen Notierung oder zum geregelten Markt an einer inländischen Börse gestellt, sind die Veröffentlichungen unverzüglich der Zulassungsstelle oder dem Zulassungsausschuß zu übermitteln, bei der oder bei dem der Zulassungsantrag gestellt ist.

§ 10 Publication of an incomplete prospectus.

¹If certain terms and conditions of the offer are determined only shortly before the offer is extended to the public, the prospectus may be published without such information, provided that it indicates how such information will be completed. ²The information to be completed shall be published at the latest on the day when the offer is extended to the public pursuant to § 9(2) and (3).

§ 11 Publication of supplementary information.

¹If after publication of the prospectus any changes have occurred which are material for the assessment of the issuer or the securities, such changes shall be published in a supplement to the prospectus without undue delay during the offer period. ²The provisions applicable to the prospectus and its publication, except for § 8 a, shall apply *mutatis mutandis* to the supplement.

§ 12 Reference to the prospectus.

¹Publications announcing the public offer of securities and presenting the essential features of the securities shall contain a reference to the prospectus and its publication. ²If an application for admission to the official list or the regulated market of a domestic stock exchange has been filed, the publications shall be submitted without undue delay to the Admissions Office or the Admissions Committee where the application for admission has been filed.

§ 13 Prospekthaftung.

(1) Sind für die Beurteilung der Wertpapiere wesentliche Angaben in einem Verkaufsprospekt unrichtig oder unvollständig, so sind die Vorschriften der §§ 45 bis 48 des Börsengesetzes mit folgender Maßgabe entsprechend anzuwenden:

1. bei der Anwendung des § 45 Abs. 1 Satz 1 des Börsengesetzes ist für die Bemessung des Zeitraums von sechs Monaten anstelle der Einführung der Wertpapiere der Zeitpunkt des ersten öffentlichen Angebots im Inland maßgeblich;
2. § 45 Abs. 3 des Börsengesetzes ist auf Emittenten mit Sitz im Ausland anzuwenden, deren Wertpapiere auch im Ausland öffentlich angeboten werden.

(2) ¹Für die Entscheidung über Ansprüche nach Absatz 1 sowie über die in § 48 Abs. 2 des Börsengesetzes erwähnten Ansprüche ist ohne Rücksicht auf den Wert des Streitgegenstands das Landgericht ausschließlich zuständig,
1. in dessen Bezirk die Börse ihren Sitz hat, bei deren Zulassungsstelle oder Zulassungsausschuß die Billigung des Verkaufsprospekts beantragt worden ist, oder
2. in dessen Bezirk das Bundesaufsichtsamt seinen Sitz hat, falls eine Zulassung zur amtlichen Notierung oder zum geregelten Markt nicht beantragt worden ist.

²Besteht an diesem Landgericht eine Kammer für Handelssachen, so gehört der Rechtsstreit vor diese.

§ 13 Prospectus liability.

(1) If information contained in a prospectus which is material for the assessment of the securities is incorrect or incomplete, the provisions of §§ 45 to 48 of the Stock Exchange Act shall apply *mutatis mutandis* subject to the following proviso:

1. where § 45(1)1 of the Stock Exchange Act applies, the point in time of the first offer to the public in Germany rather than the listing of the securities shall be decisive for the computation of the six-month period;
2. § 45(3) shall apply to issuers having a non-domestic registered office whose securities are also offered to the public outside Germany.

(2) ¹As to the decision about claims pursuant to para. (1) and claims referred to in § 48(2) of the Stock Exchange Act, the District Court:

1. in whose district the stock exchange is located whose Admissions Office or Admissions Committee has been requested to approve the prospectus; or
2. in whose district the Federal Supervisory Authority is located if admission to the official list or the regulated market has not been applied for

shall have exclusive jurisdiction without regard to the value of the matter in dispute. ²If the District Court has a chamber for commercial matters, such chamber shall be competent to decide the dispute.

V. Abschnitt.
Verfahren in der Europäischen Gemeinschaft

§ 14 Zusammenarbeit in der Europäischen Gemeinschaft.

(1) Sollen die Wertpapiere auch in anderen Mitgliedstaaten der Europäischen Union oder in anderen Vertragsstaaten des Abkommens über den Europäischen Wirtschaftsraum öffentlich angeboten werden, so hat derjenige, der zur Veröffentlichung des Verkaufsprospekts verpflichtet ist, den zuständigen Stellen dieser Staaten den Entwurf des Verkaufsprospekts, den er in diesen Staaten verwenden will, zu übermitteln.

(2) Die Zulassungsstellen, Zulassungsausschüsse und das Bundesaufsichtsamt arbeiten untereinander und mit den zuständigen Stellen in den anderen Mitgliedstaaten der Europäischen Union oder in den anderen Vertragsstaaten des Abkommens über den Europäischen Wirtschaftsraum im Rahmen ihrer Aufgaben und Befugnisse zusammen und übermitteln sich gegenseitig die hierfür erforderlichen Angaben, soweit die Amtsverschwiegenheit gewährleistet ist; insoweit unterliegen die Mitglieder der Zulassungsstellen und des Bundesaufsichtsamtes sowie die für diese Stellen tätigen Personen nicht der Pflicht zur Geheimhaltung.

(3) Sollen Wertpapiere eines Emittenten mit Sitz in einem anderen Mitgliedstaat der Europäischen Union oder in einem anderen Vertragsstaat des Abkommens über den Europäischen Wirtschaftsraum, mit denen Bezugsrechte für Aktien verbunden sind, im Inland öffentlich angeboten werden und ist die Zulassung zur amtlichen Notierung an einer inländischen Börse beantragt, so hat die Zulassungsstelle vor ihrer Entscheidung über den Antrag auf Billigung des Verkaufsprospekts eine Stellungnahme der zu-

Chapter V.
Procedures in the European Community

§ 14 Co-operation within the European Community.

(1) If the securities are to be offered to the public also in other Member States of the European Union or in other Contracting States of the Agreement on the European Economic Area, the person obligated to publish the prospectus shall furnish the competent authorities of these Member or Contracting States with the draft of the prospectus which is intended to be used in such countries.

(2) The Admissions Offices, the Admissions Committees and the Federal Supervisory Authority shall co-operate with each other and with the competent authorities in the other Member States of the European Union or in the other Contracting States of the Agreement on the European Economic Area within the scope of their duties and powers, and shall exchange information necessary for such purpose to the extent confidentiality is assured; to that extent the members of, and the persons working for, the Admissions Offices and the Federal Supervisory Authority shall not be subject to the duty of confidentiality.

(3) If it is intended to offer to the public in Germany securities of an issuer whose registered office is situated in another Member State of the European Union or in another Contracting State of the Agreement on the European Economic Area, which securities confer subscription rights for shares, and if the admission to the official list of a domestic stock exchange has been applied for, the Admissions Office, prior to its decision on the application for approval of the prospectus, shall seek and obtain an opinion

ständigen Stelle des anderen Staates einzuholen, sofern die Aktien des Emittenten in diesem Staat zur amtlichen Notierung zugelassen sind.

§ 15 Angebot in mehreren Mitgliedstaaten der Europäischen Union oder in anderen Vertragsstaaten des Abkommens über den Europäischen Wirtschaftsraum.

(1) ¹Sollen Wertpapiere eines Emittenten mit Sitz in einem anderen Mitgliedstaat der Europäischen Union oder in einem anderen Vertragsstaat des Abkommens über den Europäischen Wirtschaftsraum gleichzeitig oder annähernd gleichzeitig in diesem Staat und im Inland öffentlich angeboten werden und ist die Zulassung zur amtlichen Notierung bei einer inländischen Börse beantragt, so hat die Zulassungsstelle vorbehaltlich des Absatzes 2 den von der zuständigen Stelle des anderen Staates gebilligten Verkaufsprospekt ohne weitere Prüfung zu billigen, sofern ihr eine Übersetzung des Verkaufsprospekts in die deutsche Sprache sowie eine Bescheinigung der zuständigen Stelle des anderen Staates über die Billigung des Verkaufsprospekts vorliegt. ²Die Zulassungsstelle kann von dem Erfordernis einer Übersetzung des Verkaufsprospekts ganz oder zum Teil absehen, wenn der Verkaufsprospekt in einer Sprache abgefaßt ist, die im Inland auf dem Gebiet des grenzüberschreitenden Wertpapierhandels nicht unüblich ist. ³Ist die Zulassung zum geregelten Markt an einer inländischen Börse beantragt, gelten die Sätze 1 und 2 mit der Maßgabe entsprechend, daß an die Stelle der Zulassungsstelle der Zulassungsausschuß tritt.

(2) Hat die zuständige Stelle des anderen Mitgliedstaates oder des anderen Vertragsstaates des Abkommens über den Europäischen Wirtschaftsraum für einzelne Angaben im Verkaufsprospekt eine Befreiung erteilt oder Abweichungen von

from the competent authority in such other Member or Contracting State if the shares of the issuer have been admitted to the official list in such Member or Contracting State.

§ 15 Offer in more than one Member State of the European Union or in other Contracting States of the Agreement on the European Economic Area.

(1) ¹If securities of an issuer who has its registered office in another Member State of the European Union or in another Contracting State of the Agreement on the European Economic Area are to be offered to the public simultaneously or almost simultaneously in such Member or Contracting State and in Germany, and if admission to the official list of a domestic stock exchange has been applied for, the Admissions Office shall, subject to para. (2), without further examination approve the prospectus that has been approved by the competent authority of such other Member or Contracting State, provided that it has been furnished with a translation of the prospectus into the German language and a certificate of approval of the prospectus issued by the competent authority of such other Member or Contracting State. ²The Admissions Office may waive the requirement of a translation in whole or in part if the prospectus is in a language which is not uncommon in Germany in the context of cross-border securities trading. ³If admission to the regulated market of a domestic stock exchange has been applied for, sentences 1 and 2 shall apply *mutatis mutandis* with the proviso that the Admissions Office shall be replaced by the Admission Committee.

(2) If, in respect of certain particulars in the prospectus, the competent authority of the other Member State or the other Contracting State of the Agreement on the European Economic Area has granted an exemption or permitted deviations from

den im Regelfall vorgeschriebenen Angaben zugelassen, so billigt die Zulassungsstelle oder der Zulassungsausschuß den Verkaufsprospekt nach Absatz 1 Satz 1 nur, wenn
1. die Befreiung oder Abweichung nach diesem Gesetz oder auf Grund dieses Gesetzes zulässig ist,
2. im Inland dieselben Bedingungen bestehen, welche die Befreiungen rechtfertigen, und
3. die Befreiung oder Abweichung an keine weitere Bedingung gebunden ist, welche die Zulassungsstelle oder den Zulassungsausschuß veranlassen würde, die Befreiung oder Abweichung abzulehnen.

(3) ¹Sollen Wertpapiere eines Emittenten mit Sitz in einem anderen Mitgliedstaat oder in einem anderen Vertragsstaat des Abkommens über den Europäischen Wirtschaftsraum gleichzeitig oder annähernd gleichzeitig in diesem Staat und im Inland öffentlich angeboten werden und ist die Zulassung zur amtlichen Notierung oder zum geregelten Markt bei einer inländischen Börse nicht beantragt, so kann als Verkaufsprospekt eine Übersetzung des von der zuständigen Stelle des anderen Staates gebilligten Verkaufsprospekts in die deutsche Sprache veröffentlicht werden, sofern dem Bundesaufsichtsamt die Übersetzung des Verkaufsprospekts in die deutsche Sprache sowie eine Bescheinigung der zuständigen Stelle des anderen Staates über die Billigung des Verkaufsprospekts vorliegt. ²Das Bundesaufsichtsamt kann von dem Erfordernis einer Übersetzung des Verkaufsprospekts ganz oder zum Teil absehen, wenn der Verkaufsprospekt in einer Sprache abgefaßt ist, die im Inland auf dem Gebiet des grenzüberschreitenden Wertpapierhandels nicht unüblich ist.

(4) Sollen Wertpapiere eines Emittenten mit Sitz außerhalb des Geltungsbereichs dieses Gesetzes sowohl in einem anderen Mitgliedstaat oder in einem anderen Vertragsstaat des Abkommens über den Eu-

the information required under normal circumstances, the Admissions Office or the Admissions Committee shall approve the prospectus pursuant to para. (1) sentence 1 only if:
1. such exemption or deviation is admissible pursuant to this Act or on the basis of this Act;
2. the circumstances justifying the exemption or variation exist in Germany as well; and
3. the exemption or deviation is not subject to any other condition which would cause the Admissions Office or the Admissions Committee to refuse such exemption or variation.

(3) ¹If securities of an issuer whose registered office is situated in another Member State or in another Contracting State of the Agreement on the European Economic Area are to be offered to the public simultaneously or almost simultaneously in such Member or Contracting State and in Germany, and if the admission to the official list or the regulated market of a domestic stock exchange has not been applied for, a German language translation of the prospectus approved by the competent authority of such other Member or Contracting State may be published as a prospectus, provided that the Federal Supervisory Authority has been furnished with a translation of the prospectus into the German language and with a certificate of approval of the prospectus issued by the competent authority of the other Member or Contracting State. ²The Federal Supervisory Authority may waive the requirement for a translation of the prospectus in whole or in part if the prospectus is in a language which is not uncommon in Germany in the context of cross-border securities trading.

(4) If securities of an issuer whose registered office is situated outside Germany are to be offered to the public both in another Member State or in another Contracting State of the Agreement on the Eu-

ropäischen Wirtschaftsraum, der nicht der Sitzstaat ist, als auch im Inland öffentlich angeboten werden, so sind die Vorschriften der Absätze 1 bis 3 entsprechend anzuwenden, wenn der Emittent bestimmt, daß der Verkaufsprospekt von der zuständigen Stelle des anderen Staates gebilligt werden soll.

ropean Economic Area where the issuer does not have its registered office and in Germany, the provisions of paras. (1) to (3) shall apply *mutatis mutandis*, provided that the issuer determines that the prospectus shall be approved by the competent authority of the other Member or Contracting State.

VI. Abschnitt.
Gebühren; Bußgeldvorschriften; Übergangsvorschriften

Chapter VI.
Fees; administrative fines; transitional provisions

§ 16 Gebühren.

(1) In der Gebührenordnung nach § 5 des Börsengesetzes sind die Gebühren zu regeln, die von der Zulassungsstelle oder dem Zulassungsausschuß für die Billigung des Verkaufsprospekts zu erheben sind.

§ 16 Fees.

(1) The schedule of fees pursuant to § 5 of the Stock Exchange Act shall set forth the fees to be levied by the Admissions Office or the Admissions Committee for the approval of the prospectus.

(2) ¹Das Bundesaufsichtsamt erhebt für die Hinterlegung des Verkaufsprospekts Gebühren. ²Das Bundesministerium der Finanzen bestimmt die Gebührentatbestände im einzelnen und die Höhe der Gebühren durch Rechtsverordnung, die nicht der Zustimmung des Bundesrates bedarf. ³Das Bundesministerium der Finanzen kann die Ermächtigung durch Rechtsverordnung auf das Bundesaufsichtsamt übertragen.

(2) ¹The Federal Supervisory Authority shall levy fees for the submission of prospectuses. ²The Federal Ministry of Finance shall, by Regulation not requiring consent by the Federal Council, determine in more detail the circumstances giving rise to, and the amount of, fees. ³The Federal Ministry of Finance may delegate such authority by way of Regulation to the Federal Supervisory Authority.

§ 17 Bußgeldvorschriften.

(1) Ordnungswidrig handelt, wer vorsätzlich oder leichtfertig
1. entgegen § 1 einen Verkaufsprospekt nicht veröffentlicht,
2. entgegen § 6 Abs. 1 Satz 1, auch in Verbindung mit Abs. 4 Satz 1, oder § 8 a Abs. 1 einen Verkaufsprospekt veröffentlicht,
3. einer vollziehbaren Anordnung nach § 8 a Abs. 2 Satz 1 oder § 8 b zuwiderhandelt,
4. einer vollziehbaren Anordnung nach § 8 e Abs. 1 zuwiderhandelt oder

§ 17 Misdemeanours.

(1) It shall constitute a misdemeanour intentionally or recklessly:
1. to fail to publish a prospectus contrary to § 1;
2. to publish a prospectus contrary to § 6 (1) 1, also in connection with para. (4) sentence 1, or § 8a (1);
3. to contravene an enforceable order pursuant to § 8a (2) 1 or § 8b;
4. to contravene an enforceable order pursuant to § 8e (1); or

Securities Prospectus Act § 18

5. entgegen § 9 Abs. 1, § 10 Satz 2 oder § 11, jeweils auch in Verbindung mit § 9 Abs. 2 oder 3, eine Veröffentlichung oder Bekanntmachung nicht, nicht rechtzeitig oder nicht in der vorgeschriebenen Form vornimmt.

(2) Ordnungswidrig handelt, wer vorsätzlich oder fahrlässig entgegen § 8 c Abs. 1 eine Auskunft nicht, nicht richtig, nicht vollständig oder nicht rechtzeitig erteilt oder eine Unterlage nicht, nicht richtig, nicht vollständig oder nicht rechtzeitig vorlegt.

(3) Die Ordnungswidrigkeit kann in den Fällen des Absatzes 1 Nr. 1 bis 3 mit einer Geldbuße bis zu fünfhunderttausend Euro, in den Fällen des Absatzes 1 Nr. 4 und 5 mit einer Geldbuße bis zu hunderttausend Euro und im Falle des Absatzes 2 mit einer Geldbuße bis zu fünfzigtausend Euro geahndet werden.

(4) Verwaltungsbehörde im Sinne des § 36 Abs. 1 Nr. 1 des Gesetzes über Ordnungswidrigkeiten ist in den Fällen des Absatzes 1, in denen für die öffentlich angebotenen Wertpapiere kein Antrag auf Zulassung zur amtlichen Notierung oder zum geregelten Markt an einer inländischen Börse gestellt wurde, und des Absatzes 2 das Bundesaufsichtsamt.

§ 18 Übergangsvorschriften.

(1) Für Wertpapiere, die vor dem 1. April 1998 im Inland bei einem öffentlichen Umtauschangebot angeboten worden sind und für die auf Grund der Vorschrift des § 4 Abs. 1 Nr. 7 in der Fassung der Bekanntmachung vom 17. Juli 1996 (BGBl. I S. 1047) kein Verkaufsprospekt veröffentlicht wurde, ist § 1 mit der Maßgabe anzuwenden, daß als erstmaliges öffentliches Angebot das erste öffentliche Angebot nach dem 1. April 1998 gilt.

(2) Auf Verkaufsprospekte, die vor dem 1. April 1998 im Inland veröffentlicht worden sind, sind § 13 in der Fassung der Bekanntmachung vom 17. Juli 1996

5. to fail to effect a publication or publish a notice, or to fail to do so in due time or in due form contrary to § 9 (1), § 10 senctence 2 or § 11, in each case also in connection with § 9 (2) or (3).

(2) It shall constitute a misdemeanour intentionally or negligently to provide information incorrectly, incompletely, not in due time or not at all, or to produce a document incorrectly, incompletely, not in due time or not at all contrary to § 8c(1).

(3) The misdemeanour may be punished by an administrative fine in the amount of up to Euro 500,000 in the cases of para. (1) nos. 1 to 3, by administrative fine of up to Euro 100,000 in the cases of para. (1) nos. 4 and 5, and by administrative fine of up to Euro 50,000 in the case of para. (2).

(4) The administrative authority within the meaning of § 36(1) no. 1 of the Misdemeanour Act shall be the Federal Supervisory Authority in the cases of para. (1), provided that for securities offered to the public an application for admission to the official list or to the regulated market of a domestic stock exchange has not been filed, and in the cases of para. (2).

§ 18 Transitional provisions.

(1) For securities offered to the public in Germany before 1st April, 1998 in the course of a public exchange offer for which a prospectus has not been published pursuant to § 4(1) no. 7 as promulgated on 17th July, 1996 (BGBl. I p. 1047), § 1 shall apply with the proviso that the first public offer after 1st April, 1998 shall be deemed to be the first public offer.

(2) § 13 as promulgated on 17th July, 1996 (BGBl. I p. 1047) and the provisions of §§ 45 to 49 of the Stock Exchange Act as promulgated on 17th July, 1996 (BGBl. I

(BGBl. I S. 1047) und die Vorschriften der §§ 45 bis 49 des Börsengesetzes in der Fassung der Bekanntmachung vom 17. Juli 1996 (BGBl. I S. 1030) weiterhin anzuwenden.

(3) § 16 Abs. 2 in der Fassung der Bekanntmachung vom 17. Juli 1996 (BGBI. I S. 1047) über die Gebührenerhebung durch das Bundesaufsichtsamt ist bis zum Inkrafttreten einer Verordnung nach § 16 Abs. 2 Satz 2 anzuwenden.

p. 1030) shall continue to apply to prospectuses published in Germany before 1st April, 1998.

(3) § 16(2) as promulgated on 17th July, 1996 (BGBl. I p. 1047) about the levying of fees by the Federal Supervisory Authority shall continue to apply until a Regulation pursuant to § 16(2)2 has become effective.

REGULATION ABOUT SECURITIES PROSPECTUSES

(SECURITIES PROSPECTUS REGULATION)

As amended and re-promulgated on 9th September, 1998

(BGBl. I p. 2853)

Based on § 7(2) and (3) of the Securities Prospectus Act of 13th December, 1990 (BGBl. I p. 2749), the Federal Government hereby issues the following Regulation:

Table of Contents

	§
Scope of Application	1
General principles	2
Information about persons or companies assuming responsibility for the contents of the prospectus	3
Information about the securities	4
Information about the issuer	5
Information about the issuer's capital	6
Information about the issuer's business activities	7
Information about the issuer's financial situation and profitability	8
Information about the audit of the issuer's annual accounts	9
Information about the issuer's management and supervisory bodies	10
Information about recent developments of the issuer's business and business prospects	11
Securities conferring conversion, exchange or subscription rights, warrants	12
Guaranteed securities	13
Alleviation of prospectus requirements	14
Effective date	15

§ 1 Scope of Application.

This Regulation shall apply to prospectuses for securities for which an application for admission to the official list or the regulated market of a domestic stock exchange has not been filed.

§ 2 Allgemeine Grundsätze.

(1) ¹Der Verkaufsprospekt muß über die tatsächlichen und rechtlichen Verhältnisse, die für die Beurteilung der angebotenen Wertpapiere notwendig sind, Auskunft geben und richtig und vollständig sein. ²Er muß mindestens die nach dieser Verordnung vorgeschriebenen Angaben enthalten. ³Er ist in deutscher Sprache und in einer Form abzufassen, die sein Verständnis und seine Auswertung erleichtert. ⁴Das Bundesaufsichtsamt für den Wertpapierhandel kann gestatten, daß der Verkaufsprospekt von Emittenten mit Sitz im Ausland ganz oder zum Teil in einer anderen Sprache abgefaßt wird, wenn diese Sprache im Inland auf dem Gebiet des grenzüberschreitenden Wertpapierhandels nicht unüblich ist.

(2) Der Verkaufsprospekt ist mit dem Datum seiner Aufstellung zu versehen und vom Anbieter zu unterzeichnen.

(3) Sind vorgeschriebene Angaben dem nach § 8 Abs. 1 und 2 in den Verkaufsprospekt aufgenommenen Jahresabschluß unmittelbar zu entnehmen, so brauchen sie im Verkaufsprospekt nicht wiederholt zu werden.

§ 3 Angaben über Personen oder Gesellschaften, die für den Inhalt des Verkaufsprospekts die Verantwortung übernehmen.

Der Verkaufsprospekt muß Namen und Stellung, bei juristischen Personen oder Gesellschaften Firma und Sitz, der Personen oder Gesellschaften angeben, die für seinen Inhalt die Verantwortung übernehmen; er muß eine Erklärung dieser Personen oder Gesellschaften enthalten, daß ihres Wissens die Angaben richtig und keine wesentlichen Umstände ausgelassen sind.

§ 2 General principles.

(1) ¹The prospectus shall provide such information about the factual and legal circumstances as are necessary for the assessment of the securities offered, and shall be correct and complete. ²It shall contain at least the information required pursuant to this Regulation. ³It shall be in the German language and in a form facilitating its understanding and analysis. ⁴The Federal Supervisory Authority for Securities Trading may permit issuers who have a non-domestic registered office to draw up their prospectus in another language in whole or in part if such language is not uncommon in Germany in the context of cross-border securities trading.

(2) The prospectus shall bear the date of its completion and shall be signed by the offeror.

(3) Information required hereunder which can be taken directly from the annual accounts included in the prospectus pursuant to § 8(1) and (2) need not be restated in the prospectus.

§ 3 Information about persons or companies assuming responsibility for the contents of the prospectus.

The prospectus shall state the names and functions, in the case of legal entities or companies also the business name and registered office, of the persons or companies assuming responsibility for its contents; it shall contain a statement by such persons or companies to the effect that as far as they are aware the information contained in the prospectus is accurate and that no material circumstances have been omitted.

§ 4 Angaben über die Wertpapiere.

Der Verkaufsprospekt muß über die Wertpapiere angeben
1. Art, Stückzahl und Gesamtnennbetrag der angebotenen Wertpapiere oder einen Hinweis darauf, daß der Gesamtnennbetrag nicht festgesetzt ist, sowie die mit den Wertpapieren verbundenen Rechte;
2. die Steuern, die in dem Staat, in dem der Emittent seinen Sitz hat oder in dem die Wertpapiere angeboten werden, auf die Einkünfte aus den Wertpapieren im Wege des Quellenabzugs erhoben werden; übernimmt der Anbieter die Zahlung dieser Steuern, so ist dies anzugeben;
3. wie die Wertpapiere übertragen werden können und gegebenenfalls in welcher Weise ihre freie Handelbarkeit eingeschränkt ist;
4. die organisierten Märkte, an denen die Wertpapiere gehandelt werden sollen;
5. die Zahl- und Hinterlegungsstellen;
6. die Einzelheiten der Zahlung des Zeichnungs- oder Verkaufspreises;
7. das Verfahren für die Ausübung von Bezugsrechten, ihre Handelbarkeit und die Behandlung der nicht ausgeübten Bezugsrechte;
8. die Stellen, die Zeichnungen des Publikums entgegennehmen, sowie die für die Zeichnung oder den Verkauf der Wertpapiere vorgesehene Frist und die Möglichkeiten, die Zeichnung vorzeitig zu schließen oder Zeichnungen zu kürzen;
9. die einzelnen Teilbeträge, falls das Angebot gleichzeitig in verschiedenen Staaten mit bestimmten Teilbeträgen erfolgt;
10. die Ausstattung ausgedruckter Stücke sowie die Einzelheiten und Fristen für deren Auslieferung;
11. die Personen oder Gesellschaften, welche die Wertpapiere übernehmen oder übernommen oder gegenüber dem Emittenten oder Anbieter ihre

§ 4 Information about the securities.

The prospectus shall contain the following information about the securities:
1. the nature, number and aggregate nominal value of the securities offered, or a statement to the effect that the aggregate nominal value has not been determined, as well as the rights attaching to the securities;
2. the taxes to be withheld at source from any income derived from the securities in the country where the issuer's registered office is situated or where the securities are being offered; the prospectus must state whether or not the offeror undertakes to pay such taxes;
3. the manner in which the securities may be transferred and the restrictions, if any, on their free transferability;
4. the organised markets on which the securities are to be traded;
5. the paying agents and depository agents;
6. the details as to the payment of the subscription or sales price;
7. the procedure for the exercise of subscription rights, their transferability, and the treatment of subscription rights that have not been exercised;
8. the institutions accepting subscriptions from the public, as well as the time limit for subscription or sale of these securities, and the possibility to terminate the subscription period earlier than foreseen or to scale down subscriptions;
9. the amounts of individual tranches if the offer is made simultaneously in different countries in tranches with individual amounts;
10. the features of printed certificates as well as the particulars of, and time limits for, their delivery;
11. the persons or companies subscribing, or having subscribed, to the securities or having guaranteed their placement vis-à-vis the issuer or the offeror; if the

Unterbringung garantiert haben; erstreckt sich die Übernahme oder die Garantie nicht auf das gesamte Angebot, so ist der nicht erfaßte Teil des Angebots anzugeben;

12. den Ausgabepreis für die Wertpapiere oder, sofern er noch nicht bekannt ist, die Einzelheiten und den Zeitplan für seine Festsetzung.

§ 5 Angaben über den Emittenten.

Der Verkaufsprospekt muß über den Emittenten angeben

1. die Firma und den Sitz;

2. das Datum der Gründung und, wenn er für eine bestimmte Zeit gegründet ist, die Dauer;

3. die für den Emittenten maßgebliche Rechtsordnung und die Rechtsform; soweit der Emittent eine Kommanditgesellschaft auf Aktien ist, sind zusätzlich Angaben über die Struktur des persönlich haftenden Gesellschafters und die von der gesetzlichen Regelung abweichenden Bestimmungen der Satzung oder des Gesellschaftsvertrags aufzunehmen;

4. den in der Satzung oder im Gesellschaftsvertrag bestimmten Gegenstand des Unternehmens;

5. das Registergericht des Sitzes des Emittenten und die Nummer, unter der der Emittent in das Register eingetragen ist;

6. eine kurze Beschreibung des Konzerns und der Stellung des Emittenten in ihm, falls der Emittent ein Konzernunternehmen ist.

§ 6 Angaben über das Kapital des Emittenten.

(1) Der Verkaufsprospekt muß über das Kapital des Emittenten angeben

1. die Höhe des gezeichneten Kapitals, die Zahl und die Gattungen der Anteile, in die das Kapital zerlegt ist, unter Angabe ihrer Hauptmerkmale und die

underwriting or guarantee does not extend to the entire offer, the portion not comprised therein shall be stated;

12. the issue price of the securities or, if not yet known, the timetable for the determination of such price.

§ 5 Information about the issuer.

The prospectus shall contain the following information about the issuer:

1. the business name and the registered office;

2. the date of incorporation and, if established for limited duration, the duration;

3. the law applicable to the issuer and its legal form; if the issuer is a partnership limited by shares, further information shall be provided about the organisation of the general partner and about the provisions of the memorandum and articles of association deviating from the statutory provisions;

4. the purpose of the business enterprise as determined in the memorandum and articles of association;

5. the court of registration of the place where the issuer's registered office is situated, and the registration number under which the issuer is registered;

6. if the issuer is part of a group of companies, a concise description of such group and of the issuer's position therein.

§ 6 Information about the issuer's capital.

(1) The prospectus shall contain the following information about the issuer's capital:

1. the amount of the registered share capital, the number and classes of shares into which the capital is divided including their main features, and the

Höhe der ausstehenden Einlagen auf das gezeichnete Kapital;	amount of outstanding contributions to the registered share capital;
2. den Nennbetrag der umlaufenden Wertpapiere, die den Gläubigern ein Umtausch- oder Bezugsrecht auf Aktien einräumen, unter Angabe der Bedingungen und des Verfahrens für den Umtausch oder Bezug.	2. the nominal value of outstanding securities conferring conversion, exchange or subscription rights in respect of shares, and the conditions and procedures for conversion, exchange or subscription.
(2) Für das Angebot von Aktien ist zusätzlich anzugeben	(2) If the offer consists of shares, the following additional information shall be provided:
1. der Nennbetrag eines genehmigten oder bedingten Kapitals und die Dauer der Ermächtigung für die Kapitalerhöhung, der Kreis der Personen, die ein Umtausch- oder Bezugsrecht haben, sowie die Bedingungen und das Verfahren für die Ausgabe der neuen Aktien;	1. the nominal value of any authorised or conditional capital and the duration of the authorisation for the capital increase, the circle of persons enjoying conversion, exchange or subscription rights, and the conditions of, and procedures applicable to, the issue of the new shares;
2. die Zahl und die Hauptmerkmale von Anteilen, die keinen Anteil am Kapital gewähren;	2. the number and main features of shares not conferring an interest in the capital;
3. soweit sie dem Anbieter bekannt sind, die Aktionäre, die auf den Emittenten unmittelbar oder mittelbar einen beherrschenden Einfluß ausüben können.	3. to the extent known to the issuer, the shareholders who are in a position to directly or indirectly exercise controlling influence over the issuer.

§ 7 Angaben über die Geschäftstätigkeit des Emittenten.

§ 7 Information about the issuer's business activities.

(1) Der Verkaufsprospekt muß über die Geschäftstätigkeit des Emittenten folgende Angaben enthalten:	(1) The prospectus shall provide the following information about the issuer's business activities:
1. die wichtigsten Tätigkeitsbereiche;	1. the most important areas of activity;
2. Angaben über die Abhängigkeit des Emittenten von Patenten, Lizenzen, Verträgen oder neuen Herstellungsverfahren, wenn sie von wesentlicher Bedeutung für die Geschäftstätigkeit oder Ertragslage des Emittenten sind;	2. information about any dependency of the issuer on patents, licences, agreements or new manufacturing processes if of material significance for the issuer's business or profitability;
3. Gerichts- oder Schiedsverfahren, die einen erheblichen Einfluß auf die wirtschaftliche Lage des Emittenten haben können;	3. litigation or arbitration proceedings which may materially affect the issuer's financial situation;
4. Angaben über die wichtigsten laufenden Investitionen mit Ausnahme der Finanzanlagen.	4. information about the most significant current investments except financial investments.

(2) Ist die Tätigkeit des Emittenten durch außergewöhnliche Ereignisse beeinflußt worden, so ist darauf hinzuweisen.

§ 8 Angaben über die Vermögens-, Finanz- und Ertragslage des Emittenten.

(1) Der Verkaufsprospekt muß über die Vermögens-, Finanz- und Ertragslage des Emittenten enthalten
1. den letzten offengelegten Jahresabschluß, dessen Stichtag höchstens achtzehn Monate vor der Aufstellung des Verkaufsprospekts liegen darf;
2. eine zwischenzeitlich veröffentlichte Zwischenübersicht.

(2) ¹Ist der Emittent nur zur Aufstellung eines Konzernabschlusses verpflichtet, so ist dieser in den Verkaufsprospekt aufzunehmen, ist er auch zur Aufstellung eines Einzelabschlusses verpflichtet, so sind beide Arten von Jahresabschlüssen aufzunehmen. ²Die Aufnahme nur des Jahresabschlusses der einen Art ist ausreichend, wenn der Jahresabschluß der anderen Art keine wesentlichen zusätzlichen Aussagen enthält.

(3) Jede wesentliche Änderung nach dem Stichtag des letzten offengelegten Jahresabschlusses oder der Zwischenübersicht muß im Verkaufsprospekt beschrieben werden.

§ 9 Angaben über die Prüfung des Jahresabschlusses des Emittenten.

¹Der Verkaufsprospekt muß den Namen, die Anschrift und die Berufsbezeichnung der Abschlußprüfer, die den Jahresabschluß des Emittenten nach Maßgabe der gesetzlichen Vorschriften geprüft haben, angeben. ²Ferner ist der Bestätigungsvermerk einschließlich zusätzlicher Bemerkungen aufzunehmen; wurde die Bestätigung des Jahresabschlusses eingeschränkt oder versagt, so müssen der volle Wortlaut der Einschränkungen oder der Versagung und deren Begründung wiedergegeben werden.

(2) If the issuer's business has been influenced by extraordinary events, these must be described.

§ 8 Information about the issuer's financial situation and profitability.

(1) The prospectus shall contain the following information about the issuer's financial situation and profitability:
1. the annual accounts most recently published (which may date back no longer than eighteen months prior to completion of the prospectus);
2. interim accounts published in the meantime, if any.

(2) ¹If the issuer is required to prepare consolidated annual accounts only, such accounts shall be included in the prospectus; if the issuer is also required to prepare individual annual accounts, both types of annual accounts shall be included in the prospectus. ²It shall be sufficient for the prospectus to contain only one of the two types of annual accounts if the annual accounts of the other type do not provide any additional significant information.

(3) Any material change which has occurred after the relevant date of the annual accounts most recently published or of the interim accounts shall be described in the prospectus.

§ 9 Information about the audit of the issuer's annual accounts.

¹The prospectus shall state the names, addresses and professional titles of the auditors who have audited the issuer's annual accounts in accordance with the applicable legal provisions. ²Further, the auditor's certificate shall be reproduced with any additional remarks; if the auditor's certificate on the annual accounts has been qualified or refused, the full wording of the qualifications or the refusal shall be included together with the reasons.

§ 10 Angaben über Geschäftsführungs- und Aufsichtsorgane des Emittenten.

(1) Der Verkaufsprospekt muß den Namen und die Anschrift der Mitglieder der Geschäftsführungs- und Aufsichtsorgane und ihre Stellung beim Emittenten angeben.

(2) Für das Angebot von Aktien sind zusätzlich die den Mitgliedern der Geschäftsführungs- und Aufsichtsorgane für das letzte abgeschlossene Geschäftsjahr gewährten Gesamtbezüge (Gehälter, Gewinnbeteiligungen, Aufwandsentschädigungen, Versicherungsentgelte, Provisionen und Nebenleistungen jeder Art), für jedes Organ getrennt, anzugeben.

§ 11 Angaben über den jüngsten Geschäftsgang und die Geschäftsaussichten des Emittenten.

Der Verkaufsprospekt muß allgemeine Ausführungen über die Geschäftsentwicklung des Emittenten nach dem Schluß des Geschäftsjahres, auf das sich der letzte offengelegte Jahresabschluß bezieht, sowie Angaben über die Geschäftsaussichten des Emittenten mindestens für das laufende Geschäftsjahr enthalten.

§ 12 Wertpapiere mit Umtausch- oder Bezugsrecht, Optionen.

(1) Für das Angebot von anderen Wertpapieren als Aktien, die den Gläubigern ein Umtausch- oder Bezugsrecht auf Wertpapiere einräumen, hat der Verkaufsprospekt zusätzlich folgende Angaben zu enthalten:
1. die Art der zum Umtausch oder Bezug angebotenen Wertpapiere und der mit ihnen verbundenen Rechte;
2. die Bedingungen und das Verfahren für den Umtausch und den Bezug sowie die Fälle, in denen die Bedingungen für das Verfahren geändert werden können.

§ 10 Information about the issuer's management and supervisory bodies.

(1) The prospectus shall state the names and the addresses of the members of the issuer's management and supervisory bodies and the positions these members hold with the issuer.

(2) If the offer consists of shares, the prospectus shall state, separately for each body, the aggregate remuneration (salaries, profit shares, expense allowances, insurance premiums, commissions and fringe benefits of any kind) paid to the members of the management and supervisory bodies during the last financial year.

§ 11 Information about recent developments of the issuer's business and business prospects.

The prospectus shall contain general statements about the development of the issuer's business since the end of the financial year to which the most recently published annual accounts relate, and information about the issuer's business prospects at least for the current financial year.

§ 12 Securities conferring conversion, exchange or subscription rights, warrants.

(1) If securities other than shares are being offered which confer conversion, exchange or subscription rights for other securities, the prospectus shall contain the following additional information:
1. the type of securities to be issued upon conversion, exchange or subscription and the rights attaching thereto;
2. the conditions and procedures for the conversion, exchange and subscription, and the circumstances under which the conditions of such procedures may be changed.

(2) ¹Ist der Emittent nicht zugleich der Emittent der zum Umtausch oder Bezug angebotenen Wertpapiere, so sind die Angaben nach den §§ 5 bis 11 auch über den Emittenten der zum Umtausch oder Bezug angebotenen Wertpapiere aufzunehmen. ²Diese Angaben können entfallen, sofern die Wertpapiere an einer inländischen Börse zur amtlichen Notierung zugelassen sind. ³Ist der Anbieter nicht zugleich der Emittent der zum Umtausch oder Bezug angebotenen Wertpapiere, so können diese Angaben entfallen, wenn der Anbieter über die Angaben regelmäßig nicht verfügt.

(3) Für das Angebot von Wertpapieren, die das Recht auf Zahlung eines Betrags einräumen, der durch den Wert eines anderen Wertpapiers oder Rechts oder durch eine sonstige Bezugsgröße bestimmt wird, sind in den Verkaufsprospekt zusätzlich Angaben über die Ermittlung des Betrags aufzunehmen.

§ 13 Gewährleistete Wertpapiere.

Für das Angebot von anderen Wertpapieren als Aktien, für deren Verzinsung oder Rückzahlung eine juristische Person oder Gesellschaft die Gewährleistung übernommen hat, sind die Angaben nach den §§ 5 bis 11 auch über die Person oder Gesellschaft, welche die Gewährleistung übernommen hat, aufzunehmen.

§ 14 Verringerte Prospektanforderungen.

(1) Für das Angebot von Aktien, die den Aktionären des Emittenten auf Grund ihres Bezugsrechts zugeteilt werden, kann auf die in den §§ 7 bis 10 vorgeschriebenen Angaben verzichtet werden, wenn die Aktionäre auf andere Weise ausreichend unterrichtet sind.

(2) Für den Fall, daß der Emittent vor weniger als achtzehn Monaten gegründet worden ist und noch keinen Jahresab-

(2) ¹If the issuer is not identical to the issuer of the securities to be issued upon conversion, exchange or subscription, the prospectus shall also contain the information pursuant to §§ 5 to 11 in respect of the issuer of the securities to be issued upon conversion, exchange or subscription. ²Such information may be omitted if the securities are admitted to the official list of a domestic stock exchange. ³If the offeror is not identical to the issuer of the securities to be issued upon conversion, exchange or subscription, such information may be omitted if under normal circumstances the offeror would not possess such information.

(3) If the offer consists of securities which confer the right to payment of an amount determined either by reference to the value of other securities or rights or by reference to another basis, the prospectus shall contain information about the determination of such amount.

§ 13 Guaranteed securities.

If the offer consists of securities other than shares for which a legal entity or company has guaranteed interest or principal, the prospectus shall contain information pursuant to §§ 5 to 11 also about the entity or company assuming such guarantee.

§ 14 Alleviation of prospectus requirements.

(1) If the offer consists of shares which are allotted to the issuer's shareholders by virtue of their subscription rights, the information required pursuant to §§ 7 to 10 may be omitted if the shareholders have been sufficiently informed by other means.

(2) If the issuer has been incorporated less than eighteen months and has not yet published annual accounts, the pros-

schluß offengelegt hat, muß der Verkaufsprospekt abweichend von den Anforderungen nach den §§ 8, 9, 10 Abs. 2 und § 11 folgende Angaben enthalten:
1. die Eröffnungsbilanz;
2. eine Zwischenübersicht, deren Stichtag nicht länger als zwei Monate zurückliegt;
3. voraussichtliche Vermögens-, Finanz- und Ertragslage mindestens für das laufende und das folgende Geschäftsjahr;
4. Planzahlen des Emittenten (Investitionen, Produktion, Umsatz und Ergebnis) mindestens für die folgenden drei Geschäftsjahre.

(3) ¹Wurde vor weniger als zwölf Monaten im Inland ein vom selben Anbieter unterzeichneter vollständiger Verkaufsprospekt, Börsenzulassungsprospekt (§ 36 Abs. 3 Nr. 2 des Börsengesetzes) oder Unternehmensbericht (§ 73 Abs. 1 Nr. 2 des Börsengesetzes) veröffentlicht, so sind in den Verkaufsprospekt nur die seit der Veröffentlichung des vollständigen Prospekts oder Unternehmensberichts eingetretenen Änderungen aufzunehmen, die für die Beurteilung des Emittenten oder der angebotenen Wertpapiere von Bedeutung sein können. ²Der Verkaufsprospekt darf nur zusammen mit dem vollständigen Prospekt oder Unternehmensbericht oder mit einem Hinweis darauf, wo dieser einzusehen ist, veröffentlicht werden.

(4) Von der Aufnahme einzelner Angaben in den Verkaufsprospekt kann abgesehen werden, wenn
1. diese Angaben nur von geringer Bedeutung und nicht geeignet sind, die Beurteilung der Vermögens-, Finanz- und Ertragslage und der Entwicklungsaussichten des Emittenten zu beeinflussen, oder
2. die Verbreitung dieser Angaben dem Emittenten erheblichen Schaden zufügt, sofern die Nichtveröffentlichung das Publikum nicht über die für die Be-

pectus shall, notwithstanding the requirements pursuant to §§ 8, 9, 10(2) and § 11, contain the following information:
1. the initial balance sheet;
2. interim accounts, the relevant date of which may not be more than two months prior to the date of the prospectus;
3. the prospective financial situation and profitability at least for the current and the following financial year;
4. the issuer's projected financial figures (investments, production, turnover and profits or losses) at least for the following three financial years.

(3) ¹If during the last twelve months a complete prospectus, listing prospectus (§ 36(3) no. 2 of the Stock Exchange Act) or business report (§ 73(1) no. 2 of the Stock Exchange Act) signed by the same offeror has been published in Germany, the prospectus shall only describe the changes which have occurred since publication of such complete prospectus or business report which may be material for the assessment of the issuer or the securities offered. ²The prospectus may be published only together with the complete prospectus or business report or with a notice indicating where such complete prospectus or business report is available for inspection.

(4) Certain information need not be contained in the prospectus if:
1. such information is of minor importance and is not likely to affect the assessment of the issuer's financial situation, profitability and prospective future development; or
2. the dissemination of such information would be materially prejudicial to the interests of the issuer, provided that the non-disclosure of such information

urteilung der Wertpapiere wesentlichen Tatsachen und Umstände täuscht.

does not mislead the public about the facts and circumstances that are material for the assessment of the securities offered.

§ 15 Inkrafttreten.

§ 15 Effective date.

Diese Verordnung tritt am 1. Januar 1991 in Kraft.

This Regulation shall take effect on 1st January, 1991.

GESETZ ÜBER DEN WERTPAPIERHANDEL

(Wertpapierhandelsgesetz – WpHG)[1]

In der Fassung der Bekanntmachung vom 9. September 1998

(BGBl. I S. 2708)

Zuletzt geändert durch Gesetz vom 21.12.2000 (BGBl. I S. 1857)

Inhaltsübersicht

Abschnitt 1
Anwendungsbereich, Begriffsbestimmungen

§

Anwendungsbereich 1
Begriffsbestimmungen 2
Ausnahmen 2a

Abschnitt 2
Bundesaufsichtsamt für den Wertpapierhandel

Organisation 3
Aufgaben 4
Wertpapierrat 5
Zusammenarbeit mit Aufsichtsbehörden im Inland 6
Zusammenarbeit mit zuständigen Stellen im Ausland 7
Verschwiegenheitspflicht 8
Meldepflichten 9
Zwangsmittel 10
Umlage und Kosten 11

Abschnitt 3
Insiderüberwachung

Insiderpapiere 12
Insider 13
Verbot von Insidergeschäften 14
Veröffentlichung und Mitteilung kursbeeinflussender Tatsachen 15

---

[1] **Amtl. Anm.**: Artikel 1 (WpHG) dient auch der Umsetzung der Richtlinie 88/627/EWG des Rates der Europäischen Gemeinschaften vom 12. Dezember 1988 über die bei Erwerb oder Veräußerung einer bedeutenden Beteiligung an einer börsennotierten Gesellschaft zu veröffentlichende Informationen (ABl. EG Nr. L 348/62) und der Richtlinie 89/592/EWG des Rates der Europäischen Gemeinschaften vom 13. November 1989 zur Koordinierung der Vorschriften betreffend Insidergeschäfte (ABl. EG Nr. L 334/30).

ACT ON SECURITIES TRADING

(Securities Trading Act – WpHG)[1]

As amended and re-promulgated on 9th September, 1998

(BGBl. I p. 2708)

last amendment by Act of 21st December, 2000 (BGBl. I p. 1857)

Table of Contents

Chapter 1
Scope of application, definitions

§

Scope of application 1
Definitions 2
Exceptions 2a

Chapter 2
Federal Supervisory Authority for Securities Trading

Organisation 3
Duties 4
Securities Council 5
Co-operation with domestic supervisory authorities 6
Co-operation with foreign authorities 7
Duty of confidentiality 8
Reporting obligations 9
Enforcement 10
Levy and costs 11

Chapter 3
Monitoring of insider dealing

Insider securities 12
Insider 13
Prohibition against insider dealing 14
Disclosure of price sensitive information 15

---

[1] **Official note**: Article 1 (Securities Trading Act) serves, *inter alia*, the implementation of Council Directive 88/627/EEC of 12th December, 1988 on the information to be published when a major holding in a listed company is is acquired or disposed of (O.J. No. L 348/62) and Council Directive 89/592/ EEC of 13th November, 1989 co-ordinating regulations on insider dealing (O.J. No. L 334/30).

§		§
Laufende Überwachung 16		Continuous monitoring 16
Überwachung der Geschäfte der beim Bundesaufsichtsamt Beschäftigten 16a		Monitoring of dealings by Federal Supervisory Authority staff 16a
Verarbeitung und Nutzung personenbezogener Daten 17		Processing and use of personal data 17
Strafverfahren bei Insidervergehen 18		Criminal proceedings 18
Internationale Zusammenarbeit 19		International co-operation 19
Ausnahmen 20		Exemptions 20

Abschnitt 4
Mitteilungs- und Veröffentlichungspflichten bei Veränderungen des Stimmrechtsanteils an börsennotierten Gesellschaften

Chapter 4
Reporting and disclosure obligations relating to changes in the holdings of voting rights in listed companies

Mitteilungspflichten des Meldepflichtigen 21		Reporting obligations 21
Zurechnung von Stimmrechten 22		Imputed voting rights 22
Nichtberücksichtigung von Stimmrechten 23		Voting rights not to be considered 23
Mitteilung durch Konzernunternehmen 24		Reporting by group companies 24
Veröffentlichungspflichten der börsennotierten Gesellschaft 25		Disclosure by the listed company 25
Veröffentlichungspflichten von Gesellschaften mit Sitz im Ausland 26		Disclosure by foreign companies 26
Nachweis mitgeteilter Beteiligungen 27		Evidence of reported shareholdings 27
Rechtsverlust 28		Suspension of rights 28
Befugnisse des Bundesaufsichtsamtes 29		Powers of the Federal Supervisory Authority 29
Zusammenarbeit mit zuständigen Stellen im Ausland 30		Co-operation with foreign authorities 30

Abschnitt 5
Verhaltensregeln für Wertpapierdienstleistungsunternehmen; Verjährung von Ersatzansprüchen

Chapter 5
Rules of conduct for Securities Services Providers; limitation of compensation claims

Allgemeine Verhaltensregeln 31		General rules of conduct 31
Besondere Verhaltensregeln 32		Special rules of conduct 32
Organisationspflichten 33		Organisational obligations 33
Aufzeichnungs- und Aufbewahrungspflichten 34		Recording and record keeping obligations 34
Getrennte Vermögensverwaltung 34a		Separation of funds 34a
Überwachung der Meldepflichten und Verhaltensregeln 35		Monitoring of compliance with the rules of conduct 35
Prüfung der Meldepflichten und Verhaltensregeln 36		Compliance with the reporting obligations 36
Unternehmen mit Sitz in einem anderen Mitgliedstaat der Europäischen Union oder in einem anderen Vertragsstaat des Abkommens über den Europäischen Wirtschaftsraum 36a		Companies registered within the European Union or European Economic Area 36a
Werbung der Wertpapierdienstleistungsunternehmen 36b		Advertising by providers of securities services 36b
Zusammenarbeit mit zuständigen Stellen im Ausland 36c		Co-operation with foreign authorities 36c
Ausnahmen 37		Exemptions 37
Verjährung von Ersatzansprüchen 37a		Limitation of claims for damages 37a

Abschnitt 6
Straf- und Bußgeldvorschriften

Chapter 6
Criminal offence and misdemeanour provisions

Strafvorschriften 38		Criminal offences 38
Bußgeldvorschriften 39		Misdemeanours 39
Zuständige Verwaltungsbehörde 40		Competent Administrative Authority 40
Mitteilungen in Strafsachen 40a		Communication in criminal proceedings 40a

Abschnitt 7
Übergangsbestimmungen

§

Erstmalige Mitteilungs- und Veröffentlichungspflichten 41
Übergangsregelung für die Kostenerstattungspflicht nach § 11 42
Übergangsregelung für die Verjährung von Ersatzansprüchen nach § 37a 43

Chapter 7
Transitional provisions

§

First reporting and disclosure obligation 41
Transitional provision for the compensation of costs pursuant to § 11 42
Transitional provision for the limitation of claims for damages pursuant to § 37a 43

Abschnitt 1
Anwendungsbereich, Begriffsbestimmungen

§ 1 Anwendungsbereich.

Dieses Gesetz ist anzuwenden auf die Erbringung von Wertpapierdienstleistungen und Wertpapiernebendienstleistungen, den börslichen und außerbörslichen Handel mit Wertpapieren, Geldmarktinstrumenten und Derivaten sowie auf Veränderungen der Stimmrechtsanteile von Aktionären an börsennotierten Gesellschaften.

§ 2 Begriffsbestimmungen.

(1) [1]Wertpapiere im Sinne dieses Gesetzes sind, auch wenn für sie keine Urkunden ausgestellt sind,
1. Aktien, Zertifikate, die Aktien vertreten, Schuldverschreibungen, Genußscheine, Optionsscheine und
2. andere Wertpapiere, die mit Aktien oder Schuldverschreibungen vergleichbar sind,

wenn sie an einem Markt gehandelt werden können. [2]Wertpapiere sind auch Anteilscheine, die von einer Kapitalanlagegesellschaft oder einer ausländischen Investmentgesellschaft ausgegeben werden.

(1a) Geldmarktinstrumente im Sinne dieses Gesetzes sind Forderungen, die nicht unter Absatz 1 fallen und üblicherweise auf dem Geldmarkt gehandelt werden.

Chapter 1
Scope of application, definitions

§ 1 Scope of application.

This Act shall apply to Securities Services and Ancillary Securities Services, the trading in Securities, Money Market Instruments and Derivatives, both on and off stock exchange, and changes in the number of voting rights held by shareholders of stock exchange-listed companies.

§ 2 Definitions.

(1) [1]Securities within the meaning of this Act are, regardless of whether or not certificates have been issued:
1. shares, certificates representing shares, debt securities, profit participation certificates, warrants; and
2. other securities comparable to shares or debt securities

provided that they are capable of being traded on a market. [2]Securities are also shares issued by a German or non-German investment company.

(1a) Money Market Instruments within the meaning of this Act are receivables not covered by para. (1) which are usually traded on the money market.

(2) Derivate im Sinne dieses Gesetzes sind
1. als Festgeschäfte oder Optionsgeschäfte ausgestaltete Termingeschäfte, deren Preis unmittelbar oder mittelbar abhängt von
   a) dem Börsen- oder Marktpreis von Wertpapieren,
   b) dem Börsen- oder Marktpreis von Geldmarktinstrumenten,
   c) Zinssätzen oder anderen Erträgen oder
   d) dem Börsen- oder Marktpreis von Waren oder Edelmetallen,
2. Devisentermingeschäfte, die an einem organisierten Markt gehandelt werden (Devisenfuturegeschäfte), Devisenoptionsgeschäfte, Währungsswapgeschäfte, Devisenswapoptionsgeschäfte und Devisenfutureoptionsgeschäfte.
	(2) Derivatives within the meaning of this Act are:
	1. forward transactions, regardless of whether or not in the form of firm transactions or options, the consideration of which directly or indirectly depends on:
	   a) the stock exchange or market price of Securities;
	   b) the stock exchange or market price of Money Market Instruments;
	   c) interest rates or other yields; or
	   d) the stock exchange or market price of goods or precious metals;
	2. foreign currency forwards traded on an Organised Market (foreign currency futures), foreign currency options, foreign currency swap transactions, foreign currency swap options and foreign currency futures options.

(3) Wertpapierdienstleistungen im Sinne dieses Gesetzes sind 1. die Anschaffung und die Veräußerung von Wertpapieren, Geldmarktinstrumenten oder Derivaten im eigenen Namen für fremde Rechnung. 2. Die Anschaffung und die Veräußerung von Wertpapieren, Geldmarktinstrumenten oder Derivaten im Wege des Eigenhandels für andere, 3. die Anschaffung und die Veräußerung von Wertpapieren, Geldmarktinstrumenten oder Derivaten im fremden Namen für fremde Rechnung, 4. die Vermittlung oder der Nachweis von Geschäften über die Anschaffung und die Veräußerung von Wertpapieren, Geldmarktinstrumenten oder Derivaten, 5. die Übernahme von Wertpapieren, Geldmarktinstrumenten oder Derivaten für eigenes Risiko zur Plazierung oder die Übernahme gleichwertiger Garantien, 6. die Verwaltung einzelner in Wertpapieren, Geldmarktinstrumenten oder Derivaten angelegter Vermögen für andere mit Entscheidungsspielraum.	(3) Securities Services within the meaning of this Act are: 1. the acquisition and disposal of Securities, Money Market Instruments or Derivatives for the account of third parties; 2. the acquisition and disposal of Securities, Money Market Instruments or Derivatives for third parties by the means of trading for own account; 3. the acquisition and disposal of Securities, Money Market Instruments or Derivatives in the name and for the account of third parties; 4. the intermediation or brokerage of transactions for the acquisition and disposal of Securities, Money Market Instruments or Derivatives; 5. the underwriting of Securities, Money Market Instruments or Derivatives (i.e. at own risk for the purpose of placement) or the issuing of equivalent guarantees; 6. the discretionary management of assets consisting of Securities, Money Market Instruments or Derivatives for third parties.

Securities Trading Act § 2a

(3a) Wertpapiernebendienstleistungen im Sinne dieses Gesetzes sind
1. die Verwahrung und die Verwaltung von Wertpapieren für andere, sofern nicht das Depotgesetz anzuwenden ist,
2. die Gewährung von Krediten oder Darlehen an andere für die Durchführung von Wertpapierdienstleistungen durch das Unternehmen, das den Kredit oder das Darlehen gewährt hat,
3. die Beratung bei der Anlage in Wertpapieren, Geldmarktinstrumenten oder Derivaten,
4. die in Absatz 3 Nr. 1 bis 4 genannten Tätigkeiten, soweit sie Devisengeschäfte oder Devisentermingeschäfte, die nicht unter Absatz 2 Nr. 2 fallen, zum Gegenstand haben und im Zusammenhang mit Wertpapierdienstleistungen stehen.

(4) Wertpapierdienstleistungsunternehmen im Sinne dieses Gesetzes sind Kreditinstitute, Finanzdienstleistungsinstitute und nach § 53 Abs. 1 Satz 1 des Gesetzes über das Kreditwesen tätige Unternehmen, die Wertpapierdienstleistungen allein oder zusammen mit Wertpapiernebendienstleistungen gewerbemäßig oder in einem Umfang erbringen, der einen in kaufmännischer Weise eingerichteten Geschäftsbetrieb erfordert.

(5) Organisierter Markt im Sinne dieses Gesetzes ist ein Markt, der von staatlich anerkannten Stellen geregelt und überwacht wird, regelmäßig stattfindet und für das Publikum unmittelbar oder mittelbar zugänglich ist.

§ 2a Ausnahmen.

(1) Als Wertpapierdienstleistungsunternehmen gelten nicht

1. Unternehmen, die Wertpapierdienstleistungen ausschließlich für ihr Mutterunternehmen oder ihre Tochter- oder Schwesterunternehmen im Sinne des § 1 Abs. 6 und 7 des Gesetzes über das Kreditwesen erbringen

(3a) Ancillary Securities Services within the meaning of this Act are:
1. the holding in safe custody and management of Securities for third parties unless the Safe Custody Act applies;
2. the granting of credit or loans to third parties for the transacting of Securities Services by the grantor of the credit or loan;
3. the giving of advice in relation to the investment in Securities, Money Market Instruments or Derivatives;
4. the actions set forth in para. (3) nos. 1 through 4, to the extent their subject matters are foreign currency transactions or foreign currency forward transactions not covered by para. (2) no. 2 which relate to Securities Services.

(4) Securities Services Providers within the meaning of this Act are banks, financial service providers and other businesses operating pursuant to § 53(1)1 of the Banking Act who provide Securities Services, regardless of whether or not in connection with Ancillary Securities Services, as a business or to an extent requiring a commercially organised business operation.

(5) Organised Market within the meaning of this Act is a market which is regulated and supervised by government-approved authorities, operates on a regular basis and is, directly or indirectly, accessible to the public.

§ 2a Exceptions.

(1) The following entities or bodies are not deemed to be Securities Services Providers:
1. enterprises providing Securities Services exclusively for their parent, subsidiary or other related companies within the meaning of § 1(6) and (7) of the Banking Act;

2. Unternehmen, deren Wertpapierdienstleistung ausschließlich in der Verwaltung eines Systems von Arbeitnehmerbeteiligungen an den eigenen oder an mit ihnen verbundenen Unternehmen besteht,
3. Unternehmen, die ausschließlich Wertpapierdienstleistungen im Sinne sowohl der Nummer 1 als auch der Nummer 2 erbringen,
4. private und öffentlich-rechtliche Versicherungsunternehmen,
5. die öffentliche Schuldenverwaltung des Bundes, eines seiner Sondervermögen, eines Landes, eines anderen Mitgliedstaats der Europäischen Union oder eines anderen Vertragsstaats des Abkommens über den Europäischen Wirtschaftsraum, die Deutsche Bundesbank sowie die Zentralbanken der anderen Mitgliedstaaten oder Vertragsstaaten,
6. Angehörige freier Berufe, die Wertpapierdienstleistungen nur gelegentlich im Rahmen ihrer Berufstätigkeit erbringen und einer Berufskammer in der Form der Körperschaft des öffentlichen Rechts angehören, deren Berufsrecht die Erbringung von Wertpapierdienstleistungen nicht ausschließt,
7. Unternehmen, die als einzige Wertpapierdienstleistung Aufträge zum Erwerb oder zur Veräußerung von Anteilscheinen von Kapitalanlagegesellschaften oder von ausländischen Investmentanteilen, die nach dem Auslandinvestment-Gesetz vertrieben werden dürfen, weiterleiten an
   a) ein Kreditinstitut oder Finanzdienstleistungsinstitut,
   b) ein nach § 53 b Abs. 1 Satz 1 oder Abs. 7 des Gesetzes über das Kreditwesen tätiges Unternehmen,
   c) ein Unternehmen, das auf Grund einer Rechtsverordnung gemäß § 53 c des Gesetzes über das Kreditwesen gleichgestellt oder freigestellt ist, oder
   d) eine ausländische Investmentgesellschaft,

2. enterprises providing no other Securities Services than the administration of a system of employee shareholdings in itself or in affiliated enterprises;
3. enterprises providing no other Securities Services than those within the meaning of both no. 1 and no. 2;
4. private law and public law insurance companies;
5. the federal debt administration or one of its special funds, the debt administration of a federal state, another Member State of the European Union or another Contracting State of the Agreement on the European Economic Area, the German Federal Bank as well as the central banks of the other Member States or Contracting states;
6. members of the learned professions who provide Securities Services only occasionally within the framework of their professional activities and are members of a professional association set up as public law corporation whose professional regulations do not prohibit the rendering of Securities Services;
7. enterprises rendering Securities Services which are confined to the transmission of orders for the purchase or sale of shares of German or non-German investment companies that may be offered to the public pursuant to the Foreign Investment Companies Act to:
   a) a bank or financial service provider;
   b) an enterprise doing business pursuant to § 53b(1)1 or (7) of the Banking Act;
   c) an enterprise which by virtue of the regulation pursuant to § 53 c of the Banking Act is treated equally or exempted; or
   d) a non-German investment company

Securities Trading Act § 3

sofern sie nicht befugt sind, sich bei der Erbringung dieser Wertpapierdienstleistungen Eigentum oder Besitz an Geldern, Anteilscheinen oder Anteilen von Kunden zu verschaffen,

8. Unternehmen, die Wertpapierdienstleistungen ausschließlich an einem organisierten Markt, an dem ausschließlich Derivate gehandelt werden, für andere Mitglieder dieses Marktes erbringen und deren Verbindlichkeiten durch ein System zur Sicherung der Erfüllung der Geschäfte an diesem Markt abgedeckt sind,
9. Unternehmen, deren Haupttätigkeit darin besteht, Geschäfte über Rohwaren mit gleichartigen Unternehmen, mit den Erzeugern oder den gewerblichen Verwendern der Rohwaren zu tätigen, und die Wertpapierdienstleistungen nur für diese Gegenparteien und nur insoweit erbringen, als es für ihre Haupttätigkeit erforderlich ist.

(2) ¹Übt ein Unternehmen Wertpapierdienstleistungen im Sinne des § 2 Abs. 3 Nr. 3 und 4 ausschließlich für Rechnung und unter der Haftung eines Kreditinstituts oder Finanzdienstleistungsinstituts oder eines nach § 53 b Abs. 1 Satz 1 oder Abs. 7 des Gesetzes über das Kreditwesen tätigen Unternehmens oder unter der gesamtschuldnerischen Haftung solcher Institute oder Unternehmen aus, ohne andere Wertpapierdienstleistungen zu erbringen, gilt es nicht als Wertpapierdienstleistungsunternehmen. ²Seine Tätigkeit wird den Instituten oder Unternehmen zugerechnet, für deren Rechnung und unter deren Haftung es seine Tätigkeit erbringt.

provided they are not entitled to acquire title to, or possession of, funds or shares of their clients when rendering these Securities Services,

8. enterprises rendering Securities Services only on an Organised Market where only derivatives are traded for other members of such market and whose liabilities are subject to a system for the protection of the performance of transactions on such market;

9. enterprises whose main business consists of transactions in commodities with enterprises of the same kind, the producers or commercial users of such commodities, provided that they render Securities Services only for these counterparties and only to the extent necessary for their main business.

(2) ¹If an enterprise renders Securities Services within the meaning of § 2(3) nos. 3 and 4 exclusively for the account, and under the liability, of a bank or financial service provider or an enterprise doing business pursuant to § 53b(1)1 or (7) of the Banking Act or under joint and several liability with such institutions or enterprises, and without rendering other Securities Services, it shall not be deemed to be a provider of Securities Services. ²Its business shall be attributed to the institutions or enterprises for whose account and under whose liability it is carrying out its business.

Abschnitt 2
Bundesaufsichtsamt für den Wertpapierhandel

§ 3 Organisation.

(1) Das Bundesaufsichtsamt für den Wertpapierhandel (Bundesaufsichtsamt) wird als eine selbständige Bundesoberbehörde im Geschäftsbereich des Bundesministeriums der Finanzen errichtet.

(2) ¹Der Präsident des Bundesaufsichtsamtes wird auf Vorschlag der Bundesregierung durch den Bundespräsidenten ernannt. ²Die Bundesregierung hat bei ihrem Vorschlag die für das Börsenwesen zuständigen Fachministerien der Länder anzuhören.

§ 4 Aufgaben.

(1) ¹Das Bundesaufsichtsamt übt die Aufsicht nach den Vorschriften dieses Gesetzes aus. ²Es hat im Rahmen der ihm zugewiesenen Aufgaben Mißständen entgegenzuwirken, welche die ordnungsmäßige Durchführung des Wertpapierhandels oder von Wertpapierdienstleistungen oder Wertpapiernebendienstleistungen beeinträchtigen oder erhebliche Nachteile für den Wertpapiermarkt bewirken können. ³Das Bundesaufsichtsamt kann Anordnungen treffen, die geeignet und erforderlich sind, diese Mißstände zu beseitigen oder zu verhindern.

(2) Das Bundesaufsichtsamt nimmt die ihm nach diesem Gesetz zugewiesenen Aufgaben und Befugnisse nur im öffentlichen Interesse wahr.

§ 5 Wertpapierrat.

(1) ¹Beim Bundesaufsichtsamt wird ein Wertpapierrat gebildet. ²Er besteht aus Vertretern der Länder. ³Die Mitgliedschaft ist nicht personengebunden. ⁴Jedes

Chapter 2
Federal Supervisory Authority for Securities Trading

§ 3 Organisation.

(1) The Federal Supervisory Authority for Securities Trading (Federal Supervisory Authority) shall be established as an independent superior federal authority within the portfolio of the Federal Ministry of Finance.

(2) ¹The president of the Federal Supervisory Authority shall be appointed by the Federal President upon recommendation by the Federal Government. ²The Federal Government shall consult the ministries of the federal states competent for stock exchange matters prior to the making of its recommendation.

§ 4 Duties.

(1) ¹The Federal Supervisory Authority shall exercise its supervisory activities pursuant to the provisions of this Act. ²It shall within the scope of the duties assigned to it counteract any adverse circumstances potentially impairing the proper conduct of securities trading, of Securities Services or Ancillary Securities Services, or potentially having an adverse impact on the securities market. ³The Federal Supervisory Authority may issue orders that are suitable and necessary for the elimination or prevention of such adverse circumstances.

(2) The Federal Supervisory Authority shall discharge the duties and exercise the powers assigned to it pursuant to this Act exclusively in the public interest.

§ 5 Securities Council.

(1) ¹A Securities Council shall be established at the Federal Supervisory Authority. ²It shall be made up of representatives of the federal states. ³Member-

ship shall not be conferred on individuals. ⁴Each federal state shall delegate one representative. ⁵Representatives of the Federal Ministries of Finance, of Justice and of Economics, of the German Federal Bank and the Federal Banking Supervisory Authority shall be entitled to attend meetings of the Securities Council. ⁶The Securities Council may hear experts, in particular from the areas of the stock exchanges, market participants, businesses and academics. ⁷The Securities Council shall adopt its own rules of procedure.

(2) ¹The Securities Council shall take part in the supervisory activities. ²It shall advise the Federal Supervisory Authority, in particular:

1. on the issue of Regulations and the drawing up of Guidelines for the supervisory activity of the Federal Supervisory Authority;
2. in relation to the implications of supervisory issues on the stock exchange and market structures and competition in the trading of Securities;
3. on the delimitation of competences between the Federal Supervisory Authority and the stock exchange supervisory authorities, and in relation to co-operation issues.

³The Securities Council may provide the Federal Supervisory Authority with proposals for the general development of the supervisory practice. ⁴The Federal Supervisory Authority shall report to the Securities Council at least once per year about the supervisory activity, the development of the supervisory practice and on international co-operation.

(3) ¹The Securities Council shall be convened at least once per year by the president of the Federal Supervisory Authority. ²It shall further be convened on request by a third of its membership. ³Each member shall be entitled to table proposals for deliberation.

§ 6 Zusammenarbeit mit Aufsichtsbehörden im Inland.

(1) Das Bundesaufsichtsamt kann sich bei der Durchführung seiner Aufgaben anderer Personen und Einrichtungen bedienen.

(2) ¹Die Börsenaufsichtsbehörden werden im Wege der Organleihe für das Bundesaufsichtsamt bei der Durchführung von eilbedürftigen Maßnahmen für die Überwachung der Verbote von Insidergeschäften nach § 14 an den ihrer Aufsicht unterliegenden Börsen tätig. ²Das Nähere regelt ein Verwaltungsabkommen zwischen dem Bund und den börsenaufsichtsführenden Ländern.

(3) Das Bundesaufsichtsamt für das Kreditwesen, das Bundesaufsichtsamt für das Versicherungswesen, die Deutsche Bundesbank, soweit sie die Beobachtungen und Feststellungen im Rahmen ihrer Tätigkeit nach Maßgabe des Gesetzes über das Kreditwesen macht, die Börsenaufsichtsbehörden sowie das Bundesaufsichtsamt haben einander Beobachtungen und Feststellungen einschließlich personenbezogener Daten mitzuteilen, die für die Erfüllung ihrer Aufgaben erforderlich sind.

(4) Die Deutsche Bundesbank hat dem Bundesaufsichtsamt auf Anfrage Auskünfte über die ihr auf Grund des § 14 Abs. 1 des Gesetzes über das Kreditwesen mitgeteilten Daten zu erteilen, soweit dies zur Verfolgung von verbotenen Insidergeschäften erforderlich ist.

(5) ¹Das Bundesaufsichtsamt darf zur Erfüllung seiner Aufgaben die nach §§ 2 b, 14 Abs. 3 in Verbindung mit § 19 Abs. 2, § 24 Abs. 1 Nr. 1 bis 3, 6, 8 und 11 und Abs. 3, § 32 Abs. 1 Satz 1 und 2 Nr. 2, 6 Buchstabe a und b des Gesetzes über das Kreditwesen bei der Deutschen Bundesbank oder dem Bundesaufsichtsamt für

§ 6 Co-operation with domestic supervisory authorities.

(1) When discharging its duties, the Federal Supervisory Authority may retain the assistance of other persons and institutions.

(2) ¹The stock exchange supervisory authorities shall act under delegated powers for the Federal Supervisory Authority where urgent measures need to be taken to monitor the prohibitions against insider dealing pursuant to § 14 on the stock exchanges within their supervisory jurisdiction. ²The details shall be governed by an administrative agreement between the Federal Government and the federal states supervising a stock exchange.

(3) The Federal Banking Supervisory Authority, the Federal Insurance Supervisory Authority, the German Federal Bank (to the extent making observations and determinations within the scope of its activities pursuant to the Banking Act), the stock exchange supervisory authorities and the Federal Supervisory Authority shall notify each other of observations and determinations necessary for the discharge of their duties.

(4) The German Federal Bank shall on request provide the Federal Supervisory Authority with information about the data received pursuant to § 14(1) of the Banking Act to the extent necessary for the prosecution of prohibited insider dealings.

(5) ¹For the discharge of its duties, the Federal Supervisory Authority may retrieve by the means of automated proceedings the data stored by the German Federal Bank or the Federal Banking Supervisory Authority pursuant to §§ 2b, 14(3) in conjunction with § 19(2), § 24(1) no. 1 to 3, 6, 8 and 11 and (3), § 32(1)1 and

das Kreditwesen gespeicherten Daten im automatisierten Verfahren abrufen. ²Werden bei der Deutschen Bundesbank vom Bundesaufsichtsamt Daten abgerufen, hat sie bei jedem zehnten Abruf für Zwecke der Datenschutzkontrolle den Zeitpunkt, die Angaben, welche die Feststellung der aufgerufenen Datensätze ermöglichen, sowie die für den Abruf verantwortliche Person zu protokollieren. ³Die protokollierten Daten dürfen nur für Zwecke der Datenschutzkontrolle, der Datensicherung oder zur Sicherstellung eines ordnungsmäßigen Betriebs der Datenverarbeitungsanlage verwendet werden. ⁴Die Protokolldaten sind am Ende des auf die Speicherung folgenden Kalenderjahres zu löschen. ⁵Werden beim Bundesaufsichtsamt für das Kreditwesen Daten abgerufen, gelten die Sätze 2 bis 4 entsprechend.

2 nos. 2, 6 lit. a and b of the Banking Act. ²If the Federal Supervisory Authority retrieves data from the German Federal Bank, it shall for the purposes of data protection control record the date, the information allowing the determination of the retrieved data and the person responsible for retrieval for every tenth retrieval. ³The recorded data may only be used for purposes of data protection control, securing of the data or for the securing of the orderly operation of the data processing equipment. ⁴The recorded data shall be deleted at the end of the calendar year following the recording. ⁵Where data are retrieved from the Federal Banking Supervisory Authority, sentences 2 through 4 shall apply *mutatis mutandis*.

§ 7 Zusammenarbeit mit zuständigen Stellen im Ausland.

§ 7 Co-operation with foreign authorities.

(1) ¹Dem Bundesaufsichtsamt obliegt die Zusammenarbeit mit den für die Überwachung von Börsen oder anderen Wertpapier- oder Derivatemärkten und den Handel in Wertpapieren, Geldmarktinstrumenten, Derivaten oder Devisen zuständigen Stellen anderer Staaten. ²Die Vorschriften des Börsengesetzes und des Verkaufsprospektgesetzes über die Zusammenarbeit der Zulassungsstelle der Börse mit entsprechenden Stellen anderer Staaten bleiben hiervon unberührt.

(1) ¹The Federal Supervisory Authority shall co-operate with the authorities of other countries responsible for the supervision of stock exchanges or other securities or derivatives markets and the trading in Securities, Money Market Instruments, Derivatives or foreign currencies. ²The provisions of the Stock Exchange Act and the Securities Prospectus Act on the co-operation between the Admissions Office of the stock exchange and the respective authorities in other countries shall remain unaffected.

(2) ¹Das Bundesaufsichtsamt darf im Rahmen der Zusammenarbeit mit den in Absatz 1 Satz 1 genannten Stellen Tatsachen übermitteln, die für die Überwachung von Börsen oder anderen Wertpapier- oder Derivatemärkten, des Wertpapier-, Geldmarktinstrumente-, Derivate- oder Devisenhandels, von Kreditinstituten, Finanzdienstleistungsinstituten, Investmentgesellschaften, Finanzunternehmen oder Versicherungsunternehmen oder damit zusammenhängender Ver-

(2) ¹When co-operating with the authorities referred to in para. (1) sentence 1, the Federal Supervisory Authority may communicate information necessary for the supervision of stock exchanges or other derivatives markets, the trading in Securities, Money Market Instruments, Derivatives or foreign currencies, banks, financial service providers, investment companies, financial enterprises or insurance companies or any administrative or court proceedings in connection there-

waltungs- oder Gerichtsverfahren erforderlich sind. ²Bei der Übermittlung von Tatsachen hat das Bundesaufsichtsamt den Zweck zu bestimmen, für den diese Tatsachen verwendet werden dürfen. ³Der Empfänger ist darauf hinzuweisen, daß die übermittelten Tatsachen einschließlich personenbezogener Daten nur zu dem Zweck verarbeitet oder benutzt werden dürfen, zu dessen Erfüllung sie übermittelt wurden. ⁴Eine Übermittlung personenbezogener Daten unterbleibt, soweit Grund zu der Annahme besteht, daß durch sie gegen den Zweck eines deutschen Gesetzes verstoßen wird. ⁵Die Übermittlung unterbleibt außerdem, wenn durch sie schutzwürdige Interessen des Betroffenen beeinträchtigt würden, insbesondere wenn im Empfängerland ein angemessener Datenschutzstandard nicht gewährleistet wäre.

(3) ¹Werden dem Bundesaufsichtsamt von einer Stelle eines anderen Staates Tatsachen mitgeteilt, so dürfen diese nur unter Beachtung der Zweckbestimmung durch diese Stelle offenbart oder verwertet werden. ²Das Bundesaufsichtsamt darf diese Tatsachen unter Beachtung der Zweckbestimmung den Börsenaufsichtsbehörden und den Handelsüberwachungsstellen der Börsen mitteilen.

(4) Die Regelungen über die internationale Rechtshilfe in Strafsachen bleiben unberührt.

§ 8 Verschwiegenheitspflicht.

(1) ¹Die beim Bundesaufsichtsamt Beschäftigten und die nach § 6 Abs. 1 beauftragten Personen dürfen die ihnen bei ihrer Tätigkeit bekanntgewordenen Tatsachen, deren Geheimhaltung im Interesse eines nach diesem Gesetz Verpflichteten oder eines Dritten liegt, insbesondere Geschäfts- oder Betriebsgeheimnisse sowie personenbezogene Daten, nicht unbefugt offenbaren oder verwerten, auch wenn sie nicht mehr im Dienst sind oder ihre

with. ²When communicating any such information, the Federal Supervisory Authority shall determine the purpose for which such information may be used. ³The recipient shall be instructed to the effect that the information communicated, including personal data, shall be processed or used only for the purpose for which it is made available. ⁴Personal data shall not be communicated to the extent there is a reason to believe that the making available of such data would violate the purpose of any German law. ⁵Likewise, information shall not be communicated if this would impinge on the legitimate interests of the person concerned, in particular where the recipient country does not guarantee an adequate data protection standard.

(3) ¹Where the Federal Supervisory Authority is provided with information by an authority of another country, such information shall only be used for the purpose specified by such authority. ²The Federal Supervisory Authority may communicate such information to the stock exchange supervisory authorities and the monitoring offices of the stock exchanges with due observance of the specified purpose.

(4) The provisions on international mutual judicial assistance in criminal proceedings shall remain unaffected.

§ 8 Duty of confidentiality.

(1) ¹The staff employed by the Federal Supervisory Authority and the persons mandated pursuant to § 6(1) may not, even if no longer on duty or after termination of their employment or mandate, without authorisation disclose or use information which has come to their attention in the course of their employment or mandate and as to which a person subject to this Act, or any third person, has an interest that such information will be kept

Securities Trading Act § 8

Tätigkeit beendet ist. ²Dies gilt auch für andere Personen, die durch dienstliche Berichterstattung Kenntnis von den in Satz 1 bezeichneten Tatsachen erhalten. ³Ein unbefugtes Offenbaren oder Verwerten im Sinne des Satzes 1 liegt insbesondere nicht vor, wenn Tatsachen weitergegeben werden an

1. Strafverfolgungsbehörden oder für Straf- und Bußgeldsachen zuständige Gerichte,
2. kraft Gesetzes oder im öffentlichen Auftrag mit der Überwachung von Börsen oder anderen Wertpapier- oder Derivatemärkten, des Wertpapier-, Geldmarktinstrumente-, Derivate- oder Devisenhandels, von Kreditinstituten, Finanzdienstleistungsinstituten, Investmentgesellschaften, Finanzunternehmen oder Versicherungsunternehmen betraute Stellen sowie von diesen beauftragte Personen,

soweit diese Stellen die Informationen zur Erfüllung ihrer Aufgaben benötigen. ⁴Für die bei diesen Stellen beschäftigten Personen gilt die Verschwiegenheitspflicht nach Satz 1 entsprechend. ⁵An eine Stelle eines anderen Staates dürfen die Tatsachen nur weitergegeben werden, wenn diese Stelle und die von ihr beauftragten Personen einer dem Satz 1 entsprechenden Verschwiegenheitspflicht unterliegen.

(2) ¹Die Vorschriften der §§ 93, 97, 105 Abs. 1, § 111 Abs. 5 in Verbindung mit § 105 Abs. 1 sowie § 116 Abs. 1 der Abgabenordnung gelten nicht für die in Absatz 1 Satz 1 oder 2 bezeichneten Personen, soweit sie zur Durchführung dieses Gesetzes tätig werden. ²Sie finden Anwendung, soweit die Finanzbehörden die Kenntnisse für die Durchführung eines Verfahrens wegen einer Steuerstraftat sowie eines damit zusammenhängenden Besteuerungsverfahrens benötigen, an deren Verfolgung ein zwingendes öffentliches Interesse besteht, und nicht Tatsachen betroffen sind, die den in Absatz 1 Satz 1 oder 2 bezeichneten Personen

confidential, in particular business secrets and personal data. ²The same shall apply to other persons who become aware of information referred to in sentence 1 as a result of official reporting. ³It shall not be deemed to constitute unauthorised disclosure or use within the meaning of sentence 1 that information is communicated to:

1. the public prosecutor or courts having jurisdiction for criminal or misdemeanour proceedings;
2. authorities which, as a matter of law or by administrative delegation, are in charge of the supervision of stock exchanges or other securities or derivatives markets, of the trading in Securities, Money Market Instruments, Derivatives or foreign currencies, of banks, financial service providers, investment companies, financial enterprises or insurance companies, as well as persons mandated by such authorities

to the extent such authorities require such information to discharge their duties. ⁴The duty of confidentiality pursuant to sentence 1 shall apply *mutatis mutandis* to the staff employed by such authorities. ⁵Such information may be communicated to an authority of another country only if such authority and the persons mandated by such authority are subject to a duty of confidentiality equivalent to the duty pursuant to sentence 1.

(2) ¹The provisions of §§ 93, 97, 105(1), § 111(5), in conjunction with § 105(1) and § 116(1) of the General Tax Code shall not apply to the persons referred to in para. (1) sentences 1 or 2 to the extent they act for the implementation of this Act. ²However, they shall apply to the extent that the tax authorities require the information for the purpose of criminal proceedings in tax matters and any taxation proceedings connected therewith, the prosecution of which is mandated by the public interest, provided that the information concerned does not constitute information that has been communicated to the persons referred to in para. (1) sen-

durch eine Stelle eines anderen Staates im Sinne von Absatz 1 Satz 3 Nr. 2 oder durch von dieser Stelle beauftragte Personen mitgeteilt worden ist.

§ 9 Meldepflichten.

(1) ¹Kreditinstitute, Finanzdienstleistungsinstitute mit der Erlaubnis zum Betreiben des Eigenhandels, nach § 53 Abs. 1 Satz 1 des Gesetzes über das Kreditwesen tätige Unternehmen mit Sitz in einem Staat, der nicht Mitglied der Europäischen Union und auch nicht Vertragsstaat des Abkommens über den Europäischen Wirtschaftsraum ist, sowie Unternehmen, die ihren Sitz im Inland haben und an einer inländischen Börse zur Teilnahme am Handel zugelassen sind, sind verpflichtet, dem Bundesaufsichtsamt jedes Geschäft in Wertpapieren oder Derivaten, die zum Handel an einem organisierten Markt in einem Mitgliedstaat der Europäischen Gemeinschaften oder in einem anderen Vertragsstaat des Abkommens über den Europäischen Wirtschaftsraum zugelassen oder in den Freiverkehr einer inländischen Börse einbezogen sind, spätestens an dem auf den Tag des Geschäftsabschlusses folgenden Werktag, der kein Samstag ist, mitzuteilen, wenn sie das Geschäft im Zusammenhang mit einer Wertpapierdienstleistung oder als Eigengeschäft abschließen. ²Die Verpflichtung nach Satz 1 gilt auch für den Erwerb und die Veräußerung von Rechten auf Zeichnung von Wertpapieren, sofern diese Wertpapiere an einem organisierten Markt gehandelt werden sollen, sowie für Geschäfte in Aktien und Optionsscheinen, bei denen ein Antrag auf Zulassung zum Handel an einem organisierten Markt oder auf Einbeziehung in den Freiverkehr gestellt oder öffentlich angekündigt ist. ³Die Verpflichtung nach den Sätzen 1 und 2 gilt auch für inländische Stellen, die ein System zur Sicherung der Erfüllung von Geschäften an einem organisierten Markt betreiben, hinsichtlich der von ihnen abgeschlossenen Geschäfte. ⁴Die Verpflichtung nach den Sät-

tences 1 or 2 by an authority of another country within the meaning of para. (1) sentence 3 no. 2 or by any persons mandated by such authority.

§ 9 Reporting obligations.

(1) ¹Banks, financial service providers with the permission to trade for own account, enterprises doing business pursuant to § 53(1)1 of the Banking Act whose registered office is situated in a country which is neither Member State of the European Union nor Contracting State of the Agreement on the European Economic Area, and enterprises having a domestic registered office which are admitted to participate in the trading on a domestic stock exchange shall report to the Federal Supervisory Authority any transaction in Securities or Derivatives admitted to trading on an Organised Market within a Member State of the European Communities or in a Contracting State of the Agreement on the European Economic Area, or which are included in the regulated inofficial market at a domestic stock exchange, by no later than the working day, not being a Saturday, following the day on which the transaction was entered into if the transaction is connected with a Securities Service or is an own account transaction. ²The obligation pursuant to sentence 1 shall also apply to the purchase and sale of rights for the subscription of Securities to the extent these Securities are meant to be traded on an Organised Market, and to transactions in shares and warrants for which an application for admission to trading on an Organised Market or the inclusion in the regulated inofficial market has been filed or publicly announced. ³The obligations pursuant to sentences 1 and 2 shall also apply to domestic institutions carrying on a system for the protection of the performance of the transactions on an Organised Market in respect of the transactions they have entered into. ⁴The obligations pursuant to sentences 1 and 2 shall also apply to enterprises

Securities Trading Act § 9

zen 1 und 2 gilt auch für Unternehmen, die ihren Sitz im Ausland haben und an einer inländischen Börse zur Teilnahme am Handel zugelassen sind, hinsichtlich der von ihnen an einer inländischen Börse oder im Freiverkehr im Zusammenhang mit einer Wertpapierdienstleistung oder als Eigengeschäft geschlossenen Geschäfte.

(1a) ¹Von der Verpflichtung nach Absatz 1 ausgenommen sind Bausparkassen im Sinne des § 1 Abs. 1 Gesetzes über Bausparkassen und Unternehmen im Sinne des § 2 Abs. 1, 4 und 5 des Gesetzes über das Kreditwesen, sofern sie nicht an einer inländischen Börse zur Teilnahme am Handel zugelassen sind, sowie Wohnungsgenossenschaften mit Spareinrichtung. ²Die Verpflichtung nach Absatz 1 findet auch keine Anwendung auf Geschäfte in Anteilscheinen einer Kapitalanlagegesellschaft oder einer ausländischen Investmentgesellschaft, bei denen eine Rücknahmeverpflichtung der Gesellschaft besteht, sowie auf Geschäfte in Derivaten im Sinne des § 2 Abs. 2 Nr. 1 Buchstabe b und d.

(2) ¹Die Mitteilung hat auf Datenträgern oder im Wege der elektronischen Datenfernübertragung zu erfolgen. ²Sie muß für jedes Geschäft die folgenden Angaben enthalten:
1. Bezeichnung des Wertpapiers oder Derivats und Wertpapierkennnummer,
2. Datum und Uhrzeit des Abschlusses oder der maßgeblichen Kursfeststellung,
3. Kurs, Stückzahl, Nennbetrag der Wertpapiere oder Derivate,
4. die an dem Geschäft beteiligten Institute und Unternehmen im Sinne des Absatzes 1,
5. die Börse oder das elektronische Handelssystem der Börse, sofern es sich um ein Börsengeschäft handelt,
6. Kennzeichen zur Identifikation des Geschäfts.

whose registered office is situated outside Germany and who are admitted to participate in the trading at a domestic stock exchange in respect of transactions they have undertaken on a domestic stock exchange or in the regulated inofficial market in connection with a Securities Service or as own account transaction.

(1a) ¹Building and Loan Associations in the meaning of § 1(1) Building and Loan Associations Act and enterprises in the meaning of § 2(1), (4) and (5) of the Banking Act shall be exempt from the obligation pursuant to para. (1), provided that they are not admitted to trading on a domestic stock exchange; the same shall apply to co-operative housing societies with savings institution. ²The obligation pursuant to para. (1) shall further not apply to transactions in shares of a German or non-German investment company which are subject to a redemption obligation of the company, and to transactions in Derivatives in the meaning of § 2(2) no. 1 lit. b and d.

(2) ¹The report shall be made available on data carrier or by electronic data transfer. ²For each transaction, the report shall comprise the following information:
1. name of the Security or Derivative and securities identification number;
2. date and time of the transaction or the relevant determination of the price;
3. price, number, nominal amount of the Securities or Derivatives;
4. the institutions and enterprises in the meaning of para. (1) participating in the transaction;
5. the stock exchange or electronic trading system of the stock exchange if the transaction is a stock exchange transaction;
6. a reference code for the purpose of identifying the transaction.

³Geschäfte für eigene Rechnung sind gesondert zu kennzeichnen.

(3) Das Bundesministerium der Finanzen kann durch Rechtsverordnung, die nicht der Zustimmung des Bundesrates bedarf,

1. nähere Bestimmungen über Inhalt, Art, Umfang und Form der Mitteilung und über die zulässigen Datenträger und Übertragungswege erlassen,
2. zusätzliche Angaben vorschreiben, soweit diese zur Erfüllung der Aufsichtsaufgaben des Bundesaufsichtsamtes erforderlich sind,
3. zulassen, daß die Mitteilungen der Verpflichteten auf deren Kosten durch die Börse oder einen geeigneten Dritten erfolgen, und die Einzelheiten hierzu festlegen,
4. für Geschäfte, die Schuldverschreibungen oder bestimmte Arten von Derivaten zum Gegenstand haben, zulassen, daß Angaben nach Absatz 2 nicht oder in einer zusammengefaßten Form mitgeteilt werden,
5. die in Absatz 1 genannten Institute und Unternehmen von der Mitteilungspflicht nach Absatz 1 für Geschäfte befreien, die an einem organisierten Markt in einem anderen Mitgliedstaat der Europäischen Union oder in einem anderen Vertragsstaat des Abkommens über den Europäischen Wirtschaftsraum abgeschlossen werden, wenn in diesem Staat eine Mitteilungspflicht mit gleichwertigen Anforderungen besteht,
6. bei Sparkassen und Kreditgenossenschaften, die sich zur Ausführung des Geschäfts einer Girozentrale oder einer genossenschaftlichen Zentralbank oder des Zentralkreditinstituts bedienen, zulassen, daß die in Absatz 1 vorgeschriebenen Mitteilungen durch die Girozentrale oder die genossenschaftliche Zentralbank oder das Zentralkreditinstitut erfolgen, wenn und soweit der mit den Mitteilungspflichten verfolgte Zweck dadurch nicht beeinträchtigt wird.

³Own account transactions shall be identified separately.

(3) The Federal Ministry of Finance, by way of Regulation which shall not require the consent of the Federal Council, shall have authority to:

1. introduce detailed provisions about content, type, extent and form of the report and about the admissible data carriers and means of data transfer;
2. prescribe additional information requirements to the extent necessary for the discharge of the supervisory duties of the Federal Supervisory Authority;
3. permit the reporting obligation of the relevant persons to be satisfied at their own cost by the stock exchange or an appropriate third party, and stipulate the relevant details;
4. permit, in respect of transactions in debt securities or particular types of derivatives, that the information pursuant to para. (2) may be conveyed in summary form or not at all;
5. exempt the banks and enterprises referred to in para. (1) from the reporting obligation pursuant to para. (1) in respect of transactions entered into on an Organised Market in another Member State of the European Union or in another Contracting State of the Agreement of the European Economic Area, provided that there is a reporting obligation in such Member or Contracting State with equivalent requirements;
6. permit, in the case of savings banks and co-operative loan societies who make use of a central savings bank, a co-operative central bank or the central credit institution to carry out the transaction, the reports required pursuant to para. (1) to be made through such central savings bank, co-operative central bank or central credit institution if and to the extent the purpose of the reporting obligations is not adversely affected.

(4) Das Bundesministerium der Finanzen kann die Ermächtigung nach Absatz 3 durch Rechtsverordnung auf das Bundesaufsichtsamt übertragen.

(4) The Federal Ministry of Finance may, by way of Regulation, delegate the authorisation pursuant to para. (3) to the Federal Supervisory Authority.

§ 10 Zwangsmittel.

¹Das Bundesaufsichtsamt kann seine Verfügungen, die es innerhalb seiner gesetzlichen Befugnisse trifft, mit Zwangsmitteln nach den Bestimmungen des Verwaltungs-Vollstreckungsgesetzes durchsetzen. ²Es kann auch Zwangsmittel gegen juristische Personen des öffentlichen Rechts anwenden. ³Die Höhe des Zwangsgeldes beträgt abweichend von § 11 des Verwaltungs-Vollstreckungsgesetzes bis zu 50 000 Euro.

§ 10 Enforcement.

¹The Federal Supervisory Authority may enforce compliance with any orders issued within the scope of its statutory authority as provided for in the Administrative Enforcement Act. ²Enforcement may also be instituted against public law entities. ³Notwithstanding § 11 Administrative Enforcement Act, the administrative fine may amount to up to Euro 50,000.

§ 11 Umlage und Kosten.

(1) ¹Die Kosten des Bundesaufsichtsamtes sind dem Bund zu erstatten
1. zu 68 Prozent durch Kreditinstitute und nach § 53 Abs. 1 Satz 1 des Gesetzes über das Kreditwesen tätige Unternehmen, sofern diese Kreditinstitute oder Unternehmen befugt sind, im Inland Wertpapierdienstleistungen im Sinne des § 2 Abs. 3 Nr. 1, 2 oder 5 zu erbringen,
2. zu 4 Prozent durch die Kursmakler und andere Unternehmen, die an einer inländischen Börse zur Teilnahme am Handel zugelassen sind und nicht unter Nummer 1 fallen,
3. zu 9 Prozent durch Finanzdienstleistungsinstitute und nach § 53 Abs. 1 Satz 1 des Gesetzes über das Kreditwesen tätige Unternehmen, sofern diese Finanzdienstleistungsinstitute oder Unternehmen befugt sind, im Inland Wertpapierdienstleistungen im Sinne des § 2 Abs. 3 Nr. 3, 4 oder 6 zu erbringen und nicht unter Nummer 1 oder 2 fallen,
4. zu 9 Prozent durch Emittenten mit Sitz im Inland, deren Wertpapiere an einer inländischen Börse zum Handel zugelassen oder mit ihrer Zustimmung in den Freiverkehr einbezogen sind.

§ 11 Levy and costs.

(1) ¹The costs of the Federal Supervisory Authority shall be reimbursed to the Federal Government as follows:
1. 68 per cent. by banks and enterprises doing business pursuant to § 53(1)1 of the Banking Act, provided that these banks or enterprises are permitted to render Securities Services within the meaning of § 2(3) nos. 1, 2 or 5 in Germany;
2. 4 per cent. by official brokers and other enterprises admitted to participate in the trading at a domestic stock exchange, except for those covered by no. 1;
3. 9 per cent. by financial service providers and enterprises doing business pursuant to § 53(1)1 of the Banking Act, provided that these financial service providers or enterprises are permitted to render Securities Services within the meaning of § 2(3) no. 3, 4 or 6 in Germany and are not covered by either of no. 1 or 2;
4. 9 per cent. by issuers who have a domestic registered office and whose Securities are admitted to trading on a domestic stock exchange or are included in the regulated inofficial market with their consent.

²In den Fällen des Satzes 1 Nr. 1 und 2 werden die Kosten nach Maßgabe des Umfanges der nach § 9 Abs. 1 gemeldeten Geschäfte anteilig umgelegt; maßgeblich ist die Zahl der Geschäfte, wobei bei Schuldverschreibungen nur ein Drittel der Geschäfte zu berücksichtigen ist. ³Im Fall des Satzes 1 Nr. 3 werden die Kosten nach Maßgabe des Ergebnisses aus der gewöhnlichen Geschäftstätigkeit oder bei Nachweis nach Maßgabe der aus Wertpapierdienstleistungen oder Eigengeschäften erzielten Bruttoerlöse anteilig umgelegt. ⁴Im Fall des Satzes 1 Nr. 4 werden die Kosten auf die Emittenten nach Maßgabe der Börsenumsätze ihrer zum Handel zugelassenen oder in den Freiverkehr einbezogenen Wertpapiere anteilig umgelegt. ⁵Zu den Kosten gehören auch die Erstattungsbeträge, die nicht beigetrieben werden konnten, sowie die Fehlbeträge aus der Umlage des vorhergenden Jahres, für das Kosten zu erstatten sind; ausgenommen sind die Erstattungs- oder Fehlbeträge, über die noch nicht unanfechtbar oder rechtskräftig entschieden ist. ⁶Die Erstattungsbeträge und die Fehlbeträge sind in voller Höhe dem jeweiligen sich aus Satz 1 ergebenden Anteil der Kosten hinzuzurechnen.

(2) ¹Die nach Absatz 1 Satz 1 Verpflichteten und die inländischen Börsen haben dem Bundesaufsichtsamt auf Verlangen Auskünfte über den Geschäftsumfang, das Ergebnis aus der gewöhnlichen Geschäftstätigkeit oder die Bruttoerlöse und die Börsenumsätze zu erteilen. ²Die Kostenforderungen werden vom Bundesaufsichtsamt nach den Vorschriften des Verwaltungs-Vollstreckungsgesetzes durchgesetzt.

(3) ¹Das Nähere über die Erhebung der Umlage, insbesondere über den Verteilungsschlüssel und -stichtag, die Mindestveranlagung, das Umlageverfahren einschließlich eines geeigneten Schätzverfahrens, die Zahlungsfristen und die Höhe der Säumniszuschläge und über

²In the cases of sentence 1 nos. 1 and 2, the costs shall be borne pro rata according to the volume of transactions reported pursuant to § 9(1); the number of transactions shall be decisive, but only one third of the transactions in debt securities shall be considered. ³In the case of sentence 1 no. 3, the costs shall be borne pro rata according to the profits or losses from regular business activities or, if evidence is provided therefor, according to the gross proceeds from Securities Services or own account transactions. ⁴In the case of sentence 1 no. 4, the costs shall be borne pro rata by the issuers according to the stock exchange turnover in their Securities admitted to trading or included in the regulated inofficial market. ⁵Except for reimbursement amounts or negative amounts in respect of which an unappealable decision has not been rendered, the costs shall include reimbursement amounts that could not be collected, and negative amounts under the levy of reimbursement of the previous year for which costs shall be reinbursed. ⁶The reimbursement amounts and the negative amounts shall be added in full to the respective share in the costs pursuant to sentence 1.

(2) ¹Those subject to the obligation pursuant to para. (1) sentence 1 and the domestic stock exchanges shall, on request, provide the Federal Supervisory Authority with information about the business volume, the profits or losses from the ordinary business activities or the gross proceeds and the stock exchange turnover. ²The claims for the reimbursement of costs shall be enforced by the Federal Supervisory Authority pursuant to the provisions of the Administrative Enforcement Act.

(3) ¹The details as to the levy of reimbursement, in particular about the sharing criteria and there levant date, minimum amounts, the levy procedure including suitable rules for estimates, payment dates and late payment charges and the enforcement shall be determined by the

die Beitreibung bestimmt das Bundesministerium der Finanzen durch Rechtsverordnung, die nicht der Zustimmung des Bundesrates bedarf; die Rechtsverordnung kann auch Regelungen über die vorläufige Festsetzung des Umlagebetrages vorsehen. ²Das Bundesministerium der Finanzen kann die Ermächtigung durch Rechtsverordnung auf das Bundesaufsichtsamt übertragen.

(4) Die Kosten, die dem Bund durch die Prüfung nach § 35 Abs. 1 sowie § 36 Abs. 4 entstehen, sind von den betroffenen Unternehmen gesondert zu erstatten und auf Verlangen des Bundesaufsichtsamtes vorzuschießen.

Federal Ministry of Finance by way of Regulation which shall not require the consent of the Federal Council; the Regulation may set forth rules for preliminary determination of the levy amount. ²The Federal Ministry of Finance may delegate such authority by way of Regulation to the Federal Supervisory Authority.

(4) The costs incurred by the Federal Government in the audit pursuant to § 35(1) and § 36(4) shall be reimbursed separately by the enterprises concerned and shall be paid in advance if the Federal Supervisory Authority so requests.

Abschnitt 3
Insiderüberwachung

Chapter 3
Monitoring of Insider Dealing

§ 12 Insiderpapiere.

(1) ¹Insiderpapiere sind Wertpapiere, die
1. an einer inländischen Börse zum Handel zugelassen oder in den Freiverkehr einbezogen sind, oder
2. in einem anderen Mitgliedstaat der Europäischen Union oder einem anderen Vertragsstaat des Abkommens über den Europäischen Wirtschaftsraum zum Handel an einem organisierten Markt zugelassen sind.

²Der Zulassung zum Handel an einem organisierten Markt oder der Einbeziehung in den Freiverkehr steht gleich, wenn der Antrag auf Zulassung oder Einbeziehung gestellt oder öffentlich angekündigt ist.

(2) ¹Als Insiderpapiere gelten auch

1. Rechte auf Zeichnung, Erwerb oder Veräußerung von Wertpapieren,
2. Rechte auf Zahlung eines Differenzbetrages, der sich an der Wertentwicklung von Wertpapieren bemißt,
3. Terminkontrakte auf einen Aktien- oder Rentenindex oder Zinsterminkontrakte (Finanzterminkontrakte) sowie Rechte auf Zeichnung, Erwerb

§ 12 Insider securities.

(1) ¹Insider Securities are Securities:
1. admitted to trading or included in the regulated inofficial market on a domestic stock exchange;
2. admitted to trading on an Organised Market in another Member State of the European Union or Contracting State of the Agreement on the European Economic Area.

²It shall be deemed equivalent to the admission to trading on an Organised Market or the inclusion in the regulated inofficial market that the application for such admission or inclusion has been filed or has been publicly announced.

(2) ¹Insider Securities shall also deemed to be:
1. rights to the subscription, purchase or sale of Securities;
2. rights to the payment of an amount calculated by reference to the development of the value of Securities;
3. futures contracts relating to a share or bond index, or interest futures contracts (financial futures contracts) as well as rights to the subscription, pur-

oder Veräußerung von Finanzterminkontrakten, sofern die Finanzterminkontrakte Wertpapiere zum Gegenstand haben oder sich auf einen Index beziehen, in den Wertpapiere einbezogen sind,
4. sonstige Terminkontrakte, die zum Erwerb oder zur Veräußerung von Wertpapieren verpflichten,

wenn die Rechte oder Terminkontrakte in einem Mitgliedstaat der Europäischen Union oder einem anderen Vertragsstaat des Abkommens über den Europäischen Wirtschaftsraum zum Handel an einem organisierten Markt zugelassen oder in den Freiverkehr einbezogen sind und die in den Nummern 1 bis 4 genannten Wertpapiere in einem Mitgliedstaat des Abkommens über den Europäischen Wirtschaftsraum zum Handel an einem organisierten Markt zugelassen oder in den Freiverkehr einbezogen sind. ²Der Zulassung der Rechte oder Terminkontrakte zum Handel an einem organisierten Markt oder ihrer Einbeziehung in den Freiverkehr steht gleich, wenn der Antrag auf Zulassung oder Einbeziehung gestellt oder öffentlich angekündigt ist.

chase or sale of financial futures contracts, provided that the subject of such financial futures contracts consists of Securities or relates to an index in which Securities are included;

4. other futures contracts creating an obligation to purchase or sell Securities;

provided that these rights or futures contracts are admitted to trading on an Organised Market or included in the regulated inofficial market within a Member State of the European Union or a Contracting State of the Agreement on the European Economic Area, and the Securities referred to in nos. 1 to 4 are admitted to trading on an Organised Market or included in the regulated inofficial market within a Contracting State of the Agreement on the European Economic Area. ²It shall be deemed equivalent to the admission to trading on an Organised Market or the inclusion in the regulated inofficial that the application for admission or inclusion has been filed or has been publicly announced.

§ 13 Insider.

(1) Insider ist, wer
1. als Mitglied des Geschäftsführungsoder Aufsichtsorgans oder als persönlich haftender Gesellschafter des Emittenten oder eines mit dem Emittenten verbundenen Unternehmens,
2. aufgrund seiner Beteiligung am Kapital des Emittenten oder eines mit dem Emittenten verbundenen Unternehmens oder
3. aufgrund seines Berufs oder seiner Tätigkeit oder seiner Aufgabe bestimmungsgemäß

Kenntnis von einer nicht öffentlich bekannten Tatsache hat, die sich auf einen oder mehrere Emittenten von Insiderpapieren oder auf Insiderpapiere bezieht und die geeignet ist, im Falle ihres öffentlichen Bekanntwerdens den Kurs der In-

§ 13 Insider.

(1) ¹An Insider is anyone who:
1. as member of the management body or the supervisory body or as general partner of the issuer or an enterprise affiliated with the issuer;
2. by virtue of his participation in the issuer's share capital or of an enterprise affiliated with the issuer; or
3. by virtue of his profession, activity or assignment in due course;

has obtained knowledge of circumstances unknown to the public which relate to one or more issuers of Insider Securities or to Insider Securities themselves which, if they become known to the public, may

siderpapiere erheblich zu beeinflussen (Insidertatsache).

(2) Eine Bewertung, die ausschließlich aufgrund öffentlich bekannter Tatsachen erstellt wird, ist keine Insidertatsache, selbst wenn sie den Kurs von Insiderpapieren erheblich beeinflussen kann.

§ 14 Verbot von Insidergeschäften.

(1) Einem Insider ist es verboten,
1. unter Ausnutzung seiner Kenntnis von einer Insidertatsache Insiderpapiere für eigene oder fremde Rechnung oder für einen anderen zu erwerben oder zu veräußern,

2. einem anderen eine Insidertatsache unbefugt mitzuteilen oder zugänglich zu machen,

3. einem anderen auf der Grundlage seiner Kenntnis von einer Insidertatsache den Erwerb oder die Veräußerung von Insiderpapieren zu empfehlen.

(2) Einem Dritten, der Kenntnis von einer Insidertatsache hat, ist es verboten, unter Ausnutzung dieser Kenntnis Insiderpapiere für eigene oder fremde Rechnung oder für einen anderen zu erwerben oder zu veräußern.

§ 15 Veröffentlichung und Mitteilung kursbeeinflussender Tatsachen.

(1) ¹Der Emittent von Wertpapieren, die zum Handel an einer inländischen Börse zugelassen sind, muß unverzüglich eine neue Tatsache veröffentlichen, die in seinem Tätigkeitsbereich eingetreten und nicht öffentlich bekannt ist, wenn sie wegen der Auswirkungen auf die Vermögens- oder Finanzlage oder auf den allgemeinen Geschäftsverlauf des Emittenten geeignet ist, den Börsenpreis der zugelassenen Wertpapiere erheblich zu beeinflussen, oder im Fall zugelassener Schuldverschreibungen die Fähigkeit des Emittenten, seinen Verpflichtungen nach-

materially affect the market price of such Insider Securities (Insider Information).

(2) An analysis established exclusively on the basis of publicly known information shall not be Insider Information, even if such analysis may materially affect the market price of Insider Securities.

§ 14 Prohibition against insider dealing.

(1) An Insider shall be prohibited:
1. from purchasing or selling Insider Securities for his own account or for the account or on behalf of a third person by exploiting his knowledge of Insider Information;

2. from improperly communicating or making available Insider Information to another person,

3. from recommending, based on his knowledge of Insider Information, to another person to purchase or sell Insider Securities.

(2) Any third person who has knowledge of Insider Information shall be prohibited from purchasing or selling Insider Securities based on such knowledge for his own account, or for the account or on behalf of a third person.

§ 15 Disclosure of price sensitive information.

(1) ¹The issuer of Securities admitted to trading on a domestic stock exchange shall without undue delay disclose to the public any circumstances that have occurred within its sphere of activity and are unknown to the public if such circumstances, because of their effect on the issuer's financial position or its general course of business, may materially affect the market price of such listed Securities or, in the case of listed debt securities, may adversely affect the issuer's ability to discharge its obligations. ²The Federal Supervisory Authority may, at its discre-

zukommen, beeinträchtigen kann. ²Das Bundesaufsichtsamt kann den Emittenten auf Antrag von der Veröffentlichungspflicht befreien, wenn die Veröffentlichung der Tatsache geeignet ist, den berechtigten Interessen des Emittenten zu schaden.

tion, release the issuer upon request from the disclosure obligation if such disclosure could be prejudicial to the issuer's legitimate interests.

(2) ¹Der Emittent hat die nach Absatz 1 zu veröffentlichende Tatsache vor der Veröffentlichung
1. der Geschäftsführung der Börsen, an denen die Wertpapiere zum Handel zugelassen sind,
2. der Geschäftsführung der Börsen, an denen ausschließlich Derivate im Sinne des § 2 Abs. 2 gehandelt werden, sofern die Wertpapiere Gegenstand der Derivate sind, und
3. dem Bundesaufsichtsamt

mitzuteilen. ²Die Geschäftsführung darf die ihr nach Satz 1 mitgeteilte Tatsache vor der Veröffentlichung nur zum Zwecke der Entscheidung verwenden, ob die Feststellung des Börsenpreises auszusetzen oder einzustellen ist. ³Das Bundesaufsichtsamt kann gestatten, daß Emittenten mit Sitz im Ausland die Mitteilung nach Satz 1 gleichzeitig mit der Veröffentlichung vornehmen, wenn dadurch die Entscheidung der Geschäftsführung über die Aussetzung oder Einstellung der Feststellung des Börsenpreises nicht beeinträchtigt wird.

(2) ¹Prior to the disclosure, the issuer shall communicate the information to be disclosed pursuant to para. (1):
1. to the Board of Governors of the stock exchanges on which the Securities are admitted to trading;
2. to the Board of Governors of the stock exchanges on which only Derivatives within the meaning of § 2 (2) are traded, provided that the Securities are the subject of such Derivatives; and
3. the Federal Supervisory Authority.

²The Board of Governors may use the information communicated pursuant to sentence 1 prior to its disclosure to the public only for the purpose of deciding whether or not the determination of a stock exchange price shall be suspended or discontinued. ³The Federal Supervisory Authority may permit issuers who have a non-domestic registered office to communicate the information pursuant to sentence 1 simultaneously with their disclosure to the public, provided that this does not impinge on the decision of the board of directors as to whether or not the determination of the stock exchange price should be suspended or discontinued.

(3) ¹Die Veröffentlichung nach Absatz 1 Satz 1 ist

1. in mindestens einem überregionalen Börsenpflichtblatt,

2. über ein elektronisch betriebenes Informationsverbreitungssystem, das bei Kreditinstituten, nach § 53 Abs. 1 Satz 1 des Gesetzes über das Kreditwe-

(3) ¹Disclosure to the public pursuant to para. (1) sentence 1 shall be made in the German language:

1. in at least one newspaper of nationwide circulation approved by the stock exchange for the publication of statutory stock market advertisements (mandatory stock exchange newspaper); or

2. through a system for the electronic dissemination of information of a type widely used by banks, enterprises doing business pursuant to § 53(1)1 of

sen tätigen Unternehmen, anderen Unternehmen, die ihren Sitz im Inland haben und an einer inländischen Börse zur Teilnahme am Handel zugelassen sind, und Versicherungsunternehmen weit verbreitet ist,

in deutscher Sprache vorzunehmen; das Bundesaufsichtsamt kann gestatten, daß Emittenten mit Sitz im Ausland die Veröffentlichung in einer anderen Sprache vornehmen, wenn dadurch eine ausreichende Unterrichtung der Öffentlichkeit nicht gefährdet erscheint. ²Eine Veröffentlichung in anderer Weise darf nicht vor der Veröffentlichung nach Satz 1 erfolgen. ³Das Bundesaufsichtsamt kann bei umfangreichen Angaben gestatten, daß eine Zusammenfassung gemäß Satz 1 veröffentlicht wird, wenn die vollständigen Angaben bei den Zahlstellen des Emittenten kostenfrei erhältlich sind und in der Veröffentlichung hierauf hingewiesen wird.

(4) Der Emittent hat die Veröffentlichung nach Absatz 3 Satz 1 unverzüglich der Geschäftsführung der in Absatz 2 Satz 1 Nr. 1 und 2 erfaßten Börsen und dem Bundesaufsichtsamt zu übersenden, soweit nicht das Bundesaufsichtsamt nach Absatz 2 Satz 3 gestattet hat, die Mitteilung nach Absatz 2 Satz 1 gleichzeitig mit der Veröffentlichung vorzunehmen.

(5) ¹Das Bundesaufsichtsamt kann von dem Emittenten Auskünfte und die Vorlage von Unterlagen verlangen, soweit dies zur Überwachung der Einhaltung der in den Absätzen 1 bis 4 geregelten Pflichten erforderlich ist. ²Während der üblichen Arbeitszeit ist seinen Bediensteten und den von ihm beauftragten Personen, soweit dies zur Wahrnehmung seiner Aufgaben erforderlich ist, das Betreten der Grundstücke und Geschäftsräume des Emittenten zu gestatten. ³§ 16 Abs. 6 und 7 gilt entsprechend.

the Banking Act, other enterprises having a domestic registered office and being admitted to participate in the trading on a domestic stock exchange, and insurance companies;

the Federal Supervisory Office may permit issuers who have a non-domestic registered office to make disclosure in another language, provided that this would not appear to jeopardise the satisfactory information of the public. ²Disclosure shall not be made in any other manner prior to the disclosure pursuant to sentence 1. ³Where the information is voluminous, the Federal Supervisory Authority may permit disclosure of a summary pursuant to sentence 1, provided that complete sets of information are available free of charge at the issuer's paying agents, and provided that the disclosure makes reference to such availability.

(4) The issuer shall without undue delay furnish the disclosure statement pursuant to para. (3) sentence 1 to the Board of Governors of the stock exchanges referred to in para. (2) sentence 1 nos. 1 and 2 and to the Federal Supervisory Authority, unless the Federal Supervisory Authority, pursuant to para. (2) sentence 3, has permitted that the information may simultaneously be disclosed to the public and communicated pursuant to para. (2) sentence 1.

(5) ¹The Federal Supervisory Authority may require the issuer to provide information and furnish documents to the extent necessary for the monitoring of compliance with the obligation pursuant to paras. (1) to (4). ²Officials of, and persons mandated by, the Federal Supervisory Authority shall be granted access to the issuer's premises and offices during usual business hours to the extent this is necessary for the discharge of their duties. ³§ 16 (6) and (7) shall apply *mutatis mutandis*.

(6) ¹Verstößt der Emittent gegen die Verpflichtung nach Absatz 1, 2 oder 3, so ist er einem anderen nicht zum Ersatz des daraus entstehenden Schadens verpflichtet. ²Schadensersatzansprüche, die auf anderen Rechtsgrundlagen beruhen, bleiben unberührt.

§ 16 Laufende Überwachung.

(1) Das Bundesaufsichtsamt überwacht das börsliche und außerbörsliche Geschäft in Insiderpapieren, um Verstößen gegen die Verbote nach § 14 entgegenzuwirken.

(2) ¹Hat das Bundesaufsichtsamt Anhaltspunkte für einen Verstoß gegen ein Verbot nach § 14, kann es von den Wertpapierdienstleistungsunternehmen sowie von Unternehmen mit Sitz im Inland, die an einer inländischen Börse zur Teilnahme am Handel zugelassen sind, Auskünfte über Geschäfte in Insiderpapieren verlangen, die sie für eigene oder fremde Rechnung abgeschlossen oder vermittelt haben. ²Satz 1 gilt entsprechend für Auskunftsverlangen gegenüber Unternehmen mit Sitz im Ausland, die an einer inländischen Börse zur Teilnahme am Handel zugelassen sind, hinsichtlich ihrer an einer inländischen Börse oder im Freiverkehr abgeschlossenen Geschäfte. ³Das Bundesaufsichtsamt kann vom Auskunftspflichtigen die Angabe der Identität der Auftraggeber, der berechtigten oder verpflichteten Personen sowie der Bestandsveränderungen in Insiderpapieren verlangen, soweit es sich um Insiderpapiere handelt, für welche die Anhaltspunkte für einen Verstoß vorliegen oder deren Kursentwicklung von solchen Insiderpapieren abhängt. ⁴Liegen auf Grund der Angaben nach Satz 3 weitere Anhaltspunkte für einen Verstoß gegen ein Verbot nach § 14 vor, kann das Bundesaufsichtsamt vom Auskunftspflichtigen Auskunft über Bestandsveränderungen in Insiderpapieren der Auftraggeber verlangen, soweit die Bestandsveränderungen innerhalb der letzten sechs Monate

(6) ¹If an issuer acts in breach of the obligations pursuant to paras. (1), (2) or (3), it shall not be liable to any third party for damages resulting therefrom. ²Claims for damages arising from other legal bases shall remain unaffected.

§ 16 Continuous monitoring.

(1) The Federal Supervisory Authority shall monitor dealings in Insider Securities both on and off the stock exchange to prevent infringements of § 14.

(2) ¹If the Federal Supervisory Authority has reason to believe that § 14 has been infringed, it may require the Securities Services Providers as well as enterprises having a domestic registered office that are admitted to participate in the trading at a domestic stock exchange to provide information about dealings in Insider Securities that they have entered into for their own or a third party's account or as intermediary. ²Sentence 1 shall apply *mutatis mutandis* to requests for information from enterprises, who have a non-domestic registered office and are admitted to participate in the trading at a domestic stock exchange, in respect of their dealings on a domestic stock exchange or in the regulated inofficial market. ³The Federal Supervisory Office may require the obligated person to disclose the identity of its principals, the parties acquiring rights or obligations, and any changes in the portfolio of Insider Securities, to the extent that there are indications for an infringement in relation to such Insider Securities or that the development of their market price depends on such Insider Securities. ⁴If there are further indications for an infringement of § 14 because of information provided pursuant to sentence 3, the Federal Supervisory Authority may require the obligated person to disclose information about changes in the portfolio of Insider Securities of its principals to the extent

Securities Trading Act § 16

vor Abschluß des Geschäfts, für das Anhaltspunkte für einen Verstoß gegen ein Verbot nach § 14 vorliegen, erfolgt sind. ⁵Die in Satz 1 genannten Unternehmen haben vor Durchführung von Aufträgen, die Insiderpapiere im Sinne des § 12 zum Gegenstand haben, bei natürlichen Personen den Namen, das Geburtsdatum und die Anschrift, bei Unternehmen die Firma und die Anschrift der Auftraggeber und der berechtigten oder verpflichteten Person oder Unternehmen festzustellen und diese Angaben aufzuzeichnen.

(3) ¹Im Rahmen der Auskunftspflicht nach Absatz 2 kann das Bundesaufsichtsamt vom Auskunftspflichtigen die Vorlage von Unterlagen verlangen. ²Während der üblichen Arbeitszeit ist seinen Bediensteten und den von ihm beauftragten Personen, soweit dies zur Wahrnehmung seiner Aufgaben erforderlich ist, das Betreten der Grundstücke und Geschäftsräume der in Absatz 2 Satz 1 genannten Unternehmen zu gestatten. ³Das Betreten außerhalb dieser Zeit, oder wenn die Geschäftsräume sich in einer Wohnung befinden, ist ohne Einverständnis nur zur Verhütung von dringenden Gefahren für die öffentliche Sicherheit und Ordnung zulässig und insoweit zu dulden. ⁴Das Grundrecht der Unverletzlichkeit der Wohnung (Artikel 13 des Grundgesetzes) wird insoweit eingeschränkt.

(4) Hat das Bundesaufsichtsamt Anhaltspunkte für einen Verstoß gegen ein Verbot nach § 14, so kann es von den Emittenten von Insiderpapieren und den mit ihnen verbundenen Unternehmen, die ihren Sitz im Inland haben oder deren Wertpapiere an einer inländischen Börse zum Handel zugelassen sind, sowie den Personen, die Kenntnis von einer Insidertatsache haben, Auskünfte sowie die Vorlage von Unterlagen über Insidertatsachen und über andere Personen verlangen, die von solchen Tatsachen Kenntnis haben.

these changes have occurred within the six-month period prior to the transaction for which indications of an infringement of § 14 are present. ⁵The enterprises referred to in sentence 1, before processing orders for Insider Securities in the meaning of § 12, shall ascertain and record in the case of individuals the name, the date of birth and the address, and in the case of enterprises the business name and the address of the principals and the parties acquiring rights or obligations in the transaction.

(3) ¹Within the scope of the disclosure obligation pursuant to para. (2), the Federal Supervisory Authority may require that documents be furnished by the obligated person to make such disclosure. ²Officials of, and persons mandated by, the Federal Supervisory Authority shall be granted access to the premises and business offices of the enterprises referred to in para. (2) sentence 1 during usual business hours to the extent this is necessary for the discharge of their duties. ³Access at other times, or where the business offices are inside a dwelling, shall be permissible without consent only to prevent an imminent threat to public safety and order, and shall to such extent be tolerated. The constitutional right of the inviolability of the dwelling (Article 13 of the Constitution) shall be restricted to such extent.

(4) If the Federal Supervisory Authority has indications to believe that § 14 has been infringed, it may require the issuers of Insider Securities and their affiliated enterprises who either have a domestic registered office or whose Securities are admitted to trading on a domestic stock exchange, and the individuals who possess Insider Information, to furnish information and documents about Insider Information and about other individuals possessing Insider Information.

(5) Das Bundesaufsichtsamt kann von Personen, deren Indentität nach Absatz 2 Satz 3 mitgeteilt worden ist, Auskünfte über diese Geschäfte verlangen.

(6) ¹Der zur Erteilung einer Auskunft Verpflichtete kann die Auskunft auf solche Fragen verweigern, deren Beantwortung ihn selbst oder einen der in § 383 Abs. 1 Nr. 1 bis 3 der Zivilprozeßordnung bezeichneten Angehörigen der Gefahr strafgerichtlicher Verfolgung oder eines Verfahrens nach dem Gesetz über Ordnungswidrigkeiten aussetzen würde. ²Der Verpflichtete ist über sein Recht zur Verweigerung der Auskunft zu belehren.

(7) Widerspruch und Anfechtungsklage gegen Maßnahmen nach den Absätzen 2 bis 5 haben keine aufschiebende Wirkung.

(8) Die in Absatz 2 Satz 1 genannten Unternehmen dürfen die Auftraggeber oder die berechtigten oder verpflichteten Personen oder Unternehmen nicht von einem Auskunftsverlangen des Bundesaufsichtsamtes nach Absatz 2 Satz 1 oder einem daraufhin eingeleiteten Ermittlungsverfahren in Kenntnis setzen.

(9) ¹Die Aufzeichnungen nach Absatz 2 Satz 4 sind mindestens sechs Jahre aufzubewahren. ²Für die Aufbewahrung gilt § 257 Abs. 3 und 5 des Handelsgesetzbuchs entsprechend.

§ 16a Überwachung der Geschäfte der beim Bundesaufsichtsamt Beschäftigten.

(1) Das Bundesaufsichtsamt muß über angemessene interne Kontrollverfahren verfügen, die geeignet sind, Verstößen der beim Bundesaufsichtsamt Beschäftigten gegen die Verbote nach § 14 entgegenzuwirken.

(2) ¹Der Dienstvorgesetzte oder die von ihm beauftragte Person kann von den beim

(5) The Federal Supervisory Authority may require individuals who have been identified pursuant to para. (2) sentence 3 to furnish information about such transactions.

(6) ¹The person obligated to furnish information may refuse to answer questions if the answer would expose itself, or any related person referred to in § 383 (1) nos. 1 to 3 of the Code of Civil Procedure, to criminal prosecution or proceedings pursuant to the Misdemeanour Act. ²The person so obliged shall be advised of his privilege to refuse such answers.

(7) Neither an objection nor an action for avoidance against the measures referred to in paras. (2) to (5) shall suspend their preliminary enforcement.

(8) The enterprises referred to in para. (2) sentence 1 shall not inform their principals or the parties acquiring rights or obligations under the transaction about the Federal Supervisory Authority's request for information pursuant to para. (2) sentence 1, nor of the commencement of an investigation as a result thereof.

(9) ¹The records referred to in para. (2) sentence 4 shall be kept for not less than six years. ²As to their safekeeping, § 257(3) and (5) of the Commercial Code shall apply *mutatis mutandis*.

§ 16a Monitoring of dealings by Federal Supervisory Authority staff.

(1) The Federal Supervisory Authority shall implement adequate internal control procedures suitable to prevent infringements of § 14 by Federal Supervisory Authority staff.

(2) ¹The superior official or the person mandated by him may require members

Bundesaufsichtsamt Beschäftigten die Erteilung von Auskünften und die Vorlage von Unterlagen über Geschäfte in Insiderpapieren verlangen, die sie für eigene oder fremde Rechnung oder für einen anderen abgeschlossen haben. ²§ 16 Abs. 6 ist anzuwenden. ³Beschäftigte, die bei ihren Dienstgeschäften bestimmungsgemäß Kenntnis von Insidertatsachen haben oder haben können, sind verpflichtet, Geschäfte in Insiderpapieren, die sie für eigene oder fremde Rechnung oder für einen anderen abgeschlossen haben, unverzüglich dem Dienstvorgesetzten oder der von ihm beauftragten Person schriftlich anzuzeigen. ⁴Der Dienstvorgesetzte oder die von ihm beauftragte Person bestimmt die in Satz 3 genannten Beschäftigten.

of the Federal Supervisory Authority staff to furnish information and documents about transactions in Insider Securities entered into for their own account or for the account or on behalf of a third party. ²§ 16(6) shall apply. ³Members of staff who obtain, or have access to, Insider Information in the due course of their official capacity shall notify their superior official or the person retained by him in writing and without undue delay about any transaction in Insider Securities they have entered into for their own account or for the account or on behalf of a third party. ⁴The superior official or the person mandated by him shall determine the members of staff subject to sentence 3.

§ 17 Verarbeitung und Nutzung personenbezogener Daten.

(1) Das Bundesaufsichtsamt darf ihm nach § 16 Abs. 2 Satz 3 oder § 16 a Abs. 2 Satz 1 oder 3 mitgeteilte personenbezogene Daten nur für Zwecke der Prüfung, ob ein Verstoß gegen ein Verbot nach § 14 vorliegt, und der internationalen Zusammenarbeit nach Maßgabe des § 19 speichern, verändern und nutzen.

(2) Personenbezogene Daten, die für Prüfungen oder zur Erfüllung eines Auskunftsersuchens einer zuständigen Stelle eines anderen Staates nach Absatz 1 nicht mehr erforderlich sind, sind unverzüglich zu löschen.

§ 18 Strafverfahren bei Insidervergehen.

(1) ¹Das Bundesaufsichtsamt hat Tatsachen, die den Verdacht einer Straftat nach § 38 begründen, der zuständigen Staatsanwaltschaft anzuzeigen. ²Es kann die personenbezogenen Daten der Betroffenen, gegen die sich der Verdacht richtet oder die als Zeugen in Betracht kommen, der Staatsanwaltschaft übermitteln.

§ 17 Processing and use of personal data.

(1) The Federal Supervisory Authority shall store, process and use personal data furnished to it pursuant to § 16(2)3 or § 16a(2)1 or 3 only for the purpose of an investigation of possible infringements of § 14 or for the purpose of international cooperation according to § 19.

(2) Personal data which are no longer required for investigation purposes or for the compliance with a request for information by the competent authority of another country pursuant to para. (1) shall be deleted without undue delay.

§ 18 Criminal proceedings.

(1) ¹The Federal Supervisory Authority shall notify the competent public prosecutor of any circumstances giving rise to the suspicion of a criminal offence pursuant to § 38. ²It may transmit to the public prosecutor the personal data of any suspects or potential witnesses.

(2)[1)] Dem Bundesaufsichtsamt sind die Anklageschrift, der Antrag auf Erlaß eines Strafbefehls und der Ausgang des Verfahrens mitzuteilen, soweit dies für die Wahrnehmung seiner Aufgaben nach diesem Abschnitt erforderlich ist.

§ 19 Internationale Zusammenarbeit.

(1)[1] Das Bundesaufsichtsamt übermittelt den zuständigen Stellen anderer Mitgliedstaaten der Europäischen Union oder anderer Vertragsstaaten des Abkommens über den Europäischen Wirtschaftsraum die für die Überwachung der Verbote von Insidergeschäften erforderlichen Informationen. [2]Es macht von seinen Befugnissen nach § 16 Abs. 2 bis 5 Gebrauch, soweit dies zur Erfüllung des Auskunftsersuchens der in Satz 1 genannten zuständigen Stellen erforderlich ist.

(2) [1] Bei der Übermittlung von Informationen sind die zuständigen Stellen im Sinne des Absatzes 1 Satz 1 darauf hinzuweisen, daß sie unbeschadet ihrer Verpflichtungen in strafrechtlichen Angelegenheiten, die Verstöße gegen Verbote von Insidergeschäften zum Gegenstand haben, die ihnen übermittelten Informationen ausschließlich zur Überwachung des Verbotes von Insidergeschäften oder im Rahmen damit zusammenhängender Verwaltungs- oder Gerichtsverfahren verwenden dürfen. [2]Eine Verwendung dieser Informationen für andere Zwecke der Überwachung nach § 7 Abs. 2 Satz 1 oder in strafrechtlichen Angelegenheiten in diesen Bereichen oder ihre Weitergabe an zuständige Stellen anderer Staaten für Zwecke nach Satz 1 bedarf der Zustimmung des Bundesaufsichtsamtes.

(3) Das Bundesaufsichtsamt kann die Übermittlung von Informationen verweigern, wenn
1. die Weitergabe der Informationen die Souveränität, die Sicherheit oder die

(2)[1)] Any indictment, any application for summary punishment and the outcome of these proceedings shall be communicated to the Federal Supervisory Authority to the extent necessary for the discharge of its duties pursuant to this Chapter.

§ 19 International co-operation.

(1) [1]The Federal Supervisory Authority shall communicate to the competent authorities of other Member States of the European Union or other Contracting States of the Agreement on the European Economic Area the information necessary for the supervision of the prohibition against insider dealing. It shall make use of its powers pursuant to § 16(2) to (5) to the extent this is necessary to comply with a request for information by the authorities referred to in sentence 1.

(2) [1]When communicating information to the authorities referred to in para. (1) sentence 1, the Federal Supervisory Authority shall advise such authorities to the effect that, without prejudice to their obligations in criminal proceedings concerning insider dealing, they may use such information only for the supervision of the prohibition against insider dealing or in related administrative or judicial proceedings. [2]Any use of such information for other supervisory purposes pursuant to § 7(2)1 or in criminal matters in such context or any release of such information to the competent authorities of other countries for purposes pursuant to sentence 1 shall require the consent of the Federal Supervisory Authority.

(3) The Federal Supervisory Authority may refuse to communicate information if:
1. the release of the information could impinge on the sovereignty, the security

---

[1)] § 18 Abs. 2 **mWv 1.6.1998** aufgeh. durch G v. 18.6.1997 (BGBl. I S. 1430).

[1)] § 18(2) repealed as per 1st June, 1998 by Act of 18th June, 1997 (BGBl. I p. 1430).

öffentliche Ordnung der Bundesrepublik Deutschland beeinträchtigen könnte oder

2. aufgrund desselben Sachverhalts gegen die betreffenden Personen bereits ein gerichtliches Verfahren eingeleitet worden ist oder eine unanfechtbare Entscheidung ergangen ist.

(4) ¹Das Bundesaufsichtsamt darf die ihm von den zuständigen Stellen im Sinne des Absatzes 1 Satz 1 übermittelten Informationen, unbeschadet seiner Verpflichtungen in strafrechtlichen Angelegenheiten, die Verstöße gegen Verbote von Insidergeschäften zum Gegenstand haben, ausschließlich für die Überwachung der Verbote von Insidergeschäften oder im Rahmen damit zusammenhängender Verwaltungs- oder Gerichtsverfahren verwenden. ²Eine Verwendung dieser Informationen für andere Zwecke der Überwachung nach § 7 Abs. 2 Satz 1 oder in strafrechtlichen Angelegenheiten in diesen Bereichen oder ihre Weitergabe an zuständige Stellen anderer Staaten für Zwecke nach Satz 1 bedarf der Zustimmung der übermittelnden Stellen.

(5) ¹Das Bundesaufsichtsamt kann für die Überwachung der Verbote von Insidergeschäften im Sinne des § 14 und entsprechender ausländischer Verbote mit den zuständigen Stellen anderer als der in Absatz 1 Satz 1 genannten Staaten zusammenarbeiten und diesen Stellen Informationen nach Maßgabe des § 7 Abs. 2 übermitteln. ²Absatz 1 Satz 2 ist entsprechend anzuwenden.

or the public order of the Federal Republic of Germany; or

2. judicial proceedings have already been instituted or a final decision been rendered against the relevant individuals on the basis of the same set of facts.

(4) ¹The Federal Supervisory Authority, without prejudice to its obligations in criminal matters concerning insider dealing, may use information received from the competent authorities within the meaning of para. (1) sentence 1 only for the supervision of the prohibition against insider dealing or in related administrative or judicial proceedings. ²Any use of such information for other supervisory purposes pursuant to § 7(2)1 or for criminal proceedings in this context or the release of such information to the competent authorities of other countries for purposes pursuant to sentence 1 shall require approval by the authorities having communicated such information.

(5) ¹The Federal Supervisory Authority may, for the purpose of monitoring the prohibition against insider dealing in the meaning of § 14 and similar prohibitions under foreign laws, co-operate with, and communicate information pursuant to § 7(2) to, the competent authorities of countries other than the Member or Contracting States mentioned in para. (1) sentence 1. ²Para. (1) sentence 2 shall apply *mutatis mutandis*.

§ 20 Ausnahmen.

Die Vorschriften dieses Abschnitts sind nicht auf Geschäfte anzuwenden, die aus geld- oder währungspolitischen Gründen oder im Rahmen der öffentlichen Schuldenverwaltung vom Bund, einem seiner Sondervermögen, einem Land, der Deutschen Bundesbank, einem ausländi-

§ 20 Exemptions.

The provisions of this Chapter shall not apply to transactions carried out for reasons of monetary policy or currency policy or within the scope of the public debt administration of the Federal Government, any of its special funds, any state, the German Federal Bank, any foreign

schen Staat oder dessen Zentralbank oder einer anderen mit diesen Geschäften beauftragten Organisation oder mit für deren Rechnung handelnden Personen getätigt werden.

country or its central bank or any other organisation entrusted with such transactions or any person acting for their account.

Abschnitt 4
Mitteilungs- und Veröffentlichungspflichten bei Veränderungen des Stimmrechtsanteils an börsennotierten Gesellschaften

Chapter 4
Reporting and disclosure obligations relating to changes in the holdings of voting rights in listed companies

§ 21 Mitteilungspflichten des Meldepflichtigen.

§ 21 Reporting obligations.

(1) [1]Wer durch Erwerb, Veräußerung oder auf sonstige Weise 5 Prozent, 10 Prozent, 25 Prozent, 50 Prozent oder 75 Prozent der Stimmrechte an einer börsennotierten Gesellschaft erreicht, überschreitet oder unterschreitet (Meldepflichtiger), hat der Gesellschaft sowie dem Bundesaufsichtsamt unverzüglich, spätestens innerhalb von sieben Kalendertagen, das Erreichen, Überschreiten oder Unterschreiten der genannten Schwellen sowie die Höhe seines Stimmrechtsanteils unter Angabe seiner Anschrift und des Tages des Erreichens, Überschreitens oder Unterschreitens schriftlich mitzuteilen. [2]Die Frist beginnt mit dem Zeitpunkt, zu dem der Meldepflichtige Kenntnis davon hat oder nach den Umständen haben mußte, daß sein Stimmrechtsanteil die genannten Schwellen erreicht, überschreitet oder unterschreitet.

(1) [1]Anyone whose holdings of voting rights in a listed company reach, exceed or fall below 5 per cent, 10 per cent, 25 per cent, 50 per cent or 75 per cent because of an acquisition, disposal or otherwise (Obligor) shall without undue delay, but in any event not later than within seven calendar days, report in writing to the company and the Federal Supervisory Authority his reaching, exceeding or falling below the aforesaid thresholds, the number of his voting rights, his address and the day when such reaching, exceeding or falling below has occurred. [2]The time limit shall begin at the very moment when the Obligor obtains, or according to the circumstances should have obtained, knowledge to the effect that his holding of voting rights has reached, exceeded or fallen below the aforesaid thresholds.

(1a) Wem im Zeitpunkt der erstmaligen Zulassung der Aktien einer Gesellschaft mit Sitz im Inland zum amtlichen Handel an einer Börse in einem Mitgliedstaat der Europäischen Union oder in einem anderen Vertragsstaat des Abkommens über den Europäischen Wirtschaftsraum 5 Prozent oder mehr der Stimmrechte an der Gesellschaft zustehen, hat der Gesellschaft sowie dem Bundesaufsichtsamt eine Mitteilung entsprechend Absatz 1 Satz 1 zu machen.

(1a) Anyone who owns 5 per cent or more of the voting rights in a company having a domestic registered office whose shares are for the first time admitted to the official list of a stock exchange in a Member State of the European Union or in another Contracting State of the Agreement on the European Economic Area shall report such fact to the company and the Federal Supervisory Authority in accordance with para. (1) sentence 1.

(2) Börsennotierte Gesellschaften im Sin-

(2) Listed companies within the meaning

ne dieses Abschnitts sind Gesellschaften mit Sitz im Inland, deren Aktien zum amtlichen Handel an einer Börse in einem Mitgliedstaat der Europäischen Union oder in einem anderen Vertragsstaat des Abkommens über den Europäischen Wirtschaftsraum zugelassen sind.

of this Chapter means companies having a domestic registered office whose shares are admitted to the official list on a stock exchange in a Member State of the European Union or in another Contracting State of the Agreement on the European Economic Area.

§ 22 Zurechnung von Stimmrechten.

(1) Für die Mitteilungspflichten nach § 21 Abs. 1 und 1a stehen den Stimmrechten des Meldepflichtigen Stimmrechte aus Aktien der börsennotierten Gesellschaft gleich,
1. die einem Dritten gehören und von diesem für Rechnung des Meldepflichtigen oder eines von dem Meldepflichtigen kontrollierten Unternehmens gehalten werden,
2. die einem Unternehmen gehören, das der Meldepflichtige kontrolliert,
3. die einem Dritten gehören, mit dem der Meldepflichtige oder ein von ihm kontrolliertes Unternehmen eine Vereinbarung getroffen hat, die beide verpflichtet, langfristig gemeinschaftliche Ziele bezüglich der Geschäftsführung der börsennotierten Gesellschaft zu verfolgen, indem sie ihre Stimmrechte einvernehmlich ausüben,
4. die der Meldepflichtige einem Dritten als Sicherheit übertragen hat, es sei denn, der Dritte ist zur Ausübung der Stimmrechte aus diesen Aktien befugt und bekundet die Absicht, die Stimmrechte auszuüben,
5. an denen zugunsten des Meldepflichtigen ein Nießbrauch bestellt ist,
6. die der Meldepflichtige oder ein von ihm kontrolliertes Unternehmen durch einseitige Willenserklärung erwerben kann,
7. die dem Meldepflichtigen zur Verwahrung anvertraut sind, sofern er die Stimmrechte aus diesen Aktien nach eigenem Ermessen ausüben kann, wenn keine besonderen Weisungen des Aktionärs vorliegen.

(2) Die zuzurechnenden Stimmrechte sind in den Mitteilungen nach § 21 Abs. 1

§ 22 Imputed voting rights.

(1) For the purposes of the reporting obligation pursuant to § 21(1) and (1a), the following voting rights attaching to shares of the Listed Company shall be imputed to the Obligor:
1. shares owned by a third person and held by such person for the account of the Obligor or any enterprise controlled by the Obligor;
2. shares owned by an enterprise controlled by the Obligor;
3. shares owned by a third person with whom the Obligor, or an enterprise under control of the Obligor, has entered into an agreement to the effect that both parties are obliged to pursue long-term common goals in respect of the management of the listed company through the co-ordinated exercise of their voting rights;
4. shares which the Obligor has transferred to a third person as collateral, unless the third person is authorised to exercise the voting rights attaching to the shares and asserts his intention to do so;
5. shares in which a usufruct has been granted for the benefit of the Obligor;
6. shares that the Obligor or an enterprise under control of the Obligor may acquire by unilateral declaration;
7. shares kept in safe custody by the Obligor, provided that, unless the shareholder has given specific directions, the Obligor may exercise the voting rights attaching to the shares at his own discretion.

(2) In the reports pursuant to § 21(1) and (1a), the voting rights to be imputed to the

und 1a für jede der Nummern in Absatz 1 getrennt anzugeben.

(3) Ein kontrolliertes Unternehmen ist ein Unternehmen, bei dem dem Meldepflichtigen unmittelbar oder mittelbar
1. die Mehrheit der Stimmrechte der Aktionäre oder Gesellschafter zusteht,
2. als Aktionär oder Gesellschafter das Recht zusteht, die Mehrheit der Mitglieder des Verwaltungs-, Leitungs- oder Aufsichtsorgans zu bestellen oder abzuberufen, oder
3. als Aktionär oder Gesellschafter aufgrund einer mit anderen Aktionären oder Gesellschaftern dieses Unternehmens getroffenen Vereinbarung die Mehrheit der Stimmrechte allein zusteht.

§ 23 Nichtberücksichtigung von Stimmrechten.

(1) Das Bundesaufsichtsamt läßt auf schriftlichen Antrag zu, daß Stimmrechte aus Aktien der börsennotierten Gesellschaft bei der Berechnung des Stimmrechtsanteils unberücksichtigt bleiben, wenn der Antragsteller
1. ein zur Teilnahme am Handel an einer Börse in einem Mitgliedstaat der Europäischen Union oder in einem anderen Vertragsstaat des Abkommens über den Europäischen Wirtschaftsraum zugelassenes Unternehmen ist, das Wertpapierdienstleistungen erbringt,
2. die betreffenden Aktien im Handelsbestand hält oder zu halten beabsichtigt und
3. darlegt, daß mit dem Erwerb der Aktien nicht beabsichtigt ist, auf die Geschäftsführung der Gesellschaft Einfluß zu nehmen.

(2) Das Bundesaufsichtsamt läßt auf schriftlichen Antrag eines Unternehmens mit Sitz in einem Mitgliedstaat der Europäischen Union oder in einem anderen Vertragsstaat des Abkommens über den

Obligor shall be broken down according to the categories set forth in para. (1) above.

(3) An enterprise under control is any enterprise as to which the Obligor, directly or indirectly:
1. holds the majority of the voting rights of the shareholders or members;
2. in his capacity as shareholder or member is entitled to appoint or remove the majority of the members of the administrative, management or supervisory bodies; or
3. in his capacity as shareholder or member, by virtue of an agreement with other shareholders or members of such enterprise, is entitled to exercise the majority of the voting rights.

§ 23 Voting rights not to be considered.

(1) The Federal Supervisory Authority shall upon written application permit voting rights attaching to shares of listed companies not to be considered in the determination of the holding of voting rights if the applicant:
1. is an enterprise permitted to participate in the trading on the stock exchange in a Member State of the European Union or in another Contracting State of the Agreement on the European Economic Area that renders Securities Services;
2. holds, or intends to hold, the shares concerned in its trading portfolio; and
3. represents that the purchase of the shares is not intended to exercise influence over the management of the company.

(2) The Federal Supervisory Authority shall, upon written application by an enterprise having its registered office in a Member State of the European Union or in another Contracting State of the Agree-

Europäischen Wirtschaftsraum, das nicht die Voraussetzungen des Absatzes 1 Nr. 1 erfüllt, zu, daß Stimmrechte aus Aktien der börsennotierten Gesellschaft für die Meldeschwelle von 5 Prozent unberücksichtigt bleiben, wenn der Antragsteller

1. die betreffenden Aktien hält oder zu halten beabsichtigt, um bestehende oder erwartete Unterschiede zwischen dem Erwerbspreis und dem Veräußerungspreis kurzfristig zu nutzen und
2. darlegt, daß mit dem Erwerb der Aktien nicht beabsichtigt ist, auf die Geschäftsführung der Gesellschaft Einfluß zu nehmen.

(3) ¹Bei der Prüfung des Jahresabschlusses eines Unternehmens, dem gemäß Absatz 1 oder 2 eine Befreiung erteilt worden ist, hat der Abschlußprüfer in einem gesonderten Vermerk festzustellen, ob das Unternehmen die Vorschriften des Absatzes 1 Nr. 2 oder des Absatzes 2 Nr. 1 beachtet hat, und diesen Vermerk zusammen mit dem Prüfungsbericht den gesetzlichen Vertretern des Unternehmens vorzulegen. ²Das Unternehmen ist verpflichtet, den Vermerk des Abschlußprüfers unverzüglich dem Bundesaufsichtsamt vorzulegen. ³Das Bundesaufsichtsamt kann die Befreiung nach Absatz 1 oder 2 außer nach den Vorschriften des Verwaltungsverfahrensgesetzes widerrufen, wenn die Verpflichtungen nach Satz 1 oder 2 nicht erfüllt worden sind. ⁴Wird die Befreiung zurückgenommen oder widerrufen, so kann das Unternehmen einen erneuten Antrag auf Befreiung frühestens drei Jahre nach dem Wirksamwerden der Rücknahme oder des Widerrufs stellen.

(4) Stimmrechte aus Aktien, die aufgrund einer Befreiung nach Absatz 1 oder 2 unberücksichtigt bleiben, können nicht ausgeübt werden, wenn im Falle ihrer Berücksichtigung eine Mitteilungspflicht nach § 21 Abs. 1 oder 1 a bestünde.

ment on the European Economic Area that fails to meet the requirements under para. (1) no. 1, permit voting rights attaching to shares of the listed company not to be considered for the purposes of the 5 per cent reporting obligation if the applicant:

1. holds, or intends to hold, the shares in order to take advantage of actual or expected differences between the purchase price and the sales price within a short period of time; and
2. represents that the acquisition of the shares is not intended to exercise influence over the management of the company.

(3) ¹When auditing the annual accounts of an enterprise which has been exempted pursuant to paras. (1) or (2), the auditor shall certify in a separate statement whether or not the enterprise has complied with the provisions of para. (1) no. 2 or of para. (2) no. 1, and shall deliver such certificate together with his audit report to the legal representatives of the enterprise. ²The enterprise shall be obliged to deliver the auditor's certificate to the Federal Supervisory Authority without undue delay. ³The Federal Supervisory Authority may revoke the exemption pursuant to paras. (1) or (2) not only according to the provisions of the Administrative Procedures Act but also if the requirements pursuant to sentences 1 or 2 have not been complied with. ⁴If the exemption has been withdrawn or revoked, the enterprise may re-apply for such exemption not earlier than three years after the withdrawal or revocation has become effective.

(4) Voting rights attaching to shares that remain unconsidered pursuant to an exemption pursuant to paras. (1) or (2) cannot be exercised if a reporting obligation pursuant to § 21(1) or (1a) would be triggered if they were considered.

§ 24 Mitteilung durch Konzernunternehmen.

Gehört der Meldepflichtige zu einem Konzern, für den nach den §§ 290, 340i des Handelsgesetzbuchs ein Konzernabschluß aufgestellt werden muß, so können die Mitteilungspflichten nach § 21 Abs. 1 oder 1 a durch das Mutterunternehmen oder, wenn das Mutterunternehmen selbst ein Tochterunternehmen ist, durch dessen Mutterunternehmen erfüllt werden.

§ 25 Veröffentlichungspflichten der börsennotierten Gesellschaft.

(1) [1]Die börsennotierte Gesellschaft hat Mitteilungen nach § 21 Abs. 1 oder 1a unverzüglich, spätestens neun Kalendertage nach Zugang der Mitteilung, in deutscher Sprache in einem überregionalen Börsenpflichtblatt zu veröffentlichen. [2]In der Veröffentlichung ist der Meldepflichtige mit Name oder Firma und Staat, in dem sich der Wohnort befindet, oder Sitz anzugeben. [3]Für Gesellschaften, die eigene Aktien erwerben oder veräußern, gelten die Sätze 1 und 2 entsprechend mit der Maßgabe, daß abweichend von Satz 1 eine Erklärung zu veröffentlichen ist, deren Inhalt sich nach § 21 bestimmt, und die Veröffentlichung spätestens neun Kalendertage nach Erreichen, Überschreiten oder Unterschreiten der in § 21 Abs. 1 Satz 1 genannten Schwellen zu erfolgen hat.

(2) [1]Sind die Aktien der börsennotierten Gesellschaft an einer Börse in einem anderen Mitgliedstaat der Europäischen Union oder in einem anderen Vertragsstaat des Abkommens über den Europäischen Wirtschaftsraum zum amtlichen Handel zugelassen, so hat die Gesellschaft die Veröffentlichung nach Absatz 1 Satz 1 und 2 unverzüglich, spätestens neun Kalendertage nach Zugang der Mitteilung, auch in einem Börsenpflichtblatt dieses Staates oder, sofern das Recht dieses Staates eine andere Form der Unter-

§ 24 Reporting by group companies.

If the Obligor forms part of a group of companies for which consolidated accounts shall be prepared pursuant to §§ 290, 340i of the Commercial Code, the reporting obligations pursuant to § 21(1) or (1a) may be discharged by the parent company, or if the parent company is itself a subsidiary, by its parent company.

§ 25 Disclosure by the listed company.

(1) [1]The listed company shall publish reports pursuant to § 21(1) or (1a) in the German language in a mandatory stock exchange newspaper of nationwide circulation without undue delay, but in any event not later than nine calendar days after receipt of such report. [2]The notice published shall mention the name or business name of the Obligor and his country of residence or the place of its registered office. [3]Sentences 1 and 2 shall apply *mutatis mutandis* to companies purchasing or selling their own shares, provided that, in contrast to sentence 1, a notice containing the information required by § 21 shall be published not later than nine calendar days after the thresholds referred to in § 21(1)1 have been reached, exceeded or fallen below.

(2) [1]If the shares of the listed company are admitted to the official list on a stock exchange in another Member State of the European Union or in another Contracting State of the Agreement on the European Economic Area, the company shall publish the notice referred to in para. (1) sentences 1 and 2 without undue delay, but in no event later than nine calendar days after receipt of the report, also in a mandatory stock exchange newspaper in such Member or Contracting State or, if the laws of such Member or Contracting

richtung des Publikums vorschreibt, in dieser anderen Form vorzunehmen. ²Die Veröffentlichung muß in einer Sprache abgefaßt werden, die in diesem Staat für solche Veröffentlichungen zugelassen ist.

(3) ¹Die börsennotierte Gesellschaft hat dem Bundesaufsichtsamt unverzüglich einen Beleg über die Veröffentlichung nach den Absätzen 1 und 2 zu übersenden. ²Das Bundesaufsichtsamt unterrichtet die in Absatz 2 genannten Börsen über die Veröffentlichung.

(4) Das Bundesaufsichtsamt befreit auf schriftlichen Antrag die börsennotierte Gesellschaft von den Veröffentlichungspflichten nach den Absätzen 1 und 2, wenn es nach Abwägung der Umstände der Auffassung ist, daß die Veröffentlichung dem öffentlichen Interesse zuwiderlaufen oder der Gesellschaft erheblichen Schaden zufügen würde, sofern im letzteren Fall die Nichtveröffentlichung nicht zu einem Irrtum des Publikums über die für die Beurteilung der betreffenden Wertpapiere wesentlichen Tatsachen und Umstände führen kann.

§ 26 Veröffentlichungspflichten von Gesellschaften mit Sitz im Ausland.

(1) ¹Erreicht, übersteigt oder unterschreitet der Stimmrechtsanteil des Aktionärs einer Gesellschaft mit Sitz im Ausland, deren Aktien zum amtlichen Handel an einer inländischen Börse zugelassen sind, die in § 21 Abs. 1 Satz 1 genannten Schwellen, so ist die Gesellschaft, sofern nicht die Voraussetzungen des Absatzes 3 vorliegen, verpflichtet, diese Tatsache sowie die Höhe des Stimmrechtsanteils des Aktionärs unverzüglich, spätestens innerhalb von neun Kalendertagen, in einem überregionalen Börsenpflichtblatt zu veröffentlichen. ²Die Frist beginnt mit dem Zeitpunkt, zu dem die Gesellschaft Kenntnis hat, daß der Stimmrechtsanteil des Aktionärs die in § 21 Abs. 1 Satz 1 ge-

State require disclosure to the public in another form, in such other form. ²The notice shall be published in such language as has been approved in such Member or Contracting State for such publication.

(3) ¹The listed company shall without undue delay provide the Federal Supervisory Authority with evidence of the publication pursuant to paras. (1) and (2). ²The Federal Supervisory Authority shall inform the stock exchanges referred to in para. (2) about the publication.

(4) The Federal Supervisory Authority shall, upon written application, exempt the listed company from the disclosure obligations pursuant to paras. (1) and (2) if, after consideration of the circumstances, it is of the opinion that the disclosure would be contrary to the public interest or would have a material adverse effect on the company, provided that in the latter case the non-disclosure is not suitable to mislead the public about the facts and circumstances that are material for the assessment of the relevant Securities.

§ 26 Disclosure by foreign companies.

(1) ¹If the voting rights held by a shareholder of a company with non-domestic registered office whose shares are admitted to the official list on a domestic stock exchange reaches, exceeds or falls below the thresholds referred to in § 21(1)1, the company shall, unless the requirements of para. (3) are met, publish such fact together with the percentage of the voting rights held by such shareholder in a mandatory stock exchange newspaper of nationwide circulation without undue delay, but in any event within nine calendar days. ²Such time limit shall begin at the very moment when the company learns of the fact that the percentage of voting rights held by the shareholder reaches, exceeds or falls below

nannten Schwellen erreicht, überschreitet oder unterschreitet.

the thresholds referred to in § 21(1)1.

(2) Auf die Veröffentlichungen nach Absatz 1 ist § 25 Abs. 1 Satz 2 Abs. 3 und 4 entsprechend anzuwenden.

(2) § 25(1)2, (3) and (4) shall apply *mutatis mutandis* to publications pursuant to para. (1).

(3) Gesellschaften mit Sitz in einem anderen Mitgliedstaat der Europäischen Union oder in einem anderen Vertragsstaat des Abkommens über den Europäischen Wirtschaftsraum, deren Aktien sowohl an einer Börse im Sitzstaat als auch an einer inländischen Börse zum amtlichen Handel zugelassen sind, müssen Veröffentlichungen, die das Recht des Sitzstaates aufgrund des Artikels 10 der Richtlinie 88/627/EWG des Rates vom 12. Dezember 1988 über die bei Erwerb und Veräußerung einer bedeutenden Beteiligung an einer börsennotierten Gesellschaft zu veröffentlichenden Informationen (ABl. EG Nr. L 348 S. 62) vorschreibt, im Inland in einem überregionalen Börsenpflichtblatt in deutscher Sprache vornehmen.

(3) Companies having their registered office in another Member State of the European Union or in another Contracting State of the Agreement on the European Economic Area whose shares are admitted to the official list both in the Member or Contracting State of their registered office and on a domestic stock exchange shall publish notices required by the laws of the Member or Contracting State of their registered office pursuant to Article 10 of Council Directive 88/627/EEC of 12th December, 1988 on the information to be published when a major holding in a listed company is acquired or disposed of (O.J. no. L 348 p. 62) in the German language in a mandatory stock exchange newspaper of nationwide circulation in Germany.

§ 27 Nachweis mitgeteilter Beteiligungen.

Wer eine Mitteilung nach § 21 Abs. 1 oder 1a abgegeben hat, muß auf Verlangen des Bundesaufsichtsamtes oder der börsennotierten Gesellschaft das Bestehen der mitgeteilten Beteiligung nachweisen.

§ 27 Evidence of disclosed shareholdings.

Any person having made disclosure pursuant to § 21(1) or (1a) shall, upon request of the Federal Supervisory Authority or the listed company, provide evidence of the shareholding disclosed.

§ 28 Rechtsverlust.

[1]Rechte aus Aktien, die einem Meldepflichtigen gehören oder aus denen ihm Stimmrechte gemäß § 22 Abs. 1 Nr. 1 oder 2 zugerechnet werden, bestehen nicht für die Zeit, für welche die Mitteilungspflichten nach § 21 Abs. 1 oder 1 a nicht erfüllt werden. [2]Dies gilt nicht für Ansprüche nach § 58 Abs. 4 des Aktiengesetzes und § 271 des Aktiengesetzes, wenn die Mitteilung nicht vorsätzlich unterlassen wurde und nachgeholt worden ist.

§ 28 Suspension of rights.

[1]Rights attaching to shares that are either owned by an Obligor or the voting rights of which are imputed to an Obligor pursuant to § 22(1) no. 1 or 2 shall be suspended for the period of time during which the reporting obligations pursuant to § 21(1) or (1a) have not been discharged. [2]This shall not apply to claims pursuant to § 58(4) Stock Corporation Act and § 271 Stock Corporation Act if the report was omitted without intent and was made after the required time.

§ 29 Befugnisse des Bundesaufsichtsamtes.

(1) ¹Das Bundesaufsichtsamt kann von der börsennotierten Gesellschaft, deren Aktionären und ehemaligen Aktionären sowie von Wertpapierdienstleistungsunternehmen Auskünfte und die Vorlage von Unterlagen verlangen, soweit dies zur Überwachung der Einhaltung der in diesem Abschnitt geregelten Pflichten erforderlich ist. ²Die Befugnisse nach Satz 1 bestehen auch gegenüber Personen und Unternehmen, deren Stimmrechte nach § 22 Abs. 1 zuzurechnen sind. ³§ 16 Abs. 6 ist anzuwenden.

(2) ¹Das Bundesaufsichtsamt kann Richtlinien aufstellen, nach denen es für den Regelfall beurteilt, ob die Voraussetzungen für einen mitteilungspflichtigen Vorgang oder eine Befreiung von den Mitteilungspflichten nach § 21 Abs. 1 gegeben sind. ²Die Richtlinien sind im Bundesanzeiger zu veröffentlichen.

(3) Das Bundesaufsichtsamt kann die Veröffentlichungen nach § 25 Abs. 1 und 2 auf Kosten der börsennotierten Gesellschaft vornehmen, wenn die Gesellschaft die Veröffentlichungspflicht nicht, nicht richtig, nicht vollständig oder nicht in der vorgeschriebenen Form erfüllt.

§ 30 Zusammenarbeit mit zuständigen Stellen im Ausland.

(1) Das Bundesaufsichtsamt arbeitet mit den zuständigen Stellen der anderen Mitgliedstaaten der Europäischen Union, der anderen Vertragsstaaten des Abkommens über den Europäischen Wirtschaftsraum sowie in den Fällen der Nummern 1 und 4 auch mit den entsprechenden Stellen von Drittstaaten zusammen, um insbesondere darauf hinzuwirken, daß
1. Meldepflichtige mit Wohnsitz, Sitz oder gewöhnlichem Aufenthalt in einem dieser Staaten ihre Mitteilungspflichten ordnungsmäßig erfüllen,

§ 29 Powers of the Federal Supervisory Authority.

(1) ¹The Federal Supervisory Authority may require a listed company, its shareholders and former shareholders as well as Securities Services Providers to furnish information and documents to the extent necessary to monitor compliance with the obligations set forth in this Chapter. ²These powers may also be used vis-à-vis persons and enterprises to whom voting rights are imputed pursuant to § 22(1). § 16(6) shall apply.

(2) ¹The Federal Supervisory Authority may establish guidelines according to which it shall generally assess whether the pre-requisites for compliance with, or an exemption from, the reporting obligations pursuant to § 21(1) are met. ²The guidelines shall be published in the Federal Gazette.

(3) The Federal Supervisory Authority may, at the expense of the listed company, publish notices pursuant to § 25(1) and (2) if the company fails to discharge the disclosure obligation correctly, completely, in the required form or at all.

§ 30 Co-operation with foreign authorities.

(1) The Federal Supervisory Authority shall co-operate with the competent authorities of other Member States of the European Union, the other Contracting States of the Agreement on the European Economic Area and, in the cases of no. 1 and 4, with the respective authorities of third countries to ensure that, in particular:
1. Obligors having their domicile, registered office or habitual residence in one of these Member or Contracting States duly discharge their reporting obligations;

2. börsennotierte Gesellschaften ihre Veröffentlichungspflicht nach § 25 Abs. 2 ordnungsmäßig erfüllen,
3. die nach den Vorschriften eines anderen Mitgliedstaates der Europäischen Gemeinschaften oder eines anderen Vertragsstaates des Abkommens über den Europäischen Wirtschaftsraum in diesem Staat Meldepflichtigen mit Wohnsitz, Sitz oder gewöhnlichem Aufenthalt im Inland ihre Mitteilungspflichten ordnungsmäßig erfüllen,
4. Gesellschaften mit Sitz im Ausland, deren Aktien an einer inländischen Börse zum amtlichen Handel zugelassen sind, ihre Veröffentlichungspflichten im Inland ordnungsmäßig erfüllen.

(2) [1]Das Bundesaufsichtsamt darf den zuständigen Stellen der anderen Mitgliedstaaten oder Vertragsstaaten Tatsachen einschließlich personenbezogener Daten übermitteln, soweit dies zur Überwachung der Einhaltung der Mitteilungs- und Veröffentlichungspflichten erforderlich ist. [2]Bei der Übermittlung ist darauf hinzuweisen, daß die zuständigen Stellen, unbeschadet ihrer Verpflichtungen in strafrechtlichen Angelegenheiten, die Verstöße gegen Mitteilungs- und Veröffentlichungspflichten zum Gegenstand haben, die ihnen übermittelten Tatsachen einschließlich personenbezogener Daten ausschließlich zur Überwachung der Einhaltung dieser Pflichten oder im Rahmen damit zusammenhängender Verwaltungs- oder Gerichtsverfahren verwenden dürfen.

(3) Dem Bundesaufsichtsamt stehen im Fall des Absatzes 1 Nr. 3 die Befugnisse nach § 29 Abs. 1 zu.

2. listed companies duly discharge their disclosure obligation pursuant to § 25(2);
3. persons or enterprises whose domicile, registered office or habitual residence is situated in Germany and who are required to report major shareholdings pursuant to the laws of another Member State of the European Communities or another Contracting State of the Agreement on the European Economic Area in such state duly discharge their reporting obligations;
4. companies having a non-domestic registered office whose shares are admitted to the official list on a domestic stock exchange duly discharge their domestic disclosure obligations.

(2) [1]The Federal Supervisory Authority may communicate facts, including personal data, to the competent authorities of the other Member States or Contracting States to the extent necessary to monitor compliance with the reporting and disclosure obligations. [2]Such communications shall be accompanied by instructions to the effect that the competent authorities, without prejudice to their duties in criminal matters concerning infringements of reporting and disclosure obligations, may use such information, including personal data, only for the monitoring of compliance with those obligations or in related administrative or judicial proceedings.

(3) In the case of para. (1) no. 3, the Federal Supervisory Authority shall have the powers pursuant to § 29(1).

Chapter 5
Rules of conduct for Securities Services Providers; limitation of compensation claims

§ 31 General rules of conduct.

(1) A Securities Services Provider shall be obligated:
1. to render Securities Services and Ancillary Securities Services in the interest of its customers with the necessary expertise, care and soundness;
2. to endeavour to avoid conflicts of interest and to ensure, where the conflict of interest cannot be avoided, that the customer's order is carried out with due regard to the customer's interest.

(2) [1]It shall further be obligated:
1. to require from its customers information about their experience in or knowledge about transactions contemplated to be the subject of Securities Services or Ancillary Securities Services, about the objectives they pursue with these transactions and about their financial situation;
2. to provide its customers with any relevant information;
to the extent necessary to preserve the interests of the customers and with regard to the type and volume of the proposed transactions. [2]The customers shall not be obligated to provide the information requested pursuant to sentence 1 no. 1.

(3) Paras. (1) and (2) shall also apply to enterprises having a non-domestic registered office that render Securities Services or Ancillary Securities Services to customers having a domestic habitual residence or management, unless the Securities Services or Ancillary Securities Services including related ancillary services are rendered only abroad.

§ 32 Besondere Verhaltensregeln.

(1) Einem Wertpapierdienstleistungsunternehmen oder einem mit ihm verbundenen Unternehmen ist es verboten,
1. Kunden des Wertpapierdienstleistungsunternehmens den Ankauf oder Verkauf von Wertpapieren, Geldmarktinstrumenten oder Derivaten zu empfehlen, wenn und soweit die Empfehlung nicht mit den Interessen der Kunden übereinstimmt;
2. Kunden des Wertpapierdienstleistungsunternehmens den Ankauf oder Verkauf von Wertpapieren, Geldmarktinstrumenten oder Derivaten zu dem Zweck zu empfehlen, für Eigengeschäfte des Wertpapierdienstleistungsunternehmens oder eines mit ihm verbundenen Unternehmens Preise in eine bestimmte Richtung zu lenken;
3. Eigengeschäfte aufgrund der Kenntnis von einem Auftrag eines Kunden des Wertpapierdienstleistungsunternehmens zum Ankauf oder Verkauf von Wertpapieren, Geldmarktinstrumenten oder Derivaten abzuschließen, die Nachteile für den Auftraggeber zur Folge haben können.

(2) Den Geschäftsinhabern eines in der Rechtsform des Einzelkaufmanns betriebenen Wertpapierdienstleistungsunternehmens, bei anderen Wertpapierdienstleistungsunternehmen den Personen, die nach Gesetz oder Gesellschaftsvertrag mit der Führung der Geschäfte des Unternehmens betraut und zu seiner Vertretung ermächtigt sind, sowie den Angestellen eines Wertpapierdienstleistungsunternehmens, die mit der Durchführung von Geschäften in Wertpapieren, Geldmarktinstrumenten oder Derivaten, der Wertpapieranalyse oder der Anlageberatung betraut sind, ist es verboten,
1. Kunden des Wertpapierdienstleistungsunternehmens den Ankauf oder Verkauf von Wertpapieren, Geldmarktinstrumenten oder Derivaten unter den Voraussetzungen des Absatzes 1 Nr. 1 oder zu dem Zweck zu empfehlen, für den Abschluß von Geschäften für sich

§ 32 Special rules of conduct.

(1) A Securities Services Provider or any affiliated enterprise shall not:
1. recommend to the customers of the Securities Services Provider to purchase or sell Securities, Money Market Instruments or Derivatives if and to the extent such recommendation is not in line with the customers' interests;
2. recommend to the customers of the Securities Services Provider to purchase or sell Securities, Money Market Instruments or Derivatives for the purpose of directing their prices in any particular direction with the view to own account transactions of the Securities Services Provider or any affiliated enterprise;
3. enter into transactions for own account based on the knowledge of an order of a customer of the Securities Services Provider for the purchase or sale of Securities, Money Market Instruments or Derivatives where such transactions could adversely affect the customer.

(2) The proprietors of a Securities Services Provider organised in the form of a sole proprietorship and, in the case of other Securities Services Providers, the individuals who pursuant to the law or the memorandum and articles of association are authorised to manage the business of, and represent, such enterprise, as well as the employees of a Securities Services Provider who are entrusted with the handling of transactions in Securities, Money Market Instruments or Derivatives, securities analysis or investment advice, shall not:

1. recommend to the customers of the Securities Services Provider to purchase or sell Securities, Money Market Instruments or Derivatives under the circumstances set forth in para. (1) no. 1 or for the purpose of directing the prices of Securities, Money Market In-

oder Dritte Preise von Wertpapieren, Geldmarktinstrumenten oder Derivaten in eine bestimmte Richtung zu lenken;
2. aufgrund der Kenntnis von einem Auftrag eines Kunden des Wertpapierdienstleistungsunternehmens zum Ankauf oder Verkauf von Wertpapieren, Geldmarktinstrumenten oder Derivaten Geschäfte für sich oder einen Dritten abzuschließen, die Nachteile für den Auftraggeber zur Folge haben können.

(3) Die Absätze 1 und 2 gelten unter den in § 31 Abs. 3 bestimmten Voraussetzungen auch für Unternehmen mit Sitz im Ausland.

§ 33 Organisationspflichten.

(1) Ein Wertpapierdienstleistungsunternehmen
1. ist verpflichtet, die für eine ordnungsmäßige Durchführung der Wertpapierdienstleistung und Wertpapiernebendienstleistung notwendigen Mittel und Verfahren vorzuhalten und wirksam einzusetzen;
2. muß so organisiert sein, daß bei der Erbringung der Wertpapierdienstleistung und Wertpapiernebendienstleistung Interessenkonflikte zwischen dem Wertpapierdienstleistungsunternehmen und seinen Kunden oder Interessenkonflikte zwischen verschiedenen Kunden des Wertpapierdienstleistungsunternehmens möglichst gering sind;
3. muß über angemessene interne Kontrollverfahren verfügen, die geeignet sind, Verstößen gegen Verpflichtungen nach diesem Gesetz entgegenzuwirken.

(2) ¹Bereiche, die für die Durchführung der Wertpapierdienstleistungen oder Wertpapiernebendienstleistungen wesentlich sind, dürfen auf ein anderes Unternehmen nur ausgelagert werden, wenn dadurch weder die Ordnungsmäßigkeit

struments or Derivatives into a particular direction with a view to transactions for their own or a third party's account;
2. based on their knowledge of an order of a customer of the Securities Services Provider for the purchase or sale of Securities, Money Market Instruments or Derivatives, enter into transactions for their own or a third party's account which would adversely affect the customer.

(3) Where the prerequisites set forth in § 31(3) are met, paras. (1) and (2) shall also apply to enterprises that have a non-domestic registered office.

§ 33 Organisational obligations.

(1) A Securities Services Provider:
1. shall provide and effectively apply such means and procedures as are required for the proper carrying-out of Securities Services and Ancillary Securities Services;
2. shall be organised so as to minimise, when rendering Securities Services and Ancillary Securities Services, conflicts of interest between the Securities Services Provider and its customers or conflicts of interest between different customers of the Securities Services Provider;
3. shall maintain adequate internal control procedures which are suitable to counteract infringements of obligations pursuant to this Act.

(2) ¹Functions that are material for the carrying-out of Securities Services or Ancillary Securities Services may be sourced out to another enterprise only if neither the propriety of these services nor the observance of the obligations pursuant to

dieser Dienstleistungen noch die Wahrnehmung der Pflichten nach Absatz 1, noch die entsprechenden Prüfungsrechte und Kontrollmöglichkeiten des Bundesaufsichtsamtes beeinträchtigt werden. ²Das Wertpapierdienstleistungsunternehmen hat sich insbesondere die erforderlichen Weisungsbefugnisse vertraglich zu sichern und die ausgelagerten Bereiche in seine internen Kontrollverfahren einzubeziehen.

para. (1) nor the corresponding audit and control powers of the Federal Supervisory Authority will be adversely affected. ²The Security Services Provider shall in particular secure by agreement the necessary powers to give instructions and to include the outsourced functions in its internal control procedures.

§ 34 Aufzeichnungs- und Aufbewahrungspflichten.

§ 34 Recording and record keeping obligations.

(1) Ein Wertpapierdienstleistungsunternehmen hat bei der Erbringung von Wertpapierdienstleistungen aufzuzeichnen
1. den Auftrag und hierzu erteilte Anweisungen des Kunden sowie die Ausführung des Auftrags,
2. den Namen des Angestellten, der den Auftrag des Kunden angenommen hat, sowie die Uhrzeit der Erteilung und Ausführung des Auftrags,
3. die dem Kunden für den Auftrag in Rechnung gestellten Provisionen und Spesen,

(1) When rendering Securities Services, a Securities Services Provider shall record:

1. the order and any instructions given by the customer as well as the execution of such order;
2. the name of the employee taking the order of the customer as well as the time of placement and execution of the order;
3. the commissions and expenses invoiced to the customer for the order;

4. die Anweisungen des Kunden sowie die Erteilung des Auftrags an ein anderes Wertpapierdienstleistungsunternehmen, soweit es sich um die Verwaltung von Vermögen im Sinne des § 2 Abs. 3 Nr. 6 handelt,
5. die Erteilung eines Auftrags für eigene Rechnung an ein anderes Wertpapierdienstleistungsunternehmen, sofern das Geschäft nicht der Meldepflicht nach § 9 unterliegt; Aufträge für eigene Rechnung sind besonders zu kennzeichnen.

4. the customer's instructions as well as the placement of the order with another Securities Services Provider to the extent the customer's assets are subject to the management of assets in the meaning of § 2(3) no. 6;
5. the placement of an order for own account with another Securities Services Provider if the transaction is not subject to the reporting obligation pursuant to § 9; orders for own account shall be labelled accordingly.

(2) ¹Das Bundesministerium der Finanzen kann nach Anhörung der Deutschen Bundesbank durch Rechtsverordnung, die nicht der Zustimmung des Bundesrates bedarf, die Wertpapierdienstleistungsunternehmen zu weiteren Aufzeichnungen verpflichten, soweit diese zur Überwachung der Verpflichtungen

(2) ¹The Federal Ministry of Finance, after hearing the German Federal Bank, may, by way of Regulation which shall not require the consent of the Federal Council, impose further recording obligations on Securities Services Providers to the extent this is necessary for the Federal Supervisory Authority to monitor compliance

Securities Trading Act § 34a

der Wertpapierdienstleistungsunternehmen durch das Bundesaufsichtsamt erforderlich sind. ²Das Bundesministerium der Finanzen kann die Ermächtigung durch Rechtsverordnung auf das Bundesaufsichtsamt übertragen.

(3) ¹Die Aufzeichnungen nach den Absätzen 1 und 2 sind mindestens sechs Jahre aufzubewahren. ²Für die Aufbewahrung gilt § 257 Abs. 3 und 5 des Handelsgesetzbuchs entsprechend.

§ 34 a Getrennte Vermögensverwaltung.

(1) ¹Ein Wertpapierdienstleistungsunternehmen, das kein Einlagenkreditinstitut im Sinne des § 1 Abs. 3d Satz 1 des Gesetzes über das Kreditwesen ist, hat Kundengelder, die es im Zusammenhang mit einer Wertpapierdienstleistung oder einer Wertpapiernebendienstleistung entgegennimmt und im eigenen Namen und auf Rechnung der Kunden verwendet, unverzüglich getrennt von den Geldern des Unternehmens und von anderen Kundengeldern auf Treuhandkonten bei einem Kreditinstitut, das im Inland zum Betreiben des Einlagengeschäftes befugt ist, oder einem geeigneten Kreditinstitut mit Sitz im Ausland, das zum Betreiben des Einlagengeschäftes befugt ist, zu verwahren. ²Das Wertpapierdienstleistungsunternehmen hat dem Kreditinstitut vor der Verwahrung offenzulegen, daß die Gelder für fremde Rechnung eingelegt werden. ³Es hat den Kunden unverzüglich darüber zu unterrichten, auf welchem Konto die Kundengelder verwahrt werden und ob das Kreditinstitut, bei dem die Kundengelder verwahrt werden, einer Einrichtung zur Sicherung der Ansprüche von Einlegern und Anlegern zugehört und in welchem Umfang die Kundengelder durch diese Einrichtung gesichert sind.

(2) ¹Ein Wertpapierdienstleistungsunternehmen ohne eine Erlaubnis zum Betreiben des Depotgeschäftes im Sinne des § 1

with the obligations to which Securities Services Providers are subject. ²The Federal Ministry of Finance may delegate this authorisation by way of Regulation to the Federal Supervisory Authority.

(3) ¹Records made pursuant to paras. (1) and (2) shall be kept for at least six years. § 257(3) and (5) of the Commercial Code shall apply *mutatis mutandis* to the safekeeping of these records.

§ 34a Separation of funds.

(1) ¹A Securities Service Provider that is not a bank taking deposits in the meaning of § 1(3d)1 of the Banking Act shall without undue delay take into safe custody such customer funds that it has received in connection with Securities Services or Ancillary Securities Services for use in its own name and for account of the customer, and keep them separately from its own funds and from funds of other customers on trust accounts either with a bank permitted to carry on the business of taking deposits in Germany or another suitable bank that has a non-domestic registered office and is permitted to carry on the business of taking deposits. ²Prior to the taking into safe custody, the Securities Services Provider shall notify the bank of the fact that the funds have been deposited for a third party's account. ³It shall without undue delay inform the customer about the account where the customer funds are kept in safe custody and whether the bank holding the customer funds in safe custody is a member of an institution for the protection of claims of depositories and investors and to what extent the customer funds are protected by such institution.

(2) ¹A Securities Services Provider without permission to carry out custody business within the meaning of § 1(1)2 no. 5 of

Abs. 1 Satz 2 Nr. 5 des Gesetzes über das Kreditwesen hat Wertpapiere, die es im Zusammenhang mit einer Wertpapierdienstleistung oder einer Wertpapiernebendienstleistung entgegennimmt, unverzüglich einem Kreditinstitut, das im Inland zum Betreiben des Depotgeschäftes befugt ist, oder einem Kreditinstitut mit Sitz im Ausland, das zum Betreiben des Depotgeschäftes befugt ist und bei welchem dem Kunden eine Rechtsstellung eingeräumt wird, die derjenigen nach dem Depotgesetz gleichwertig ist, zur Verwahrung weiterzuleiten. ²Absatz 1 Satz 3 gilt entsprechend.

(3) ¹Das Bundesministerium der Finanzen kann durch Rechtsverordnung, die nicht der Zustimmung des Bundesrates bedarf, zum Schutz der einem Wertpapierdienstleistungsunternehmen anvertrauten Gelder oder Wertpapiere der Kunden nähere Bestimmungen über den Umfang der Verpflichtungen nach den Absätzen 1 und 2 erlassen. ²Das Bundesministerium der Finanzen kann die Ermächtigung durch Rechtsverordnung auf das Bundesaufsichtsamt übertragen.

the Banking Act shall without undue delay forward, for the keeping in safe custody, any Securities accepted in connection with Securities Services or Ancillary Securities Services to a bank permitted to carry on custody business in Germany or a bank with a non-domestic registered office permitted to carry on the custody business and in respect of which the customer enjoys rights equal to those pursuant to the Safe Custody Act. ²Para. (1) sentence 3 shall apply *mutatis mutandis*.

(3) ¹The Federal Ministry of Finance may, by way of Regulation not requiring the consent of the Federal Council, establish further provisions about the extent of the obligations under paras. (1) and (2) for the protection of customer funds and securities entrusted to a Securities Services Provider. ²The Federal Ministry of Finance may delegate such authorisation by way of Regulation to the Federal Supervisory Authority.

§ 35 Überwachung der Meldepflichten und Verhaltensregeln.

(1) ¹Das Bundesaufsichtsamt kann, zur Überwachung der Einhaltung der in diesem Abschnitt geregelten Pflichten von den Wertpapierdienstleistungsunternehmen, den mit diesen verbundenen Unternehmen und den in § 32 Abs. 2 vor Nummer 1 genannten Personen Auskünfte und die Vorlage von Unterlagen verlangen und auch ohne besonderen Anlaß Prüfungen vornehmen. ²§ 16 Abs. 6 ist anzuwenden. ³Während der üblichen Arbeitszeit ist den Bediensteten des Bundesaufsichtsamtes und den von ihm beauftragten Personen, soweit dies zur Wahrnehmung seiner Aufgaben nach diesem Abschnitt erforderlich ist, das Betreten

§ 35 Monitoring of compliance with the rules of conduct.

(1) ¹The Federal Supervisory Authority may for the purpose of monitoring the compliance with the obligations provided for in this Chapter require Securities Services Providers, their affiliated enterprises and the persons referred to in § 32(2) before no. 1 to provide information and documents and, even if there is no particular reason, conduct audits. ²§ 16(6) shall apply. ³Officials of, and persons mandated by, the Federal Supervisory Authority shall be granted access to the premises and business offices of Securities Services Providers and their affiliated enterprises during usual business hours to the extent this is necessary for

Securities Trading Act § 36

der Grundstücke und Geschäftsräume der Wertpapierdienstleistungsunternehmen und der mit diesen verbundenen Unternehmen zu gestatten.

(2) Das Bundesaufsichtsamt kann zur Überwachung der Einhaltung der in diesem Abschnitt geregelten Pflichten Auskünfte und die Vorlage von Unterlagen auch von Unternehmen mit Sitz im Ausland verlangen, die Wertpapierdienstleistungen gegenüber Kunden erbringen, die ihren gewöhnlichen Aufenthalt oder ihre Geschäftsleitung im Inland haben, sofern nicht die Wertpapierdienstleistung einschließlich der damit im Zusammenhang stehenden Wertpapiernebendienstleistungen ausschließlich im Ausland erbracht wird.

(3) [1]Das Bundesaufsichtsamt kann zur Überwachung der Einhaltung der in diesem Abschnitt geregelten Pflichten Auskünfte über die Geschäftsangelegenheiten, insbesondere über Art und Umfang der betriebenen Geschäfte, und die Vorlage von Unterlagen auch von solchen Kreditinstituten, Finanzdienstleistungsinstituten und nach § 53 Abs. 1 Satz 1 des Gesetzes über das Kreditwesen tätigen Unternehmen verlangen, bei denen Tatsachen die Annahme rechtfertigen, daß sie Wertpapierdienstleistungen erbringen. [2]Absatz 1 Satz 2 und 3 gilt entsprechend.

(4) [1]Die Befugnisse nach Absatz 1 stehen dem Bundesaufsichtsamt auch zur Überwachung der Meldepflichten nach § 9 gegenüber den in § 9 Abs. 1 Satz 1, 3 und 4 genannten Unternehmen zu. [2]§ 16 Abs. 6 ist anzuwenden.

(5) Widerspruch und Anfechtungsklage gegen Maßnahmen nach den Absätzen 1, 3 und 4 haben keine aufschiebende Wirkung.

(6) [1]Das Bundesaufsichtsamt kann Richtlinien aufstellen, nach denen es für den Regelfall beurteilt, ob die Anforderungen

the discharge of its duties provided for in this Chapter.

(2) The Federal Supervisory Authority may for the purpose of monitoring compliance with the obligations provided for in this Chapter request information and documents also from enterprises that have a non-domestic registered office and render Securities Services for customers with domestic habitual residence or management, unless the Securities Services including connected Ancillary Securities Services are rendered abroad only.

(3) [1]The Federal Supervisory Authority may for the purpose of monitoring compliance with the obligations provided for in this Chapter require information about business matters, in particular the type and volume of the business transacted, and documents from banks, financial service providers and enterprises doing business pursuant to § 53(1)1 of the Banking Act in respect of which the circumstances suggest that they render Securities Services. [2]Para. (1) sentences 2 and 3 shall apply *mutatis mutandis*.

(4) [1]The Federal Supervisory Authority shall enjoy the powers pursuant to para. 1 also vis-à-vis the enterprises referred to in § 9(1) sentences 1, 3 and 4 for the purpose of monitoring compliance with the reporting obligations pursuant to § 9. [2]§ 16(6) shall apply.

(5) Neither an objection nor an action to set aside measures pursuant to paras. (1), (3) and (4) shall have the effect of suspending their preliminary enforcement.

(6) [1]The Federal Supervisory Authority may establish guidelines pursuant to which it shall generally assess whether or

nach den §§ 31 bis 33 erfüllt sind. ²Die Deutsche Bundesbank, das Bundesaufsichtsamt für das Kreditwesen sowie die Spitzenverbände der betroffenen Wirtschaftskreise sind vor dem Erlaß der Richtlinien anzuhören; Richtlinien zu § 33 sind im Einvernehmen mit dem Bundesaufsichtsamt für das Kreditwesen zu erlassen. ³Die Richtlinien sind im Bundesanzeiger zu veröffentlichen.

§ 36 Prüfung der Meldepflichten und Verhaltensregeln.

(1) ¹Unbeschadet des § 35 ist die Einhaltung der Meldepflichten nach § 9 und der in diesem Abschnitt geregelten Pflichten einmal jährlich durch einen geeigneten Prüfer zu prüfen. ²Das Wertpapierdienstleistungsunternehmen hat den Prüfer jeweils spätestens zum Ablauf des Geschäftsjahres zu bestellen, auf das sich die Prüfung erstreckt. ³Bei Kreditinstituten, die einem genossenschaftlichen Prüfungsverband angehören oder durch die Prüfungsstelle eines Sparkassen- und Giroverbandes geprüft werden, wird die Prüfung durch den zuständigen Prüfungsverband oder die zuständige Prüfungsstelle, soweit hinsichtlich letzterer das Landesrecht dies vorsieht, vorgenommen. ⁴Geeignete Prüfer sind darüber hinaus Wirtschaftsprüfer, vereidigte Buchprüfer sowie Wirtschaftsprüfungs- und Buchprüfungsgesellschaften, die hinsichtlich des Prüfungsgegenstandes über ausreichende Kenntnisse verfügen. ⁵Der Prüfer hat unverzüglich nach Beendigung der Prüfung einen Prüfungsbericht dem Bundesaufsichtsamt, dem Bundesaufsichtsamt für das Kreditwesen und der Deutschen Bundesbank einzureichen. ⁶Soweit die Prüfungen von genossenschaftlichen Prüfungsverbänden oder Prüfungsstellen von Sparkassen- und Giroverbänden durchgeführt werden, haben die Prüfungsverbände oder Prüfungsstellen den Prüfungsbericht nur auf Anforderung des Bundesaufsichtsamtes, des Bundesauf-

not the requirements pursuant to §§ 31 to 33 have been met. ²Prior to establishing such guidelines, regard shall be had to the views of the German Federal Bank, the Federal Banking Supervisory Authority and the lead associations of the industries concerned; guidelines relating to § 33 shall be established in mutual agreement with the Federal Banking Supervisory Authority. ³The guidelines shall be published in the Federal Gazette.

§ 36 Compliance with the reporting obligations.

(1) ¹Without prejudice to § 35, compliance with reporting obligations pursuant to § 9 and the obligations provided for in this Chapter shall be audited once a year by a competent auditor. ²The Securities Services Provider shall appoint the auditor not later than by the end of the financial year subject to the audit. ³Banks that are members of co-operative audit associations or are audited by the audit commission of a savings and girobank association shall be audited by the competent audit association or, to the extent provided for by state law, the competent audit commission. ⁴Furthermore, competent auditors may be chartered accountants, sworn auditors and firms of chartered accountants or sworn auditors having sufficient knowledge about the matters to be audited. ⁵The auditor shall forthwith upon completion of the audit send his audit report to the Federal Supervisory Authority, the Federal Banking Supervisory Authority and the German Federal Bank. ⁶To the extent the audits are carried out by co-operative audit associations or audit committees of savings and girobank associations, the audit associations or audit commissions shall send their audit report to the Federal Supervisory Authority, the Federal Banking Supervisory Authority or the German Federal Bank only upon request.

sichtsamtes für das Kreditwesen oder der Deutschen Bundesbank einzureichen.

(2) ¹Das Wertpapierdienstleistungsunternehmen hat vor Erteilung des Prüfungsauftrags dem Bundesaufsichtsamt den Prüfer anzuzeigen. ²Das Bundesaufsichtsamt kann innerhalb eines Monats nach Zugang der Anzeige die Bestellung eines anderen Prüfers verlangen, wenn dies zur Erreichung des Prüfungszweckes geboten ist; Widerspruch und Anfechtungsklage hiergegen haben keine aufschiebende Wirkung. ³Das Bundesaufsichtsamt unterrichtet das Bundesaufsichtsamt für das Kreditwesen über seine Entscheidung. ⁴Die Sätze 1 bis 3 gelten nicht für Kreditinstitute, die einem genossenschaftlichen Prüfungsverband angehören oder durch die Prüfungsstelle eines Sparkassen- und Giroverbandes geprüft werden.

(3) ¹Das Bundesaufsichtsamt kann gegenüber dem Wertpapierdienstleistungsunternehmen Bestimmungen über den Inhalt der Prüfung treffen, die vom Prüfer zu berücksichtigen sind. ²Es kann insbesondere Schwerpunkte der Prüfungen festsetzen. ³Bei schwerwiegenden Verstößen gegen die Meldepflichten nach § 9 oder die in diesem Abschnitt geregelten Pflichten hat der Prüfer das Bundesaufsichtsamt unverzüglich zu unterrichten. ⁴Das Bundesaufsichtsamt kann an den Prüfungen teilnehmen. ⁵Hierfür ist dem Bundesaufsichtsamt der Beginn der Prüfung rechtzeitig mitzuteilen.

(4) ¹Das Bundesaufsichtsamt kann in Einzelfällen die Prüfung nach Absatz 1 anstelle des Prüfers selbst oder durch Beauftragte durchführen. ²Das Wertpapierdienstleistungsunternehmen ist hierüber rechtzeitig zu informieren.

(5) ¹Das Bundesministerium der Finanzen kann durch Rechtsverordnung, die nicht der Zustimmung des Bundesrates

(2) ¹The Securities Services Provider shall notify the auditor to the Federal Supervisory Authority before the auditor is instructed. ²The Federal Supervisory Authority shall within one month following receipt of such notification request that another auditor be appointed if this is advisable for the achievement of the audit purpose; neither an objection nor an action for avoidance of such request shall suspend its preliminary enforcement. ³The Federal Supervisory Authority shall inform the Federal Banking Supervisory Authority about its decision. ⁴Sentences 1 to 3 shall not apply to banks that are member of a co-operative audit association or audited by the audit commission of a savings or girobank association.

(3) ¹The Federal Supervisory Authority may issue provisions about the extent of the audit which shall be addressed to the Securities Services Provider and shall be observed by the auditor. ²It may in particular determine the focal points of the audits. ³The auditor shall without undue delay inform the Federal Supervisory Authority about severe infringements of the reporting obligations pursuant to § 9 or the obligations provided for in this Chapter. ⁴The Federal Supervisory Authority may participate in the audit. The commencement of the audit shall therefore be communicated to the Federal Supervisory Authority reasonably in advance.

(4) ¹Instead of the auditor, the Federal Supervisory Authority may, in individual cases, carry out the audit pursuant to para. (1) itself or through delegates. ²The provider of Securities Services shall be notified thereof reasonably in advance.

(5) ¹The Federal Ministry of Finance may, by way of Regulation which shall not require the consent of the Federal Council,

bedarf, nähere Bestimmungen über Art, Umfang und Zeitpunkt der Prüfung nach Absatz 1 erlassen, soweit dies zur Erfüllung der Aufgaben des Bundesaufsichtsamtes erforderlich ist, insbesondere um Mißständen im Handel mit Wertpapieren, Geldmarktinstrumenten und Derivaten entgegenzuwirken, um auf die Einhaltung der Meldepflichten nach § 9 und der in diesem Abschnitt geregelten Pflichten hinzuwirken und um zu diesem Zweck einheitliche Unterlagen zu erhalten. ²Das Bundesministerium der Finanzen kann die Ermächtigung durch Rechtsverordnung auf das Bundesaufsichtsamt übertragen.

establish more detailed provisions regarding the type, extent and timing of the audit pursuant to para. (1) to the extent this is necessary for the discharge of the duties of the Federal Supervisory Authority, in particular in order to counteract adverse circumstances in the trading of Securities, Money Market Instruments and Derivatives, in order to ensure compliance with the reporting obligations pursuant to § 9 and the obligations provided for in this Chapter, and in order to receive standardised documents for this purpose. ²The Federal Ministry of Finance may by way of Regulation delegate such powers to the Federal Supervisory Authority.

§ 36a Unternehmen mit Sitz in einem anderen Mitgliedstaat der Europäischen Union oder in einem anderen Vertragsstaat des Abkommens über den Europäischen Wirtschaftsraum.

§ 36a Companies registered within another Member State of the European Union or another Contracting State of the European Economic Area.

(1) Ein Unternehmen mit Sitz in einem anderen Mitgliedstaat der Europäischen Union oder in einem anderen Vertragsstaat des Abkommens über den Europäischen Wirtschaftsraum, das Wertpapierdienstleistungen allein oder zusammen mit Wertpapiernebendienstleistungen erbringt und das beabsichtigt, im Inland eine Zweigniederlassung zu errichten oder Wertpapierdienstleistungen und Wertpapiernebendienstleistungen gegenüber Kunden zu erbringen, die ihren gewöhnlichen Aufenthaltsort oder ihre Geschäftsleitung im Inland haben, ist vom Bundesaufsichtsamt innerhalb der in § 53 b Abs. 2 Satz 1 des Gesetzes über das Kreditwesen bestimmten Frist auf die Meldepflichten nach § 9 und die in diesem Abschnitt geregelten Pflichten hinzuweisen.

(1) An enterprise having its registered office in another Member State of the European Union or in another Contracting State of the Agreement on the European Economic Area which renders Securities Services, also in connection with Ancillary Securities Services, and which intends to establish a branch in Germany or to render Securities Services and Ancillary Securities Services for customers having a domestic habitual residence or management shall be advised about the reporting obligations pursuant to § 9 and the obligations provided for in this Chapter by the Federal Supervisory Authority within the time limit set forth in § 53b(2)1 of the Banking Act.

(2) ¹Stellt das Bundesaufsichtsamt fest, daß ein Unternehmen im Sinne des Absatzes 1, das im Inland eine Zweigniederlassung hat oder Wertpapierdienstleistungen oder Wertpapiernebendienstleistungen gegenüber den in Absatz 1 genannten Kunden erbringt, die Meldepflichten nach § 9 oder die in diesem

(2) ¹If the Federal Supervisory Authority finds that an enterprise within the meaning of para. (1) having a domestic branch or rendering Securities Services or Ancillary Securities Services for customers referred to in para. (1) fails to comply with the reporting obligations pursuant to § 9 or the obligations provided for in

Abschnitt geregelten Pflichten nicht beachtet, fordert es das Unternehmen auf, seine Verpflichtungen innerhalb einer vom Bundesaufsichtsamt zu bestimmenden Frist zu erfüllen. ²Kommt das Unternehmen der Aufforderung nicht nach, unterrichtet das Bundesaufsichtsamt die zuständigen Behörden des Herkunftsstaats. ³Das Bundesaufsichtsamt unterrichtet das Bundesaufsichtsamt für das Kreditwesen, sofern der Herkunftsstaat keine Maßnahmen ergreift oder sich die Maßnahmen als unzureichend erweisen.

§ 36b Werbung der Wertpapierdienstleistungsunternehmen.

(1) Um Mißständen bei der Werbung für Wertpapierdienstleistungen und Wertpapiernebendienstleistungen zu begegnen, kann das Bundesaufsichtsamt den Wertpapierdienstleistungsunternehmen bestimmte Arten der Werbung untersagen.

(2) Vor allgemeinen Maßnahmen nach Absatz 1 sind die Spitzenverbände der betroffenen Wirtschaftskreise und des Verbraucherschutzes anzuhören.

§ 36c Zusammenarbeit mit zuständigen Stellen im Ausland.

(1) ¹Das Bundesaufsichtsamt übermittelt den zuständigen Stellen der anderen Mitgliedstaaten der Europäischen Union und der anderen Vertragsstaaten des Abkommens über den Europäischen Wirtschaftsraum die Informationen, die für diese Stellen zur Überwachung der Einhaltung der nach den Vorschriften des anderen Mitgliedstaats oder Vertragsstaats geltenden Verhaltensregeln erforderlich sind. ²Es macht von seinen Befugnissen nach § 35 Abs. 1 Gebrauch, soweit dies zur Erfüllung des Auskunftsersuchens der in Satz 1 genannten zuständigen Stellen erforderlich ist.

this Chapter, it shall request such enterprise to discharge its obligation within a time limit to be determined by the Federal Supervisory Authority. ²If the enterprise fails to comply with such request, the Federal Supervisory Authority shall inform the competent authorities of the home Member or Contracting State. ³The Federal Supervisory Authority shall inform the Federal Banking Supervisory Authority if the home Member or Contracting State fails to take steps or if the steps taken turn out to be insufficient.

§ 36b Advertising by providers of securities services.

(1) The Federal Supervisory Authority may restrain Securities Services Providers from making certain types of advertisement in order to counteract adverse circumstances in respect of the advertisement for Securities Services and Ancillary Securities Services.

(2) Regard shall be had to the views of the lead associations of the relevant industries and of consumer protection before general measures pursuant to para. (1) may be taken.

§ 36c Co-operation with foreign authorities.

(1) ¹The Federal Supervisory Authority shall provide the competent authorities of other Member States of the European Union and other Contracting States of the Agreement on the European Economic Area with the information necessary for those authorities to monitor compliance of the rules of conduct applicable pursuant to the laws of such Member State or Contracting State. ²It shall use its powers pursuant to § 35(1) to the extent it is necessary to answer information requests of the competent authorities referred to in sentence 1.

(2) Bei der Übermittlung von Informationen sind die zuständigen Stellen im Sinne des Absatzes 1 Satz 1 darauf hinzuweisen, daß sie unbeschadet ihrer Verpflichtungen in strafrechtlichen Angelegenheiten, die Verstöße gegen Verhaltensregeln zum Gegenstand haben, die ihnen übermittelten Informationen ausschließlich zur Überwachung der Einhaltung der Verhaltensregeln oder im Rahmen damit zusammenhängender Verwaltungs- und Gerichtsverfahren verwenden dürfen.

(3) [1]Das Bundesaufsichtsamt darf die ihm von den zuständigen Stellen im Sinne des Absatz 1 Satz 1 übermittelten Informationen, unbeschadet seiner Verpflichtungen in strafrechtlichen Angelegenheiten, die Verstöße gegen Verhaltensregeln zum Gegenstand haben, ausschließlich für die Überwachung der Einhaltung der Verhaltensregeln oder im Rahmen damit zusammenhängender Verwaltungs- und Gerichtsverfahren verwenden. [2]Eine Verwendung dieser Informationen für andere Zwecke der Überwachung nach § 7 Abs. 2 Satz 1 oder in strafrechtlichen Angelegenheiten in diesen Bereichen oder ihre Weitergabe an zuständige Stellen anderer Staaten für Zwecke nach Satz 1 bedarf der Zustimmung der übermittelnden Stelle.

(4) [1]Das Bundesaufsichtsamt kann für die Überwachung der Einhaltung der in den §§ 31 und 32 geregelten Pflichten und entsprechender ausländischer Verhaltensregeln mit den zuständigen Stellen anderer als der in Absatz 1 Satz 1 genannten Staaten zusammenarbeiten und diesen Stellen Informationen nach Maßgabe des § 7 Abs. 2 übermitteln. [2]Absatz 1 Satz 2 ist entsprechend anzuwenden.

§ 37 Ausnahmen.

(1) [1]Die §§ 31, 32 und 34 gelten nicht für Geschäfte, die an einer Börse zwischen zwei Wertpapierdienstleistungsunternehmen abgeschlossen werden und zu Bör-

(2) When information is provided, the authorities within the meaning of para. (1) sentence 1 shall be advised that, without prejudice to their duties in criminal matters concerning infringements of rules of conduct, they may use the information furnished exclusively for the monitoring of compliance with the rules of conduct or in related administrative or judicial proceedings.

(3) [1]The Federal Supervisory Authority, without prejudice to its duties in criminal matters concerning infringements of rules of conduct, may use information furnished by the authorities in the meaning of para. (1) sentence 1 exclusively for the purpose of monitoring compliance with the rules or conduct or in related administrative or judicial proceedings. [2]If it is intended that such information should be used for other monitoring purposes pursuant to § 7(2)1 or in criminal matters in this context, or that they should be forwarded to the competent authorities of other countries for purposes pursuant to sentence 1, the consent of the authority having originally furnished such information shall be required.

(4) [1]The Federal Supervisory Authority may for the purpose of monitoring compliance with the obligations pursuant to §§ 31 and 32 and the respective foreign rules of conduct co-operate with the competent authorities of countries other than the Member or Contracting States mentioned in para. (1) sentence 1 and provide these authorities with information in accordance with § 7(2). [2]Para. (1) sentence 2 shall apply *mutatis mutandis*.

§ 37 Exemptions.

(1) [1]§§ 31, 32 and 34 shall not apply to transactions which are entered into on a stock exchange between two Securities Services Providers and generate stock ex-

senpreisen führen. ²Wertpapierdienstleistungsunternehmen, die an einer Börse ein Geschäft als Kommissionär abschließen, unterliegen insoweit den Pflichten nach § 34.

(2) § 33 gilt nicht für ein Wertpapierdienstleistungsunternehmen, das ausschließlich Geschäfte betreibt, die in Absatz 1 Satz 1 genannt sind.

(3) § 33 Abs. 1 Nr. 2 und 3 und Abs. 2 sowie die §§ 34 und 34a gelten nicht für Zweigniederlassungen von Unternehmen im Sinne des § 53 b Abs. 1 Satz 1 des Gesetzes über das Kreditwesen.

§ 37a Verjährung von Ersatzansprüchen.

Der Anspruch des Kunden gegen ein Wertpapierdienstleistungsunternehmen auf Schadensersatz wegen Verletzung der Pflicht zur Information und wegen fehlerhafter Beratung im Zusammenhang mit einer Wertpapierdienstleistung oder Wertpapiernebendienstleistung verjährt in drei Jahren von dem Zeitpunkt an, in dem der Anspruch entstanden ist.

Abschnitt 6
Straf- und Bußgeldvorschriften

§ 38 Strafvorschriften.

(1) Mit Freiheitsstrafe bis zu fünf Jahren oder mit Geldstrafe wird bestraft, wer

1. entgegen einem Verbot nach § 14 Abs. 1 Nr. 1 oder Abs. 2 ein Insiderpapier erwirbt oder veräußert,
2. entgegen einem Verbot nach § 14 Abs. 1 Nr. 2 eine Insidertatsache mitteilt oder zugänglich macht oder
3. entgegen einem Verbot nach § 14 Abs. 1 Nr. 3 den Erwerb oder die Veräußerung eines Insiderpapiers empfiehlt.

change prices. ²Securities Services Providers entering into transactions on a stock exchange as commission agent shall insofar be subject to the obligations pursuant to § 34.

(2) § 33 shall not apply to a Securities Services Provider exclusively carrying on business referred to in para. (1) sentence 1.

(3) § 33(1) no. 2 and 3 and (2) as well as §§ 34 and 34 a shall not apply to branches of enterprises within the meaning of § 53b(1) 1 of the Banking Act.

§ 37a Limitation of claims for damages.

The claim for damages that a customer may have against a Securities Services Provider for the violation of information obligations and for defective advice in relation to Securities Services or Ancillary Securities Services shall be subject to a period of limitation of three years following the point in time when such claim becomes existent.

Chapter 6
Criminal offence and misdemeanour provisions

§ 38 Criminal offences.

(1) A person shall be punished by imprisonment of up to five years or by a judicial fine if such person:

1. purchases or sells an Insider Security contrary to § 14 (1) no. 1 or (2);
2. communicates, or makes accessible, Insider Information contrary to § 14 (1) no. 2; or
3. recommends the purchase or sale of an Insider Security contrary to § 14 (1) no. 3.

(2) Einem Verbot im Sinne des Absatzes 1 steht ein entsprechendes ausländisches Verbot gleich.

§ 39 Bußgeldvorschriften.

(1) Ordnungswidrig handelt, wer vorsätzlich oder leichtfertig
1. entgegen
   a) § 9 Abs. 1 Satz 1, 2 oder 3 jeweils in Verbindung mit Absatz 2, auch in Verbindung mit einer Rechtsverordnung nach Absatz 3,
   b) § 15 Abs. 2 Satz 1 oder
   c) § 21 Abs. 1 Satz 1 oder Abs. 1a, jeweils auch in Verbindung mit § 22 Abs. 1 oder 2,
2. entgegen
   a) § 15 Abs. 1 Satz 1 in Verbindung mit Abs. 3 Satz 1 oder
   b) § 25 Abs. 1 Satz 1 in Verbindung mit Satz 2 und 3, § 25 Abs. 2 Satz 1 in Verbindung mit Satz 2 oder § 26 Abs. 1 Satz 1
   eine Mitteilung nicht, nicht richtig, nicht vollständig, nicht in der vorgeschriebenen Form oder nicht rechtzeitig vornimmt,
3. entgegen § 15 Abs. 3 Satz 2 eine Veröffentlichung vornimmt,
4. entgegen § 15 Abs. 4 oder § 25 Abs. 3 Satz 1, auch in Verbindung mit § 26 Abs. 2, eine Veröffentlichung oder einen Beleg nicht oder nicht rechtzeitig übersendet,
5. entgegen § 16 Abs. 2 Satz 5 oder § 34 Abs. 1, auch in Verbindung mit einer Rechtsverordnung nach § 34 Abs. 2 Satz 1, eine Aufzeichnung nicht, nicht richtig, nicht vollständig oder nicht rechtzeitig fertigt,
6. entgegen § 16 Abs. 8 die Auftraggeber oder die berechtigten oder verpflichteten Personen oder Unternehmen in Kenntnis setzt,
7. entgegen § 34 Abs. 3 Satz 1 eine Aufzeichnung nicht oder nicht mindestens sechs Jahre aufbewahrt,
8. einer Vorschrift des § 34 a Abs. 1 oder 2, jeweils auch in Verbindung mit einer Rechtsverordnung nach Abs. 3 Satz 1

(2) The prohibitions referred to in para. (1) shall include equivalent prohibitions under foreign laws.

§ 39 Misdemeanours.

(1) It shall be a misdemeanour intentionally or recklessly:
1. contrary to
   a) § 9(1)1, 2 or 3, in each case in connection with para. (2), also in connection with a Regulation pursuant to para. (3);
   b) § 15(2)1; or
   c) § 21(1)1 or (1a), in each case, also in connection with § 22(1) or (2);
2. contrary to:
   a) § 15(1)1 in connection with (3) sentence 1; or
   b) § 25(1)1 in connection with sentences 2 and 3, § 25(2)1 in connection with sentence 2 or § 26(1)1;
   to fail to make a report, or to make it incorrectly, incompletely, not in due form or due time;
3. to make a publication contrary to § 15(3)2;
4. to fail to furnish a publication or evidence, or to furnish it not in due time contrary to § 15(4) or § 25(3)1, also in connection with § 26(2);
5. to fail to establish a record, or to establish it incorrectly, incompletely or not in due time contrary to § 16(2)5 or § 34(1), also in connection with a Regulation pursuant to § 34(2)1;
6. to inform principals or the parties acquiring rights or obligations contrary to § 16(8);
7. to fail to keep a record or to keep it for at least six years contrary to § 34(3)1;
8. to infringe any provision of § 34a(1) or (2), in each case also in connection with a Regulation pursuant to (3)1 concern-

über die getrennte Vermögensverwaltung zuwiderhandelt oder
9. entgegen § 36 Abs. 1 Satz 2 einen Prüfer nicht oder nicht rechtzeitig bestellt.

(2) Ordnungswidrig handelt, wer vorsätzlich oder fahrlässig
1. einer vollziehbaren Anordnung nach § 15 Abs. 5 Satz 1, § 16 Abs. 2, 3 Satz 1, Abs. 4 oder 5, § 29 Abs. 1, auch in Verbindung mit § 30 Abs. 3, oder § 35 Abs. 1 Satz 1, auch in Verbindung mit Abs. 4 Satz 1, zuwiderhandelt,
2. ein Betreten entgegen § 15 Abs. 5 Satz 2, § 16 Abs. 3 Satz 2 oder § 35 Abs. 1 Satz 3 nicht gestattet oder entgegen § 16 Abs. 3 Satz 3 nicht duldet oder
3. einer vollziehbaren Anordnung nach § 36 b Abs. 1 zuwiderhandelt.

(3) Die Ordnungswidrigkeit kann in den Fällen des Absatzes 1 Nr. 2 Buchstabe a und Nr. 3 mit einer Geldbuße bis zu einer Million fünfhunderttausend Euro, in den Fällen des Absatzes 1 Nr. 1 Buchstabe b und c mit einer Geldbuße bis zu zweihundertfünfzigtausend Euro, in den Fällen des Absatzes 1 Nr. 9 und des Absatzes 2 Nr. 3 mit einer Geldbuße bis zu hunderttausend Euro in den übrigen Fällen mit einer Geldbuße bis zu fünfzigtausend Euro geahndet werden.

§ 40 Zuständige Verwaltungsbehörde.

Verwaltungsbehörde im Sinne des § 36 Abs. 1 Nr. 1 des Gesetzes über Ordnungswidrigkeiten ist das Bundesaufsichtsamt für den Wertpapierhandel.

§ 40a[1] Mitteilungen in Strafsachen.

(1) ¹Das Gericht, die Strafverfolgungs- oder die Strafvollstreckungsbehörde hat in Strafverfahren gegen Inhaber oder Ge-

ing the separation of funds; or
9. to fail to appoint an auditor or to appoint an auditor in due time contrary to § 36 (1) 2.

(2) It shall be a misdemeanour intentionally or recklessly:
1. to contravene an enforceable order pursuant to § 15(5)1, § 16(2), (3)1, (4) or (5), § 29(1), also in connection with § 30(3), or § 35(1)1 also in connection with (4)1;
2. to fail to grant access contrary to § 15(5)2, § 16(3)2 or § 35(1)3 or to fail to tolerate access contrary to § 16(3)3; or
3. to contravene an enforceable order pursuant to § 36b(1).

(3) Any such misdemeanour is punishable by an administrative fine of up to Euro 1,500,000 in the cases of para. (1) no. 2 lit. a and no. 3, by an administrative fine of up to Euro 250,000 in the cases of para. (1) no. 1 lit. b and c, by an administrative fine of up to Euro 100,000 in the cases of para. (1) no. 9 and para. (2) no. 3, and by an administrative fine of up Euro 50,000 in all other cases.

§ 40 Competent Administrative Authority.

The Federal Supervisory Authority shall be the Administrative Authority within the meaning of § 36(1) no. 1 of the Misdemeanour Act.

§ 40a[1] Communication in criminal proceedings.

(1) ¹The court, the public prosecution authorities or the criminal enforcement authorities, in criminal proceedings

---

[1] § 40a **mWv 1.6.1998** eingef. durch G v. 18.6.1997 (BGBl. I S. 1430)

[1] § 40a introduced with effect of 1st June, 1998 by Act of 18th June, 1997 (BGBl. I p. 1430)

schäftsleiter von Wertpapierdienstleistungsunternehmen oder deren gesetzliche Vertreter oder persönlich haftende Gesellschafter wegen Straftaten zum Nachteil von Kunden bei oder im Zusammenhang mit dem Betrieb des Wertpapierdienstleistungsunternehmens, ferner in Strafverfahren, die Straftaten nach § 38 zum Gegenstand haben, im Falle der Erhebung der öffentlichen Klage dem Bundesaufsichtsamt

1. die Anklageschrift oder eine an ihre Stelle tretende Antragsschrift,
2. den Antrag auf Erlaß eines Strafbefehls und
3. die das Verfahren abschließende Entscheidung mit Begründung

zu übermitteln; ist gegen die Entscheidung ein Rechtsmittel eingelegt worden, ist die Entscheidung unter Hinweis auf das eingelegte Rechtsmittel zu übermitteln. ²In Verfahren wegen fahrlässig begangener Straftaten werden die in den Nummern 1 und 2 bestimmten Übermittlungen nur vorgenommen, wenn aus der Sicht der übermittelnden Stelle unverzüglich Entscheidungen oder andere Maßnahmen des Bundesaufsichtsamtes geboten sind.

(2) ¹Werden sonst in einem Strafverfahren Tatsachen bekannt, die auf Mißstände in dem Geschäftsbetrieb eines Wertpapierdienstleistungsunternehmens hindeuten, und ist deren Kenntnis aus der Sicht der übermittelnden Stelle für Maßnahmen des Bundesaufsichtsamtes nach diesem Gesetz erforderlich, soll das Gericht, die Strafverfolgungs- oder die Strafvollstreckungsbehörde diese Tatsachen ebenfalls mitteilen, soweit nicht für die übermittelnde Stelle erkennbar ist, daß schutzwürdige Interessen des Betroffenen überwiegen. ²Dabei ist zu berücksichtigen, wie gesichert die zu übermittelnden Erkenntnisse sind.

against the proprietor or head manager of Securities Services Providers or their legal representatives or general partners in relation to criminal offences to the detriment of customers in respect of or in connection with the carrying-on of the business of Securities Services, and further in criminal proceedings concerning criminal offences pursuant to § 38, in the case of an indictment, shall communicate to the Federal Supervisory Authority:

1. the bill of indictment or a written application for a motion replacing it;
2. the motion for summary judgement; and
3. the decision completing the proceedings together with its reasons.

If an appeal has been lodged against the decision, the decision shall be communicated with reference to the appeal. ²In proceedings for criminal offences for negligence, the communications pursuant to nos. 1 and 2 shall be made only if the authority communicating such information is of the opinion that immediate decisions or other measures should be taken by the Federal Supervisory Authority.

(2) ¹If circumstances become known in criminal proceedings which allude to adverse circumstances in the business of a Securities Services Provider, and if it is necessary in the opinion of the authority communicating such information for the Federal Supervisory Authority to know thereof, the court, the criminal prosecution authority or enforcement authority should communicate such circumstances as well, but only to the extent that the authority communicating such information recognises that the legitimate interests of the person concerned should prevail. ²It shall be taken into account how secure the basis of such information is.

Abschnitt 7
Übergangsbestimmungen

§ 41 Erstmalige Mitteilungs- und Veröffentlichungspflicht.

(1) Ein Unternehmen im Sinne des § 9 Absatz 1 Satz 1, das am 1. August 1997 besteht und nicht bereits vor diesem Zeitpunkt der Meldepflicht nach § 9 Abs. 1 unterlag, muß Mitteilungen nach dieser Bestimmung erstmals am 1. Februar 1998 abgeben.

(2) Wem am 1. Januar 1995 unter Berücksichtigung des § 22 Abs. 1 fünf Prozent oder mehr der Stimmrechte einer börsennotierten Gesellschaft zustehen, hat spätestens am Tag der ersten Hauptversammlung der Gesellschaft, die nach dem 1. April 1995 stattfindet, der Gesellschaft sowie dem Bundesaufsichtsamt die Höhe seines Anteils am stimmberechtigten Kapital unter Angabe seiner Anschrift schriftlich mitzuteilen, sofern nicht zu diesem Zeitpunkt bereits eine Mitteilung gemäß § 21 Abs. 1 abgegeben worden ist.

(3) Die Gesellschaft hat Mitteilungen nach Absatz 2 innerhalb von einem Monat nach Zugang nach Maßgabe des § 25 Abs. 1 Satz 1, Abs. 2 zu veröffentlichen und dem Bundesaufsichtsamt unverzüglich einen Beleg über die Veröffentlichung zu übersenden.

(4) Auf die Pflichten nach den Absätzen 2 und 3 sind die §§ 23, 24, 25 Abs. 1 Satz 3, Abs. 3 Satz 2, Abs. 4, §§ 27 bis 30 entsprechend anzuwenden.

(5) Ordnungswidrig handelt, wer vorsätzlich oder leichtfertig
1. entgegen Absatz 2 eine Mitteilung nicht, nicht richtig, nicht vollständig, nicht in der vorgeschriebenen Form oder nicht rechtzeitig macht oder
2. entgegen Absatz 3 in Verbindung mit § 25 Abs. 1 Satz 1 oder Abs. 2 eine Veröffentlichung nicht, nicht richtig, nicht

Chapter 7
Transitional provisions

§ 41 First reporting and disclosure obligation.

(1) Any enterprise within the meaning of § 9(1)1 existing on 1st August, 1997 which was, prior to such date, not subject to the reporting obligation pursuant to § 9(1) shall furnish reports pursuant to such provision from 1st February, 1998.

(2) Any person who on 1st January, 1995, taking into account § 22(1), is entitled to 5 per cent or more of the voting rights in a listed company, shall report in writing to the company and the Federal Supervisory Authority his share in the voting capital and his address in writing by no later than the date of the first general meeting of the company taking place after 1st April, 1995 unless by such date a report pursuant to § 21(1) has already been made.

(3) The company shall publish reports pursuant to para. (2) within one month after they have been received in accordance with § 25(1)1, (2) and furnish evidence of the publication to the Federal Supervisory Authority without undue delay.

(4) §§ 23, 24, 25(1)3, (3)2, (4), §§ 27 to 30 shall apply *mutatis mutandis* to the obligations pursuant to paras. (2) and (3).

(5) It shall be a misdemeanour intentionally or recklessly:
1. to fail to report or to report correctly, completely, in due form or in due time contrary to para. (2); or
2. to fail to make a publication or to publish correctly, completely, in due form or timely, or to fail to furnish evidence

vollständig, nicht in der vorgeschriebenen Form oder nicht rechtzeitig vornimmt oder einen Beleg nicht oder nicht rechtzeitig übersendet.

(6) Die Ordnungswidrigkeit kann in den Fällen des Absatzes 5 Nr. 1 mit einer Geldbuße bis zu zweihundertfünfzigtausend Euro und in den Fällen des Absatzes 5 Nr. 2 mit einer Geldbuße bis zu fünfzigtausend Euro geahndet werden.

or to furnish it timely contrary to para. (3) in connection with § 25(1)1 or (2).

(6) The misdemeanour may be punished by an administrative fine of up to Euro 250,000 in the cases of para. (5) no. 1 and by an administrative fine of up to Euro 50,000 in the cases of para. (5) no. 2.

§ 42 Übergangsregelung für die Kostenerstattungspflicht nach § 11.

Die nach § 11 Abs. 1 Satz 1 in der Fassung des Gesetzes vom 26. Juli 1994 (BGBl. I S. 1749) zur Erstattung der Kosten des Bundesaufsichtsamtes Verpflichteten können für die Zeit bis Ende 1996 den Nachweis über den Umfang der Geschäfte in Wertpapieren und Derivaten auch anhand der im Jahre 1996 und für 1997 anhand der Zahl der im Jahre 1997 gemäß § 9 mitgeteilten Geschäfte führen.

§ 42 Transitional provision for the compensation of costs pursuant to § 11.

The parties obligated to reimburse the costs of the Federal Supervisory Authority Pursuant to § 11(1)1 as of 26th July, 1994 (BGBl. I p. 1749) may furnish evidence of the volume of transactions in Securities and Derivatives for the period of time until the end of 1996 also on the basis of the transactions notified in 1996, and for 1997 on the basis of the number of transactions notified in 1997 pursuant to § 9.

§ 43 Übergangsregelung für die Verjährung von Ersatzansprüchen nach § 37a.

§ 37a ist nicht anzuwenden auf Ansprüche gegen Wertpapierdienstleistungsunternehmen auf Schadensersatz wegen Verletzung der Pflicht zur Information und wegen fehlerhafter Beratung im Zusammenhang mit einer Wertpapierdienstleistung oder Wertpapiernebendienstleistung, die vor dem 1. April 1998 entstanden sind.

§ 43 Transitional provision for the limitation of claims for damages pursuant to § 37a.

§ 37a shall not apply to claims against Securities Services Providers for damages because of an infringement of the obligation to provide information and for defective advice in connection with Securities Services or Ancillary Securities Services which have existed before 1st April, 1998.

ÜBERNAHMEKODEX DER BÖRSENSACHVERSTÄNDIGENKOMMISSION BEIM BUNDESMINISTERIUM DER FINANZEN

vom 14. Juli 1995, geändert durch Bekanntmachung vom 28. November 1997 mit Wirkung ab 1. Januar 1998

Einleitung

Der Übernahmekodex ist eine von der Börsensachverständigenkommission erstellte Empfehlung von Verhaltensnormen für die an freiwilligen öffentlichen Übernahmeangeboten beteiligten Parteien. Der Kodex ist – unbeschadet gesetzlicher Regelungen – als flexibles Instrument konzipiert, das im Laufe der Zeit gemäß den Erfahrungen aus der Praxis angepaßt werden kann. Er trifft zwar keine Aussagen über die Zweckmäßigkeit von öffentlichen Übernahmen, soll jedoch dazu beitragen, daß öffentliche Angebote all die Informationen enthalten, die für eine sorgfältige und sachgerechte Entscheidung der Wertpapierinhaber und der Organe der betroffenen Gesellschaft (Zielgesellschaft) notwendig sind. Der Kodex soll Marktmanipulationen vorbeugen und sicherstellen, daß alle Beteiligten die Grundsätze von Treu und Glauben beachten. Deshalb ist dieser Kodex nicht nur nach seinem Wortlaut, sondern auch nach seinem hiermit verfolgten Zweck zu beachten.

Begriffsbestimmungen

Öffentliche Angebote

Öffentliche Angebote im Sinne dieses Kodex sind öffentliche Kauf- und Umtauschangebote sowie Aufforderungen zur Abgabe von Angeboten, die ohne Bestehen einer Rechtspflicht von einem Bieter an die Inhaber von Wertpapieren einer

TAKEOVER CODE OF THE STOCK EXCHANGE EXPERT COMMISSION AT THE FEDERAL MINISTRY OF FINANCE

of 14th July, 1995, as amended by notice of 28th November, 1997 and effective as per 1st January, 1998

Introduction

The Takeover Code is a recommendation prepared by the Stock Exchange Expert Commission of rules of conduct for parties involved in voluntary public takeover bids. Without prejudice to statutory provisions, the Code has been conceived as a flexible instrument which may be modified from time to time in accordance with practical experience. Whereas the Code does not express an opinion about the expediency of public takeover, it seeks to assist in ensuring that public takeover bids contain all information necessary to enable the holders of securities and the bodies of the company concerned (target company) to make a considered and proper decision. The Code is intended to prevent market manipulation and to ensure that all parties involved pay attention to the principles of good faith. Therefore, the Code shall be observed not only according to the letter, but also in accordance with its underlying purpose.

Definitions

Public Takeover Bids

Public takeover bids within the meaning of this Code are public purchase and exchange offers and invitations to extend such offers which are extended by an offeror, without legal obligation, to the holders of securities of a target company

Zielgesellschaft gerichtet sind, mit dem Ziel, deren Wertpapiere zu einem bestimmten Preis in bar oder im Tausch gegen andere Wertpapiere im Sinne des § 2 Abs. 1 Wertpapierhandelsgesetz (WpHG) zu erwerben.

with the objective of acquiring the holders' securities for a certain price in cash or in exchange for other securities within the meaning of § 2(1) of the Securities Trading Act.

Bieter

Bieter im Sinne des Kodex ist jede natürliche oder juristische Person mit Sitz im Inland oder Ausland, die allein oder gemeinsam mit anderen Personen ein öffentliches Angebot abgibt.

Offeror

Offeror within the meaning of this Code is any natural or legal person having its registered office in Germany or abroad that makes a public takeover bid either alone or together with other persons.

Zielgesellschaft

Zielgesellschaft im Sinne dieses Kodex ist jede Aktiengesellschaft oder Kommanditgesellschaft auf Aktien mit Sitz im Inland, deren Wertpapiere Gegenstand eines öffentlichen Angebots sind und die an einer inländischen Börse zum Handel zugelassen oder mit ihrer Zustimmung in den Freiverkehr einbezogen sind.

Target Company

A target company within the meaning of this Code is any stock corporation or partnership limited by shares having a domestic registered office whose securities are both subject to a public takeover bid and admitted to trading on a domestic stock exchange or, with its consent, have been included in the regulated inofficial market.

Wertpapiere

Wertpapiere im Sinne dieses Kodex sind alle Rechte, deren Erwerb der Bieter anstrebt und die unmittelbar oder mittelbar Stimmrechte in der Hauptversammlung der Zielgesellschaft zum Gegenstand haben. Dazu zählen Stammaktien, Aktien mit mehrfachem Stimmrecht und solche Vorzugsaktien, die zum Zeitpunkt der Veröffentlichung des Angebots Stimmrechte haben sowie Surrogate solcher Wertpapiere (z.B. American Depositary Receipts, ADR). Wertpapiere im Sinne dieses Kodex sind auch solche Rechte, die den Bezug jener Aktien zum Gegenstand haben, die durch einseitige Willenserklärung des Rechtsinhabers neu zur Entstehung gebracht werden können. Der Kodex gilt auch für Angebote zum Erwerb von Wertpapieren einer Emission, die nicht zum Börsenhandel zugelassen oder in den Freiverkehr einbezogen sind, wenn andere Wertpapiere dieser Emission an der Börse gehandelt werden.

Securities

Securities within the meaning of this Code are all rights the offeror seeks to acquire and which, directly or indirectly, confer the right to vote in shareholders' meetings of the target company. This includes shares of common stock, shares with multiple voting rights and shares of preferred stock conferring voting rights when the takeover bid is published, and surrogates of such securities (e.g. American Depositary Receipts, ADRs). Securities within the meaning of this Code also include rights entitling the holder thereof to subscribe to the aforementioned shares that can be created by unilateral declaration by such holder. The Code also applies to offers for the purchase of securities that are neither admitted to trading on a stock exchange nor traded in the regulated inofficial market, provided that other securities of the same issue are traded on a stock exchange.

Soweit sich ein öffentliches Angebot auf stimmrechtslose Vorzugsaktien bezieht, so gelten die Regeln des Kodex analog.

To the extent a public takeover bid relates to non-voting preferred shares, the rules of this Code shall apply *mutatis mutandis*.

Übernahmekommission

Die Mitglieder der Übernahmekommission werden von der Börsensachverständigenkommission berufen. Der Übernahmekommission obliegt vor allem eine Schiedsfunktion.

Takeover Commission

The members of the Takeover Commission shall be appointed by the Stock Exchange Expert Commission. The Takeover Commission shall primarily fulfil an arbitral function.

Geschäftsstelle

Die Geschäftsstelle der Übernahmekommission ist das Exekutivorgan dieses Gremiums. Die Geschäftsstelle überwacht die Einhaltung des Kodex.

Executive Office

The Executive Office of the Takeover Commission is its executive body. The Executive Office shall monitor compliance with this Code.

Grundsätze

General Principles

Artikel 1

Der Bieter muß im Rahmen seines öffentlichen Angebots alle Inhaber von Wertpapieren derselben Gattung gleich behandeln.

Article 1

Within the scope of a public takeover bid, the offeror shall treat all holders of securities of the same class equally.

Artikel 2

Der Bieter und die Zielgesellschaft haben alle Inhaber von Wertpapieren, die Ziel des öffentlichen Angebotes sind, mit den gleichen Informationen, die zur Beurteilung des Angebots von Bedeutung sind, zu versorgen. Die Informationen müssen den Sachverhalt korrekt und angemessen wiedergeben. Dies gilt nicht nur für die in Artikel 7 aufgeführten Informationen, sondern auch für solche Informationen, die zusätzlich gegeben werden, unabhängig davon, ob sie im Angebot selbst enthalten sind oder auf sonstige Weise vom Bieter oder der Zielgesellschaft bekanntgemacht werden.

Ist ein öffentliches Angebot erfolgt, so ist der Vorstand der Zielgesellschaft nach pflichtgemäßem Ermessen im Interesse der Wertpapierinhaber verpflichtet, anderen Personen, die ihrerseits ein ernst-

Article 2

The offeror and the target company shall deliver to all holders of the securities to which the public takeover bid relates the same information as is material for the evaluation of the takeover bid. The information must accurately and appropriately reflect the facts. This shall apply not only to the information listed in Article 7, but also to any additional information, regardless of whether such information is contained in the offer itself or otherwise published by the offeror or the target company.

After a public takeover bid has been made, the managing board of the target company shall, within due discretion and in the interest of the holders of securities, provide the same information as is pro-

haftes Interesse an der Übernahme der Zielgesellschaft glaubhaft gemacht haben, die gleichen Information wie dem ursprünglichen Bieter zur Verfügung zu stellen. Über die Ernsthaftigkeit des Interesses entscheidet auf Antrag der Zielgesellschaft die Übernahmekommission.

vided to the original offeror to other persons credibly demonstrating their serious interest in the takeover of the target company. The Takeover Commission shall decide whether or not such interest is serious upon application by the target company.

Artikel 3

Der Bieter und die Zielgesellschaft sind während der Angebotsfrist verpflichtet, alles zu unterlassen, was außergewöhnliche Kursbewegungen bei Wertpapieren der Zielgesellschaft oder Wertpapieren, die im Tausch für Wertpapiere der Zielgesellschaft angeboten werden, auslösen könnte. Insbesondere sind Erklärungen zu vermeiden, die die Inhaber der Wertpapiere des Bieters oder der Zielgesellschaft oder den Markt irreführen könnten.

Article 3

The offeror and the target company shall during the offer period refrain from anything which could result in unusual price movements of the securities of the target company or of securities offered in exchange for securities of the target company. In particular, no statements shall be made which could mislead the holders of securities of the offeror or the target company or the market.

Artikel 4

Der Veröffentlichung eines Angebots sollen im allgemeinen Gespräche zwischen Bieter und der Zielgesellschaft vorangehen.

Article 4

The publication of a takeover bid shall in general be preceded by discussions between the offeror and the target company.

Artikel 5

Der Bieter muß vor der Abgabe eines öffentlichen Angebots die Zielgesellschaft, die inländischen Börsen, an denen die Wertpapiere der Zielgesellschaft sowie gegebenenfalls die zum Tausch angebotenen Wertpapiere notiert sind, das Bundesaufsichtsamt für den Wertpapierhandel und die Geschäftsstelle der Übernahmekommission über den Inhalt des Angebots unterrichten und anschließend das Angebot in mindestens einem überregionalen Pflichtblatt unverzüglich veröffentlichen.

Article 5

Before making a public takeover bid, the offeror shall inform the target company, the domestic stock exchanges where the securities of the target company and any securities offered in exchange are listed, the Federal Supervisory Authority for Securities Trading and the Executive Office of the Takeover Commission about the content of the takeover bid, and shall thereafter publish the takeover bid without undue delay in at least one mandatory stock exchange newspaper of nationwide circulation.

Artikel 6

Der Bieter soll für die Vorbereitung und Abwicklung des Angebots ein Unternehmen hinzuziehen, das zur Erbringung

Article 6

For the preparation and settlement of the takeover bid, the offeror shall retain an enterprise permitted to conduct securities

von Wertpapierdienstleistungen im Sinne der EG-Richtlinie zugelassen ist. Dieses Unternehmen soll seinen Sitz oder seine Niederlassung in einem Mitgliedstaat der Europäischen Union haben.

services within the meaning of the EC-Directive. This enterprise shall have its registered office or a branch in a Member State of the European Union.

Artikel 7

Das Angebot muß mindestens beinhalten:

1. Firma oder Name des Bieters und gegebenenfalls des begleitenden Unternehmens gemäß Artikel 6 des Kodex,
2. Firma der Zielgesellschaft,
3. die Wertpapiere, die Gegenstand des Angebots sind,
4. die Höchst- und/oder Mindestzahl der Wertpapiere, die der Bieter zu erwerben sich verpflichtet sowie Erläuterungen zum Zuteilungsverfahren gemäß Artikel 10,
5. Angaben über den Kaufpreis bzw. die Gegenleistung und über die Abwicklung des Angebots,
6. Angaben über die wesentlichen Faktoren, die bei der Bestimmung der Gegenleistung maßgebend waren,
7. Hinweis, ob das Angebot bereits mit der Annahmeerklärung des Aktionärs der Zielgesellschaft angenommen wird oder ob die Aktionäre der Zielgesellschaft lediglich aufgefordert werden, ihrerseits dem Bieter Wertpapiere der Zielgesellschaft anzubieten,
8. Angaben über Zeitpunkt und Umfang der vom Bieter vor dem Angebot erworbenen Wertpapiere der Zielgesellschaft sowie über abgeschlossene und noch nicht erfüllte Verträge in diesen Wertpapieren,
9. gegebenenfalls Angabe der mittelbaren und unmittelbaren Beteiligungen der Zielgesellschaft an dem Bieter (soweit bekannt),
10. etwaige Stellungnahme der Zielgesellschaft,
11. Angebotsfrist,

Article 7

The takeover bid shall contain at least the following information:

1. Business name or name of the offeror and of any enterprise providing assistance pursuant to Article 6 of this Code;
2. Business name of the target company;
3. The securities that are the subject of the takeover bid;
4. The maximum- and/or minimum number of securities that the offeror commits to purchase, and explanations regarding the allocation procedure pursuant to Article 10;
5. Information regarding the purchase price or other consideration, and about the settlement of the takeover bid;
6. Information about the principal factors that were decisive in the determination of the consideration;
7. An indication of whether the offer will be accepted upon a declaration of acceptance by the shareholder or whether the shareholders of the target company are only invited to offer securities of the target company to the offeror;
8. Information regarding the timing and number of the securities of the target company purchased by the offeror prior to the takeover bid, and information about agreements to purchase such securities which have been concluded but not yet performed;
9. Information regarding the target company's direct and indirect holdings in the offeror, if any (and if known);
10. Statement made by the target company;
11. Offer period;

12. etwaige Bedingungen des Angebots und etwaige Rücktrittsvorbehalte des Bieters,
13. Angaben über die vom Bieter mit seinem Angebot verfolgten Ziele und Absichten bezüglich der Zielgesellschaft sowie mögliche Auswirkungen eines erfolgreichen Angebots, insbesondere auf die finanziellen Verhältnisse des Bieters und der Zielgesellschaft,
14. Hinweis darauf, daß die Wertpapierinhaber der Zielgesellschaft nach Artikel 14 von der Annahme des Angebots zurücktreten können,
15. die Angabe des Zeitpunkts, zu dem das Ergebnis des Angebots veröffentlicht wird,
16. gegebenenfalls Angaben über den Stand kartellrechtlicher Genehmigungsverfahren,
17. eventuell Hinweis auf Befreiung von Vorschriften dieses Kodex durch die Übernahmekommission,
18. die Verpflichtung des Bieters zur Einhaltung der Bestimmungen dieses Kodex.

12. Conditions to which the takeover bid is subject, if any, and withdrawal rights reserved by the offeror, if any;
13. Information regarding the objectives and intentions the offeror seeks to accomplish through the takeover bid in respect of the target company, and the possible consequences of a successful takeover bid, in particular in relation to the financial position of the offeror and the target company;
14. An indication that the holders of securities of the target company are entitled to withdraw their acceptance of the takeover bid pursuant to Article 14;
15. The point in time at which the outcome of the takeover bid will be published;
16. Information about the status of merger control clearance proceedings, if any;
17. Reference to any exemption from provisions of this Code which may have been granted by the Takeover Commission;
18. The offeror's commitment to comply with the provisions of this Code.

Artikel 8

Jede an die Wertpapierinhaber der Zielgesellschaft gerichtete Veröffentlichung ist mit größter Sorgfalt und Genauigkeit vorzubereiten.

Article 8

Any publication addressed to the holders of securities of the target company shall be prepared with the utmost diligence and accuracy.

Artikel 9

Das Angebot darf nur an Bedingungen geknüpft sein, deren Eintritt der Bieter nicht selbst herbeiführen kann. In Zweifelsfällen sollten die Bedingungen mit der Geschäftsstelle abgestimmt werden.

Article 9

The takeover bid may be subject only to conditions outside the offeror's control. In case of doubt, any conditions should be discussed and agreed with the Executive Office.

Artikel 10

Ist die Zahl der Wertpapiere der Wertpapierinhaber, die von dem öffentlichen Angebot Gebrauch machen, höher als die Zahl der Wertpapiere, die der Bieter zu erwerben sich verpflichtet hat, so sind die

Article 10

If the number of securities which the holders of securities agree to sell by accepting the public takeover bid exceeds the number of securities the offeror has committed to purchase, then the holders

Wertpapierinhaber, die von dem Angebot Gebrauch machen, grundsätzlich pro rata zu berücksichtigen. Das Zuteilungsverfahren ist im Angebot zu erläutern.

Artikel 11

Der Bieter muß den Inhabern der Wertpapiere, die Gegenstand des Angebots sind, eine angemessene Frist einräumen, um das Angebot zu prüfen und sich entscheiden zu können. Die Angebotsfrist muß mindestens 28 Tage und darf höchstens 60 Tage betragen.

Pflichten des Bieters

Artikel 12

Der Bieter ist verpflichtet, alle von ihm oder für seine Rechnung nach Bekanntgabe seines öffentlichen Angebots getätigten Geschäfte (Stückzahl; Preis) in Wertpapieren der Zielgesellschaft bis zum nächstfolgenden Geschäftstag der Geschäftsstelle zu melden und öffentlich bekanntzugeben. Diese Pflicht gilt auch für Geschäfte in Wertpapieren im Sinne des § 2 Abs. 1 WpHG, wenn diese Wertpapiere im Tausch gegen Wertpapiere der Zielgesellschaft angeboten werden. Ausgenommen hiervon ist der Erwerb von Aktien im Rahmen des § 71 Abs. 1 Nr. 2 AktG.

Artikel 13

Wenn der Bieter während der Angebotsfrist zu besseren als den im Angebot angegebenen Bedingungen Wertpapiere der Zielgesellschaft erwirbt, so gelten die besseren Bedingungen für alle Inhaber von Wertpapieren derselben Gattung, auch wenn sie das öffentliche Angebot bereits angenommen haben.

of securities tendering their shares shall be considered on a *pro rata* basis. The allocation procedure shall be explained in the offer document.

Article 11

The offeror shall allow the holders of the securities that are subject of the takeover bid a reasonable period of time to examine the takeover bid and to come to a decision. The offer period may not fall short of 28 days and may not exceed 60 days.

Obligations of the offeror

Article 12

The offeror shall notify the Executive Office of, and announce publicly, any transactions involving the securities of the target company (including volume and price) entered into by the offeror or on the offeror's behalf after publication of the takeover bid no later than by the business day immediately following such transaction. This obligation shall also apply to transactions involving securities within the meaning of § 2(1) Securities Trading Act where such securities are offered in exchange for securities of the target company. Purchases of shares within the meaning of § 71(1) no. 2 Stock Corporation Act shall be exempted from this obligation.

Article 13

If the offeror purchases securities of the target company during the offer period at conditions more favourable than the conditions stated in the offer document, then the more favourable conditions shall be applicable to all holders of securities of the same class, even if they have already accepted the public takeover bid.

Artikel 14

Der Bieter kann innerhalb der Angebotsfrist ein für die Inhaber von Wertpapieren der Zielgesellschaft besseres Angebot vorlegen, insbesondere dann, wenn nach Veröffentlichung des Angebots gemäß Artikel 5 bessere Angebote seitens Dritter auf Erwerb der betreffenden Wertpapiere der Zielgesellschaft abgegeben werden. Seine ursprüngliche Angebotsfrist kann er in diesem Fall um eine mit der Geschäftsstelle der Übernahmekommission abzustimmende Frist verlängern. Wenn der Bieter von diesem Recht Gebrauch macht, hat er für eine nachträgliche Gleichbehandlung derjenigen Wertpapierinhaber zu sorgen, die das Angebot bereits angenommen haben. Diesen Wertpapierinhabern steht das Recht zu, von dem bereits angenommenen Angebot zurückzutreten, um das bessere Angebot anzunehmen.

Article 14

The offeror may extend a more favourable takeover bid to the holders of securities of the target company during the offer period, in particular if, after the takeover bid has been published pursuant to Article 5, more favourable takeover bids are extended by third parties for the purchase of the relevant securities of the target company. If this is the case, the offeror may extend the initial offer period by a period to be agreed upon with the Executive Office of the Takeover Commission. If the offeror elects to make use of this right, the offeror shall ensure retroactive equal treatment of the holders of securities who have already accepted the takeover bid. Such holders of securities will be entitled to withdraw from the already accepted takeover bid to accept the more favourable takeover bid.

Artikel 15

Wird innerhalb einer vom Bieter im Angebot zu nennenden Frist, die nicht kürzer als 12 Monate sein darf, vom Bieter ein besseres freiwilliges Angebot unterbreitet und liegt innerhalb dieser Frist kein Angebot eines Dritten vor, so verpflichtet sich der Bieter, denjenigen, die von dem ursprünglichen Angebot Gebrauch machten, eine entsprechende Nachbesserung zu gewähren.

Article 15

If, within a period of time to be determined by the offeror in the offer document but in any event no less than 12 months, the offeror extends a more favourable voluntary takeover bid and if, within the same period, no takeover bid has been extended by any third party, then the offeror shall grant a corresponding improvement to those persons who have accepted the initial offer.

Artikel 16

Wer die Kontrolle über eine Zielgesellschaft erreicht, hat unverzüglich allen anderen Wertpapierinhabern der Zielgesellschaft ein Angebot zur Übernahme ihrer Wertpapiere zu unterbreiten (Pflichtangebot). Die Kontrolle über eine Zielgesellschaft hat erreicht,
- wer einschließlich der ihm in entsprechender Anwendung des § 22 Abs. 1 Ziffern 1 bis 7 WpHG zuzurechnenden Stimmrechte über die Mehrheit der Stimmrechte der Zielgesellschaft verfügt,

Article 16

Whoever obtains control over a target company shall immediately extend a takeover bid to all other holders of securities of the target company in relation to their securities (mandatory bid). Control over a target company has been obtained by anyone who:
- controls a majority of voting rights in the target company including the voting rights imputed to such holder pursuant to § 22(1) nos. 1 to 7 Securities Trading Act applying *mutatis mutandis*;

- wem aufgrund einer mit anderen Wertpapierinhabern der Zielgesellschaft getroffenen Vereinbarung die Mehrheit der Stimmrechte allein oder gemeinsam mit anderen Wertpapierinhabern zusteht,
- wem das Recht zusteht, die Mehrheit der Mitglieder des Verwaltungs-, Leitungs- oder Aufsichtsorgans der Zielgesellschaft zu bestellen oder abzuberufen oder
- wer durch Erwerb oder auf sonstige Weise einen Stimmrechtsanteil erlangt, der bei der ersten Beschlußfassung in allen drei vorhergehenden ordentlichen Hauptversammlungen der Zielgesellschaft zu einem Stimmrechtsanteil von jeweils mindestens drei Vierteln des präsenten, stimmberechtigten Grundkapitals geführt hätte.

Kein Pflichtangebot ist abzugeben:
- wenn die Kontrolle aufgrund von Wertpapieren erreicht wurde, die der betroffene Wertpapierinhaber nur zum Zwecke der Weiterplazierung an Dritte vorübergehend hält;
- wenn ein Wertpapierinhaber die Kontrolle unbeabsichtigt erreicht und unverzüglich wieder abgibt;
- wenn beabsichtigt ist, innerhalb von 18 Monaten nach Erreichen der Kontrolle Beschlüsse des Wertpapierinhabers und der Zielgesellschaft über

  – einen Unternehmensvertrag gemäß §§ 291ff. AktG,

  – die Eingliederung der Zielgesellschaft gemäß §§ 319ff. AktG,

  – den Formwechsel der Zielgesellschaft gemäß §§ 190ff. UmwG,

  – die Verschmelzung der Zielgesellschaft gemäß §§ 2ff. UmwG oder

  – Beschlüsse der Zielgesellschaft über die Befreiung von der Abgabe eines Pflichtangebots, wobei im letzteren Falle der kontrollierende Wertpapier-

- is entitled to exercise the majority of voting rights in the target company alone or jointly with other holders of securities on the basis of an agreement with other holders of securities;
- is entitled to appoint or remove the majority of the members of the administrative, managing or supervisory body of the target company; or
- reaches a percentage of voting rights, by way of acquisition or otherwise, which, for the first resolution passed at each of the three preceding ordinary shareholders meetings of the target company, would have constituted a percentage of voting rights equal to at least three quarters of the share capital present and entitled to vote.

A mandatory bid is not required:
- Where control has been obtained on the basis of securities which the respective holder holds only temporarily for the purpose of placing them with third parties;
- Where a holder of securities inadvertently obtains control and relinquishes it immediately;
- Where, within the period of 18 months after obtaining control, it is intended to pass resolutions of both the holder of the securities and the target company in relation to:

  – an "enterprise agreement" pursuant to §§ 291 *et seq*. Stock Corporation Act,

  – the "integration" of the target company pursuant to §§ 319 *et seq*. Stock Corporation Act;

  – the change of corporate form of the target company pursuant to §§ 190 *et seq*. of the Transformation Act;

  – the merger of the target company pursuant to §§ 2 *et seq*. of the Transformation Act; or

  – resolutions of the target company about the exemption from the mandatory bid, provided that in the latter case the controlling holder of se-

inhaber ihm zustehende Stimmrechte nicht ausüben darf, herbeizuführen und diese Absicht nach Erreichen der Kontrolle unverzüglich gegenüber der Geschäftsstelle erklärt wird; werden solche Beschlüsse nicht gefaßt oder die Absicht aufgegeben, ist das Pflichtangebot unverzüglich abzugeben.

Stimmrechte aus Wertpapieren, die zum Handelsbestand gehören und für die entsprechend der Regelungen des § 23 Abs. 2 WpHG eine Befreiung durch das Bundesaufsichtsamt für den Wertpapierhandel erteilt wurde, bleiben bei der Beurteilung, ob die Kontrolle erreicht ist, unberücksichtigt.

Artikel 17

Hat ein Wertpapierinhaber nach Erreichen der Kontrolle und vor Abgabe des Pflichtangebotes keine weiteren Käufe von Wertpapieren der Zielgesellschaft getätigt, so muß der Preis für das Pflichtangebot in angemessenem Verhältnis zum höchsten Börsenpreis der letzten drei Monate vor Erreichen der Kontrolle liegen.

Hat ein Wertpapierinhaber nach Erreichen der Kontrolle und vor Abgabe des Pflichtangebotes weitere Käufe von Wertpapieren der Zielgesellschaft getätigt, so muß bei der Ermittlung des Preises für das Pflichtangebot der gewogene Durchschnittspreis dieser Käufe zugrunde gelegt werden, soweit dieser höher als der in Abs. 1 genannte Preis ist.

Diese Regelungen gelten sinngemäß, wenn Wertpapiere im Wege des Tausches angeboten werden.

curities may not exercise his voting rights; and if this intention is notified to the Executive Office immediately after obtaining control; if such resolutions are not passed or the intention is abandoned, the mandatory bid shall be extended immediately.

Voting rights appertaining to securities which are part of the trading stock and for which an exemption has been granted by the Federal Supervisory Authority for Securities Trading pursuant to the provision of § 23(2) Securities Trading Act shall not be taken into account.

Article 17

If a holder of securities, after obtaining control and before extending the mandatory bid, has not purchased additional securities of the target company, then the price of the mandatory bid shall be reasonably related to the highest stock exchange price within the last three months prior to obtaining control.

If a holder of securities, after obtaining control and before extending the mandatory bid, has purchased additional securities of the target company, then the price of the mandatory offer shall be calculated as the weighted average of the prices of these purchases to the extent that such weighted average price exceeds the price referred to in para. (1) above.

These provisions apply *mutatis mutandis* if securities are offered by way of exchange.

Pflichten der Zielgesellschaft

Artikel 18

Die Zielgesellschaft hat unverzüglich – spätestens jedoch 2 Wochen nach Veröffentlichung des Angebotes – eine begründete Stellungnahme zu dem Angebot zu veröffentlichen.

Artikel 19

Das Verwaltungs- oder Leitungsorgan der Zielgesellschaft einschließlich der Verwaltungs- oder Leitungsorgane der mit der Zielgesellschaft verbundenen Unternehmen darf nach Bekanntgabe eines öffentlichen Angebots und bis zur Offenlegung des Ergebnisses des Angebots keine Maßnahmen ergreifen, die dem Interesse der Wertpapierinhaber, von dem Angebot Gebrauch zu machen, zuwiderlaufen.

Hierzu können u.a. zählen:

Beschlüsse über
- die Ausgabe neuer Wertpapiere,
- die Änderung des Aktiv- oder Passivbestandes der Gesellschaft in erheblichen Umfang sowie
- den Abschluß von Verträgen, die außerhalb des gewöhnlichen Geschäftsbetriebes liegen.

Dies gilt nicht bei laufenden Kapitalmaßnahmen und bei der Erfüllung von Verträgen, die vor der Bekanntgabe eines öffentlichen Angebotes von der Zielgesellschaft geschlossen wurden, oder einer ausdrücklichen Genehmigung der Hauptversammlung für diese Maßnahmen im Falle eines öffentlichen Angebots.

Obligation of the target company

Article 18

The target company shall immediately (within two weeks following publication of the takeover bid) publish a statement with reasons commenting on the takeover bid.

Article 19

The administrative or managing body of the target company including the administrative or managing bodies of the enterprises affiliated with the target company, during the period of time beginning with the publication of the public takeover bid and ending with the publication of the outcome of the takeover bid, may not take any measures contrary to the interest of the holders of securities in taking advantage of the takeover bid.

These measures may include, *inter alia*:

Resolutions in relation to:
- the issue of new securities;
- a substantial change in the assets or liabilities of the target company; and
- the conclusion of agreements outside the ordinary course of business.

The foregoing shall not apply to ongoing capital measures, to the performance of contracts the target company has concluded before announcement of the public takeover bid, or to measures expressly approved by the shareholders' meeting in the event of a public takeover bid.

Übernahmekommission

Artikel 20

1. Die Übernahmekommission besteht aus mindestens 7, höchstens jedoch 15 Mitgliedern.
2. Die Mitglieder der Übernahmekommission, deren Vorsitzender und seine Stellvertreter werden von der Börsensachverständigenkommission berufen.
3. Die Bestellung erfolgt für eine Amtszeit von 5 Jahren. Eine Wiederberufung ist möglich.
4. Bei der Zusammensetzung der Übernahmekommission sollen insbesondere berücksichtigt werden die Gruppen der
   - Emittenten,
   - institutionellen Anleger,
   - Privatanleger,
   - Kreditinstitute und Wertpapierdienstleistungsunternehmen.
5. Scheidet ein Mitglied der Übernahmekommission aus, so beruft die Börsensachverständigenkommission für den Rest der Amtsdauer des Ausgeschiedenen ein neues Mitglied.
6. Die Börsensachverständigenkommission erläßt eine Geschäfts- und Verfahrensordnung für die Übernahmekommission und die Geschäftsstelle.
7. Die Übernahmekommission beruft den Leiter der Geschäftsstelle.

Artikel 21

Potentielle Bieter, Zielgesellschaften und Wertpapierdienstleistungsunternehmen werden aufgefordert, die Regelungen dieses Kodex anzuerkennen. Die Geschäftsstelle wird regelmäßig eine Liste der Unternehmen und Personen veröffentlichen, die diese Regelungen anerkannt haben.

Bei Zuwiderhandlungen gegen diesen Kodex kann die Geschäftsstelle ihre Bemerkungen, Empfehlungen und Entscheidungen zu dem vorliegenden Fall

Takeover Commission

Article 20

1. The Takeover Commission shall consist of at least 7 and not more than 15 members.
2. The members of the Takeover Commission, its chairman and the chairman's deputies shall be appointed by the Stock Exchange Expert Commission.
3. The appointment of members shall be made for a period of 5 years. Reappointment shall be admissible.
4. In the membership of the Takeover Commission, consideration should be given in particular to the following constituencies:
   - issuers,
   - institutional investors,
   - private investors,
   - banks and securities service providers.
5. If a member of the Takeover Commission departs from office, the Stock Exchange Expert Commission shall appoint a new member for the remainder of his term.
6. The Stock Exchange Expert Commission shall adopt by-laws and rules of procedure for the Takeover Commission and the Executive Office.
7. The Takeover Commission shall appoint the director of the Executive Office.

Article 21

Potential bidders, target companies and securities service providers are hereby requested to accept the provisions of this Code. The Executive Office will on a regular basis publish a list of enterprises and individuals having accepted these provisions.

In the event of violations of this Code, the Executive Office may publish its comments, recommendations and decisions in relation to the case at hand. Prior to

veröffentlichen. Vor einer Veröffentlichung muß die Geschäftsstelle die Betroffenen anhören. Diese können dann vor der Veröffentlichung die Übernahmekommission anrufen, die endgültig entscheidet.

publication, the Executive Office shall hear the parties concerned. Thereafter, but prior to the publication, the parties concerned may appeal to the Takeover Commission which will take a final decision.

Artikel 22

Die Geschäftsstelle hat ein öffentliches Angebot innerhalb von zwei Wochen nach dessen Veröffentlichung auf die Übereinstimmung mit dem Kodex zu überprüfen. Der Bieter, die Zielgesellschaft und die nach Artikel 6 beteiligten Unternehmen verpflichten sich, der Geschäftsstelle alle zur Überwachung und Einhaltung des Kodex notwendigen Informationen und Auskünfte zu geben.

Article 22

The Executive Office shall review a public takeover bid with a view to its compliance with this Code within two weeks following publication thereof. The offeror, the target company and the enterprises involved pursuant to Article 6 undertake to provide the Executive Office with all information necessary for the monitoring of compliance with this Code.

Artikel 23

Die Übernahmekommission kann den Bieter oder die Zielgesellschaft von einzelnen Vorschriften dieses Kodex teilweise oder ganz befreien, wenn durch deren Anwendung berechtigten Interessen des Bieters, der Zielgesellschaft oder der Wertpapierinhaber der Zielgesellschaft geschadet würde. Dies gilt insbesondere auch für die Pflicht zur Abgabe eines Angebotes gemäß Artikel 16. Die Entscheidung über die Befreiung wird von der Übernahmekommission unter Angabe der Gründe veröffentlicht.

Article 23

The Takeover Commission may exempt the offeror or the target company in whole or in part from individual provisions of this Code if the application of such provisions would be detrimental to legitimate interests of the offeror, the target company or the holders of securities of the target company. This shall apply in particular to the obligation to extend a takeover bid pursuant to Article 16. Decisions concerning exemptions shall be published by the Takeover Commission together with the reasons therefor.

Artikel 24

Der Übernahmekodex tritt mit dem 1.10.1995 in Kraft.

Article 24

The Takeover Code shall become effective on 1st October, 1995.

Glossar / Sachverzeichnis

Das vorliegende Glossar dient als alphabetisches Nachschlagewerk für die Fachbegriffe und gleichzeitig als Sachverzeichnis. Zum schnelleren Auffinden der Fachbegriffe wurden zusammengesetzte Ausdrücke unter dem jeweiligen Adjektiv alphabetisch aufgeführt.

BörsG = Börsengesetz
BörsZulV = Börsenzulassungverordnung
ÜK = Übernahmekodex
VerkProspG = Verkaufsprospektgesetz
VerkProspV = Verkaufsprospektverordnung
WpHG = Wertpapierhandelsgesetz

Aktien - shares *BörsZulV 16, WpHG 1*

Aktien derselben Gattung - shares of the same class *BörsZulV 7, 45, 69*

Aktienindex - share index *WpHG 12*

amtliche Preisfeststellung - official price determination *BörsG 29*

amtlicher Handel - official list *BörsG 36*

Angaben über Aktien - information about shares *BörsZulV 16*

Angaben über andere Wertpapiere als Aktien - information about securities other than shares *BörsZulV 17*

Angaben über den Emittenten - information about the issuer *BörsZulV 18, 19, 20, 21, 22, 28, 29, VerkProspV 5, 6, 7, 8, 9, 10*

Angaben über Prospektverantwortliche - information about responsability for prospectus content *BörsZulV 14, VerkProspV 3*

Angaben über Wertpapiere - information about the securities *BörsZulV 15; VerkProspV 4*

Angebotsfrist - offer period *ÜK 11*

Anklageschrift - indictment *WpHG 18*

Annahmeerklärung - declaration of acceptance *ÜK 7*

Anteilscheine - shares of an investment company *WpHG 2*

Arbeitnehmerbeteiligungen - employee shareholdings *BörsZulV 45, VerkProspG 2*

Aufsichtsbehörden - supervisory authorities *BörsG 1, WpHG 3*

Ausgabe neuer Wertpapiere - issue of new securities *ÜK 19*

Ausgabebedingungen - terms of issue *BörsZulV 44*

Auskunftspflichten des Anbieters - information obligations of the offeror *VerkProspG 8c*

ausländische Investmentgesellschaft - non-German investment company *WpHG 2*

ausländische Zahlungsmittel - foreign currency *BörsG 96*

Aussetzung der Notierung - suspension of the quotation *BörsG 43*

außerbörslicher Handel - off stock exchange trading *WpHG 1*

Bedingungen des Angebots - conditions to which the takeover bid is subject *ÜK 7, 9*

Befreiung (von der Pflicht, einen Prospekt zu veröffentlichen) - exemption (from the obligation to publish a prospectus) *BörsZulV 45, 45a, VerkProspG 2, 3, 4*

Befreiung von Vorschriften des Übernahmekodex - exemption from provisions of the Takeover Code *ÜK 23*

Befugnisse der Börsenaufsichtsbehörde - powers of the Stock Exchange Supervisory Authority *BörsG 1a, 8c*

Befugnisse des Bundesaufsichtsamtes - powers of the Federal Supervisory Authority *WpHG 4, 16, 29, 35*

begründete Stellungnahme - statement with reasons *ÜK 18*

Benutzung von Börseneinrichtungen - use of stock exchange facilities *BörsG 6*

Bestätigungsvermerk - auditor's certificate *BörsZulV 30, 54*

Bestimmung der Gegenleistung - determination of the consideration *ÜK 7*

Beteiligung - shareholding *WpHG 22, 27*

Beteiligungsunternehmen - affiliated enterprises *BörsZulV 24*

Bezugsrechte - subscription rights *BörsZulV 33, 35, 36, 45, VV 12*

Bieter - Offeror *ÜK 1*

Börsenaufsichtsbehörde - Stock Exchange Supervisory Authority *BörsG 1, 2, 29, WpHG 6*

Börseneinrichtungen - stock exchange facilities *BörsG 6*

Börsengeschäftsbedingungen - conditions applicable to stock exchange transactions *BörsG 3*

Börsengesetz - Stock Exchange Act *BörsG*

Börsenordnung - Stock Exchange Rules *BörsG 4*

Börsenordnung - Stock Exchange Rules *BörsG 4*

Börsenpflichtblatt - mandatory stock exchange newspaper *BörsG 36, 37, BörsZulV 49, 51, WpHG 25, ÜK 5*

Börsenpreis - stock exchange price *BörsG 11, ÜK 17*

Börsenrat - Stock Exchange Council *BörsG 3, 3b*

Börsenschiedsgericht - stock exchange arbitration panel *BörsG 28*

Börsentermingeschäfte - stock exchange futures transaction *BörsG 52*

Börsentermingeschäfte, Aufrechnung - stock exchange futures transaction, set-off *BörsG 56*

Börsentermingeschäfte, Einwendungen - stock exchange futures transactions, defences *BörsG 58*

Börsentermingeschäfte, Rechtswahl - stock exchange futures transactions, choice of law *BörsG 61*

Börsentermingeschäfte, Risikoaufklärung - stock exchange futures transaction, risk-disclosure *BörsG 53*

Glossar

Börsentermingeschäfte, Verbindlichkeit - stock exchange futures transaction, binding nature *BörsG 53*

Börsenterminhandel - Futures Trading *BörsG 50*

Bundesaufsichtsamt für das Versicherungswesen - Federal Insurance Supervisory Authority *WpHG 6*

Bundesaufsichtsamt für das Kreditwesen - Federal Banking Supervisory Authority *WpHG 6, 36*

Bundesaufsichtsamt für den Wertpapierhandel - Federal Supervisory Authority for Securities Trading *WpHG 3, ÜK 5*

Bußgeldvorschriften - misdemeanours *VerkProspG 17, WpHG 39*

Dauer des Bestehens des Emittenten - period of existence of the issuer *BörsZulV 3*

dauernd ausgegebene Schuldverschreibungen - securities continuously issued by credit institutions *BörsZulV 38*

Derivat - derivative *WpHG 2*

Deutsche Bundesbank - German Federal Bank *WpHG 6*

Devisenfuturegeschäfte - foreign currency futures *WpHG 2*

Devisenfutureoptionsgeschäfte - foreign currency futures options *WpHG 2*

Devisengeschäfte - foreign currency transactions *WpHG 2*

Devisenoptionsgeschäfte - foreign currency options *WpHG 2*

Devisenswapoptionsgeschäfte - foreign currency swap options *WpHG 2*

Devisentermingeschäfte - foreign currency forwards *WpHG 2*

Dividendenberechtigung - entitlements to dividends *BörsZulV 16*

Drittstaaten - third countries *BörsZulV 10, 58, VerkProspG 15*

Druckausstattung der Wertpapiere - printing features of securities *BörsZulV 8*

Durchschnittspreis - average price *ÜK 17*

Einführung (von Wertpapieren) - introduction to trading *BörsG 42, BörsZulV 52*

Eingliederung der Zielgesellschaft - "integration" *ÜK 16*

Einstellung der Notierung - discontinuation of the quotation *BörsG 43*

elektronisches Handelssystem - electronic trading (system) *BörsG 7a, 12*

Emission - issue *BörsZulV 7*

Emittent - issuer *BörsenZulV 1, 18, VerkProspV 5, WpHG 15*

Emittenten aus Drittstaaten - issuers from third countries *BörsZulV 10, 58, VerkProspG 15*

Erfüllung von Verträgen - performance of contracts *ÜK 19*

Ergebnis und Dividende je Aktie - profits/losses and dividends per share *BörsZulV 25*

Ersatzansprüche - claims for compensation *BörsG 45, 46, VerkProspG 13, WpHG 37a*

Erwerb von Aktien - purchases of shares *ÜK 12*

Feststellung des Börsenpreises - determination of stock exchange price *BörsG 29, 75*
Finanz- und Ertragslage (des Emittenten) - (issuer's) financial situation and profitability *BörsZulV 21, VerkProspV 8*
Finanzdienstleistungsinstitute - financial service providers *WpHG 2, 2a*
finanzielle Verhältnisse des Bieters - financial position of the offeror *ÜK 7*
Finanzterminkontrakte - financial futures contracts *WpHG 12*
Formwechsel der Zielgesellschaft - change of corporate form *ÜK 16*
Freiverkehr - regulated inofficial market *BörsG 78*
freiwillige öffentliche Übernahmeangebote - voluntary public takeover bids *ÜK*

Gebührenordnung - Fee Schedule *BörsG 5*
Gebührenordnung - Schedule of Fees *BörsG 5, VerkProspG 16*
Gegenleistung - consideration *ÜK 7*
gegenseitige Anerkennung (von Prospekten) - mutual recognition (of prospecterer) *BörsG 40a, VerkProspG 15*
Geldmarktinstrumente - Money Market Instruments *WpHG 2*
Genußscheine - profit participation certificates *WpHG 2*
geregelter Markt - regulated market *BörsG 71*
gerichtliche Zuständigkeit - jurisdiction and venue *BörsG 49*
Geschäftsaussichten des Emittenten - issuer's current performance and business prospects *BörsZulV 29, VerkProspV 11*
Geschäftsführungs- und Aufsichtsorgane des Emittenten - issuer's management and supervisory bodies *BörsZulV 27, 28, VerkProspV 10*
Geschäftsstelle der Übernahmekommission - Executive Office of the Takeover Commission *ÜK Begriffsbestimmungen*
Geschäftstätigkeit des Emittenten - issuer's business activities *BörsZulV 20, VerkProspV 7*
Getrennte Vermögensverwaltung - separation of funds *WpHG 34a*
gewährleistete Wertpapiere - guaranteed securities *BörsZulV 39, VerkProspV 13*
Gleichbehandlung - equal treatment *ÜK 1, 10, 13, 14, 15*

Handelbarkeit der Wertpapiere - transferability of the securities *BörsZulV 5*
Handelsüberwachungsstelle - Monitoring Office *BörsG 1 b*
Hauptversammlung (der Zielgesellschaft) - shareholders' meeting (of the target company) *ÜK 19*
Herkunft und Verwendung der Mittel - source and application of funds *BörsZulV 23*
Herkunft und Verwendung der Mittel - source and application of funds *BörsZulV 23*
Hinterlegungsstelle (für Verkaufsprospekte) - Depository Office (for prospectuser) *VerkProspG 8*
Hinweis auf Prospekt - reference to the prospectus *BörsZulV 68, VerkProspG 12*
Höchst- und/oder Mindestzahl der Wertpapiere - maximum- and/or minimum number of securities *ÜK 7*

Glossar

Höhe des gezeichneten Kapitals - amount of the registered share capital *BörsZulV 19, VerkProspV 6*

Informationsverbreitungssystem - dissemination of information *WpHG 15*
Inhalt des Angebots - content of the takeover *ÜK 7*
Insider - insider *WpHG 13*
Insidergeschäft - insider dealing *WpHG 14*
Insiderpapiere - insider securities *WpHG 12*
Insidertatsache - Insider Information *WpHG 13*
Insiderüberwachung - monitoring of Insider Dealing *WpHG 12*
institutioneller Anleger - institutional investors *VerkProspG 2, ÜK 20*
Interessenkonflikte - conflicts of interest *WpHG 31*

Jahresabschluß - annual accounts *BörsZulV 65*

Kapital des Emittenten - issuer's capital *BörsZulV 19, VerkProspV 6*
Kapitalanlagegesellschaft - investment company *WpHG 2*
Kapitalerhöhung - share capital increase *BörsZulV 45*
kartellrechtliches Genehmigungsverfahren - merger control clearance proceedings *ÜK 7*
Kaufpreis - purchase price *ÜK 7*
Kommanditgesellschaft auf Aktien - partnership limited by shares *BörsZulV 45*
Kontrolle über eine Zielgesellschaft - control over a target company *ÜK 16, 17*
Konzernabschlüsse - consolidated annual accounts *BörsZulV 22, 26*
Konzernabschluß - consolidated (annual) accounts *BörsZulV 22, 26, 56*
Konzernunternehmen - group companies *WpHG 24*
Kundengelder - customer funds *WpHG 34 a*
Kursfeststellung - determination of stock exchangee price *WpHG 29*
kursbeeinflussende Tatsachen - price sensitive information *WpHG 15*
Kursbewegungen - price movements *ÜK 3*
Kurse (= Börsenpreis) - stock exchange price *BörsG 29*
Kursmakler - official broker *BörsG 8 a, 30*
Kursmanipulationen - market manipulation *BörsG 88*
Kurszusätze - addenda to the market price *BörsG 4*

Lagebericht - business report *BörsZulV 65*
laufende Kapitalmaßnahmen - ongoing capital measures *ÜK 19*
laufende Überwachung - continuous monitoring *WpHG 16*
Leitungsorgan der Zielgesellschaft - managing body of the target company *ÜK 16*

Meldepflichten - reporting obligations *WpHG 9*

Meldepflichtiger - Obligor *WpHG 21*

Mindestbetrag der Wertpapiere - minimum value of the securities *BörsZulV 2*

Mitteilung durch Konzernunternehmen - reporting by group companies *WpHG 24*

Mitteilung kursbeeinflussender Tatsachen - disclosure of pricesensitive information *WpHG 15*

Mitteilungen - notices *BörsZulV 63*

Mitteilungspflichten - reporting obligations *WpHG 21*

Mitteilungspflichten, Gesellschaften mit Sitz im Ausland - reporting obligations, disclosure by foreign companies *WpHG 26*

nennwertlose Aktien - shares without nominal value *BörsZulV 45*

Nichtberücksichtigung von Stimmrechten - voting rights not to be considered *WpHG 23*

Nichterfüllung der Emittentenpflichten - breach of issuer's duties *BörsG 44 d*

nichtzugelassene Wertpapiere - securities not admitted *BörsG 78, VerkProspG 1*

öffentliche Übernahmeangebote - public takeover bids *ÜK Begriffsbestimmungen*

öffentliches Angebot von Wertpapieren - public offering of securities *VerkProspG 1*

Optionsgeschäfte - options *WpHG 2*

Optionsscheine - warrants *WpHG 2*

Ordnungswidrigkeiten - misdemeanours *BörsG 90, BörsZulV 71, VerkProspG 17, WpHG 39*

Organisationspflichten - organisational obligations *WpHG 33*

organisierter Markt - Organised Market *WpHG 2*

Pflichtangebot - mandatory bid *ÜK 16, 17*

Pflichten der Zielgesellschaft - obligation of the target company *ÜK 18*

Pflichten des Bieters - obligations of the offeror *ÜK 1–17*

Pflichten des Emittenten - obligations of the issuer *BörsG 44, 76, BörsZulV 53, 63*

Pflichten des Kursmaklers - duties of official brokers *BörsG 32*

Preise in Euro - price determination in Euro *BörsG 98*

Preisfeststellung für ausländische Währung - of price determination for foreign currencies *BörsG 2c*

pro rata (Berücksichtigung) - considered on a *pro rata* basis *ÜK 10*

Prospekt - prospectus *BörsG 36, BörsZulV 13, VerkProspG 1, VerkProspV 2*

Prospektanforderungen, verringerte - alleviation of prospectus requirements *VerkProspV 14*

Prospekthaftung - prospectus liability *BörsG 45, 46, 77, VerkProspG 13*

Prospektinhalt - contents of prospectus *BörsZulV 13, VerkProspG 5, 7, VerkProspV 2*

Prüfung der Jahresabschlüsse - audit of the issuer's annual accounts *BörsZulV 30, VerkProspV 9*

Rechnungslegung des Emittenten - issuer's accounts *BörsZulV 22*
Rechte auf Zeichnung - subscription rights *WpHG 12*
Rechte der Kursmakler - rights enjoyed by official brokers *BörsG 34*
Rechtsgrundlage der Wertpapiere - legal basis of the securities *BörsZulV 4*
Rechtsgrundlage des Emittenten - legal basis of the issuer *BörsZulV 1*
Rechtsverlust - suspension of rights *WpHG 28*
Rentenindex - bond index *WpHG 12*
Rücktrittsvorbehalte des Bieters - withdrawal rights reserved by the offeror *ÜK 7*

Sacheinlagen - contribution in kind *BörsZulV 41*
Schuldverschreibungen - debt securities *BörsZulV 17, 27, 38, 42, 45, VerkProspG 3, 4, WpHG 2*
Schuldverschreibungen von Gebietskörperschaften - debt securities issued by regional authorities *BörsZulV 42*
Schuldverschreibungen von Staaten - debt securities issued by governments *BörsG 41, 74, BörsZulV 42*
Skontroführer - Market Maker *BörsG 8b, 13*
Spaltung eines Unternehmens - demerger of a company *BörsZulV 41*
staatliche Schuldverschreibungen - government bonds *BörsG 41, 74*
Stellungnahme der Zielgesellschaft - Statement made by the target company *ÜK 7, 18*
Stimmrechte - voting rights *WpHG 21, 22, 23, ÜK 16*
Strafverfahren (bei Insidervergehen) - criminal proceedings (insider dealing) *WpHG 18*
Strafvorschrift(en) - criminal offence(s) *WpHG 38, BörsG 88*
Streuung der Aktien - free float of shares *BörsZulV 9*
Stückelung der Wertpapiere - denomination of the securities *BörsZulV 6*

Tagebuch des Kursmaklers - book of original entries *BörsG 33*
Termingeschäfte - futures transactions *BörsG 52*
Terminkontrakte - futures contracts *WpHG 12*
Tochterunternehmen - subsidiary *WpHG 24*
Treuhandkonten - trust accounts *WpHG 34 a*

Übernahme von Wertpapieren - underwriting of Securities *WpHG 2*
Übernahmeangebot - takeover bid *ÜK*
Übernahmekodex - Takeover Code
Übernahmekommission - Takeover Commission *ÜK 20*

überregionales Börsenpflichtblatt - mandatory stock exchange newspaper *BörsG 37, BörsZulV 48, ÜK 5, WpHG 15, 25*

Übertragung des Vermögens (eines Unternehmens) - transfer of the assets (of a company) *BörsZulV 41*

Umtauschangebot - exchange offer *BörsZulV 41*

Umtauschrecht - exchange rights *BörsZulV 35, VerkProspV 12*

unbefugtes Mitteilen einer Insidertatsache - unauthorised disclosure of insider information *WpHG 14*

unerlaubter Terminhandel - anauthorised futures trading *BörsG 51*

Unternehmensbericht - business report *BörsG 73*

Unternehmensvertrag - "enterprise agreement" *ÜK 16*

Untersagung der Veröffentlichung des Verkaufsprospekts - prohibition of the publication of the prospectus *VerkProspG 8a*

Untersagung des öffentlichen Angebots (von Wertpapieren) - prohibition of the public offer (of securities) *VerkProspG 8b*

unvollständiger Verkaufsprospekt - incomplete prospectus *BörsZulV 44, VerkProspG 10*

Veränderung des Aktiv- oder Passivbestandes der Zielgesellschaft - changes of the assets or liabilities of the target company, "crown jewel defence" *ÜK 19*

Veränderungen der Stimmrechtsanteile - changes in the number of voting rights held by shareholders *WpHG 21*

Verbindlichkeit von Termingeschäften - enforceability of futures transactions *BörsG 53*

Verbindlichkeiten des Emittenten - liabilities of an issuer *BörsZulV 27*

Verbot von Insidergeschäften - prohibition of insider dealing *WpHG 14*

verbriefte Verbindlichkeiten - securitized liabilities *BörsZulV A 57 (2)*

Verfügbarkeit von Jahresabschluß - availability of annual accounts *BörsZulV 65*

Verhaltensregeln - rules of conduct *WpHG 31, 32*

Verjährung - limitation *BörsG 47, WpHG, 37a, 43*

Verkaufsprospekt - prospectus *VerkProspG 1*

Verkaufsprospekt, Inhalt - contents of the prospectus *VerkProspG 5, 7, VerkProspV 3*

Verkaufsprospekt, unvollständiger - inclompete prospectus *VerkProspG 10*

Verkaufsprospekt-Verordnung - Securities Prospectus Regulation

Vermittlung von Geschäften - intermediation of transactions *WpHG 2*

Vermögens-, Finanz- und Ertragslage des Emittenten - issuer's financial situation and profitability *BörsZulV 21, VerkProspV 8*

Veröffentlichung der Zulassung - publication of the admission *BörsZulV 51*

Veröffentlichung des Zulassungsantrags - publication of the application for admission *BörsZulV 49*

Veröffentlichung eines Angebots - publication of a takeover bid *ÜK 5*

Glossar 241

Veröffentlichung eines unvollständigen Prospekts - publication of an incomplete prospectus *BörsZulV 44, VerkProspG 10*

Veröffentlichung ergänzender Angaben - publication of supplementary information *BörsZulV 44, VerkProspG 11*

Veröffentlichungspflicht (Verkaufsprospekt) - obligation to publish a prospectus *VerkProspG 9*

Veröffentlichungspflichten (der börsennotierten Gesellschaft) - disclosure obligations (of the listed company) *WpHG 25*

Verschmelzung - merger *BörsZulV 41*

Verschmelzung der Zielgesellschaft - merger of the target company *ÜK 16*

Verträge außerhalb des gewöhnlichen Geschäftsbetriebes - agreements outside the ordinary course of business *ÜK 19*

Verweigerung der Zulassung - rejection of admission *BörsG 39*

Vorlagepflicht - information obligations *VerkProspG 8 c*

Vorstand der Zielgesellschaft - managing board of the target company *ÜK 19*

Währungsswapgeschäfte - foreign currency swap transactions *WpHG 2*

Warenbörsen - commodity exchanges *BörsG 1*

Wechsel - bills of exchange *BörsG 96*

Weisungsrecht des Auftraggebers - directions given by principals *BörsG 10*

Weiterplazierung an Dritte - placing with third parties *ÜK 16*

Werbung - advertising *VerkProspG 8 e, WpHG 36b*

Wertpapier-Verkaufsprospektgesetz - Securities Prospectus Act

Wertpapierbörsen - securities exchanges *BörsG 1*

Wertpapierdienstleistungen - securities services *WpHG 1, 2, 31*

Wertpapierdienstleistungsunternehmen - securities service providers *ÜK 6, WpHG 2, 36 b*

Wertpapiere derselben Gattung - securities of the same class *BörsZulV 45, 69*

Wertpapiere einer Gattung oder einer Emission - securities of one class or one issue *BörsZulV 7*

Wertpapiere mit Umtausch- oder Bezugsrecht - securities with conversion, exchange or subscription rights *BörsZulV 11*

Wertpapierhandel - securities trading *WpHG 1*

Wertpapierhandelsgesetz (WpHG) - Securities Trading Act

Wertpapierinhaber - holder of securities *ÜK 10*

Wertpapierkennnummer - securities identification number *WpHG 9*

Wertpapiernebendienstleistungen - ancillary Securities Services *WpHG 2*

Zahlenangaben (Zwischenbericht) - figures (half-yearly report) *BörsZulV 54*

Zeitpunkt der Zulassung - date of admission *BörsZulV 50*

Zertifikate, die Aktien vertreten - certificates representing shares *BörsZulV 12, 31, 40, WpHG 1*

Zielgesellschaft - target company *ÜK Begriffsbestimmungen*

Zinsterminkontrakt - interest futures contracts *WpHG 12*

Zulassung an mehreren Börsen - admission to several stock exchanges *BörsZulV 67*

Zulassung später ausgegebener Aktien - admission of shares issued at a later date *BörsG 36, 39, BörsZulV 69*

Zulassung von Börsentermingeschäften - admission of stock exchange futures transactions *BörsG 50*

Zulassung von Wertpapieren zum Börsenhandel - admission of securities to stock exchange trading *BörsG 36, 71*

Zulassung zur Börse - admission to the stock exchange *BörsG 7*

Zulassungsantrag - application for admission *BörsG 36, 40 a, 71, BörsZulV 48*

Zulassungsausschuß - admission office *BörsG 71, 72, VerkProspG 6*

Zulassungsstelle - admissions office *BörsG 37, VerkProspG 6*

Zulassungsverfahren - application for admission *BörsZulV 48*

Zulassungsvoraussetzungen - admission requirements *BörsG 36, 38, 73; BörsZulV 1–12*

Zurechnung von Stimmrechten - imputed voting rights *WpHG 22*

Zusammensetzung der Übernahmekommission - membership of the Takeover Commission *ÜK 20*

Zuständigkeit, gerichtliche - jurisdiction and venue *BörsG 49*

Zuteilungsverfahren - allocation procedure *ÜK 10*

Zwischenbericht - half-yearly statement *BörsG 44b, BörsZulV 53, 61*

Zwischendividenden - interim dividend *BörsZulV 54*